La citoyenneté sociale à la recherche d'un nouvel imaginaire normatif

Logiques Juridiques

Fondée par Gérard Marcou
Dirigée par Thomas Perroud

Le droit n'est pas seulement un savoir, il est d'abord un ensemble de rapports et pratiques que l'on rencontre dans presque toutes les formes de sociétés. C'est pourquoi il a toujours donné lieu à la fois à une littérature de juristes professionnels, produisant le savoir juridique, et à une littérature sur le droit, produite par des philosophes, des sociologues ou des économistes notamment.

Parce que le domaine du droit s'étend sans cesse et rend de plus en plus souvent nécessaire le recours au savoir juridique spécialisé, même dans des matières où il n'avait jadis qu'une importance secondaire, les ouvrages juridiques à caractère professionnel ou pédagogique dominent l'édition, et ils tendent à réduire la recherche en droit à sa seule dimension positive. À l'inverse de cette tendance, la collection « Logiques juridiques » des éditions L'Harmattan est ouverte à toutes les approches du droit. Tout en publiant aussi des ouvrages à vocation professionnelle ou pédagogique, elle se fixe avant tout pour but de contribuer à la publication et à la diffusion des recherches en droit, ainsi qu'au dialogue scientifique sur le droit. Comme son nom l'indique, elle se veut plurielle.

Dernières parutions

Laetitia DESMONS, *L'autonomie de l'ordre juridique de l'Union européenne sur la Cour de justice. Contribution à l'étude des fondements de la construction européenne*, 2025.
Boubacar EL IDE, *Influence du droit international des droits de l'homme sur le droit des investissements. L'économique au détriment du social ?* 2025.
Adolphe KUMBA SHINDANO, *Introduction au droit congolais de la santé*, 2025.
Marcelle BONGRAIN, *Grands-parents, quels droits ?,* 2025.
Patrick MBOYO BAKAMBO, *La représentation des collectivités territoriales*, 2025.
Jean-Louis SABLON, *Violences et autres infractions sexuelles. Le droit de A à Z pour les connaître et les combattre*, 2025.
Vincent BENELBAZ, *Les doctrines du corporatisme : Vichy et les Républiques*, 2025.
Sous la coordination de Cristina Elena POPA TACHE, Elise Nicoleta VÂLCU et Cătălin-Silviu SĂRARU, *Droit international et intégration européenne, Perspectives de l'Europe centrale et orientale*, 2025.
Ludivine CLOUZOT et François-Xavier FORT (dir.), *La réforme du dialogue social dans la fonction publique,* 2025.

Alessio Belli

La citoyenneté sociale à la recherche d'un nouvel imaginaire normatif

L'héritage oublié

Préface de Johan van der Walt

L'Harmattan

5-7, rue de l'École-Polytechnique - 75005 Paris

www.editions-harmattan.fr

ISBN : 978-2-336-53991-1
EAN : 9782336539911

Préface

Ce livre est le résultat d'une excellente thèse de doctorat qu'Alessio Belli a rédigée sous ma direction et qu'il a soutenue de manière mémorable à l'Université du Luxembourg en avril 2024. Belli a soigneusement retravaillé la thèse pour en faire le livre bien écrit que nous avons sous les yeux.

L'argument central développé par Belli dans cet ouvrage concerne l'héritage normatif oublié de la citoyenneté sociale européenne. L'argument fait le point sur les principes normatifs concernant la citoyenneté sociale développés dans les traditions constitutionnelles et juridiques nationales de plusieurs États membres de l'Union européenne et sur la mesure dans laquelle ces principes normatifs sont aujourd'hui encore positivement ancrés dans les documents fondateurs de l'UE. Belli conclut que l'héritage des riches traditions normatives concernant la citoyenneté sociale dans les États membres de l'UE est en effet bien reflété dans les traités et protocoles de l'UE. Cependant, cet héritage reste largement oublié dans les décisions politiques du gouvernement européen et dans la jurisprudence de la Cour de justice européenne, étant donné la prédominance des exigences de l'intégration marchande dans la gouvernance et la jurisprudence européennes de la CJUE. Le souci prioritaire porté à l'intégration de marché a largement réduit la citoyenneté européenne à une citoyenneté concurrentielle, affirme Belli. La gouvernance et la jurisprudence de l'UE encouragent le comportement économique concurrentiel de manière beaucoup plus significative qu'elles n'encouragent les préoccupations de solidarité et d'égalité et le font souvent au détriment évident de ces dernières.

L'argument de Belli n'est certainement pas contre la promotion de principes sains de concurrence économique dans l'UE. La citoyenneté européenne concurrentielle basée sur des règles équitables de concurrence économique est certainement un pilier important de l'intégration européenne et la richesse qu'elle crée est certainement une condition préalable à la citoyenneté sociale pour laquelle il plaide. L'argument est que la citoyenneté européenne ne peut et ne doit pas être réduite à la citoyenneté concurrentielle parce que la citoyenneté sociale est autant une condition pour une citoyenneté concurrentielle stable et saine que cette dernière l'est pour la première. D'où son insistance sur la nécessité de restaurer "l'héritage oublié" de la première, l'héritage oublié des principes de dignité matérielle, d'égalité substantielle et de solidarité inscrits dans les traditions des États membres de l'Union, héritage qui est certainement aussi constitutif de l'Europe et de l'UE que la promotion de la liberté économique et professionnelle.

L'Europe et l'UE sont aujourd'hui confrontées à des défis historiques exceptionnels. Au moment où j'écris cette préface, les chefs d'État et de gouvernement des États membres de l'UE prennent des mesures importantes pour transformer leurs économies en véritables économies de guerre capables de relever des défis que l'Europe n'a pas eu à affronter depuis qu'elle a fait ses premiers pas vers l'intégration en 1956. L'idéal de paix a – précisément en raison de la paix durable qui s'est installée en Europe depuis lors – perdu son attrait en tant que récit légitimant l'intégration européenne, a écrit Dieter Grimm dans un livre important publié en 2016, un livre qui soulignait déjà la perte fatale de légitimité démocratique de l'UE résultant de la priorité manifeste accordée aux libertés de marché au détriment des normes de solidarité sociale. Le récit de la paix est devenu aussi dépassé que la télévision en noir et blanc, observait alors Grimm et comme l'époque a changé depuis[1] ! À l'heure actuelle, la nécessité de développer la capacité de se défendre contre une agression militaire potentielle de la part de voisins puissants à ses frontières orientales, soudainement sans le soutien jusqu'ici toujours supposé des États-Unis que l'ordre mondial d'après-guerre semblait garantir indéfiniment, pourrait bien être devenue l'inspiration la plus puissante pour une intégration européenne renforcée, voire accrue. Il n'est pas improbable que cette nouvelle exigence en vienne même à exiger des réformes significatives des normes de concurrence économique de l'UE. La mise en commun des capacités de certains acteurs du marché et la promotion par l'État de certaines industries, toujours discutables du point de vue des normes ordinaires de concurrence loyale, deviennent souvent moins évitables en période de production rapide de matériel militaire qu'en période de paix insouciante.

En d'autres termes, la nouvelle phase du processus d'intégration européenne dans laquelle nous sommes peut-être en train d'entrer pourrait nécessiter un assouplissement significatif de certains impératifs du droit de la concurrence qui ont régné en maître au cours de la phase précédente. Le *dirigisme* étatique, vieille tradition française, pourrait devenir pour un temps considérable une caractéristique clé de la prochaine phase du processus d'intégration. Il est essentiel que cette évolution ne s'accompagne pas d'un relâchement des principes de solidarité et de sécurité sociales, comme l'a écrit Aurore Lalucq, membre du Parlement européen (Socialistes et Démocrates) et présidente de la Commission des affaires économiques et monétaires, dans *Le Monde* du 14 mars 2025. "En économie de guerre, on consolide l'État social, on ne le détruit pas", écrit Mme Lalucq. La dernière chose que l'UE et ses États membres peuvent se permettre dans les temps incertains et difficiles qui se profilent à l'horizon, c'est d'accroître l'insécurité sociale. Un sens de la citoyenneté dévoué et solide sera leur ressource la plus importante. Ce sens élevé de la citoyenneté restera aussi inimaginable qu'il l'est encore aujourd'hui – que ce soit pour de bonnes ou de mauvaises raisons – s'il ne va pas de pair avec la citoyenneté sociale que Belli décrit dans ce livre avec tant de profondeur et d'éloquence. À cet

[1] D. Grimm, *Europa ja, aber welches*, C.H. Beck, München, 2016, 9, 29-30.

égard, ce livre est l'une des publications les plus opportunes en cette période inopportune dans laquelle nous semblons être entrés.

Mais les temps passent et repassent. Il faut espérer que le récit sombre et inquiétant de l'autodéfense qui sous-tend les réflexions ci-dessus appartiendra bientôt au passé, et même à un passé lointain. Il faut certainement espérer qu'il deviendra bientôt aussi inintéressant que la télévision en noir et blanc évoquée par Grimm. Mais peut-être faudrait-il aussi placer un solide espoir dans la curieuse ruse de la raison (*List der Vernunft*) que Hegel a un jour affirmée comme étant la force motrice des grandes déchéances historiques de la raison. Il faut espérer qu'une Europe future aura appris la leçon selon laquelle les exigences de la citoyenneté sociale ne devraient plus jamais être subordonnées aux exigences de la déréglementation économique, déréglementation économique qui reviendra certainement lorsque la saison du *dirigisme* sera passée. Il faut l'espérer, car la négligence et la décadence de la citoyenneté sociale se sont certainement manifestées une fois de plus, comme au début du XXe siècle, comme l'un des facteurs majeurs du malaise dans lequel le monde est tombé aujourd'hui. La leçon n'a pas été suffisamment retenue la première fois. À cet égard, le livre de Belli devrait être considéré comme la publication la plus opportune que l'on puisse imaginer, non seulement pour le moment inopportun où il est publié aujourd'hui, mais pour tous les temps.

Johan van der Walt
Mars 2025

Introduction[1] : l'émergence d'un *novus ordo*

Le constitutionnalisme européen du 20e siècle se caractérise par la reconnaissance constitutionnelle, sous diverses formes, de la dimension sociale de la citoyenneté. La constitutionnalisation des droits sociaux et le développement progressif des États-providence, traduisant institutionnellement et juridiquement « l'éthique de la transformation sociale, de la société juste, de la justice sociale[2] », introduisent une nouvelle façon de penser et de légitimer l'action des pouvoirs publics. En effet, ces derniers se voient désormais assigner des objectifs concernant l'établissement et la préservation d'« un ordre social juridiquement et substantiellement différent[3] » de celui caractérisant l'État libéral du XIXe siècle : un *novus ordo* fondé sur la construction toujours *in fieri* d'un équilibre raisonnable entre liberté et égalité, économie de marché et cohésion sociale, sur l'extension du catalogue des droits fondamentaux aux droits sociaux et sur la protection/promotion sociale de tous, et en particulier des niches les plus vulnérables de la population.

Ainsi, bien qu'à des moments différents et selon des modalités qui dépendent de parcours historiques et culturels particuliers, l'affirmation de la dimension sociale de la citoyenneté a lieu à la suite de la consolidation d'un paradigme constitutionnel spécifique et commun, le paradigme du *constitutionnalisme social*. Doté de caractéristiques précises et résultant de transformations historiques, d'idées et de mouvements sociaux, culturels et politiques ayant un potentiel transformateur capable de remettre en question le *statu quo*, l'ordre juridique existant, ce paradigme présuppose le dépassement du formalisme rigide du positivisme juridique classique, l'ouverture du droit aux faits et donc aux valeurs éthico-normatives qui les marquent. Prendre au sérieux l'affirmation de ce paradigme constitutionnel signifie alors mobiliser une forme normative de pensée capable d'identifier et isoler les éléments qui lui permettent d'être tel, saisir ce qui justifie l'utilisation du terme "social" dans la formule "constitutionnalisme social", c'est-à-dire l'introduction d'un noyau substantiel structurant la normativité du social et s'articulant synergiquement autour de ressources dogmatico-normatives fondamentales.

Afin de permettre une meilleure compréhension des pages suivantes et, en général, du cadre interprétatif que je vais développer, il faut tout d'abord 1) donner une première définition du concept de citoyenneté sociale et 2)

---

[1] La thèse dont ce livre est issu a bénéficié d'une bourse de recherche de la Chambre des députés du Luxembourg.

[2] A. Cantaro, *Il secolo lungo. Lavoro e diritti sociali nella storia europea*, Ediesse, Rome, 2006, 18.

[3] S. Gambino, *Stato e diritti sociali. Fra costituzioni nazionali e Unione Europea*, Liguori Editore, Naples, 2009, 5.

fournir une première explication de la raison pour laquelle je parle d'un paradigme constitutionnel "commun". Dans cet ouvrage, le concept de citoyenneté sociale désigne l'ensemble des ressources normatives fondamentales constituant la source d'intelligibilité des droits sociaux et des politiques sociales visant à permettre aux citoyens et aux individus en tant que tels d'accéder aux avantages et aux services existants produits par la communauté. N'est pas seulement coessentielle à ce concept la définition d'un niveau minimum de sécurité matérielle en dessous duquel personne ne devrait tomber et qui constitue la base d'une vie digne et de la jouissance des droits de participation politique et des autres droits fondamentaux, mais aussi l'introduction dans la citoyenneté d'une "épaisseur" substantielle composée de contenus normatifs qui doivent être identifiés et approfondis. T. H. Marshall, dans *Citizenship and social class,* à propos du concept de citoyenneté sociale souligne à juste titre que « ce qui importe, c'est qu'il y ait un enrichissement général de la substance concrète de la vie civilisée, une réduction générale du risque et de l'insécurité, une égalisation entre les plus et les moins fortunés à tous les niveaux, entre les bien portants et les malades, les employés et les chômeurs, les vieux et les actifs, le célibataire et le père d'une famille nombreuse[1] ». Dans la reconnaissance constitutionnelle de cette dimension de la citoyenneté et dans la mise en œuvre des politiques sociales destinées à la rendre effective réside l'un des éléments clés du changement paradigmatique étudié dans ce livre.

Il est certainement vrai que le concept de citoyenneté sociale varie selon le pays considéré, car la formulation de ce concept ne peut être abstraite des conditions politiques, économiques, sociales et culturelles du pays en question ni de son parcours historique particulier. Dans le même temps, comme A. Supiot souligne, « cela ne doit pas masquer [...] les virtualités juridiques réelles de cette notion. La citoyenneté sociale [...] implique pour toute personne une capacité égale de prendre part de manière complète et active à la vie socioéconomique de la communauté, cette capacité étant fondée sur des droits garantis par l'État. Elle reflète la participation individuelle dans la vie des institutions, incluant, le cas échéant, une participation à la prise de décision[2] ».

De plus, j'estime que le paradigme constitutionnel qui émerge, au cours de cet ouvrage, sous la dénomination de "constitutionnalisme social", rassemble les pays de l'Europe occidentale car tout en considérant les différents parcours historiques et la diversité et la spécificité des États, les Constitutions européennes du XXe siècle ne sont pas des monades juridiques indépendantes les unes des autres : leur réponse aux mêmes exigences de

---

[1] Voir T. Marshall, *Citizenship and social class*, Cambridge University Press, Cambridge, 1950.

[2] Voir A. Supiot, *Au-delà de l'emploi. Transformations du travail et devenir du droit du travail en Europe*, Flammarion, Paris, 2016.

l'époque, comme celle de niveler les inégalités matérielles excessives compromettant la cohésion de la société par des mécanismes de justice redistributive, leur protection et leur promotion des droits civils, politiques et sociaux, leur tentative de définir un équilibre raisonnable entre le pôle de la liberté et le pôle de l'égalité etc., multiplient les similitudes entre les différents documents constitutionnels, expriment la même éclosion morale, identifient un certain nombre de caractéristiques communes à partir desquelles extraire la structure normative fondamentale de ce nouveau paradigme constitutionnel. Ce processus, impliquant l'attribution d'un statut constitutionnel à la citoyenneté sociale, s'inscrit dans un contexte plus large dans lequel des documents tels que « la Charte de l'Atlantique [...] en 1941, la déclaration de Philadelphie de l'Organisation internationale du travail en 1944, la Charte des Nations Unies en 1945 et la Déclaration universelle des droits de l'homme en 1948, déclarent tous [...] pour la première fois l'idée des droits sociaux de l'homme et d'un ordre international orienté vers des objectifs sociaux[1] ». Ce passage condense des transformations radicales qui sous-tendent l'établissement du paradigme européen du constitutionnalisme social : celles-ci ne peuvent être pleinement appréhendées au sein d'une perspective uniquement comparative qui insiste sur la diversité des manières nationales de reconnaître et de donner une forme concrète aux droits de la dimension sociale de la citoyenneté, sans mettre suffisamment en évidence ce qui leur est profondément commun.

C'est à partir de cette base que, dans le premier chapitre, j'amorce mon discours sur le constitutionnalisme et la citoyenneté sociale à partir de l'ouverture du droit aux faits. En particulier, dans le premier chapitre je soutiens la thèse selon laquelle les pays d'Europe occidentale partagent un paradigme constitutionnel qui émerge à la fin de la Seconde Guerre mondiale et qui présente comme élément d'originalité la reconnaissance de la dimension sociale de la citoyenneté. Je formule et teste ensuite l'hypothèse selon laquelle cette communauté paradigmatique présuppose avant tout la diffusion et l'enracinement de contenus éthico-normatifs fondamentaux, retraçables dans les textes constitutionnels concernés et reconstructibles en tant qu'héritage commun par le biais d'un travail d'excavation conceptuelle/philosophique.

Dans le deuxième chapitre, j'analyse la relation entre la citoyenneté sociale et l'intégration économique dans le contexte du processus d'intégration européenne. Je soutiens la thèse selon laquelle l'ordre européen

---

[1] L. Leisering, « Gibt es einen welthwholfahrtsstaat ? », dans M. Albert, R. Stichweh, (sous la direction de), *Weltstaat und Weltstaatlichkeit. VS Verlag für Sozialwissenschaften.*, https://doi.org/10.1007/978-3-531-90636-2_8, 2007, cité par K. Möller, « From the Ventotene Manifesto to post-democratic integration. A reconstructive approach to Europe's social dimension », dans H. Brunkhorts, C. Gaitanides, G. Grözinger (sous la direction de), *Europe at a Crossroad. From Currency Union to Political and Economic Governance ?*, Nomos, Baden-Baden, 2015, 232.

se configure progressivement comme un ordre constitutionnel de marché organisé autour du principe fondamental de la concurrence. Selon moi, cette position interprétative permet de développer et de justifier une lecture cohérente du processus intégrationniste et de ce qu'une large littérature appelle le "déficit social européen", une formule qui fait référence, dans le contexte européen, à la subalternité des politiques et des "raisons" sociales par rapport à celles économiques. L'hypothèse que j'avance est que la primauté du principe concurrentiel dans le processus d'intégration repose sur des contenus éthico-normatifs fondamentaux identifiables et déterminants une situation de conflictualité profonde avec la normativité des ressources du constitutionnalisme social, conflictualité qui, dans mon analyse, conduit à l'oubli de l'héritage commun reconstruit au premier chapitre.

Enfin, sur la base des résultats des analyses effectuées, dans le troisième chapitre 1) je définis une stratégie critique théorique visant à identifier des propositions, des instruments et des réalisations susceptibles de récupérer et de réactiver les contenus normatifs oubliés sur la base des conditions actuelles ; 2) j'explore les connexions possibles entre ma stratégie théorique et l'ordre européen existant, afin de saisir les potentialités "sociales" inscrites dans ce dernier et non encore développées de manière adéquate.

Chapitre 1 Citoyenneté sociale et théorie constitutionnelle : reconstruction d'un héritage oublié

1 - Compréhension du cadre constitutionnel général : les fondements de l'État constitutionnel de droit

L'affirmation du cadre constitutionnel "social" est inextricablement reliée à l'éclatement de l'État mono-classe, c'est-à-dire un État fondé sur « un univers de principes éthiques (ceux de la bourgeoisie libérale) restreint au sein d'une structure institutionnelle [...] fonctionnelle à la garantie de certaines structures économiques et sociales et, par conséquent, inadéquate pour accueillir les processus évolutifs, pour faire face aux transformations économiques, sociales et culturelles qui ont affecté l'Europe à partir de la fin du XIXe siècle[1] ». Dans cette première section, je procède ainsi à la première étape de mon processus démonstratif : la compréhension des caractéristiques saillantes du paradigme constitutionnel qui s'impose en Europe occidentale après la Seconde Guerre mondiale et de l'émergence conséquente de la citoyenneté sociale ne peut pas ne pas se baser sur la saisie de l'interconnexion fondamentale entre, d'une part, l'élargissement des contenus normatifs constitutionnels et des systèmes de garantie visant à établir et à préserver un ordre socialement juste et, d'autre part, « les contradictions socioéconomiques et les lacérations politico-idéologiques qui ont germé sur le terrain du libéralisme et des formes de son étatisation[2] ». A. Supiot souligne que « dans la texture du droit s'impriment […] tout à la fois ce que les sociétés affrontent, ce qu'elles rêvent et ce qu'elles redoutent. Autrement dit, ce qui les fait agir[3] » : cela signifie que l'analyse adéquate d'un phénomène juridique doit nécessairement s'interfacer avec le monde des faits dans lequel ce phénomène a ou a eu lieu.

À partir de cette perspective épistémologique et afin d'identifier sur le plan conceptuel les conditions constitutionnelles au sein desquelles la citoyenneté sociale se développe pleinement et devient l'un des piliers normatifs des démocraties européennes, je développe mon discours à travers six sections, chacune servant à décrire les changements fondamentaux qui ont lieu lors de la transition de l'État législatif de droit à l'État constitutionnel de droit[4].

---

[1] S. Gambino, *Stato e diritti sociali. Fra costituzioni nazionali e Unione Europea*, 1.
[2] Ibidem, 7.
[3] A. Supiot, *Grandeur et misère de l'État social,* leçon inaugurale au Collège de France prononcée le jeudi 29 novembre 2012.
[4] Cette analyse repose principalement sur les textes mentionnés de G. Zagrebelsky et L. Ferrajoli.

1.1 - De la souveraineté de la loi à la souveraineté de la Constitution

Le cadre constitutionnel qui se dessine en Europe au lendemain de la Seconde Guerre mondiale se caractérise par le passage de l'État législatif de droit, fondé sur la primauté du principe de légalité en tant que source exclusive du droit existant et valide, à l'État constitutionnel de droit[1], fondé sur l'affirmation de la Constitution, c'est-à-dire sur la subordination de la législation ordinaire à un droit hiérarchiquement supérieur[2]. Il est donc nécessaire de clarifier les implications conceptuelles les plus significatives de cette étape transformatrice.

L'État législatif de droit constitue la forme de l'État de droit moderne. Le noyau conceptuel à la base de l'État législatif de droit se situe dans l'acte de « refondation du droit sur le principe de légalité comme méta-norme de reconnaissance du droit existant et [...] comme source de légitimité du pouvoir en vertu de sa subordination à la loi[3] ». Par l'affirmation de la primauté du principe de légalité, la loi devient une instance suprême et irrésistible qui légitime le pouvoir en le subordonnant à elle-même et la souveraineté "législative" devient l'expression d'une force normative absolue jouant le rôle de « fonction ordonnatrice générale[4] » et prenant en charge toute l'activité normative nécessaire. Ainsi, dans le contexte défini par la primauté du principe de légalité, le positivisme juridique constitue la conception du droit appropriée à l'État législatif de droit : la production juridique relève de la compétence exclusive d'une seule instance constitutionnelle, celle législative, et la validité repose sur une conception purement formelle/procédurale déconnectée de concepts substantiels tels que "le juste" ou "le vrai"[5]. Par conséquent, la loi, source unique de la normativité, reconduit et réduit à ses dispositions tous les éléments du droit (droits, pouvoir exécutif, pouvoir judiciaire, etc.), fondant sur cette réduction l'unité et la cohérence même du système juridique.

Dans l'État législatif de droit, l'unité et la cohérence du système juridique reflètent le caractère "moniste" ou "mono-classe" de la société politique, hégémonisée par les principes éthiques, politiques et juridiques de la bourgeoisie libérale. Le caractère mono-classe de la société libérale lie matériellement l'activité législative à « un contexte sociopolitique et idéal

---

[1] Dans ce livre, j'adopte le couple conceptuel proposé par L. Ferrajoli dans ses ouvrages. Voir L. Ferrajoli, *Iuria Paria. I fondamenti della democrazia costituzionale,* Edizione Scientifica Napoli, Naples, 2015.

[2] Cette transition est également qualifiable à travers le concept d'État de droit faible ou formel (État législatif de droit) et le concept d'État de droit fort ou substantiel (État constitutionnel de droit).

[3] L. Ferrajoli, *Iuria Paria,* 8.

[4] G. Zagrebelsky, *Il diritto mite,* Einaudi, Turin, 1992, 25.

[5] *Auctoritas, non veritas facit legem* : ce principe hobbesien exprime le processus de sécularisation progressive du droit, fondement du positivisme juridique. T. Hobbes, *A dialogue between a Philosopher and a Student of the Common Laws of England,* 1681.

défini et homogène[1] », en tant que tel capable de s'auto-ordonner et de s'autolimiter de l'intérieur, sans avoir besoin d'un niveau juridico-normatif au-dessus de la loi elle-même. Dans un tel contexte, les centres décisionnels politico-législatifs sont entièrement l'apanage d'une classe sociale[2], la bourgeoisie : sa domination politique et l'homogénéité interne de ses intérêts, de ses valeurs et de ses principes garantissent à la fois le contrôle de l'édifice juridique et la préservation des structures économiques et sociales qui lui sont favorables. À cet égard, C. Schmitt souligne que l'État libéral n'a d'autre tâche que de « sauvegarder l'ordre juridique bourgeois, qui repose sur la propriété privée et la liberté individuelle et considère l'État comme le garant armé [...] de cet ordre bourgeois[3] ».

Le caractère monolithique de ce régime constitutionnel se délite au fur et à mesure que les grands processus de transformation économique, politique, sociale et culturelle avancent en Europe, notamment à partir de la fin du XIXe siècle. En effet, l'« organisation progressive sur la base des intérêts particuliers de la société, qui perd de plus en plus son caractère atomistique, et la déficience des moyens juridiques et institutionnels dont dispose la société pour refléter et faire valoir sa structure au sein de celle de l'État[4] » sont à l'origine de la crise structurelle de l'État bourgeois et du développement de mouvements radicaux de renouveau sociopolitique caractérisés par l'action continue, diffuse et organisée de groupes de citoyens capables de se tailler des espaces toujours plus grands de participation politique. Ces processus de transformation, qui conduiront à l'élargissement du droit de vote, à la "démocratie de masse", à l'"État des partis" et donc au pluri-classisme de l'État, imposent la nécessité de reconnaître des droits étrangers aux codes de la démocratie libérale, des droits expressions du poids politique acquis par les groupes sociaux précédemment exclus (comme le droit syndical, d'association, etc.) et étroitement liés aux ravages sociaux provoqués par le libre jeu de marché et l'incapacité de la théorie économico-politique libérale à y répondre.

Tous ces phénomènes sont à l'origine du développement d'un régime constitutionnel différent, l'État constitutionnel de droit. Cette forme étatique s'impose en Europe après la Deuxième Guerre mondiale et produit un changement de paradigme décisif en modifiant la position de la loi : elle ne représente plus le sommet du système normatif, mais elle est placée dans un rapport de subordination et de conformité, tant formelle que substantielle, avec un niveau supérieur de droit garanti par des organes juridictionnels

---

[1] G. Zagrebelsky, *Il diritto mite,* 35.

[2] En ce sens, un rôle fondamental dans l'éloignement du pouvoir politico-législatif des mouvements politiques antagonistes comme le prolétariat est joué par la restriction du droit de vote.

[3] C. Schmitt, *Dottrina della Costituzione,* Giuffré, Milan, 1983, 177-178.

[4] S. Romano, « Lo Stato moderno e la sua crisi », dans *Lo Stato moderno e la sua crisi. Saggi di diritto costituzionale,* Giuffrè, Milan, 1969, 23.

spécifiques, à savoir le niveau constitutionnel. C'est dans ce sens qu'on peut parler de la "souveraineté de la Constitution" : cette dernière est au sommet d'un système normatif complexe qui non seulement définit les critères formels/procéduraux de la production juridique mais aussi et surtout réglemente cette dernière sur la base de critères substantiels concernant le contenu des normes produites. De cette manière, le concept de "constitutionnalité" prend tout son sens en tant que « modalité d'autoréflexion du droit[1] », c'est-à-dire en tant que modalité par laquelle le droit se pose lui-même comme objet de sa réflexion. La rigidité de la Constitution est par la suite assurée à travers la fixation de procédures complexes de révision constitutionnelle et l'introduction du contrôle de constitutionnalité des lois[2].

Ainsi, le passage de l'État législatif de droit à l'État constitutionnel de droit produit un changement conceptuel fondamental dans la manière d'interpréter les chartes constitutionnelles : il ne s'agit plus de déclarations solennelles contenant une liste de lois qui peuvent toujours être modifiées par le législateur, mais elles identifient désormais un ensemble de limites formelles/substantielles à l'activité du législateur lui-même, qui est appelé à les respecter. Ce dernier est ainsi « soumis à un ensemble de valeurs et de principes constitutionnels supérieurs sur lesquels [...] un consensus social suffisamment large est obtenu[3] ». Le "principe de constitutionnalité" se superpose au principe de légalité dans la détermination du régime des droits et libertés et, plus généralement, dans les activités d'orientation, de garantie et d'unification du système juridique. Son affirmation établit une normativité et une validité à multiniveaux qui font de la cohérence et de la complétude les « idéaux-limites du droit valide[4] » : sur la base de la perfectibilité du système juridique, la cohérence et la complétude « ne reflètent pas l'être réel, mais seulement le devoir-être des normes par rapport à leurs normes supérieures[5] ».

Le rôle joué par le principe de constitutionnalité s'avère particulièrement significatif dans la mesure où le développement de l'État pluri-classe met en jeu une multiplicité de forces politiques et sociales exprimant des intérêts, des valeurs et des revendications hétérogènes et concurrentes. Dans un tel contexte, le droit n'émane plus en termes logiquement cohérents et unifiés

---

[1] E. Christodoulidis, *The redress of law*, Cambridge University Press, Cambridge, 2021, 193.

[2] Même avant l'établissement de l'État constitutionnel de droit, de nombreuses constitutions européennes contenaient des procédures spéciales de révision et d'amendement, mais aucune d'entre elles ne confiait le contrôle de la constitutionnalité des lois à des organes juridictionnels spécifiques. Aucune, sauf l'Autriche, qui a créé, en 1920, une Cour constitutionnelle chargée de contrôler la constitutionnalité des lois. Voir H. Kelsen, *La garantie juridictionnelle de la Constitution*, Laval, Paris, 1928.

[3] G. Zagrebelsky, *Il diritto mite*, 18.

[4] L. Ferrajoli, *Diritto e ragione*, Laterza, Rome, 1989, 920-921.

[5] Ibidem.

d'un ensemble d'intérêts objectifs et généralisables sur la base de l'uniformité interne de la classe qui détient le monopole législatif. Il devient plutôt un champ conflictuel dans lequel les groupes sociaux se font concurrence et s'affrontent, avancent leurs revendications de protection et de promotion et demandent des interventions juridiques visant à satisfaire leurs priorités particulières. C'est cette logique de développement qui conduit à la réglementation par la loi de nouveaux secteurs tels que le secteur social, auparavant laissé à la merci de l'initiative privée et des effets dévastateurs du libre jeu du marché et désormais pris en charge par la législation sociale en termes d'assistance et de sécurité sociales généralisées. Ainsi, par l'affirmation et la garantie des droits sociaux, le « *status positivus*[1] » s'affirme, surmontant « le minimalisme de l'État du XIXe siècle et avec lui aussi la tradition des "Constitutions brèves", visant à garantir l'autonomie de l'individu et à résoudre son égalité dans la simple sujétion à la loi[2] ». En outre, inhérent au pluralisme juridique et politique des structures et des institutions sociales de l'État pluri-classe, le pluralisme sociopolitique s'exprime non seulement dans le domaine de la loi étatique, mais également à travers la diversification des sources du droit, par le biais de laquelle des sujets tels que les syndicats, les patronages, les associations professionnelles, etc., acquièrent un rôle important en termes de production normative. Ce qu'il faut alors souligner, c'est le passage « d'un monisme de la loi à un pluralisme juridique[3] » multiplicateur des sources du droit ; cette diversification des sources du droit joue ainsi un rôle fondamental dans la construction de la dimension sociale de la citoyenneté.

En conclusion, l'affirmation de la souveraineté de la Constitution fait de celle-ci « le centre de référence d'une société qui reconnaît en elle le miroir de sa propre culture et dans ses prescriptions le fondement de ses propres espérances. Les principes, les valeurs et les droits qu'elle envisage et que la société partage représentent dans ce cadre un patrimoine à préserver de la mutabilité de [...] la loi[4] » et nous introduisent à l'intérieur d'une conception du droit plus complexe que celle contenue dans le positivisme juridique caractérisant l'État législatif de droit. C'est à la clarification de cette conception que la section suivante est consacrée.

1.2 - La dimension substantielle du droit

Le cadre défini par l'État constitutionnel de droit introduit dans le droit une dimension "substantielle" qui en modifie la nature et la base théorique de

---

[1] Voir G. Jellinek, *Sistema dei diritti pubblici soggettivi*, S.E.L., Milan, 1912.

[2] S. Gambino, *Stato e diritti sociali. Fra costituzioni nazionali e Unione Europea*, 5.

[3] F. Ewald, *L'État providence*, Bernard Grasset, Paris, 487, 1986.

[4] S. Gambino, « Diritti e cittadinanza (sociale) nelle costituzioni nazionali e nell'Unione », Rapport de conférence *Diritti e cittadinanza nell'Unione Europea*, Université de Calabre, 9 mai 2013, 18.

sa validité. La transformation de la nature du droit est produite par l'extension de sa positivité « de la loi aux normes qui déterminent le contenu des lois[1] » : la production des lois est réglementée non seulement par des normes de caractère formel mais aussi par des normes substantielles concernant leur contenu. Cela implique la « dissociation entre la validité d'une loi et son être en vigueur et une nouvelle relation entre la forme et la substance des décisions[2] » : alors qu'à la base du principe de légalité nous reconnaissons l'équivalence entre l'existence ou l'être en vigueur des normes et leur validité, dans l'État constitutionnel de droit cette équivalence est rompue face à la possibilité d'une norme formellement en vigueur mais substantiellement invalide dans la mesure où son contenu est en conflit avec ce qui est établi par les normes constitutionnelles substantielles. Par conséquent, le paradigme de l'État constitutionnel de droit, à côté du « principe de légalité formelle[3] » établissant les critères formels de la production normative et donc les conditions pour qu'une norme soit en vigueur, introduit le « principe de légalité substantielle[4] », c'est-à-dire une série plus complexe de critères de contenu à la base de la reconnaissance de la validité d'une norme ; un principe donc qui « lie également la substance, le contenu ou les significations des normes produites à la cohérence avec les principes et les droits établis par la Constitution[5] ». L'introduction de cette dimension substantielle est ce qui permet de dépasser l'approche purement formelle au droit, l'approche qui étudie le droit en se concentrant exclusivement sur les caractéristiques formelles de sa structure « indépendamment des valeurs que cette structure sert et du contenu qu'elle contient[6] ».

Dans la perspective de cet ouvrage, il est fondamental de souligner cette introduction de limites et de contraintes substantielles agissant sur les contenus de l'activité législative car c'est ce qui permet de passer d'une conception purement formelle-procédurale de la démocratie à une conception substantielle, fondée sur le respect des instances éthico-normatives situées au cœur des droits fondamentaux (civils, politiques, sociaux) et expressions de ces limites et contraintes. L'incorporation de cette dimension substantielle dans le droit est ce qui organise et permet l'interconnexion structurelle entre le droit et son environnement culturel, politique et social. Cet environnement externe constitue la référence "allogène" à laquelle le droit doit toujours se rapporter car elle délimite les tissus normatifs que les concepts juridiques doivent joindre afin d'établir un *corpus* partagé de normes et de valeurs capable de stabiliser les liens sociaux

---

[1] L. Ferrajoli, *Iura Paria,* 10.
[2] Ibidem.
[3] Ibidem, 11.
[4] Ibidem.
[5] Ibidem.
[6] C. Faralli, *La filosofia del diritto contemporanea,* Editori Laterza, Rome, 2002, 4.

et de délimiter le cadre normatif général dans lequel le processus législatif peut se greffer : « les valeurs sont là où la raison constitutionnelle retourne à ses sources, et fonctionnent donc comme la limite de la portée de la raison constitutionnelle[1] ». Il est fondamental pour la compréhension des institutions de droit de pouvoir saisir l'*ethos* de ces institutions puisqu'il existe toujours un lien profond entre l'ensemble des valeurs qu'elles assument et la *praxis* par laquelle elles opérationnalisent ces valeurs ; comme le souligne L. Pennacchi, « les institutions ne peuvent être pleinement comprises que si elles sont considérées comme des tentatives imparfaites de réaliser des idéaux moraux et politiques et, à leur tour, certains idéaux ne peuvent être pleinement compris que par rapport à leur traduction dans des institutions spécifiques[2] ». Par conséquent, ces "tentatives imparfaites" sont porteuses d'un engagement normatif reconnaissable, incarnant des valeurs répandues et déterminant des attentes fixes, généralisées, dont la validité ne s'éteint pas en cas de non-respect puisque leur éventuelle insatisfaction ne concernera pas la stabilité de ces attentes mais plutôt l'inefficacité de l'action entreprise. Le droit est alors l'instrument qui permet d'assurer l'engagement envers ces attentes normatives parce qu'il stabilise cet engagement en l'enracinant dans un cadre juridique reconnaissable, systématiquement organisé et à valeur constitutionnelle.

La stabilisation de ces attentes au niveau constitutionnel met l'accent sur la capacité du droit de garantir l'unité de l'ordre juridique "à un niveau supérieur", de guider l'action de ce dernier sur la base d'une structure de valeurs consolidée et récurrente[3] et de gérer de manière cohérente les relations avec l'environnement politique, social et culturel. Ainsi, la transformation paradigmatique introduite par l'État constitutionnel de droit « consiste à avoir incorporé, en les transformant en règles de légitimation interne d'importance constitutionnelle, des sources de justification externe relatives au quand et au comment de l'exercice des pouvoirs publics[4] », en comprenant comme sources de justification externe des « principes normatifs extérieurs au droit positif, c'est-à-dire des critères d'évaluation moraux, ou politiques, ou utilitaires de nature extra ou métajuridique[5] ».

L'analyse de la dimension substantielle du droit est particulièrement significative dans l'économie de cet ouvrage car le développement de la dimension sociale de la citoyenneté, l'extension des droits de la sphère civile

[1] E. Christodoulidis, *The redress of law,* 230.
[2] L. Pennacchi, *La moralità del welfare. Contro il neoliberismo populista*, Donzelli Editore, Rome, 2008, 13.
[3] La lecture dworkinienne parle à ce propos de substance morale du droit. R. Dworkin, *Is Democracy Possible Here ? Principles for a New Political Debate,* Princeton University Press, Princeton, 2006.
[4] L. Ferrajoli, *Diritto e ragione,* 348.
[5] Ibidem, 197.

et politique à la sphère sociale ainsi que l'affirmation de l'État-providence se distinguent par des contenus moraux identifiables et produisant un élargissement normatif de grande ampleur par rapport aux canons de la tradition libérale. Au cœur du constitutionnalisme social de l'après-guerre se trouvent des valeurs telles que la solidarité, la dignité, la primauté de la valeur de la personne en soi (d'où découle la nécessité de garantir des conditions de vie dignes, l'estime de soi et le respect de soi pour tous), qui constituent des ressources dogmatiques[1] indispensables demandant constamment à être mises en œuvre et exprimant « des valeurs qui aspirent à générer des normes ou du moins demandent à être garanties par des normes[2] ». Comme nous le verrons, la reconnaissance et la mise en œuvre des droits sociaux en tant que droits fondamentaux constituent des moments clés dans la concrétisation de ces exigences normatives.

1.3 - Les droits fondamentaux comme réalité présupposée au droit législatif

Ainsi, nous pouvons saisir dans la dimension substantielle du droit une portée normative structurée par des « critères méta-éthiques et métapolitiques – la coexistence pacifique, l'égalité, la dignité des personnes, leurs besoins vitaux – aptes à justifier la stipulation de certains intérêts ou besoins comme droits fondamentaux[3] ». Il est donc nécessaire de clarifier le statut des droits fondamentaux inscrits dans le paradigme de l'État constitutionnel de droit et ses implications en ce qui concerne la théorie du droit.

Tout d'abord, l'État constitutionnel de droit introduit la distinction entre la loi, entendue comme une règle produite par le législateur, et les droits fondamentaux, entendus comme des revendications subjectives absolues, ayant une validité en soi, c'est-à-dire ne nécessitant pas la sanction de la loi pour être valides. L'introduction de cette distinction constitue une innovation considérable. En effet, dans l'État législatif de droit, la science juridique organise ses réflexions théoriques autour de la théorie des droits publics subjectifs. D'une part, cette théorie fait de l'État l'un des sujets régis par le droit car elle discipline son action à travers des normes formelles configurant juridiquement ses relations avec les individus, soustrayant ainsi ces derniers à l'arbitraire de l'action du pouvoir étatique. D'autre part, cette discipline n'est efficace que par rapport à l'État en tant qu'administration publique, dans son organisation concrète et dans son fonctionnement concret, et ne s'applique pas à l'État en tant que législateur, en tant que maître de la loi. Par conséquent, dans le cadre défini par l'État législatif de droit, « les droits

---

[1] Voir E. Christodoulidis, *The redress of law,* 231.
[2] C. Pavone, *Prima lezione di storia contemporanea,* Laterza, Rome-Bari, 2007, 171.
[3] L. Ferrajoli, *Iura Paria,* 95.

ne peuvent pas être conçus comme une limitation, mais seulement comme une autolimitation et une concession. Les droits existent dans la mesure où le législateur ne les a pas reconnus mais créés [...][1] » ; ils n'ont pas une substance juridique réelle susceptible de donner lieu à des formes de garantie en cas de violation par la loi, mais ils sont seulement dotés de la forme juridique établie par la loi. Si, d'une part, cela permet de dépasser le pur arbitraire du pouvoir étatique, l'absence de la dimension substantielle des droits reflète la soudure entre le monopole législatif caractérisant l'État législatif de droit et sa structure mono-classe, sanctionnant ainsi la primauté et l'unité de l'État et du rapport de force qui le caractérise par rapport aux positions subjectives des individus. Par conséquent, il s'agit d'une conception juridique des droits « résiduelle ou secondaire[2] », loin de l'idée des droits comme patrimoine inaliénable et inhérent à l'existence de l'individu en tant que tel.

Dans cette configuration des droits, la différence entre *jus* et *lex* n'est appréciable que sur un plan purement conceptuel/formel, dans la mesure où les droits ne jouissent pas d'une réalité autonome, indépendante de la loi. L'État constitutionnel de droit produit un changement de paradigme : les droits affirmés dans les chartes constitutionnelles constituent des droits fondamentaux, inviolables, acquièrent une réalité propre que la loi est toujours tenue de respecter. Les droits reconnus constitutionnellement sont assumés comme une « réalité présupposée au droit législatif[3] », comme un ancrage à un ordre objectif rigidement protégé, plus fort que les différentes raisons et volontés politiques en lutte. Cet équipement juridique est porteur d'un "devoir-être" éthico-politique qui, à travers l'identification des droits qui doivent être reconnus et garantis comme fondamentaux, s'impose au droit positif de l'extérieur, en le connotant en termes normatifs et de projection. De cette manière, les droits fondamentaux délimitent la « sphère de l'indécidable[4] », c'est-à-dire de ce qui est indisponible, qui échappe à l'emprise d'entités sociales telles que la politique ou le marché. Au niveau juridique, cela se traduit en la rigidité de la Constitution : cette rigidité fait que les lois ordinaires incompatibles avec les principes constitutionnels de protection des droits fondamentaux sont déclarées invalides.

La non-décidabilité de la sphère délimitée par les droits fondamentaux ressort aussi de la structure logico-juridique fondamentale de ces derniers, lesquels s'identifient « à tous les droits qui sont universellement attribués à chacun en tant que personne, ou en tant que citoyen[5] ». Cette structure logico-juridique des droits fondamentaux, qui peuvent ainsi être exprimés

---

[1] G. Zagrebelsky, *Il diritto mite,* 58.
[2] Ibidem, 59.
[3] Ibidem, 74.
[4] L. Ferrajoli, *Iura Paria,* 106.
[5] L. Ferrajoli, *Diritto e ragione,* 946-963.

sous la forme de règles universelles s'appliquant de manière égale à tous, une fois inscrite dans la constitution établit la non-dérogation de ces droits, quels que soient l'orientation politico-idéologique dominante ou le rôle assigné au marché.

Les droits fondamentaux sont généralement répartis en plusieurs générations. La classification classique prévoit une première génération de droits fondamentaux, concernant les droits à la liberté (droits civils et politiques) et donc la sauvegarde des libertés traditionnelles, dans le but de garantir aux individus des espaces de liberté inaccessibles aux pouvoirs publics et la possibilité de participer librement à la vie publique et politique. Les droits sociaux et économiques sont inclus dans la deuxième génération de droits fondamentaux[1]. Cette génération de droits est qualifiée généralement en termes d'attentes positives de performance auxquelles les autorités publiques doivent répondre et ils sont reconnus dans les constitutions européennes de différentes manières. L'un des objectifs de cette étude est celui de justifier l'appartenance de ces droits à l'ensemble des normes substantielles qui informent et délimitent "la sphère de l'indécidable", c'est-à-dire la dimension substantielle de la démocratie constitutionnelle. La garantie des droits fondamentaux inscrits dans la constitution – et donc aussi des droits sociaux – constitue la finalité de l'État constitutionnel de droit : la raison d'être de son existence réside dans l'accomplissement de ce "contrat social". Comme le souligne L. Ferrajoli, « c'est dans ce rapport entre moyens institutionnels et fins sociales, et dans la primauté conséquente des droits fondamentaux sur les pouvoirs publics, des individus en chair et en os sur les machines politiques et les appareils administratifs, que réside le sens profond de la démocratie[2] ».

1.4 - La détermination constitutionnelle des principes de justice

La construction et l'établissement d'un tel ordre constitutionnel reposent également sur une autre innovation paradigmatique introduite par l'État constitutionnel de droit, « la détermination, par le biais de normes constitutionnelles, de principes matériels de justice destinés à informer l'ensemble de l'ordre juridique[3] ».

L'État législatif de droit, conformément aux postulats du positivisme juridique, ne reconnait aucun contenu juridico-normatif autre que celui exprimé par la loi. Par conséquent, ce contenu est défini à partir d'un seul plan, celui déployé par la loi, ce qui rend impossible de différencier

---

[1] Le débat actuel identifie également une troisième génération de droits (droit à un environnement sain, droit à la paix, droit au développement, etc.) et une quatrième génération de droits (concernant la protection de l'être humain dans des domaines tels que la biomédecine, la biotechnologie, etc.)

[2] L. Ferrajoli, *Iura Paria,* 118.

[3] G. Zagrebelsky, *Il diritto mite,* 123.

qualitativement et juridiquement la justice de ce que la loi établit. Ainsi, dans l'État mono-classe du XIXe siècle, la domination politique de la classe bourgeoise fait de l'ordre juridique un système logico-formel fermé sur lui-même : dans un tel système, les revendications exprimant des visions des valeurs et de la justice externes à ce tissu connectif unidirectionnel apparaissent pour cette raison dépourvues du caractère juridique, insusceptibles de devenir des sources de droit. Le caractère monolithique de l'État législatif de droit détermine une situation dans laquelle l'État ne s'engage à limiter les libertés individuelles que dans le but de maintenir l'ordre public et de défendre ainsi les valeurs fondamentales du système juridique contre la menace des effets déstabilisateurs d'une utilisation "anarchique" de ces libertés. Cela présuppose une conception de la vie collective comme scénario de la rencontre\collision entre les différents intérêts individuels, expression des droits individuels et de leur exercice atomistique, et la non-attribution d'une opérativité juridique concrète aux principes matériels de justice qui, même lorsqu'ils sont reconnus, peuvent au mieux constituer une déclaration d'intention exquisément politique.

La détermination constitutionnelle des principes matériels de justice, en revanche, attribue à l'État un ensemble d'objectifs généraux à poursuivre et à promouvoir au-delà des volontés individuelles et concernant une multiplicité de domaines tels que la dimension économique, sociale, environnementale, intergénérationnelle, etc. En d'autres termes, elle affirme comme nécessité prioritaire celle de poursuivre un ordre objectif autour d'intérêts généraux de justice « qualitativement différents de la simple somme des intérêts individuels[1] », en introduisant ainsi une normativité de la vie collective bien plus complexe que la réglementation de l'exercice atomistique des volontés individuelles. Dans ce contexte, le droit n'est pas seulement « l'ensemble des conditions par lesquelles la volonté arbitraire de l'un peut s'accorder avec la volonté arbitraire de l'autre selon une loi universelle de liberté[2] », mais c'est aussi ce qui engage l'État à définir des conditions structurelles établissant un ordre objectif dans lequel « les activités publiques et privées doivent nécessairement s'inscrire en fonction d'intérêts matériels indisponibles[3] ». De ce fait, la détermination constitutionnelle des principes matériels de justice leur confère à la fois le caractère de valeurs fondatrices à la base de l'unité matérielle de l'ordre juridique et le caractère de « valeurs directrices[4] » de l'action législative car dotées « d'une dimension prescriptive directe[5] », c'est-à-dire orientée vers la

[1] Ibidem, 125.
[2] I. Kant, « Principi metafisici della dottrina del diritto », *Stato e società civile*, Editori Riuniti, Roma, 1982, 214.
[3] G. Zagrebelsky, *Il diritto mite,* 124.
[4] G. Bongiovanni, *Costituzionalismo e teoria del diritto,* Editori Laterza, Rome, 2012, 29.
[5] Z. Viola, *Diritto e interpretazione. Lineamenti di teoria ermeneutica del diritto*, Editori Laterza, Rome, 1999, 378.

discipline de la réalité. En affirmant « une exigence de justice, d'équité ou de quelque autre dimension de la morale[1] » particulièrement pertinente dans une configuration historico-temporelle précise, les principes constitutionnels affirment ainsi leur ancrage à la réalité. Par conséquent, l'introduction de principes constitutionnels constitue une des explicitations les plus claires de l'ouverture du droit au monde des faits, à des faits qui ne sont jamais neutres mais inscrits dans le milieu historique, social, politique et moral d'une communauté donnée, et donc de son appartenance à une réalité sociohistorique déterminée. L'interprétation même des formulations constitutionnelles des principes ne peut se passer de la compréhension de l'*ethos* d'un "monde vivant" constamment en devenir et objet de l'intervention juridique.

Donc, les principes matériels de justice reconnus dans les Constitutions européennes élaborées après la Seconde Guerre mondiale expriment des conceptions de la justice et des valeurs multiples, diverses, potentiellement conflictuelles et enracinées dans une réalité particulière porteuse d'exigences juridiques spécifiques. La tâche de l'État constitutionnel est alors d'élaborer et de retravailler constamment un équilibre "raisonnable" entre les différentes exigences de justice et de respect des droits individuels : la multiplicité des manières de concevoir les principes et les droits caractérisant les sociétés pluralistes et donc la possibilité constante de conflits font de la cohérence du système un élément de légitimité toujours à atteindre. En particulier, l'ensemble des principes constitutionnels explicite « la vocation (de la Constitution) à imprégner les différentes sphères de la coexistence organisée[2] » tout en assurant son unité substantielle et la « composition dans la dimension historico-concrète[3] » des conceptions de la justice constitutionnellement sanctionnées.

C'est à partir de ce contexte qu'il faut comprendre le développement de l'interventionnisme étatique dans les domaines social et économique : la sphère des relations sociales et économiques ne constitue pas « un *hortus conclusus*, dépourvu de relations avec le tissu normatif de la Charte constitutionnelle[4] », mais plutôt un domaine constitutionnellement régi par la dimension substantielle des principes constitutionnels du système juridique. La Constitution, par la capture constitutionnelle de la dimension économique et sociale, s'impose comme infrastructure politico-normative des relations entre les individus, la société et l'État. Cette infrastructure normative définit ainsi certains objectifs de justice sociale et donne à l'État le pouvoir d'intervenir dans les domaines sensibles où ces objectifs doivent être

---

1 R. Dworkin, *I diritti presi sul serio,* Il Mulino, Bologne, 1982, 90.
2 L. D'Andrea, « I principi costituzionali in materia economica », *Principi costituzionali,* Giuffrè, Milan, 2015, 650.
3 G. Zagrebelsky, *Il diritto mite,* 127.
4 L. D'Andrea, « I principi costituzionali in materia economica », 650.

réalisés. Ainsi, à la différence du modèle libéral centré sur l'autorégulation du marché, maintenant l'État recourt au « pouvoir politique pour supplanter, compléter ou modifier les opérations du système économique afin d'atteindre des résultats que le système économique n'atteindrait pas de lui-même (...) guidé par d'autres valeurs que celles déterminées par les forces du marché ouvert[1] ».

Du point de vue de cet ouvrage, la prise en charge de cette tâche par l'État revêt une grande importance car l'implémentation des droits sociaux et le développement des politiques sociales caractérisent de manière particulière l'action des États européens, constituant l'un de leurs grands axes constitutionnels matériels et le contenu spécifique de la dimension sociale de la citoyenneté.

1.5 - Le pluralisme des principes et l'impossibilité d'une hiérarchie des valeurs

Le pluralisme des principes est une autre caractéristique spécifique de l'État constitutionnel de droit. Cette caractéristique reflète la base matérielle pluraliste des sociétés contemporaines et l'ancrage des principes dans l'environnement socioculturel dont ils font partie.

Dans l'État législatif de droit, le fait que la société soit caractérisée par le monopole politico-législatif d'une classe sociale capable de déterminer en elle-même les conditions d'unité et de cohérence de la législation permet d'adopter une approche "logico-formelle" au système juridique, c'est-à-dire de le considérer comme « un système donné et complet, issu d'un fondement unique et donc capable de se développer de manière déductive selon le principe de non-contradiction[2] ». Cette autoréférentialité logico-formelle du système découlant du caractère moniste de l'État législatif de droit prive ce dernier des instruments juridiques et institutionnels appropriés pour faire face à la diversification progressive des groupes et des couches sociales, à l'émergence de la question sociale et de la revendication radicale d'une plus grande participation démocratique au pouvoir. Ce mouvement de diversification porte en lui une multiplicité d'aspirations à la justice et de conceptions de valeurs qui demandent à être juridiquement reconnues, à faire partie du droit sanctionné en opposition à l'écrasement unilatéral de ce dernier sur les prérogatives de la classe détentrice du monopole législatif. Ces demandes de reconnaissance juridique issues des évolutions de la réalité historico-concrète, c'est-à-dire de la sphère de l'"être", dans le cadre défini par l'État législatif de droit conservent un caractère pré-juridique dans la mesure où la doctrine positiviste qui fonde ledit cadre établit une distinction claire entre la sphère juridique, c'est-à-dire la sphère du devoir-être, des

---

[1] T. H. Marshall, *Social Policy*, Routledge, Londres, 1975, 15.
[2] G. Zagrebelsky, *Il diritto mite,* 167.

valeurs, etc., et la réalité. En effet, sur la base du rattachement unilatéral de l'activité législative à un contexte sociopolitique moniste, le critère juridique de validité établit que « la norme juridique valable est celle qui émane d'une volonté autorisée, de manière indépendante du contenu de cette volonté. La réalité n'a, en elle-même, aucune prétention à l'égard du droit, puisque sa vérité n'a rien à voir avec la volonté dont découle la norme juridique[1] ». Tout à fait en accord avec la nécessité pour la classe dominante de sauvegarder son monopole politico-législatif, la séparation de la sphère du devoir-être et de la réalité revient donc à sanctionner une condition d'intraduisibilité juridique des instances sociopolitiques produites par le développement de collectifs d'intérêt ayant un poids croissant dans la concrétude de la dimension historico-temporelle. Par conséquent, dans l'État législatif de droit, ce poids toujours croissant se traduit en énergies déstructurant le paradigme même de l'État législatif de droit, posant ainsi les conditions de base pour l'affirmation de l'État constitutionnel de droit.

De ce fait, le cadre dans lequel l'État constitutionnel de droit s'inscrit se caractérise par le "fait du pluralisme", c'est-à-dire par le développement de sociétés caractérisées par l'hétérogénéité et la multiplicité des groupes sociaux, des valeurs, des intérêts, etc., présents en leur sein. L'État constitutionnel de droit est appelé à assumer dans le même temps le "fait du pluralisme" et à garantir les conditions de possibilité de la vie en commun, de solutions partagées, de la coexistence des différentes parties concernées.

Pour ce faire, et donc pour garantir l'unité, l'inclusion et l'intégration des différents principes consacrés par la Constitution (liberté, dignité, égalité, etc.), le droit doit "s'amarrer" à la réalité et à ses évolutions. Le contenu des principes constitutifs qu'il consacre est étroitement déterminé par la configuration particulière de la réalité dans laquelle il est immergé. Les principes, en effet, définissent des « critères de valeur de la réalité[2] » à travers lesquels celle-ci, de simple agglomérat de faits sur lesquels la loi souveraine s'applique de manière unidirectionnelle, se connote qualitativement en termes normatifs : les faits ne sont plus de simples faits mais des expressions, des directions, des orientations ouvertes à l'interprétation de valeurs, de visions du monde, de conceptions différentes. Contrairement à l'État législatif de droit, il s'établit ainsi un lien entre l'être et le devoir-être, qui devient l'objet d'une interprétation, d'un encadrement toujours à reformuler, puisque dans ce lien se croisent des valeurs, des besoins et des principes hétérogènes et parfois conflictuels, portant tous en eux l'ambition d'imprimer leur normativité à la réalité.

Par conséquent, si les principes constitutionnels définissent les bases communes sur lesquelles construire des accords acceptables et partagés, la reconnaissance du "fait du pluralisme" fait de la réalité un champ ouvert à

[1] Ibidem, 161.
[2] Ibidem, 166.

des interprétations plurielles, donc politiques dans la mesure où elles sont potentiellement toujours conflictuelles. En effet, dans les systèmes juridiques contemporains, « l'ouverture de valeur[1] » des principes ainsi que leur multiplicité déterminent une situation dans laquelle « différentes sources et raisons juridiques produisent et justifient des résultats conflictuels[2] ». Les valeurs exprimées par les normes juridiques, et notamment par les principes, sont non seulement différentes les unes des autres, mais aussi "incommensurables", et donc non susceptibles d'être hiérarchisées dans un ordre quelconque de nature, d'importance, de priorité, etc. De cette incommensurabilité des valeurs découle le fait que les critères de validité des normes constitutionnelles fondées sur les principes, c'est-à-dire sur des éléments qui consistent « en valeurs [...] en termes sans dénotation (égalité, dignité, etc.)[3] », conduisent à une situation dans laquelle « la validité des lois n'est jamais décidable avec certitude[4] ».

Ainsi, à partir de ces problèmes d'indétermination et de balance rationnelle qu'une telle situation implique, il devient nécessaire d'interpréter ces valeurs et ces principes selon un degré de relativité partielle qui ne nie pas le caractère fondamental de leur *status*, mais qui traduit leurs marges de déterminabilité en possibilités concrètes de compatibilité, d'équilibres cohérents et évolutifs. Ainsi, dans l'État constitutionnel de droit nous voyons apparaître une autre valeur fondamentale, ou plutôt « une méta-valeur qui s'exprime dans la double tentative de maintenir le pluralisme des valeurs (en ce qui concerne l'aspect matériel) et leur confrontation loyale (en ce qui concerne l'aspect procédural)[5] ». Dans ce contexte, la loi n'est plus le pendant de la classe détentrice du monopole politico-législatif, mais elle devient un instrument de concurrence et de confrontation sociales à travers lequel affirmer des intérêts particuliers et leurs combinaisons possibles. La loi exprime ainsi une nouvelle synthèse opérationnelle : elle continue d'être une instance qui crée du droit, mais un droit toujours ouvert, contingent, modifiable par les différentes forces présentes dans l'espace démocratique et dont le contenu est régulé par le respect des principes constitutionnels indispensables à toute production normative.

S'il est donc évident que le pluralisme des principes et des valeurs est incompatible avec une quelconque "hiérarchie des valeurs", la relativisation partielle des valeurs et des principes en vue de leur équilibrage « ne signifie pas qu'on renonce à avoir une vision du monde, mais qu'on considère la

---

[1] R. Alexy, R. Dreier, « Statutory interpretation in the Federal Republic of Germany », *Interpreting Statutes. A comparative study,* Dartmouth, Aldershot, 1991, 74-75.
[2] J. Coleman, B. Leiter, « Determinacy, Objectivity, and Authority », dans A. Marmor, *Law and interpretation,* Clarendon, Oxford, 1993, 226,
[3] L. Ferrajoli, *Diritto e ragione*, 917.
[4] Ibidem.
[5] G. Zagrebelsky, *Il diritto mite,* 11.

survie du monde comme une condition nécessaire de son projet éthique[1] ». En ce sens, l'activité des cours constitutionnelles, désormais appelées à rendre compte de la dimension substantielle du droit, ne se limite pas à vérifier la régularité des procédures législatives, mais contribue à éthiciser l'ordre juridique, en faisant des droits et des principes constitutionnellement consacrés les repères fondamentaux pour comprendre ce dernier ainsi que son langage.

C'est ce modèle "pluraliste" et "ouvert" qui caractérise le développement constitutionnel des pays européens et l'affirmation d'un « vocabulaire de moralité politique proprement européen composé de mots clés tels que personne, respect, dignité, capacité, réalisation de soi[2] », liberté, solidarité. Un modèle qui conçoit les relations entre les sphères indiquées par ces mots-clés en termes d'interdépendance constitutive et qui porte en lui la tâche de redéfinir et de garantir constamment un équilibre acceptable entre le pôle de la liberté et celui de l'égalité, en plaçant cet équilibre à la base de tout objectif de justice sociale. Comprendre l'exemplarité de ce modèle constitue ainsi un outil fondamental pour analyser et évaluer les évolutions contemporaines de la citoyenneté sociale.

1.6 - La centralité du nouveau rôle de la science juridique et de la jurisprudence

Les transformations introduites par l'État constitutionnel de droit modifient également la base épistémologique de la science juridique.

Dans le paradigme défini par l'État législatif de droit, l'approche scientifique découlant de l'assomption de la conception positiviste traditionnelle envisage la science du droit comme un domaine logico-formel à fonction « explicative et *avalutativa*[3] », « construit selon des démonstrations *more geometrico*[4] » et concevant son objet d'étude sous forme d'un ordre fermé, autoréférentiel, définitif, cohérent et non contradictoire car reposant sur un centre ordonnateur unique. Ce centre ordonnateur est la volonté légalement habilitée à produire des normes selon des règles formelles et procédurales de légitimation interne correspondant à des « principes normatifs internes à l'ordre positif même, c'est-à-dire des critères d'évaluation [...] intra-juridiques [...][5] ». La validité des normes coïncide avec le respect formel du processus légal de production et de mise

[1] S. Natoli, « La logica delle azioni. Senso, regole, valori », *Filosofia politica*, 1991, 410.
[2] L. Pennacchi, *La moralità del welfare. Contro il neoliberismo populista*, 5.
[3] L. Ferrajoli, « Lo Stato di diritto fra passato e futuro », dans P. Costa, D. Zolo (sous la direction de), *Lo Stato di diritto. Storia, teoria, critica*, Feltrinelli, Milan, 2002, 355. J'utilise le terme italien d'*avalutatività*, indiquant ainsi la caractéristique de ce qui exclut un jugement de valeur.
[4] G. Zagrebelsky, *Il diritto mite*, 167.
[5] L. Ferrajoli, *Diritto e ragione*, 197.

en vigueur ; la validité est donc découplée de toute considération portant sur la "vérité" ou la "justesse" des normes concernées. Les normes ainsi produites tirent leur force entièrement de la structure formelle dont elles font partie et dont elles sont l'émanation, étant en tant que telles détachées de toute référence externe : si les principes entretiennent un rapport d'illumination réciproque avec la réalité, dans la mesure où le contenu éthico-politique des principes et son interprétation sont liés au monde vivant dans lequel ils sont immergés, de même que « la réalité, mise en contact avec les principes, prend vie en acquérant de la valeur[1] », les règles s'appliquent selon des procédures logico-formelles à la réalité comprise comme « une matière inerte, un objet simplement passif [...] cas concret dans le cas abstrait envisagé par la règle[2] ». Partant donc de la disjonction évidente entre la platitude de la réalité comme simple agglomération de faits et la profondeur des sphères normatives présentes dans le monde environnant, cette position théorique conçoit la validité d'une règle sur la base du fait d'avoir été produite dans le respect des procédures formelles prévues et comme résultat de la volonté légalement autorisée à la production législative. Par conséquent, la science juridique définit comme son propre objet d'étude l'explication/description *avalutativa* élaborée selon des critères purement logico-formels. Ainsi, dans le cadre défini par l'État législatif, le droit n'est pas conçu comme une construction *in fieri*, comme la recherche d'un équilibre synthétique entre des instances différentes et parfois contradictoires, intimement liées aux pulsations de la réalité sociale, mais plutôt comme une construction formelle, unitaire, superposée aux incongruités de la réalité.

Le paradigme de l'État constitutionnel de droit transforme ainsi l'approche scientifique au droit en attribuant à la science juridique des fonctions bien plus complexes. L'introduction d'une constitution ayant une force contraignante non seulement sur l'aspect formel de la production normative mais aussi sur l'aspect substantiel de son contenu conduit à une interprétation du droit qui ne se borne plus à l'ensemble des règles composant le système juridique et sa structure logico-formelle, mais qui est ouverte à des critères "métajuridiques". Dans l'ordre juridique introduit par l'État constitutionnel de droit, le droit est conçu non pas comme un simple « objet artificiel[3] », mais comme « une discipline pratique qui contient en elle-même l'ancrage à la réalité[4] » : le droit est un objet d'étude dont la nature et le fonctionnement concret ne deviennent intelligibles qu'en examinant le rapport et l'impact que ses règles ont avec et sur la réalité vivante. Par conséquent, la description et l'explication abstraite de la

[1] G. Zagrebelsky, *Il diritto mite,* 160.
[2] Ibidem.
[3] L. Ferrajoli, *Iura Paria,* 15.
[4] G. Zagrebelsky, *Il diritto mite,* 166.

structure logico-formelle du système juridique et de ses règles ne constituent qu'une partie du travail, puisque « les conséquences pratiques[1] » que son activité produit dans le monde environnant doivent également être considérées. Ce type d'approche présuppose l'abandon de la conception rigide du droit typique de l'État législatif de droit en faveur de l'adoption d'une « dogmatique liquide ou fluide[2] », placée dans un rapport adjacent à la dynamique de la réalité sociale, capable de concilier des valeurs et des principes différents et de réaliser ainsi des équilibres acceptables.

Sur cette base, la science juridique entretient alors avec la réalité un rapport par lequel elle élabore des jugements de valeur issus de l'observation des faits à travers le filtre du contenu normatif présent dans les principes constitutionnels et qui aspire à se réaliser, à donner forme à la réalité elle-même. Dans un système normatif caractérisé par l'introduction d'un ordre suprême de normes composé de principes et de droits constitutionnels auxquels l'activité législative est tenue de se conformer, la science juridique ne peut plus se limiter à des fonctions purement explicatives ainsi qu'elle ne peut pas non plus être définie encore comme *avalutativa*, car elle acquiert des « fonctions critiques et de planification[3] », c'est-à-dire visant à identifier l'existence de vices juridiques, tels que les antinomies, les incohérences, les lacunes, les incomplétudes, etc.

En plus de constituer un changement paradigmatique sur le plan scientifique, la prise en charge de ce type de fonction s'accompagne inévitablement d'un contenu politique relevant pour l'affirmation de la dimension sociale de la citoyenneté. Si, par exemple, l'adoption de normes qui violent les droits de liberté engage la science juridique à vérifier l'antinomie que cela implique, le fait de ne pas adopter les normes et les prestations nécessaires pour satisfaire les droits sociaux l'engage à vérifier cette lacune[4]. En raison aussi des problèmes de durabilité économique et politique, les droits sociaux, dont l'efficacité exige la satisfaction des attentes positives placées auprès des pouvoirs publics, ont plus de difficultés à être garantis à un niveau comparable à celui des autres droits fondamentaux. Dans le même temps, dans le cadre de cet ouvrage je construirai et approfondirai une structure normative visant à soutenir solidement un *acquis* magistralement mis en exergue par L. Ferrajoli, à savoir que « la qualification constitutionnelle de ces attentes positives en tant que droits équivaut non seulement à l'obligation constitutionnelle pour le législateur de combler les lacunes des garanties par des interventions normatives et des politiques de dépenses [...], mais aussi à la stipulation

---

[1] Ibidem.

[2] Ibidem, 15.

[3] L. Ferrajoli, *Iura Paria,* 13.

[4] J'utilise les concepts d'antinomie et de lacune tels que présentés par L. Ferrajoli dans *Teoria del diritto,* Laterza, Rome-Bari, 2007.

d'autant de directives par principes dotées d'une relevance décisive dans l'activité interprétative de la jurisprudence ordinaire et surtout dans celle des cours suprêmes[1] ». Le développement de l'État constitutionnel de droit, entraînant l'acquisition de la part de la science d'un caractère normatif, a donc des conséquences décisives en ce qui concerne l'affirmation progressive des conditions de possibilité de la citoyenneté sociale : la tâche de la science juridique d'élaborer des formes toujours plus efficaces de garantie des droits sociaux trouve son fondement dans le changement paradigmatique décrit jusqu'à présent.

1.7 - Se doter d'une armure constitutionnelle

J'ai ainsi identifié les traits spécifiques de l'État constitutionnel de droit en tant que paradigme constitutionnel émergeant dans les pays d'Europe occidentale après la crise de la modernité libérale et en tant que cadre fondamental dans lequel la citoyenneté sociale trouve ses conditions d'existence. L'inadéquation de l'État libéral à relever le défi des transformations historiques, sociales et économiques est à l'origine du passage d'un paradigme constitutionnel visant à affirmer et à protéger les libertés individuelles et la domination politique bourgeoise à un paradigme constitutionnel qui, par la constitutionnalisation des droits de la citoyenneté sociale, s'affirme comme instance stabilisatrice de forces et d'intérêts sociaux hétérogènes et conflictuels.

La capture théorico-constitutionnelle des conditions d'existence de la citoyenneté sociale devrait nous permettre de mieux comprendre que cette existence ne dépend pas (comme le prétendent de nombreux théoriciens) de la fourniture de prestations publiques spécifiques et de garanties visant à leur exécution et à leur sauvegarde. Faire de l'effectivité des droits de la citoyenneté sociale le premier critère pour juger de leur existence implique de reconnaitre que « l'inefficacité et/ou l'absence de garanties capables de les protéger finissent par équivaloir à leur inexistence normative, ce qui entraîne l'aplatissement du droit sur le fait[2] ». Au contraire, comprendre l'enracinement constitutionnel des droits sociaux et donc leur existence en tant que droits fondamentaux, c'est comprendre « l'écart entre normativité et effectivité[3] », c'est-à-dire le fait que les droits sociaux, une fois reconnus constitutionnellement, sont en tant que tels existants ou en vigueur, au-delà de leur degré d'effectivité et de l'existence d'un ensemble de prestations et de garanties publiques susceptibles de leur donner une pleine application. De ce fait, le contenu normatif introduit par la reconnaissance constitutionnelle des droits sociaux établit des attentes dont l'insatisfaction (en raison, par

[1] L. Ferrajoli, *Iura Paria,* 136.
[2] Ibidem, 135.
[3] Ibidem.

exemple, des difficultés du système économique, de l'inconstance de l'action politique, etc.) n'annule pas la légitimité de leur ancrage au degré de finalités fondamentales que les pouvoirs publics s'engagent à poursuivre. Ce n'est qu'en adoptant cette perspective – en nous équipant de cette "armure constitutionnelle" – que nous pouvons saisir adéquatement les implications de la constitutionnalisation de la dimension sociale de la citoyenneté, que nous pouvons interpréter les droits sociaux (ainsi que les clauses sociales) comme la traduction juridico-pratique d'un noyau éthico-normatif identifiable, comme « l'axiome de l'État social, c'est-à-dire la substance axiologique des institutions de *welfare*[1] », et comme « le nerf de la citoyenneté et de la démocratie appréhendées selon un sens non pas simplement procédural, mais substantivement social[2] ».

2 - Le concept de constitutionnalisme social par l'approche des ressources dogmatico-normatives

Le constitutionnalisme du XXe siècle, étant inséparable d'un ensemble de valeurs inaliénables et fondant une nouvelle façon de concevoir les rapports entre les individus et la société, demande donc à être appréhendé « non pas comme une doctrine scientifique neutre en termes de valeurs, mais [...] comme un mouvement, un courant historique qui cherche à organiser les différents systèmes juridiques autour de principes et de règles inspirés par certains postulats éthiques[3] ».

Dans l'État constitutionnel de droit, l'activité législative est réglementée non seulement par la mise en place de procédures formelles de production, de modification, etc., mais aussi par des limites et des contraintes substantielles reflétant les exigences éthico-normatives exprimées par les droits fondamentaux et les principes constitutionnels. La relation entre cette dimension substantielle du droit et sa dimension formelle « concerne la manière dont le droit se structure intérieurement afin d'organiser sa pénétration conceptuelle dans le monde, ou ce que nous pourrions identifier plus spécifiquement comme ses environnements sociaux et politiques[4] ». En effet, l'encadrement et la stabilisation de la vie en société opérés par le droit ne peuvent faire abstraction de l'interconnexion entre ce dernier et les attentes normatives faisant partie de la configuration économico-sociale et historico-culturelle particulière dans laquelle le droit est immergé. En ce sens, les valeurs constitutionnelles constituent l'interface entre le contenu de ces attentes normatives et l'espace au sein duquel les processus législatifs

[1] T. Casadei, *I diritti sociali. Un percorso filosofico-giuridico,* Firenze University Press, Florence, 2012, XX.
[2] Ibidem.
[3] V. Onida, « Costituzioni e costituzionalismo », dans Auteurs variés, *L'incidenza del diritto internazionale sul diritto civile*, Edizioni Scientifiche Italiane, Naples, 2011, 474.
[4] E. Christodoulidis, *The redress of law,* 230

peuvent se dérouler "validement" ; ils représentent des conteneurs symboliques ayant « un statut axiomatique dans la dimension substantielle comme horizon de la pensée constitutionnelle[1] » et qui, en tant que tels, et donc en tant que "peu sélectifs", ont besoin, pour être concrètement réalisés dans la réalité et répondre ainsi aux attentes normatives susmentionnées, d'instruments d'instanciation capables de spécifier et d'appliquer leur contenu.

Ainsi, le constitutionnalisme social européen est tel parce qu'il introduit un "imaginaire normatif" reconnaissable, car composé de repères de valeurs reconnus et partagés en tant que patrimoine commun à préserver de la volatilité et de la mutabilité de l'action politique. Je définis l'imaginaire normatif comme un ensemble de significations reconnues en tant que langage commun et en tant que sources prescriptives d'orientation et d'évaluation dans les différentes sphères de l'expérience sociale (politique, juridique, etc.) ; les éléments constitutifs d'un imaginaire normatif désignent également les limites au-delà desquelles l'imaginaire en question perd sa raison d'être. Comme M. Loughlin affirme, nous sommes ici dans le domaine de l'imagination constitutionnelle : « les idées sur la constitution d'un pays – de ce en quoi elle consiste, ce qu'elle fait – sont généralement vivantes dans le tissu de récits, symboles, rituels et mythes par lesquels les gens envisagent un domaine politique et façonnent la réalité politique[2] ».

Le concept d'imaginaire normatif que je mobilise s'inspire du concept d'imaginaire social élaboré par C. Castoriadis. Dans le texte *L'institution imaginaire de la société*, l'"imaginaire social" désigne l'ensemble des significations établies dans une société et à travers lesquelles elle confère un sens et une organisation à son espace de vie. Les significations « ne sont pas simplement cognitives[3] », mais définissent des ordres de valeur que l'appareil institutionnel d'une société s'engage à incarner et à réaliser ; elles établissent les conditions fondamentales à partir desquelles comprendre et représenter la société, les conduites sociales, les volontés et les désirs individuels, l'élaboration des normes et la frontière entre le sens et le non-sens[4]. Dans cet ouvrage, j'utilise la formule "imaginaire normatif" parce que mon discours porte sur la norme fondamentale des sociétés, à savoir sur la constitution et les éléments clés à travers lesquels elle entend signifier et façonner normativement l'existant.

---

[1] Ibidem.

[2] M. Loughlin, « The Constitutional Imagination », *Modern Law Review*, vol. 78, n. 1, 2015, cité par F. Michelman, « Legitimacy, the Social Turn and Constitutional Review : What Political Liberalism Suggests », *Critical Quarterly for Legislation and Law*, n. 3, 2015, 2.

[3] I. S. Straume, « The Political Imaginary of Global Capitalism », dans I. S. Straume, J. F. Humphrey (sous la direction de), *Depoliticization. The Political Imaginary of Global Capitalism*, NSU Press, Malmö, 2011, 33.

[4] Ibidem.

La référence à l'idée d'imagination constitutionnelle renvoie également à l'idée d'une déficience, d'un manque que l'on cherche à combler par un acte créatif, constitutif, grâce auquel de nouvelles significations peuvent prendre vie. L'introduction de l'imaginaire normatif du constitutionnalisme social est ainsi interprétable à travers la grammaire de l'"événement". La notion d'"événement" traverse l'histoire de la pensée occidentale, se formulant et se reformulant de multiples façons. Dans ce travail, je caractérise cette notion comme le moment d'entrée, dans l'ordre constitutionnel existant, d'un ensemble de significations déstabilisant ce qui est établi, acquis, et ouvrant de nouvelles manières de connaître, représenter, évaluer et organiser la réalité. Comme le souligne J. Van der Walt, « l'événement concerne l'émergence ou la révélation d'une reconfiguration sans précédent de la relation entre *platitudinous knowledge and abyssal ignorance*, au cours de laquelle une nouvelle épistémologie ou une nouvelle ère ou époque de connaissance et de compréhension commence à s'affirmer et à s'établir. Cet événement concerne généralement l'émergence temporelle [...] d'une demande critique[1] » excédant les catégories épistémologiques disponibles : ce qu'il exige, ce qu'il évoque est « une nouvelle configuration de la relation entre le droit et les connaissances juridiques, d'une part, et le non-droit et le manque de connaissances juridiques, d'autre part[2] ». Comme nous le verrons au cours de ce chapitre, le constitutionnalisme social en tant qu'événement constitutionnel émerge historiquement comme une réponse à ce qui, dans le paradigme libéral, reste incompréhensible, invisible, indicible, comme le surgissement de nouveaux contenus du *vacuum* de connaissances séparant l'ordre en vigueur des réalités en quête de reconnaissance ; l'événement constitutionnel « rompt avec une économie de représentation donnée[3] », « rend l'herméneutique existante [...] obsolète[4] » et inaugure un nouveau système constitutionnel, porteur d'une nouvelle façon de pénétrer herméneutiquement la réalité historico-sociale et d'un nouvel imaginaire normatif à travers lequel la lire, l'interpréter et l'orienter.

---

[1] J. Van der Walt, « Timeo Danais Dona Ferre and the Constitution that Europeans may one day have given themselves », dans J. Van der Walt, E. Ellsworth (sous la direction de), *Constitutional Sovereignty and social solidarity in Europe*, Luxembourg Legal Studies, vol.1, Nomos, Luxembourg, 2015, 267.

[2] Ibidem.

[3] E, Christodoulidis, « Europe's donors and its supplicants : reflections on the Greek crisis », dans J. Van der Walt, J. Ellsworth (sous la direction de), *Constitutional Sovereignty and social solidarity in Europe*, 251.

[4] J. Van der Walt, « Timeo Danais Dona Ferre and the Constitution that Europeans may one day have given themselves », dans J. Van der Walt, E. Ellsworth (sous la direction de), *Constitutional Sovereignty and social solidarity in Europe*, 269.

L'imaginaire normatif est composé de valeurs constitutionnelles qui, une fois reconnues par « un acte d'imagination[1] », se stabilisent, introduisant dans l'évaluation de la réalité une portée normative qui la dépasse et nous montrant « non pas ce qui est ou ce qui sera, ni même ce qui peut être, mais ce qui devrait être[2] ». Dans cette opération, le niveau idéationnel agit concrètement sur la réalité en indiquant les limites que le monde réel impose à la réalisation du contenu normatif des principes, des valeurs, etc., et oriente l'action dans le sens du dépassement de ces limitations. Cette orientation possède une force normative car elle implique toujours un effet concret en termes de *praxis* à adopter pour que l'état réel des choses tende de plus en plus vers l'imaginaire normatif établi, ce dernier étant doté d'une force prescriptive qui se maintient comme telle indépendamment du degré d'efficacité de sa réalisation pratique.

La formule "imaginaire normatif" fait ainsi référence à la fois à la direction générale que l'action doit suivre et à la nécessité d'élaborer des instruments permettant de restreindre cet imaginaire à des réalisations concrètes appliquées à des situations réelles ; pour faire de ces valeurs constitutionnellement reconnues des instanciations réelles « d'autres formes et dispositifs doivent être mobilisés par le biais d'un raisonnement pratique [...] dans le même temps [elles] délimitent l'éventail de ce qui peut compter comme une sélection valide[3] ». Ces valeurs peuvent aussi être définies comme des « ressources dogmatico-normatives[4] ». Elles sont des ressources dans la mesure où elles constituent des sources de signification dans lesquelles puiser pour renouveler constamment l'engagement pratique en direction de leur réalisation ; elles sont "dogmatico-normatives" dans la mesure où elles renvoient à un imaginaire normatif ouvert à la détermination « mais qui ne peut pas être transcendé [...] qui ne peut pas s'effondrer sans une perte radicale de signification[5] ». Aux fins herméneutiques de ce travail, il faut alors approfondir ce passage conceptuel fondamental car le constitutionnalisme social que je propose d'analyser est tel en ce qu'il introduit certaines ressources dogmatico-normatives dans le discours constitutionnel.

A. Supiot affirme que « comme n'importe quel autre système normatif, le Droit rempli une fonction d'interdit : il est une Parole qui s'interpose à tous

[1] N. Rescher, *Ethical Idealism. An Inquiry into the Nature and Function of Ideals*, 113-124, cité par J. L. Martì, « La nozione di ideale regolativo : note preliminari per una teoria degli ideali regolativi nel diritto », *Ragion* pratica, n. 2, 2005, 384.
[2] Ibidem.
[3] E. Christodoulidis, *The redress of law,* 231.
[4] Pierre Legendre est l'auteur contemporain à qui l'on doit les réflexions les plus aiguës sur le concept de dogmatique. Voir P. Legendre, *L'empire de la vérité. Introduction aux espaces dogmatiques industriels*, Fayard, Paris, 1983, et P. Legendre, *Sur la question dogmatique en Occident,* Fayard, Paris, 1999.
[5] Ibidem, 238.

et s'interpose entre chaque homme et sa représentation du monde[1] », et ce faisant imprime, « dans les rapports de chacun à autrui et au monde, un sens commun qui le dépasse et l'oblige[2] ». Tout ordre juridique exerce ainsi une fonction fondamentale de « lien[3] » fondée sur le partage de ressources de sens et visant à encadrer et à stabiliser la vie en commun. Le caractère "dogmatique" de ces ressources réside dans « la mise en place des conditions d'interprétation[4] », c'est-à-dire dans le fait d'établir les piliers indépassables d'un cadre interprétatif indérogeable comme base de l'intelligibilité du système juridique et donc de la possibilité de stabiliser la vie en commun dans un univers de sens partagé. Le caractère dogmatique est alors « axiomatique et hétéronome. Axiomatique parce que rien ne le précède (il n'y a rien qui le précède puisqu'il s'impose à un niveau pré-interprétatif, définissant les conditions de l'*hermeneia*) ; et hétéronome parce qu'il ne peut pas être remis en question[5] », car cela reviendrait inévitablement à saper les ressources de sens placées axiomatiquement comme condition de l'intelligibilité du système et de la fonction "liante" du droit.

À partir de cette base conceptuelle, il s'agit ainsi d'identifier et d'analyser les ressources normatives caractérisant le paradigme constitutionnel abordé dans ce premier chapitre. Les ressources dogmatico-normatives que je vais identifier – dignité matérielle, égalité substantielle, solidarité – constituent les éléments fondamentaux d'enracinement de la signification de la rationalité juridique de ce paradigme : elles permettent de le définir "social" et elles se formalisent au niveau institutionnel par la reconnaissance et la mise en œuvre des droits sociaux. Ces ressources normatives éclairent les principes, les normes et les droits constitutionnels de différentes manières, mais, dans le même temps, elles constituent des réserves de sens qui ne peuvent être entièrement saisies ni par et dans leur transcription ni dans leurs concrétisations contingentes. Ce surplus de sens, tout en donnant lieu à de nombreux débats quant à leur valeur constitutionnelle réelle, est ce qui leur permet d'évoluer, de redécliner leur portée normative en fonction des caractéristiques particulières d'un moment historique donné en toute continuité avec les déclinaisons précédentes. Elles constituent des « *eidos* créés[6] » qui, bien que « portés par la matérialité concrète des actes et des choses, dépasse(nt) cette matérialité concrète et tout *ceci* particulier[7] » et contingent ; en d'autres termes, les changements interviennent dans un cadre indérogeable, temporellement stable dans la mesure où il représente ce à

[1] A. Supiot, *Homo juridicus. Essai sur la fonction anthropologique du Droit*, Édition du Seuil, Paris, 2005, 30.
[2] Ibidem.
[3] E. Christodoulidis, *The redress of law*, 232.
[4] Ibidem, 233.
[5] Ibidem.
[6] C. Castoriadis, *L'institution imaginaire de la société*, Éditions du Seuil, Paris, 1975, 270.
[7] Ibidem.

quoi la société a décidé de se contraindre, son patrimoine, son héritage. Malgré l'impossibilité de les encapsuler avec une précision absolue dans une définition et dans des pratiques institutionnelles établies une fois pour toutes, ces ressources dogmatico-normatives sont alors interprétables comme de véritables règles de jugement, appelées à évaluer si un état de fait donné est justifiable, c'est-à-dire s'il s'inscrit dans les limites de l'imaginaire normatif dont elles sont le fondement.

L'opération herméneutique que je vais développer vise donc à « rendre compte de l'existence et du fonctionnement d'arguments normatifs proprement dits, en prenant ceux-ci [...] comme données et comme objet d'étude[1] ». Pour ce faire, j'adopte une relecture de la formule hartienne selon laquelle les concepts juridiques se caractérisent par leur *open texture* : le surplus susmentionné est ce qui permet de s'échapper de « l'hypothèse dominante selon laquelle le bon usage des termes pourrait être réglé sur des bases critérielles » déterminées une fois pour toutes, et donc de la fermeture formaliste de leur signification. Souligner l'importance de la dimension idéationnelle ainsi que le caractère historiquement déterminé des concepts juridiques répond à la nécessité de préserver comme constitutivement ouverte la dimension sémantique des concepts juridiques, et donc leur nature interprétative et politique. Par conséquent, « contre le point de vue selon lequel la contestation normative n'est possible qu'en vertu de concepts qui ont été déployés sur la base de critères [...] la contestation normative est déplacée un pas en arrière, au cœur de la signification des concepts[2] » (le mouvement vers le fond mentionné), et vise à remettre en question leur objectivation contingente. Ce n'est que de cette manière qu'on peut rendre compte de l'excédent sémantique toujours présent dans les concepts juridiques face à l'« inertie qui contient et circonscrit largement la portée sémantique des concepts juridiques [...] dans un contexte relativement stable d'usage[3] » ; ce n'est que de cette manière qu'on peut rendre compte de la marge de déterminabilité sémantique des concepts comme étant toujours un site potentiel de leur dénaturalisation, reformulation, redéfinition, transformation par rapport aux configurations existantes.

Cette opération est également fondamentale pour la logique de cet ouvrage car, de cette manière, il devient possible de 1) comprendre de manière adéquate les implications de la reconnaissance constitutionnelle des droits de la citoyenneté sociale et de 2) capturer la complexité du cadre normatif à travers lequel le paradigme susmentionné propose de réglementer et de médier les relations entre les individus et la société. Réaliser ces deux points permettra aussi de développer une position interprétative qui n'aplatit pas la densité sémantique de l'imaginaire constitutionnel sur les prérogatives

---

[1] G. Zanetti, *Introduzione al pensiero normativo*, Edizioni Diabasis, Reggio Emilia, 2004, 12.
[2] E. Christodoulidis, *The redress of law*, 241-242
[3] Ibidem.

d'instances tierces (comme le marché). Mon idée est que seulement par le biais d'un travail d'excavation conceptuelle adéquat visant à faire ressortir toute la portée de la signification de la reconnaissance constitutionnelle de ces valeurs nous pouvons éviter de banaliser ce paradigme constitutionnel et mettre en évidence toutes ses potentialités (indépendamment de leur concrétisation toujours partielle et contingente).

2.1 - La dignité matérielle

Les limites du modèle libéral

Le constitutionnalisme social s'affirme en Europe après les tragédies du totalitarisme et de la Seconde Guerre mondiale : l'anéantissement du sujet et de ses droits et le déchaînement effréné du pouvoir marquent profondément cette période dramatique et font apparaître la nécessité de repenser radicalement le sujet humain, sa relation avec la société, ses droits et ses devoirs. La priorité est de rétablir la centralité de l'homme, de réorganiser et réarticuler les systèmes politiques, sociaux et économiques autour de ses besoins, d'affirmer le caractère non négociable des valeurs fondamentales, de faire du bien-être de l'individu l'objet prioritaire d'une volonté éthico-politique commune. Dans le même temps, il apparait nécessaire d'exclure la possibilité de fonder la reconfiguration du sujet sur le modèle du libéralisme du XIXe siècle. Dans ce modèle l'homme est « une *psyche* sans *soma*[1] » : il est abstrait des conditions matérielles de son existence et pensé, sur la base de cette abstraction, comme un sujet libre et égal aux autres, c'est-à-dire comme un libre participant à un ordre social basé sur des relations contractuelles entre égaux, entre sujets non placés, comme dans les sociétés traditionnelles, dans des structures hiérarchiques, mais antérieurs à toute société et poussés par une pulsion acquisitive innée à satisfaire des intérêts purement individuels. Le modèle libéral postule cette pulsion acquisitive comme une donnée de nature, essentialise dans la quête de l'intérêt individuel sa représentation de l'homme et de ses relations avec les autres.

Les fondements théoriques du modèle libéral résident précisément dans la transformation de cette pulsion d'acquisition en un droit naturel d'un individu désocialisé et dans la conception négative de la liberté comme libre poursuite de cette pulsion individuelle, donc comme absence d'interférence, « de compromission avec toute idée de valeur positive, et pour cette raison exempte de toute référence à des relations positives et réelles avec d'autres individus, avec une communauté, avec un corps politique[2] ». Cette

[1] A. Supiot, « Judicial enforcement of social solidarity in view of recent European, German and French jurisprudence », dans J. Van der Walt, J. Ellsworth (sous la direction de), *Constitutional Sovereignty and social solidarity in Europe*, 109.

[2] A. Zhok, *Critica della ragione liberale. Una filosofia della storia corrente*, Meltemi, Milan, 2020, 71.

conception de la liberté se traduit dans le modèle libéral en la reconnaissance juridique d'une série de droits définissant un ensemble de positions juridiques subjectives inviolables, protégées contre l'exercice arbitraire du pouvoir (qu'il soit public ou privé) et articulant concrètement la liberté naturelle de l'individu. De ce fait, ce qui est estimé "naturel" devient « intrinsèquement normatif[1] » : cette opération conceptuelle est fondamentale pour la pensée libérale dans la mesure où elle permet d'identifier un ensemble de droits individuels antérieurs à toute organisation sociopolitique et normativement contraignants.

Dans ce cadre, la liberté naturelle de l'individu a pour véhicule principal d'expression la propriété privée : l'existence et la liberté de chaque individu dépendent strictement de sa capacité à disposer des biens en toute autonomie. Un exemple de cet état de fait est l'identification lockéenne entre l'individu et les ressources dont il dispose à travers le travail et la propriété privée : « l'homme est maître de lui-même et propriétaire de sa personne et de ses actions et du travail de cette même personne[2] ». L'appropriation de la nature et de ses biens par l'individu repose sur la "propriété de soi" (*self-ownership*), de son corps, de ses forces ; à partir de là, « l'action de travailler est en son essence même action d'acquérir la propriété de ce que l'on travaille[3] », puisque par cette action l'individu transforme la chose travaillée en lui donnant un caractère personnel, la transformant ainsi en une émanation de lui-même, en un élément qui contribue à la consistance de la propriété de soi.

La fondation philosophique de l'individu-propriétaire théorisée par J. Locke repose ainsi sur l'association entre le fait de posséder un soi, un corps et ses forces, et la propriété en tant que droit ; la théorie lockéenne du droit de propriété transmue automatiquement des dispositions naturelles du sujet en formes juridiques ayant une valeur légale. De cette façon, la normativité intrinsèque de la nature permet d'établir comme un droit quelque chose qui, précisément parce qu'elle « subsiste déjà dans la nature[4] », n'a pas « besoin de passer par un quelconque jugement social[5] » pour pouvoir être revendiquée devant des parties tierces. Ainsi, le constitutionnalisme libéral reconnaît comme droits naturels et donc inviolables ceux de « l'homme lockéen [...] appropriatif et possessif[6] » ; selon cette approche, « la propriété

---

[1] Ibidem, 65.

[2] J. Locke, *Second Traité du Gouvernement civil*, cité par R. Castel, *La montée des incertitudes. Travail, protections, statut de l'individu* (éd. dig.), Seuil, Paris, 2010, cha. 8, par. 13. Un autre exemple très célèbre est contenu dans la Déclaration des droits de l'homme et du citoyen, où la propriété est définie comme "un droit sacré et inaliénable".

[3] P. Dardot, C. Laval, *La nouvelle raison du monde. Essai sur la société néolibérale*, La Découverte, Paris, 2009, 84.

[4] A. Zhok, *Critica della ragione liberale. Una filosofia della storia corrente*, 73.

[5] Ibidem.

[6] A. Cantaro, *Il secolo lungo. Lavoro e diritti sociali nella storia europea*, 145-146.

devient [...] une détermination ontologique et éthique du sujet et sert de preuve de la maîtrise de soi, de la prévoyance et de la rationalité de l'individu[1] ». L'homme lockéen-propriétaire constitue le sujet placé au centre de l'imaginaire libéral, un sujet qui poursuit son propre épanouissement de manière désocialisée dans la mesure où il n'est motivé que par son intérêt personnel poursuivi par la libre disposition de la propriété privée et par des relations contractuelles, ces dernières étant la seule modalité juridique d'entrer en relation avec autrui.

Dès lors, l'individu-propriétaire, détaché des structures traditionnelles, devient le seul responsable de lui-même et des conditions de son existence. Ces dernières ne peuvent être assurées de manière adéquate que par le biais de la propriété : l'individu-propriétaire affirme ainsi son émancipation des contraintes et protections féodales, sa capacité à faire face de manière autonome aux difficultés de l'existence (vieillissement, affaiblissement de la santé, accidents, etc.) et par là même sa pleine citoyenneté. La propriété individuelle et la capacité de la faire fructifier par le travail et par les échanges économiques deviennent alors le moteur du progrès économique et la base de l'harmonie sociale : comme le souligne T. Piketty, « l'idéologie propriétariste repose sur une promesse de stabilité sociale et politique, mais aussi d'émancipation individuelle, au travers du droit de propriété[2] ». Dans ce contexte, fondé sur la reconnaissance de la propriété privée, sur la libre disposition des biens et sur l'expansion des transactions commerciales, la liberté formelle de l'individu démuni de propriété de participer au processus de production afin d'assurer sa subsistance matérielle par l'échange contractuellement sanctionné de sa force de travail contre un salaire édulcore évidemment le caractère exploiteur inhérent à cette liberté : elle « se trouve [...] ici limitée par cette nécessité vitale débouchant sur l'exploitation du travail salarié[3] » et sur la relégation dans une condition de contrainte et de dépendance économique de ceux qui ne disposent que de leur force de travail pour vivre.

Cet état de fait est d'ailleurs lié à une conception minimaliste du rôle de l'État. L'obligation principale de ce dernier est de protéger la propriété privée de tous et de garantir ainsi à chaque individu la possibilité de disposer librement de ses biens ; l'idée que l'État puisse intervenir pour poursuivre activement le bien-être des individus ou qu'il puisse restreindre au nom de l'intérêt général « le pouvoir absolu du sujet d'agir et de s'autodéterminer[4] » librement est en tant que telle inconciliable avec les prérogatives du modèle libéral et de son sujet indépendant et auto-responsable. Au contraire, il est

---

[1] P. Costa, *Cittadinanza,* cha. 6, par. 12.
[2] T. Piketty, *Capital et idéologie*, 151.
[3] C. Didry, « Genèses et développements du salariat : esquisse d'une sociohistoire globale », dans D. Mercure et M. Vultur (sous la direction de), *Dix concepts pour penser le nouveau monde du travail*, PUL, Canada, 2019, 13.
[4] A. Cantaro, *Il secolo lungo. Lavoro e diritti sociali nella storia europea*, 145.

nécessaire de ne pas interférer dans le développement spontané et immanent de la société civile et des initiatives individuelles : l'un des principes cardinaux de la pensée libérale est de penser que « ce qui est décidé de façon synoptique et extérieure à la société sera toujours moins performant et légitime que ce que la société est en mesure de produire par elle-même[1] ». La société civile précède historiquement et logiquement l'ordre politique, juridique, étatique : elle s'organise et doit s'organiser naturellement à travers les relations, les désirs, les intérêts librement poursuivis par les individus. Ainsi, la non-attribution à l'État de la possibilité d'intervenir activement dans la société civile afin de lui donner une orientation normative dictée par des valeurs jugées communes est spéculaire à l'instrumentalisation de la société civile comme moyen de poursuivre des intérêts purement individuels et à « une vision négative de la liberté, entendue comme la liberté de ne pas subir l'ingérence du pouvoir et comme la possibilité d'expression des capacités privées des individus dans la sphère économique[2] ».

À ce propos, l'ordre économique marchand est ici un système de laissez-faire parfaitement rationnel et capable de s'autoréguler, dont le bon fonctionnement ne nécessite pas l'intervention des pouvoirs publics : vouloir modifier, transformer ou orienter les processus socioéconomiques afin de produire intentionnellement des bénéfices par l'interventionnisme étatique reviendrait à imposer *a posteriori* au mouvement évolutif naturel de la société de marché ce que le législateur a arbitrairement décidé. Les "lois spéculatives", qui dans la pensée d'un grand théoricien du libéralisme, B. Constant, exemplifient l'idée d'une intervention active de l'État, contiennent toujours un potentiel despotique et déformant dans la mesure où, à travers elles, le législateur prétend régler « selon sa propre volonté[3] » le système des besoins, faisant ainsi de la loi l'instrument de régimentation des volontés individuelles.

Étroitement lié à ce qui précède, dans le modèle libéral l'individu est le seul responsable de son sort : la responsabilité individuelle s'affirme « comme principe régulateur de la société ayant valeur juridique, politique, morale, économique[4] ». Une société bien ordonnée est une société dans laquelle chaque individu prend en charge de manière autonome tout ce qui lui arrive, que ce soit négatif ou positif : la liberté "libérale" est une liberté qui n'est préservée que dans l'impossibilité de transférer le poids des événements d'un individu à un autre. L'adoption de ce modèle entraîne une subjectivation des conditions d'indigence et de pauvreté : elles ne sont pas analysées à travers l'identification et l'étude des causes économiques et

---

[1] E. Travers, « Benjamin Constant : critique du légicentrisme et de la multiplication des lois », *Recherches philosophiques*, 2010, 10.
[2] T. Casadei, *I diritti sociali. Un percorso filosofico-giuridico*, 3.
[3] Ibidem, 12.
[4] F. Ewald, *L'État providence*, 65.

sociales inextricablement liées aux phénomènes de pauvreté et de misère (caractérisant le paupérisme industriel), mais elles sont directement connectées à la qualité morale des comportements des personnes indigentes. La pauvreté est le résultat de la conduite du pauvre : ce dernier est tel parce qu'il est incapable d'organiser sa vie et sa conduite de manière prévoyante, vertueuse, d'acquérir le *status* de propriétaire, car il est enclin à l'oisiveté, à l'alcool, aux comportements dangereux, etc. S'il est dans un état de détresse, c'est de sa propre faute. Il n'est pas capable de prévoir et de maîtriser en sa faveur la multiplicité des éléments à l'origine des événements néfastes. Le pauvre n'est plus considéré, comme au Moyen Âge, un être destiné à vivre près de Dieu ; au contraire, son état de dénuement est interprété comme « la conséquence [...] d'un défaut moral[1] ». Il n'est pas un citoyen à part entière ; au contraire, il apparaît doté d'un degré d'humanité inférieur, et c'est pour cette raison qu'il est inapte à s'assurer des conditions de vie dignes à travers son travail et ses biens. Par conséquent, l'individu en tant que centre névralgique de la responsabilité est confronté à une « juridiction morale[2] » qui considère comme inadmissible tout recours à des causes économiques, sociales, conjoncturelles, etc., qui pourraient justifier la mise en place d'un système légal d'aide sociale : selon le principe de justice adopté par cette juridiction morale, « l'attribution naturelle des biens et des maux apparaît [...] comme juste parce qu'elle tient ce qui est pour ce qui doit être[3] ». De ce fait, intervenir artificiellement de l'extérieur pour modifier ce que l'ordre naturel sanctionne au nom, par exemple, du principe de justice sociale, apparaît comme une violation indue, toujours potentiellement porteuse d'évolutions despotiques.

Dans ce contexte interprétatif, cette juridiction morale ne peut ne pas voir « d'autre salut aux différents maux sociaux que dans un surcroît de moralisation[4] » : fournir aux pauvres des conditions de vie décentes ne peut être lu qu'en termes de devoir moral. Il ne s'agit pas de délégitimer en tant que telle toute forme de soutien aux pauvres : il s'agit plutôt de l'interpréter comme une obligation morale et non juridique. Dans le modèle libéral, les droits que nous pouvons aujourd'hui rattacher à la catégorie des droits sociaux ne possèdent pas les attributs nécessaires pour acquérir le statut juridique de droits positifs : comment est-il possible de donner une forme juridique à un droit de recevoir des prestations en cas de besoin de la part de la société si le seul critère en vigueur concernant le sort des individus est celui de la responsabilité individuelle ? L'assistance sociale aux indigents a certainement un contenu moral dont découle une forte recommandation à l'égard de la société (traduisible en termes d'activités caritatives) ; dans le

---

[1] G. A. Ritter, *Storia dello stato sociale*, Laterza, Rome-Bari, 2003, 38.
[2] F. Ewald, *L'État providence*, 65.
[3] Ibidem.
[4] Ibidem.

même temps, ce contenu ne saurait en aucun cas être comparé à la force juridique contraignante liée, par exemple, au droit de propriété et donnant lieu à des obligations juridiques positives. L'enjeu n'est pas la reconnaissance de la nécessité d'aider les personnes en détresse mais la délimitation de « ce qui peut être de droit – et donc donner lieu à l'exercice de la contrainte collective – et (de) ce qui doit rester devoir moral, du ressort de la libre volonté des individus[1] ». En plus, l'institutionnalisation du droit à l'assistance sociale par le biais de prestations garanties par l'État impliquerait la négation du modèle éthico-anthropologique décrit puisque « favoriser l'interventionnisme social de l'État signifierait déresponsabiliser le sujet en violant le nexus (éthiquement et socialement fondamental) entre liberté, propriété et autodiscipline[2] ».

Ces difficultés sont liées à une autre limite de la manière libérale d'interpréter le concept de droit. Pour la pensée libérale, attribuer des droits sociaux à l'assistance à partir de la prise en compte et de l'évaluation des conditions matérielles spécifiques des individus signifie se départir de l'idée même de droit, c'est-à-dire de droit comme instrument de réglementation des relations entre des individus génériquement et abstraitement égaux et donc « universel, automatique, d'application indifférenciée[3] ». Par conséquent, "matérialiser" le droit, c'est-à-dire poser des situations concrètes et particulières comme lieu d'origine du droit, dans la pensée libérale signifie effectuer des opérations de nature extra-juridique car elles ne sont pas conformes au principe kantien selon lequel « ce qui définit un ordre de contrainte comme juridique, c'est d'abord l'universalité de son application[4] ».

La distinction entre les citoyens propriétaires et méritants et les citoyens pauvres et non méritants se reflète également au niveau politique en termes de droit de vote : l'exclusion des couches sociales non-propriétaires de la scène politique – en plus d'être fonctionnel au maintien du *statu quo* – repose sur l'idée que seuls les citoyens disposant d'une certaine quantité de ressources peuvent être considérés comme capables de participer de manière autonome à la vie de la société et de s'intéresser à son activité normative ; c'est pourquoi ils détiennent le droit de participer à l'élaboration des lois. Une fois de plus, la propriété est la qualité fondamentale, la plus déterminante du statut du sujet : le droit de vote ne peut pas ne pas avoir comme condition l'être-propriétaire puisque cette condition constitue en soi l'objectivation de « l'éthicité et de la capacité supérieure du sujet[5] », de sa qualité de sujet capable, compétent, indépendant.

---

[1] Ibidem, 56.
[2] P. Costa, *Cittadinanza,* cha. 6, par. 12.
[3] P. Rosanvallon, *La nouvelle question sociale. Repenser l'État-providence*, 156.
[4] F. Ewald, *L'État providence*, 62.
[5] P. Costa, *Cittadinanza,* cha. 6, par. 16.

Par conséquent, si l'objectif est de rétablir la centralité de l'homme et de son bien-être, le modèle libéral et son interprétation du sujet indissociable de la « quasi-sacralisation de la propriété privée[1] » apparaissent irrécupérables précisément parce qu'ils excluent de la pleine citoyenneté et de la communauté politique tous les membres de la « classe non propriétaire[2] », les laissant *de facto* dans des conditions de privation et de souffrance économique et sociale. L'objectif susmentionné ne peut être dissocié de la nécessité de refonder les systèmes politiques et juridiques autour de la reconnaissance d'un ensemble de droits fondamentaux indissociables de l'individu et visant à le protéger et à le promouvoir dans les différentes sphères de son existence : civile, politique, économique, sociale, culturelle, etc.

Les constitutions européennes qui voient le jour après la fin de la Seconde Guerre mondiale reprennent « la tradition révolutionnaire de la Déclaration des droits, en élargissant leur objet en direction [...] des droits sociaux[3] » afin de réduire les inégalités excessives et de permettre à chacun de développer pleinement sa personnalité.

La dignité comme valeur matérielle

Après avoir analysé les raisons principales pour lesquelles le modèle libéral apparaît irrécupérable, il convient d'identifier les étapes de la refondation conceptuelle de l'individu et de sa centralité.

À la base de ce processus de reconnaissance de la pleine affirmation de l'individu comme valeur en soi, comme le socle sur lequel refonder les systèmes démocratiques, il y a certainement la consécration de la « dignité de tout être humain comme valeur matérielle centrale » des Chartes constitutionnelles[4] et fondement d'une « très large reconnaissance de droits

---

[1] T. Piketty, *Capital et idéologie*, 154.
[2] P. Wagner parle à cet égard de "modernité libérale restreinte". P. Wagner, *Liberté et discipline. Les deux crises de la modernité,* Éditions Métailié, Paris, 1997.
[3] M. Fioravanti, *Appunti di storia delle costituzioni moderne. Le libertà fondamentali*, 133, cité par R. Pilia, *I diritti sociali*, Jovene, Naples, 2005, 27.
[4] À titre d'exemple, la dignité humaine est reconnue par l'art. 1 de la Loi fondamentale allemande de 1949, l'art. 3 de la Constitution italienne de 1948, l'art. 1 de la Constitution portugaise de 1976, l'art. 10 de la Constitution espagnole de 1978, etc.
Le précurseur de cette nouvelle saison du constitutionnalisme est sans doute la Constitution de Weimar de 1919, laquelle affirme dans son art. 151 la nécessité de garantir à chacun « une existence digne de l'homme ». Au niveau international, nous trouvons la même reconnaissance intégrale de la dignité dans la Déclaration promulguée à Philadelphie en 1944 concernant les objectifs de l'Organisation internationale du travail et dans la Déclaration universelle des droits de l'homme (1948), reconnaissance liée à la garantie des droits économiques, sociaux et culturels.

de la personne et d'une multiplicité de mécanismes de garantie[1] » de ces droits. En effet, dans le constitutionnalisme post-seconde guerre mondiale, la dignité humaine acquiert le statut fondamental de « source morale à laquelle s'abreuvent les contenus de tous les droits fondamentaux[2] » : elle désigne un concept normativement dense qui fonde l'indivisibilité des droits fondamentaux et que ces derniers articulent et développent minutieusement dans les différentes sphères de l'existence. La dignité de la personne, en d'autres termes, joue le rôle de « noyau axiologique de la Constitution[3] », de valeur juridique super-primaire permettant de capter « l'esprit et l'essence de la Constitution tout entière[4] » : sa reconnaissance constitutionnelle agit comme catalyseur d'un réseau dense de principes, de valeurs, de droits et de devoirs à travers lequel « un nouveau statut de la personne humaine[5] » s'affirme en tant que centre indépassable du système juridique, englobant la diversité des sphères socioculturelles auxquelles cette dernière appartient et au sein desquelles elle développe sa personnalité. Cette refondation du statut de la personne humaine constitue ainsi le nouveau fondement de l'être-en-société. Ce nouveau fondement s'articule autour de droits fondamentaux constitutionnellement consacrés, dont la violation entraînerait la violation de la dignité humaine elle-même.

Le débat théorique entre constitutionnalistes propose de multiples définitions du concept de dignité humaine. L'égale dignité de tous les êtres humains affirmée dans les documents juridiques a tout de même un caractère axiomatique : c'est « un présupposé, une assomption, quelque chose issue d'une décision fondamentale qui ne requiert pas d'autre fondement ou de consensus unanime[6] » quant à la définition de ce fondement.

Malgré l'absence d'un consensus transversal concernant cette définition, deux approches en particulier au concept de dignité humaine, celle de J. S. Wintrich et celle de E. Stein, sont fonctionnelles aux objectifs et à la cohérence théorique de ce livre, substantiellement correctes et potentiellement plus fructueuses. Pour le premier des auteurs mentionnés, affirmer la dignité de l'homme signifie affirmer que « l'homme, en tant qu'entité éthico-spirituelle, peut, par sa propre nature, consciemment et

---

[1] F. F. Segado, « La dignità della persona come valore supremo dell'ordinamento giuridico spagnolo e come fonte di tutti i diritti », *Forumcostituzionale.it*, 2.

[2] J. Habermas, *Questa Europa è in crisi,* Editori Laterza, Rome-Bari, 2012, 7.

[3] Ibidem, 1.

[4] R. Alexy, *A Theory of Constitutional Rights,* Oxford University Press, Oxford, 2009, 146.

[5] S. Rodotà, *Il diritto di avere diritti*, Editori Laterza, Rome-Bari, 2012, cité par A. Apostoli, « La dignità sociale come orizzonte dell'uguaglianza nell'ordinamento costituzionale », *Costituzionalismo.it*, 2019.

[6] N. Riva, « Eguaglianza e dignità umana », dans G. P. Dolso (sous la direction de), *Eguaglianza, dignità e Costituzione,* EUT, Trieste, 2019, 104.

librement, s'autodéterminer, se former et agir dans le monde qui l'entoure[1] ». Cette définition paraît particulièrement prégnante en ce qu'elle met en évidence le lien indissociable entre la valeur de la dignité et le devoir de garantir aux individus la possibilité concrète ("d'agir dans le monde qui l'entoure") d'entreprendre sur la base de leurs propres choix (autodétermination) leur propre parcours existentiel. Ce que cette définition met en évidence, c'est qu'il appartient à la condition ontologique de l'homme, en tant qu'être auto-conscient, la possibilité de déterminer consciemment ses propres projets de vie, ses propres fins. Cette possibilité d'autodétermination est coessentielle à la reformulation du concept de liberté : en effet, pouvoir choisir et conduire concrètement ses propres projets existentiels "dans le monde qui l'entoure" comme *conditio sine qua non* d'une vie digne signifie reconnaître la liberté positive de l'individu d'agir intentionnellement dans le milieu social qui caractérise matériellement son existence. Reconnaître la dimension positive de la liberté implique alors de la penser comme un projet qui a comme finalité celle de faire de l'individu un individu à part entière, et, par conséquent, de prendre en considération les conditions concrètes de sa réalisation : il faut faire en sorte que cette liberté positive et concrète soit aussi une « liberté *égale*[2] » ou une « *égaliberté*[3] » pour tous.

Cette perspective abandonne la dimension abstraite et formelle de l'individu idéal-typique du modèle libéral, qui définit la liberté de manière purement négative comme absence générique d'interférence. Au contraire, la liberté positive, la liberté en tant que projet, s'inscrit dans la concrétude des « conditionnements d'ordre matériel découlant précisément des relations sociales et économiques dans lesquelles chacun est immergé[4] ». Cette opération vide de son sens l'idée de liberté comme absence d'interférence : reprenant une intuition sartrienne, « il n'y a pas d'obstacle en soi, mais seulement un obstacle par rapport à mon projet[5] ». Ainsi, il n'est possible de penser l'absence d'interférence qu'à partir de la mise en œuvre d'un projet dans une situation historico-concrète donnée : cela implique « l'ajout d'une dimension axiologique positive[6] » au concept de liberté, indiquant qu'elle ne peut être telle que lorsque l'individu peut effectivement s'autodéterminer

[1] J. Wintrich, *Zur Problematik der Grundrechte, Vs Verlag für Sozialwissenschaften*, Wiesbaden, 1957, cité par F. F. Segado, *La dignità della persona come valore supremo dell'ordinamento giuridico spagnolo e come fonte di tutti i diritti*, 3.

[2] T. Casadei, *I diritti sociali. Un percorso filosofico-giuridico*, 36.

[3] É. Balibar, *La proposition de l'égaliberté. Essaies politiques*, 1989-2009, PUF, Paris, 2010.

[4] S. Cocchi, *La tutela e la promozione dei diritti sociali. Decentramento, uguaglianza e differenziazione in Italia e in Spagna*, Thèse de doctorat, Université de Florence, 2012, 36.

[5] J.-P. Sartre, *L'essere e il nulla*, Il Saggiatore, Milan, 2008, 324-325. Voir aussi A. Zhok, *Critica della ragione liberale. Una filosofia della storia corrente*, 69.

[6] A. Zhok, *Critica della ragione liberale. Una filosofia della storia corrente*, 69.

dans les relations réelles, positives, constitutives de son être-situé, de son existence en société.

Le devoir qui incombe aux pouvoirs publics devient alors celui d'agir de manière que cette possibilité puisse être accessible à tous. L'inclusion des droits sociaux dans les constitutions européennes procède dans ce sens : elle répond à l'objectif de garantir à tous les individus la possibilité concrète de s'autodéterminer par la mise à l'abri du besoin et par l'élimination des obstacles économiques, sociaux, culturels, etc., exerçant une force hétéro-directive surtout sur les individus les plus vulnérables. Cet objectif est intrinsèquement lié à la fois au respect de la dignité des personnes et à « la fonction promotionnelle[1] » du droit, c'est-à-dire l'idée que la dignité des personnes en tant que valeur matérielle ne peut être préservée sans une intervention active des pouvoirs publics, juridiquement validée et réglementée.

La deuxième manière d'appréhender le concept de dignité identifiée, celle développée par E. Stein, est complémentaire à cette définition. Partant de l'analyse étymologique du terme, E. Stein souligne « que la "dignité" (*Würde*) est un substantif abstrait de l'adjectif "valeur" (*wert*) et signifie, à l'origine, la matérialisation d'une valeur[2] ». Par conséquent, les références constitutionnelles à la dignité « doivent être comprises dans le sens que la qualité de l'homme, en tant que valeur, est intangible[3] » et suprême, c'est-à-dire qu'elle ne peut pas faire l'objet d'un équilibre ou d'un compromis avec d'autres valeurs. Si la dignité, pour être telle, implique sa matérialisation, il en découle que l'absence des garanties nécessaires pour assurer les conditions concrètes de cette matérialisation dans tous les domaines et rapports dans lesquels la subjectivité humaine est impliquée entraîne inévitablement le non-respect de la dignité, la violation de son intangibilité.

Ces deux interprétations du concept de dignité nous permettent ainsi de faire un premier pas significatif en direction de la compréhension de l'épaisseur éthico-normative inhérente à la formule "constitutionnalisme social". Tout d'abord, ces deux interprétations constituent deux outils herméneutiques importants à travers lesquels réactualiser, selon le canon introduit par le constitutionnalisme social, le concept kantien de dignité en tant que principe éthique dont le respect implique de traiter chaque être humain non pas comme un moyen mais comme une fin : « les êtres rationnels sont tous soumis à la loi selon laquelle chacun d'eux doit se traiter et traiter chaque autre jamais simplement comme un moyen, mais toujours

---

[1] La théorisation de la fonction promotionnelle du droit se trouve dans N. Bobbio, *Dalla struttura alla funzione : nuovi studi di teoria del diritto,* Laterza, Rome-Bari, 2007.

[2] E. Stein, *Lehrbuch des Staatsrechts*, J. C. B. Mohr, Tübingen, 1968, cité par F. F. Segado, *La dignità della persona come valore supremo dell'ordinamento giuridico spagnolo e come fonte di tutti i diritti*, 3.

[3] Ibidem, 4.

comme une fin en soi[1] ». Ainsi, le concept kantien de dignité permet de fonder philosophiquement la traduction du « contenu universaliste-égalitaire de la morale[2] » dans le langage du droit positif : en renouant avec la première section de ce livre, la reconnaissance constitutionnelle de la dignité humaine permet le passage de contenus moraux dans le droit, notamment le principe de l'autonomie de l'individu et le principe selon lequel chacun doit bénéficier d'une égale considération. Dans le même temps, « alors que dans ce contexte philosophique à la base de la dignité de l'homme il y a une liberté morale, c'est-à-dire que *l'homo dignus* est tel dans la mesure où il est moralement émancipé des besoins et des désirs, dans le contexte du constitutionnalisme à la base de la dignité il y a plutôt une conception empirique de la liberté, liée à la satisfaction de ces besoins et désirs[3] ». Cela signifie que la conception de la dignité qui s'affirme avec les constitutions européennes d'après-guerre est indissociablement entrelacée à la matérialité des conditions socioéconomiques dans lesquelles le sujet se trouve : il ne peut y avoir de dignité du sujet s'il ne jouit pas de libertés "réelles", c'est-à-dire de libertés faisant partie du vécu de chaque individu en tant que possibilités concrètes d'agir de manière autonome, fondées sur l'accès aux ressources et aux moyens nécessaires pour mener une vie digne.

En outre, articuler la valeur de la dignité humaine autour du sujet pris dans la concrétude de sa situation matérielle signifie considérer ce dernier non seulement en ce qui concerne sa singularité, mais également au regard de la dimension relationnelle de son existence, dimension par laquelle il intègre la société historico-concrète où se déroule sa vie. Cela n'est possible que par le renversement de la perspective libérale : dans la dimension intersubjective de l'être-en-société, « les autres n'y apparaissent pas comme obstacles [...] mais comme constitutifs du sujet, de son problème et de sa solution possible [...] ; l'existence humaine est une existence à plusieurs et [...] tout ce qui est dit en dehors de ce présupposé est frappé de non-sens[4] ». Par conséquent, cette torsion du concept de dignité vers les conditions concrètes de l'existence en société de la personne humaine jette ainsi les bases de l'abandon de la vision purement libérale-individualiste du sujet : la dignité du sujet doit également être pensée et préservée au sein des formations sociales auxquelles il est affilié et à partir de sa reconstitution en tant qu'être relationnel. Ainsi, « la partie corporelle et sociale[5] » de l'homme est placée au centre de la sphère juridique : la matérialisation de la dignité

---

[1] I. Kant, *Fondations de la métaphysique des mœurs*, Flammarion, Paris, 1994, 108.
[2] J. Habermas, *Questa Europa è in crisi*, 12.
[3] A. Apostoli, « La dignità sociale come orizzonte dell'uguaglianza nell'ordinamento costituzionale », 5.
[4] C. Castoriadis, *L'institution imaginaire de la société*, 160.
[5] A. Supiot, « Judicial enforcement of social solidarity in view of recent European, German and French jurisprudence », dans J. Van der Walt, J. Ellsworth (sous la direction de), *Constitutional Sovereignty and social solidarity in Europe*, 109.

repose en effet sur la reconnaissance que « l'accès de l'être humain, en tant qu'individu libre, à l'univers symbolique de l'humanité dépend de la satisfaction préalable des besoins vitaux[1] » et de son inscription dans un réseau de relations sociales d'où découle cette satisfaction.

Cette base normative informe le développement des droits de la dimension sociale de la citoyenneté. En effet, il s'agit de droits appartenant à « des sujets qualifiés en fonction de la situation particulière qu'ils occupent : le droit social est un droit réaliste, un droit qui [...] va prendre en compte, décrire et redoubler la réalité [...] un droit des groupes, qui identifie les individus à partir des caractéristiques des groupes auxquels ils appartiennent[2] ».

De l'intersubjectivité dimidiée[3] à l'intersubjectivité relationnelle

Afin d'approfondir ce passage conceptuel et d'en saisir toute la portée, il est nécessaire de préciser également que le paradigme libéral-individualiste ne se réduit pas à la simple affirmation du sujet en tant qu'entité atomistique, propriétaire et contractante, agissant dans un espace social au sein duquel la dimension intersubjective est complètement vidée de son sens et où les différents acteurs ne partagent aucun type de lien social. Il faut alors complexifier ce paradigme et ses implications ; il est nécessaire de comprendre comment le modèle libéral pense la relation entre les droits individuels et la coexistence sociale.

La dimension intersubjective essentielle à tous les courants de la pensée libérale-individualiste réside dans l'objectif d'identifier de manière kantienne « les principes éthiques et juridico-politiques qui induisent – si ce n'est obligent – les individus à coopérer, interagir et harmoniser leurs libertés, besoins et intérêts avec ceux des autres individus[4] ». Dans la pensée politico-philosophique de l'individualisme, les espaces de liberté ouverts par la dissolution des anciennes sociétés organiques et hiérarchiques produisent un mouvement d'émancipation dans la mesure où, d'une part, ils se traduisent en l'identification de sphères d'action individuelles permettant au sujet de poursuivre de manière autonome son intérêt et, d'autre part, le fait de placer l'intérêt personnel au centre du système de valeurs n'implique pas l'annihilation de toute dimension intersubjective dans la mesure où

[1] Ibidem, 109-110.
[2] F. Ewald, *L'État providence*, 451.
[3] J'utilise ce terme, en l'adaptant à mes fins explicatives, dans le sens indiqué par le CNRTL, c'est-à-dire un terme indiquant que d'un corps composé de deux parties, une seule de ces deux parties est développée.
[4] A. Cantaro, *Il secolo lungo. Lavoro e diritti sociali nella storia europea*, 38.

« lorsqu'ils sont motivés par leur intérêt personnel, les hommes cherchent à se rapprocher, à se rendre des services mutuels, à s'associer[1] ».

Dans cette vision, c'est la désintégration de l'ancien réseau de liens communautaires qui est à la base d'un processus de reconstruction de relations interindividuelles non plus indexées sur le maintien et la reproduction du système hiérarchique et organique traditionnel, mais articulées autour d'intérêts individuels dont la réalisation ne peut se faire qu'en entrant dans des relations de coopération. Ces relations de coopération sont fondées sur la reconnaissance des droits naturels individuels, grâce auxquels les individus peuvent se doter des outils nécessaires pour répondre aux exigences de l'existence et réclamer légitimement que les autres se comportent conformément à ce qui est sanctionné par cette reconnaissance, cette dernière étant fondamentale pour la réalisation des objectifs et des projets individuels. Par conséquent, la dimension intersubjective inhérente au paradigme individualiste concerne l'ouverture d'espaces de socialité dans lesquels les individus entrent en contact les uns avec les autres afin de tisser les activités de coopération nécessaires à la poursuite et à la réalisation de leurs projets personnels. L'ouverture de ces espaces de socialité découle de l'intérêt égal de tous les individus à poursuivre leurs buts dans des conditions égales de liberté ; cela implique certes d'agir de manière collaborative avec les autres, mais, dans le même temps, la matrice commune de l'intérêt individuel garantit que cette société reste « une *societas* d'individus, dans laquelle chacun agit, dans les limites de la loi, pour se réaliser, pour poursuivre ses propres fins[2] ».

Cette façon d'interpréter la dimension intersubjective trouve une formulation et une justification philosophique adéquate dans la pensée de A. Smith. La théorie de la "main invisible", le summum de l'échange individuel intéressé, interprète le bien-être commun (*La richesse des nations*) comme le résultat non intentionnel de la tendance naturelle des individus à « trafiquer, troquer, échanger une chose contre une autre[3] » au nom de la poursuite de leur intérêt personnel. L'échange économique[4] est en soi naturel et origine d'une « socialité involontaire[5] », c'est-à-dire d'une dimension intersubjective dans laquelle les individus entrent dans des relations à la fois mutuellement bénéfiques et égoïstes. Penser ainsi la dimension intersubjective permet

---

[1] F. Bastiat, *Armonie economiche*, Utet, Turin, 1946, cité par A. Cantaro, *Il secolo lungo. Lavoro e diritti sociali nella storia europea*, 38.

[2] M. Fioravanti, *Appunti di storia delle costituzioni moderne*, cité par A. Cantaro, *Il secolo lungo. Lavoro e diritti sociali nella storia europea*, 42.

[3] A. Smith, *An inquiry into the nature and causes of the wealth of nations*, Edinburgh, 1776, cité par A. Zhok, *Critica della ragione liberale. Una filosofia della storia corrente*, 78.

[4] Cependant, il faut rappeler que l'échange économique et l'intérêt individuel ne sont pas, dans la pensée d'A. Smith, les seuls moyens d'interagir avec les autres. Dans *Theory of Moral Sentiments*, par exemple, A. Smith parle d'un mode empathique de nouer des relations, etc.

[5] A. Zhok, *Critica della ragione liberale. Una filosofia della storia corrente*, 76.

d'insérer conceptuellement l'individu libéral, désocialisé et égoïste, dans le réseau social des interactions historico-concrètes de manière tout à fait cohérente avec sa nature présupposée et sans le « besoin de penser qu'un accord sur des valeurs ou des projets soit à la base de la collectivité commune[1] ».

Nous pouvons définir ce type d'intersubjectivité comme "dimidiée" dans la mesure où elle se structure unilatéralement selon les coordonnées des intérêts individuels et comme base commune nécessaire à la poursuite de ces derniers, sans que cela n'implique la définition d'un cadre éthico-normatif comprenant des critères et des valeurs ne pouvant pas être rattachés à la sphère de l'intérêt individuel. Ce type d'intersubjectivité, qui trouve une correspondance dans l'interprétation minimaliste des possibilités d'intervention de l'État libéral, donne lieu à des liens sociaux dans lesquels « les hommes se rapportent les uns aux autres comme des sujets abstraits et non comme des personnes concrètes[2] », c'est-à-dire comme des sujets qui ne sont pas pris en compte sur la base des asymétries des différentes conditions sociales et matérielles dans lesquelles ils se trouvent, mais comme des acteurs jouissant formellement des mêmes libertés (et donc placés sur un pied d'égalité) et destinés à adopter dans leurs relations avec autrui les normes comportementales définies par les transactions commerciales et les obligations contractuelles. Le caractère dimidié de ce type d'intersubjectivité est donc compréhensible comme effacement de la dimension concrète de l'existence individuelle et comme illisibilité conséquente des rapports de force conditionnant les relations entre les individus et découlant précisément de la diversité des positions sociales[3].

Le concept de dignité caractérisant le constitutionnalisme social conduit à une profonde redéfinition de la manière dont la sphère de l'intersubjectivité doit également être interprétée. Affirmer que la relationnalité est une dimension constitutive de l'être-en-société de l'homme, c'est penser ce dernier et la recherche de son bien-être personnel dans la concrétude de ses relations avec les autres et de son appartenance à des formations sociales déterminées ; c'est affirmer que « tout homme développe sa personnalité en adhérant à une série progressive de formations sociales, dont l'adhésion est naturelle, volontaire ou nécessaire[4] » et que « l'appartenance à la société et l'ouverture relationnelle sont constitutives de la personne et *conditio sine qua non* de son développement[5] ». De ce fait, la relationnalité et la poursuite

[1] Ibidem, 80.

[2] A. Cantaro, *Il secolo lungo. Lavoro e diritti sociali nella storia europea*, 42.

[3] La forme archétypale de ce type de relation intersubjective est représentée par la relation employeur-employé caractérisant le développement industriel du XIXe siècle.

[4] F. Pizzolato, *Il principio costituzionale di fraternità. Itinerario di ricerca a partire dalla Costituzione italiana,* Città Nuova, Rome, 2012, 113, cité par G. Comazzetto, « La solidarietà nello spazio costituzionale europeo. Tracce per una ricerca », *AIC*, n. 3, 2021, 266.

[5] Ibidem.

par l'individu de projets de vie auxquels il attache de la valeur ne sont pas des éléments contradictoires, mais des éléments placés dans une relation dialectique dans laquelle ils se médiatisent et se déterminent mutuellement, donnant lieu à des résultats (c'est-à-dire des choix, des valeurs, des projets, etc.) qui sont le fruit de ce processus de détermination réciproque. Alors, le fait que le concept de dignité doive désormais être décliné dans le réseau évolutif des relations et des affiliations sociales de l'individu implique de réinterpréter la sphère de l'intersubjectivité non seulement sur la base de l'axiomatique de l'intérêt individuel, mais aussi en fonction d'objectifs et de valeurs qui vont au-delà de ce dernier. Repenser la dignité de l'individu à partir de la reconnaissance que « tout n'est pas contractuel dans le contrat[1] », c'est-à-dire que la diversité des conditions d'existence rend socialement insoutenable la fiction selon laquelle des individus libres et égaux établissent volontairement des relations contractuelles mutuellement bénéfiques puisque cette diversité est, au contraire, à la base de relations inégales ayant des effets dégénératifs sur les conditions de vie de la partie la plus faible de la relation, signifie indexer les relations intersubjectives au sein d'une société sur des valeurs étrangères au code libéral. Assurer à chaque individu des conditions de vie dignes signifie établir dans les relations entre les composantes de la société des obligations solidaristes capables de permettre à chacun de participer dans des conditions d'égalité substantielle à la vie politique, économique et sociale et de pouvoir disposer des moyens nécessaires au libre développement de sa personne. Ainsi, ces liens de solidarité s'articulent sur « la corrélation entre les droits et les devoirs[2] » et donc sur le dépassement de la conception libérale et individualiste des droits et du sujet de droit par la reconnaissance de la sociabilité comme base de la coexistence, impliquant de ce fait une condition de dépendance et de réciprocité mutuelles.

L'interconnexion qui s'établit entre ces ressources dogmatiques (dignité matérielle, égalité substantielle, solidarité) et qui sous-tend les "libertés réelles" est telle que l'une ne peut subsister sans les autres : elles se "lient" inextricablement en composant un "noyau éthico-normatif" ayant en son centre « un *corpus* structuré et partagé de normes et de valeurs[3] » capable de donner « une stabilité aux liens sociaux[4] » et de « former des individus conscients de l'interdépendance, marqués par l'être avec l'autre[5] », un être avec l'autre non plus réductible au canon utilitariste-instrumental de l'individualisme libéral mais appréhendable avant tout comme la poursuite

---

[1] E. Durkheim, *De la division du travail social,* Félix Alcan, Paris, 1893, 230.
[2] T. Casadei, *I diritti sociali. Un percorso filosofico-giuridico*, 9.
[3] L. Pennacchi, *La moralità del welfare. Contro il neoliberismo populista*, 10.
[4] Ibidem.
[5] Ibidem.

de finalités communes à travers lesquelles garantir une citoyenneté pleine et entière à tous les citoyens.

Dans le cadre du constitutionnalisme social, ce "noyau éthico-normatif" est à la base de la légitimation de l'intervention publique dans la sphère économique, du développement de politiques assurantielles et redistributives et de la libre affirmation de l'individu comme priorité constitutionnelle. Autrement dit, le fait que les citoyens ne puissent jouir des droits fondamentaux classiques (droits libéraux de liberté et droits de participation démocratique) « avec des chances égales que lorsqu'il est garanti qu'ils disposent d'une indépendance suffisante dans leur existence privée et économique et qu'ils peuvent établir et stabiliser leur identité personnelle dans l'environnement culturel de leur choix[1] » devient un élément indispensable de l'imaginaire constitutionnel européen ; le trait distinctif du constitutionnalisme social est ainsi la reconnaissance que « les expériences d'exclusion, de misère et de discrimination nous enseignent que les droits fondamentaux classiques ne conservent la même valeur pour tous les citoyens que si on leur ajoute les droits sociaux et culturels[2] ».

Le développement de la dimension sociale de la citoyenneté se présente comme l'incarnation institutionnelle et le "nourricier" de ce patrimoine de valeurs. Il s'agit donc de poursuivre son enquête.

2.2 - Égalité substantielle

D'une thèse descriptive à un principe normatif

La reconnaissance de l'égale dignité de tous les êtres humains est liée à une autre valeur fondamentale inscrite dans l'imaginaire du constitutionnalisme social, à savoir l'égalité. Parmi les différentes formes d'égalité, je me concentre sur l'égalité "substantielle" car elle est celle qui, à mon avis, caractérise le plus le développement du constitutionnalisme social. Il s'agit de prendre cette ressource normative comme objet d'analyse, de comprendre sa spécificité dans le cadre défini par l'imaginaire susmentionné.

Avant d'entrer dans l'analyse de cette notion fondamentale, il est nécessaire de souligner « l'historicité de la dimension sémantique et pragmatique du principe d'égalité[3] ». Ce dernier indique une pluralité de conceptions et d'interprétations différentes, chacune exprimant une manière normativement différente de lire la réalité et toutes inextricablement liées au contexte historico-culturel dans lequel elles sont immergées, aux forces sociales qui les incarnent et au genre de discrimination à l'origine des revendications égalitaires. En d'autres termes, l'égalité indique un concept

---

[1] J. Habermas, *Questa Europa è in crisi*, 11.
[2] Ibidem.
[3] L. Ferrajoli, *Iura Paria*, 199.

évolutif, susceptible de transformations continues et connoté idéologiquement par les acteurs sociaux en jeu et donc par le type de discrimination qu'ils combattent. Dans le même temps, l'historicité en tant qu'élément constitutif de la dimension sémantique du principe d'égalité signifie que cette dimension est aussi constitutivement ouverte : elle délimite un espace aux frontières mobiles, poreuses, dont l'extension est constamment modifiable car elle fait l'objet de luttes constantes menées par de nouvelles subjectivités désireuses de faire partie de cet espace.

Caractériser le concept d'égalité à travers ce caractère contestataire irrépressible permet d'introduire une clarification fondamentale quant aux évolutions concernant les manières d'interpréter ce concept. Dans le droit prémoderne, l'égalité se caractérise comme un concept « descriptif[1] » qui est formulé au moyen d'arguments factuels élaborés sur la base des paramètres en vigueur à un moment donné, « à tel point que [...] la reconnaissance des différences personnelles – de classe, de cens, de profession, de religion, de sexe et autres – se traduit en l'établissement d'autant de différences juridiques de *status* : le droit prémoderne reflète pleinement la réalité, en consacrant les différences personnelles de fait comme des inégalités de droit[2] ». Assumer l'égalité comme un fait comporte alors l'écrasement des potentialités revendicatives de ce concept en relation à ce qui est établi par les paramètres dominants et signifie neutraliser ses perspectives transformatrices et émancipatrices au profit de ceux qui détiennent le pouvoir social de contrôler idéologiquement le contenu sémantique des concepts au nom de la sauvegarde d'intérêts partisans. En ce sens, l'égalité descriptive est toujours « conservatrice et mystificatrice[3] » : elle établit comme un fait irrécusable un point de vue partiel intéressé par le maintien d'un état de choses donné.

Au contraire, comprendre adéquatement l'égalité des êtres humains juridiquement établie par l'art. 1 de la Déclaration des droits de l'homme[4], et donc saisir les implications de la traduction de ce principe moral en une norme juridique, c'est assumer l'égalité non pas comme un fait, mais comme « une valeur ; non pas une thèse descriptive, mais un principe normatif : stipulé [...] contre la réalité précisément parce qu'on reconnaît, de manière descriptive, que dans la réalité les êtres humains sont différents et inégaux[5] ».

Sur la base du rejet et de la contestation de la réalité telle qu'elle est, il est alors nécessaire d'interpréter l'égalité comme un idéal régulateur, c'est-à-dire comme un idéal qui, placé vis-à-vis de la réalité, impose normativement

[1] Ibidem.
[2] Ibidem.
[3] Ibidem.
[4] « Les hommes naissent et demeurent libres et égaux en droits. Les distinctions sociales ne peuvent être fondées que sur l'utilité commune ».
[5] L. Ferrajoli, *Iura Paria,* 190.

de la transcender en direction d'un état idéal, approchable mais jamais pleinement atteignable, par un acte d'imagination visant à dépasser les limites inscrites dans la réalité elle-même. Seule l'adoption de cette ligne d'interprétation peut permettre à l'égalité de préserver et de renforcer sa tension contestataire, d'identifier les discriminations générées par la généralisation et la naturalisation du concept d'égalité établi par les forces qui dominent les relations sociales. Le renouvellement et la transformation du contenu du concept d'égalité ont toujours pour origine un acte de contestation du modèle d'égalité en vigueur, un acte provenant d'un "ailleurs" situé hors de l'espace arbitrairement circonscrit par ce modèle, capable de démystifier ses formes d'oppression et d'introduire de nouveaux paramètres normatifs. Cela signifie que l'égalité « ne s'exprime pas dans un langage descriptif. Elle ne prend pas position sur le *Sein*, sur l'être [...] Au contraire, elle s'exprime dans un langage prescriptif, et s'intéresse exclusivement au *Sollen*, au devoir-être[1] ». Sur la base de cette interprétation, je mettrai en évidence la forme substantielle de l'égalité comme trait spécifique du constitutionnalisme social, comme ressource normative à laquelle nous ne pouvons pas renoncer pour comprendre l'imaginaire constitutionnel qui émerge en Europe à la fin de la Seconde Guerre mondiale. Mon objectif n'est donc pas de fournir une reconstruction de l'histoire du concept d'égalité ; il s'agit plutôt d'extraire le contenu normatif essentiel inscrit dans la notion d'égalité substantielle afin de comprendre la spécificité du constitutionnalisme social et des nouvelles manières de concevoir les relations entre les individus et entre ces derniers et l'État.

La dimension substantielle de l'égalité et sa relation avec le principe de dignité

Je dois d'abord préciser l'interrelation existant dans l'imaginaire constitutionnel que je décris entre la dignité et l'égalité. Le constitutionnalisme qui se développe au lendemain de la guerre se fixe pour objectif « de soustraire à la politique, en tant que volonté de la majorité, et à l'économie, en tant que résultat de la confrontation entre propriétés et initiatives privées, le droit de chaque individu à mener une existence à la fois libre et digne[2] ». Chaque sujet en tant que tel a le même droit que les autres de vivre de manière libre et digne, la dignité morale étant intrinsèque au sujet, quelle que soit sa position sociale. C'est ce type de reconnaissance qui est à la base de l'égale dignité sociale de tous les individus, c'est-à-dire

[1] G. Zanetti, « L'eguaglianza liberale », dans F. Mastromartino, *Teoria e pratica dell'eguaglianza. Percorsi di analisi critica,* L'Asino d'oro Edizioni, Rome, 2018, 18.
[2] A. Giorgis, *La costituzionalizzazione dei diritti all'uguaglianza sostanziale*, Jovene, Naples, 1999, 49.

l'idée que la dignité d'un individu dépend entièrement de sa qualité de personne humaine : au-delà des différences personnelles en termes de sexe, de religion, de classe sociale, de langue, etc., la constitutionnalisation du principe d'égalité attribue à chaque individu en tant que tel une dignité et une valeur égales. À cet égard, L. Ferrajoli définit « le principe d'égalité comme la valeur égale associée à toutes les différences d'identité qui font de chaque personne un individu différent de tous les autres et de chaque individu une personne comme toutes les autres[1] » ; par conséquent, « la valeur égale associée aux différences n'est rien d'autre que l'égale dignité des personnes[2] ». L'égalité ainsi comprise, en plaçant toutes les différences personnelles sur un pied d'égalité et en les valorisant, empêche qu'elles ne deviennent la source de formes de discrimination. Ainsi, nous pouvons inclure dans cette typologie d'égalité les droits concernant les différentes libertés individuelles en tant qu'instruments à travers lesquels les idées, les choix, les initiatives exprimant les identités personnelles particulières peuvent être valorisés : liberté de pensée, de presse, de religion, d'entreprendre des opérations économiques, de s'associer au nom d'intérêts communs, de participer à la vie politique, etc.

Dans le même temps, la constitutionnalisation du principe d'égalité dans le cadre défini par le constitutionnalisme social acquiert une signification particulière dans la mesure où elle oriente sa normativité non seulement en direction des différences personnelles qui doivent être placées sur un pied d'égalité devant la loi, mais aussi en direction des inégalités socioéconomiques, et donc des différences concernant « les conditions de vie matérielles et sociales[3] ».

En revanche, les constitutions libérales se caractérisent par l'affirmation de la dimension formelle de l'égalité. Dans ces cas, la loi, en tant que source unique et donc commune des droits et libertés, établit l'égalité de traitement de tous les citoyens « en vertu d'une norme générale et abstraite[4] » s'appliquant également à tous. En renouant avec l'idéologie propriétariste décrite dans la section précédente, l'individu du modèle libéral est abstraitement égal aux autres en ce qu'il est libre comme les autres de disposer de ses biens de manière autonome et de conclure avec les autres des contrats qui sont également contraignants pour tous.

La manière formelle dont le modèle libéral interprète l'égalité et la raccorde à ses principes de justice permet également de comprendre comment ce modèle interprète les inégalités au sein de la société. Si l'allocation naturelle des ressources et des biens est juste dans la mesure où

[1] L. Ferrajoli, *Iura Paria,* 184.
[2] Ibidem, 186.
[3] Ibidem, 183.
[4] S. Cocchi, *La tutela e la promozione dei diritti sociali. Decentramento, uguaglianza e differenziazione in Italia e in Spagna*, 19.

elle résulte du principe de la responsabilité individuelle et de la non-interférence de l'État sur la société et sur son libre fonctionnement, alors « les inégalités sont naturelles, inéluctables et irréductibles : elles font partie de l'ordre de la création, qui est un ordre de la variété et de la diversité ; elles sont nécessaires au progrès social comme récompenses et punitions des mérites et démérites de chacun[1] ». Par conséquent, la reconnaissance de la dimension formelle de l'égalité n'implique en aucun cas l'autorisation du développement d'interventions juridiques visant à atténuer les inégalités sociales concrètes au nom « d'une justice sociale opposée à la justice de la nature[2] ». Au contraire : le droit n'a d'autre tâche que de sauvegarder et, le cas échéant, de réajuster l'ordre résultant naturellement du libre fonctionnement de la société.

En revanche, ce que j'entends par "égalité substantielle", c'est le fait que, dans l'imaginaire normatif que je suis en train de distiller, la stabilité de la vie en commun, la légitimité démocratique de l'action des pouvoirs publics et la manière d'interpréter l'autonomie et la dignité de chaque individu comme des objectifs constitutionnellement sanctionnés ne peuvent pas ne pas être liées aux objectifs de garantir des « niveaux minimaux d'égalité matérielle[3] » et de réduire considérablement les inégalités économiques et sociales afin de permettre à chaque individu de disposer des moyens nécessaires au plein et libre développement de sa personnalité. Dans ce cadre, « l'égalité a deux faces : l'une tournée vers le passé, l'autre vers l'avenir ; la première condamne toute discrimination interdite par la Constitution, arbitraire ou n'ayant aucun rapport avec l'objet de la loi qui l'établit ; la seconde s'efforce de corriger avec toute la prudence nécessaire ce qu'il y a de plus choquant dans l'inégalité des conditions humaines[4] ».

L'égalité substantielle constitue donc l'une des "deux faces de Janus", toutes deux également nécessaires au plein développement des identités individuelles : elle entretient avec l'égalité formelle une relation de connexité visant à empêcher que des inégalités économiques et sociales excessives ne portent atteinte à l'égalité de valeur et de dignité des différences individuelles. L'égalité substantielle est donc poursuivie par la stipulation et la garantie juridictionnelle des droits sociaux et par la mise en œuvre de politiques sociales visant à rendre effectif le contenu de ces droits. Les droits sociaux et les politiques mises en place pour les faire valoir constituent la traduction juridico-pratique du contenu normatif de l'égalité substantielle.

---

[1] F. Ewald, *L'État providence*, 70.
[2] Ibidem.
[3] L. Ferrajoli, *Iura Paria*, 190.
[4] F. Luchaire, « Le Janus constitutionnel : l'égalité », *Revue de Droit Public et de la science politique en France et à l'étranger*, n. 5, 1983, 1274.

Par conséquent, sur la base de la distinction entre l'égalité formelle et l'égalité substantielle et de leur interconnexion, nous pouvons identifier deux caractéristiques structurelles de la relation entre les droits individuels de liberté et les droits sociaux. La première concerne le fait que « les droits individuels de liberté et d'autonomie, consistant en des attentes négatives de lésion ou de discrimination, valent pour la protection et la valorisation des différences d'identité ; les droits sociaux, consistant en des attentes positives de performance, valent pour la suppression ou la réduction des inégalités matérielles ou sociales[1] ». Le deuxième élément distinctif qu'il convient de souligner est le suivant. Les droits libéraux s'articulent autour du principe de l'égalité de traitement, de l'égalité des droits ; ils sont des droits égaux pour tous et leur objectif est celui de préserver la coexistence d'individus différents les uns des autres mais disposant des mêmes espaces de liberté. Les droits sociaux, en revanche, devant se conformer à la particularité concrète des diverses situations subjectives et prendre en considération les asymétries socioéconomiques ainsi que les rapports de force inscrits dans la réalité, deviennent par leur mise en œuvre des droits « des inégalités [...] des préférences[2] ». Rendre tangible la dimension substantielle de l'égalité en tant que valeur constitutionnelle signifie alors répartir inégalement les droits sur la base des disparités, des clivages présents parmi les groupes sociaux en lutte pour leurs intérêts, afin de réduire les inégalités. La reconnaissance même des droits devient l'objet d'un conflit constant entre les groupes : dans cette dimension conflictuelle, le droit n'est plus cet ensemble de droits formels valables pour tous et censés régler le conflit de l'extérieur, mais il est ce pour quoi on se bat "à l'intérieur" du conflit pour satisfaire des intérêts particuliers.

De ce fait, dans le cadre normatif introduit par le constitutionnalisme social, l'égalité juridique – l'égalité en droits – inscrite à l'art. 1 de la Déclaration des droits de l'homme et du citoyen englobe, à côté des droits individuels, les droits sociaux dans la mesure où ils sont reconnus comme des droits fondamentaux qui, à l'instar des droits de liberté, doivent être reconnus constitutionnellement. Il est donc possible d'affirmer que le constitutionnalisme social complexifie la notion d'égalité précisément par l'affirmation de son "visage" substantiel[3], c'est-à-dire en poursuivant l'objectif de lier les individus entre eux et à la société par la protection et la promotion de ces derniers dans les sphères sociales fondamentales au libre développement de leur personne (éducation, travail, santé, revenus, etc.), et

[1] L. Ferrajoli, *Iura Paria,* 185.
[2] F. Ewald, *L'État providence*, 451.
[3] À titre d'exemple, des arts. constitutionnels présentant le visage substantiel de l'égalité sont l'art. 3 de la Constitution italienne, l'art. 9 de la Constitution portugaise, l'art. 41 de la Constitution espagnole, etc.

donc par l'objectif de les rendre non seulement formellement, mais aussi substantiellement égaux.

Le concept de propriété sociale

Dans le cadre de la reconnaissance et de la protection constitutionnelles des droits sociaux et de la mise en œuvre de politiques sociales visant à les matérialiser, la compréhension du processus de substantialisation des rapports d'égalité implique également l'intégration dans le cadre analytique du concept de « propriété sociale[1] », formulé par H. Hatzfeld et repris par R. Castel. Au sein de ce que P. Wagner appelle la « modernité libérale restreinte[2] », l'individu sortant du cadre hiérarchico-protecteur des relations féodales devient un citoyen à part entière grâce au « socle de supports[3] » garanti par la propriété privée : à travers la libre disposition de cette dernière, l'individu acquiert les moyens nécessaires pour faire face aux risques de l'existence, pour satisfaire ses besoins et ainsi construire son autonomie individuelle. À ce stade, la pleine citoyenneté est indissociablement associée à la figure de l'individu-propriétaire, c'est-à-dire l'individu reconnu comme un sujet libre et responsable en tant que possesseur d'une quantité de biens lui permettant de s'émanciper des relations de dépendance.

Cependant, ce modèle se révèle inadéquat dans la mesure où il fait de la citoyenneté un statut faisant abstraction de la diversité des conditions socioéconomiques des individus. En effet, il ne décline le concept d'égalité que sur le plan formel car il ne tient pas compte du fait que « les individus sont différemment dotés des conditions de base nécessaires pour se comporter dans la société comme des acteurs capables d'assurer leur indépendance par leurs propres moyens[4] ». Le manque de propriété équivaut à l'impossibilité de recourir au réseau de supports indispensable à la poursuite de la réalisation personnelle en tant que citoyen à part entière. De ce fait, l'incapacité de ce modèle à répondre à la propagation dans les sociétés industrielles de phénomènes tels que l'insécurité sociale de masse, le paupérisme, l'installation au centre de ces sociétés du prolétariat comme classe potentiellement subversive, etc., conduit à son dépassement et au passage de la "modernité libérale restreinte" à « la modernité organisée[5] ».

---

[1] H. Hatzfeld, « La difficile mutation de la sécurité-propriété à la sécurité-droit », *Prévenir*, n. 5, mars 1982.

[2] P. Wagner, *Liberté et discipline. Les deux crises de la modernité*, cité par R. Castel, *La montée des incertitudes*, Avant-propos, par. 14.

[3] R. Castel, *La montée des incertitudes. Travail, protections, statut de l'individu*, Conclusion, par. 3.

[4] Ibidem, par. 4.

[5] P. Wagner, *Liberté et discipline. Les deux crises de la modernité*, cité par R. Castel, *La montée des incertitudes. Travail, protections, statut de l'individu*, cha. 8, par. 21.

À la différence de la modernité restreinte, inévitablement discriminatoire puisque la pleine citoyenneté est le privilège de ceux qui disposent d'un certain nombre de ressources, la "modernité organisée" vise à étendre le statut de citoyen à part entière « en construisant une citoyenneté sociale sur la base de l'extension de la propriété sociale[1] ». Le concept de propriété sociale renvoie au développement de nouveaux réseaux de protection, d'abord liés au travail (et donc à la figure du travailleur), puis à la création de nouvelles institutions sociales, notamment celles concernant la protection de tous contre les risques principaux de l'existence, la fourniture de services publics fondamentaux et la promotion du droit au travail. Ces filets de sécurité constituent une "propriété sociale" dans la mesure où ils ne découlent pas de la possession individuelle d'une quantité donnée de biens, mais plutôt de la reconnaissance de l'impossibilité pour les membres de la classe non-propriétaire d'accéder aux ressources nécessaires pour sortir de l'état de minorité constante dans lequel ils se trouvent par rapport à la classe propriétaire. La propriété sociale, en assurant « un socle de droits d'accès à des services non marchands qui vont fonctionner comme un équivalent de la propriété privée afin d'assurer [...] un minimum de sécurité et de protection essentiel à tout citoyen[2] », permet aux membres les plus défavorisés de la société d'entrer en relation avec les autres non plus selon « l'urgence du besoin[3] » ; elle s'avère ainsi essentielle à la reconnaissance des limites de l'égalité formelle et à la poursuite de la dimension substantielle de l'égalité.

Le dépassement de la dimension formelle de l'égalité et de la généralité abstraite du droit libéral fait ses premiers pas à travers l'introduction des premières assurances sociales qui, en donnant aux travailleurs des droits à des prestations sur la base de la particularité de leur situation concrète et des risques qui y sont liés, produisent des formes juridiques qui ne sont plus attribuables à l'idée du droit comme « instrument général et abstrait capable de dicter des règles également efficaces à l'égard de tous les destinataires[4] ». Un changement significatif de perspective s'opère ici : de la focalisation sur l'individu-propriétaire comme élément paradigmatique d'un système libéré des contraintes féodales et ouvrant de nouveaux horizons de possibilités pour tous les individus qui y participent à travers des relations contractuelles sanctionnées par un droit également valable pour tous, à l'identification d'une série de causes socioéconomiques et de risques concrets qui empêche une grande partie des individus, quels que soient leurs efforts, de participer aux échanges sociaux à partir d'un niveau acceptable d'égalité substantielle

---

[1] R. Castel, *La montée des incertitudes. Travail, protections, statut de l'individu*, cha. 8, par. 21.
[2] Ibidem, Conclusion, par. 21.
[3] Ibidem.
[4] S. Cocchi, *La tutela e la promozione dei diritti sociali. Decentramento, uguaglianza e differenziazione in Italia e in Spagna*, 28.

et qui exige ainsi que le droit y remédie en agissant en fonction de la spécificité concrète des différentes conditions matérielles.

Ainsi, il devient possible de mieux comprendre le caractère contestataire à l'égard de la réalité inscrit dans l'égalité comme principe normatif : lire le développement des échanges sociaux à partir des conditions socioéconomiques dans lesquelles se trouvent les individus signifie se doter des outils nécessaires pour identifier les rapports de force caractérisant une réalité sociale donnée et œuvrer à leur rééquilibrage (partiel). La propriété sociale intervient alors dans ce sens : le réseau d'institutions sociales qu'elle introduit notamment en faveur des membres les plus vulnérables de la société traduit cette tension contestataire inscrite dans le principe d'égalité en un potentiel transformateur dans la mesure où il vise à changer un état de chose considéré comme inacceptable précisément parce qu'il est caractérisé par des relations d'égalité fictive et d'inégalité de fait. Le filet de protection mis en place par la propriété sociale, en lisant ces formes d'inégalité à travers la connaissance acquise des causes socioéconomiques qui les sous-tendent et en dotant les individus non-propriétaires d'un réseau de ressources remplissant des fonctions (au moins en partie) analogues à celles de la propriété privée, "agit" sur la réalité en transformant les relations antérieures de dépendance intégrale en relations d'interdépendance. En garantissant ce « minimum de propriété à tout citoyen vraiment libre et égal aux autres[1] », la propriété sociale réduit le pouvoir de la propriété privée en l'obligeant à composer avec la contrepartie, cette dernière étant renforcée dans sa position par l'accès à un ensemble de ressources et de droits.

Ainsi, la propriété sociale se présente comme la condition de base pour fonder « une société de semblables[2] ». Une société de semblables est une société « dont tous les membres, à défaut d'être égaux sous tous les rapports, disposeraient au moins d'un socle de ressources et de droits suffisant pour "faire société" avec leurs semblables – ce qui justement les rend semblables à tous les autres –, une société où nul ne serait exclu[3] ». Faire société avec ses semblables signifie tisser des relations sociales à partir d'un niveau d'égalité substantielle désormais garanti par l'extension de la pleine citoyenneté à travers l'ensemble de droits et ressources auquel la propriété sociale donne accès : les droits sociaux, l'assistance aux pauvres, les droits du travail, le droit à la santé, le droit au logement, etc., reconnus dans les constitutions d'après-guerre des principaux pays européens, deviennent partie intégrante du statut de la citoyenneté, définissant la dimension sociale de cette dernière et interagissant idéalement avec les droits civils et

---

[1] A. Fouillé, *La propriété sociale et la démocratie*, Hachette, Paris, 1884, cité par R. Castel, *La montée des incertitudes. Travail, protections, statut de l'individu*, Conclusion, par. 21.

[2] L. Bourgeois, *Solidarité*, Armand Colin, Paris, 1896, cité par R. Castel, *La montée des incertitudes. Travail, protections, statut de l'individu*, cha. 8, par. 20.

[3] R. Castel, *La montée des incertitudes. Travail, protections, statut de l'individu*, cha. 8, par. 21.

politiques selon une logique de complémentarité. Ainsi, la citoyenneté, en devenant une citoyenneté sociale, se démocratise « parce que ses conditions de possibilité sont désormais partagées par la grande majorité des membres qui composent la nation[1] », redéfinissant ainsi en termes substantiels l'égalité formellement inscrite dans la loi.

Donc, la reconnaissance constitutionnelle des droits et des biens fondamentaux constituant la propriété sociale produit un changement radical de perspective : si, dans le modèle libéral, le développement de l'individualité est intimement lié à l'idée de l'État minimal, dans le constitutionnalisme social, il n'est pas possible « d'être pleinement un individu[2] » si ce n'est par le biais de « régulations sociales fortes[3] » capables de fournir à chaque individu le réseau de soutiens et de protections sociales pour être tel. La substantialisation de l'égalité fixe comme objectif celui de garantir que chaque individu, quel que soit son milieu social, ait accès aux biens et services considérés indispensables pour « conduire une existence libre et digne[4] ». Dans cette perspective, « l'égalité substantielle est le complément logique et axiologique nécessaire de la valeur de la dignité : c'est par la combinaison de la force axiologique et normative de la dignité, d'une part, et de l'instance égalitaire, d'autre part, que peut s'ouvrir la voie à cette idée de [...] liberté égale[5] ».

Reconnaître constitutionnellement la dimension substantielle de l'égalité signifie donc se doter d'un vaste cadre normatif indiquant les instruments et les interventions nécessaires pour prévenir toute « discrimination basée sur la disponibilité économique : chaque citoyen, quelle que soit sa position sociale, a les mêmes droits constitutionnels que les autres, il doit donc avoir un accès égal au même niveau d'éducation, de sécurité sociale, de soins, etc., que les autres[6] », ainsi qu'aux ressources nécessaires à cet effet. Dans ce cadre, les droits sociaux sont constitutifs du principe constitutionnel d'égalité et s'affirment comme *conditio sine qua non* de l'égalité de valeur de chaque citoyen ; en donnant accès à cet ensemble de ressources, les droits sociaux « jouent le rôle et la fonction de véritables préconditions à toute liberté[7] », exprimant ainsi le contenu sémantique de "l'originalité européenne", c'est-à-dire la construction d'un équilibre raisonnable entre liberté et égalité, entre marché et cohésion sociale. La recherche de l'égalité substantielle fait également de l'interdépendance la dimension essentielle des relations entre les membres de la société. C'est dans cette optique que,

---

[1] Ibidem, Conclusion, par. 25.
[2] Ibidem, cha. 8, par 22.
[3] Ibidem.
[4] A. Giorgis, *La costituzionalizzazione dei diritti all'uguaglianza sostanziale*, 28.
[5] T. Casadei, *I diritti sociali. Un percorso filosofico-giuridico*, 39.
[6] A. Giorgis, *La costituzionalizzazione dei diritti all'uguaglianza sostanziale*, 28.
[7] Ibidem, 214.

dans la prochaine section, j'analyse la troisième ressource normative fondamentale du constitutionnalisme social, la solidarité.

2.3 - Solidarité

L'intersubjectivité et la relationnalité comme conditions de base de la solidarité

Dans les sections précédentes, j'ai souligné, en tant que trait distinctif de l'imaginaire normatif du constitutionnalisme social, l'interconnexion fondamentale entre la dignité comme droit égal de tous à pouvoir mener une existence digne et la poursuite de l'égalité substantielle comme *conditio sine qua non* pour que tous puissent disposer de moyens et de ressources suffisants pour atteindre un niveau acceptable de sécurité matérielle et la possibilité de développer librement sa propre personne. En effet, l'un des éléments novateurs introduits par la constitutionnalisation des droits sociaux consiste à rendre indissociable le respect de la dignité de chaque individu à travers la définition d'un niveau minimum de conditions de vie (économiques, sociales, culturelles) et la recherche, à travers les modalités prévues par la Constitution, de la satisfaction de « certains besoins essentiels des citoyens[1] » comme instanciation (toujours contingente et perfectible) de l'idéal-régulateur de l'égalité substantielle.

De plus, l'intersubjectivité est apparue comme l'espace commun et indispensable à la mise en œuvre des ressources dogmatico-normatives du constitutionnalisme social : sauvegarder la dignité de l'homme situé signifie le penser dans la concrétude de son être-avec-les-autres, dans la dimension relationnelle de son existence, dans son appartenance aux formations sociales à travers lesquelles il organise et poursuit ses intérêts. Il apparaît ainsi comment l'être-situé du sujet du constitutionnalisme social fait de l'intersubjectivité la dimension clé du déroulement concret de son existence et de la relationnalité le mode clé de son être en société : ce sujet prend de l'épaisseur aussi et surtout à travers son appartenance à des groupes sociaux (famille, associations professionnelles, classe sociale, etc.) qui contribuent de manière décisive à la définition de son individualité. Par conséquent, la pertinence dans le constitutionnalisme social de la sphère de l'intersubjectivité et de la relationnalité constitue un viatique fondamental pour l'analyse de la solidarité comme troisième ressource dogmatico-normative et de son interconnexion avec la dignité et l'égalité substantielle : faire en sorte que chaque individu puisse vivre dans la dignité implique d'organiser les relations entre les différentes composantes de la société de manière solidaire afin que tous puissent participer également à la vie politique, économique et sociale et disposer des moyens nécessaires au libre

[1] M. Mazziotti, « Diritti sociali », *Enciclopedia del diritto,* Giuffré, Milan, 1964, 805.

développement de leur personne. Il convient donc d'explorer cette troisième ressource normative fondamentale.

L'institutionnalisation de la solidarité et sa signification normative

Depuis la fin du XVIIIe siècle, en opposition à l'imaginaire libéral-bourgeois postrévolutionnaire, « à cette conception de la société centrée sur des relations d'échange entre des individualités préconstituées[1] », de nombreux courants de pensée, dans le but de définir à la fois une nouvelle base de légitimation de l'action de l'État et un « principe de gouvernement permettant de convertir les exigences et les craintes [...] en une croyance commune au progrès[2] », placent le concept de solidarité au centre de leur réflexion. L'idée de solidarité anime les mouvements intellectuels, philosophiques et politiques[3] à travers le continent ; elle n'est pas l'expression d'une pensée politique unique et homogène, mais elle émerge et progresse de manières différentes comme exigence de la pensée de réagir à l'insoutenabilité des souffrances et des misères de larges pans de la population de l'époque industrielle. L'objectif commun de ses mouvements est de faire de la solidarité « un concept structuré, impliquant [...] une nouvelle représentation des liens sociaux et politiques [...] des modes de gestion du social et des formes d'intervention publique[4] », fondé sur un parcours historique de souffrance sociale et d'incapacité à y répondre.

La formulation du concept de solidarité est bien évidemment inséparable de la déflagration du système hiérarchico-féodal et des innovations constitutionnelles conséquentes introduites par les révolutions américaine et française, c'est-à-dire inséparable de l'établissement d'une communauté politique démocratique composée d'individus qui entretiennent entre eux des relations libres et égales dans la mesure où ils sont dotés des mêmes droits et où ils participent à la vie politique sur la base de leur égalité devant la loi. Cependant, l'idée de fraternité inscrite dans le mouvement révolutionnaire de 1789 ne peut être reliée à la dimension substantielle de l'égalité puisque, ayant pour objectif l'émancipation des appartenances sociales de l'ancien régime, elle abstrait les individus des conditions matérielles et sociales dans lesquelles ils se trouvent afin de les placer sur le même plan selon les

[1] G. Comazzetto, « La solidarietà nello spazio costituzionale europeo. Tracce per una ricerca », 264.

[2] J. Donzelot, *L'invention du social. Essai sur le déclin des passions politiques*, Éditions du Seuil, Paris, 1994, 121.

[3] Ils sont nombreux : la pensée hégélienne et L. Von Stein dans l'idéalisme allemand, le solidarisme français, le libéralisme social anglais et italien, le développement de la doctrine sociale de l'Église, etc.

[4] S. Rodotà, *Solidarietà. Un'utopia necessaria*, 13.

paramètres abstraits et individualistes du modèle d'égalité formelle[1]. La déconstruction politico-culturelle du modèle organique et hiérarchique de l'ancien régime, en cohérence avec l'idéologie propriétariste, pose comme exigence philosophique celle d'isoler l'individu, de le reconstituer à partir de son indépendance plutôt que de sa relationnalité. Par conséquent, « la solidarité est alors un lien qui reste en dehors de la dimension juridique, et qui est tout au plus lié à un lien d'amitié[2] ». C'est alors qu'apparaît la nécessité de penser le concept de solidarité au-delà des catégories établies tant par l'individualisme solipsiste du nouveau modèle libéral que par le corporatisme hiérarchique des sociétés traditionnelles[3], de produire une avancée théorique en élaborant « un rapport d'obligation collective [...] qui ne soit pas fondé ni sur le consentement individuel, ni sur un lien familial ou communautaire[4] ». C'est précisément cet effort théorique de (re)construction artificielle du lien social qui doit permettre à la solidarité de se distinguer de la "naturalité" de la fraternité : cette dernière apparaît trop faible par rapport à la nécessité de réorganiser intentionnellement le fonctionnement de la société.

L'institutionnalisation du concept de solidarité, c'est-à-dire l'application de son contenu sémantique à la réglementation juridique des rapports immanents entre des individus concrètement inégaux appartenant à des groupes aux intérêts contradictoires, ne devient pensable qu'en dépassant deux préjugés différents. Le premier préjugé est celui "anti-collectiviste" caractérisant l'esprit révolutionnaire et exprimé par les interdictions de la loi Le Chapelier de 1791 contre la formation de tout corps intermédiaire social. La torsion institutionnelle du concept de solidarité devient pensable au moment où s'enclenche le processus qui conduira à la déstructuration de l'État mono-classe et à la formation d'une société pluraliste composée de groupes en concurrence les uns avec les autres pour déterminer l'orientation de l'action des pouvoirs publics, c'est-à-dire lorsque la solidarité commence à s'affirmer comme le ciment moral et social entre les membres d'un même groupe et comme la source normative fondamentale pour poursuivre non seulement l'égalité politique, mais aussi et surtout l'émancipation substantielle[5].

---

[1] La constitution jacobine de 1793 définit les secours publics aux citoyens les plus démunis comme des "devoirs sacrés" ; cependant, comme en témoigne également la loi Le Chapelier de 1791 interdisant la reconstitution de corps sociaux et de collectifs, des valeurs telles que l'égalité et la fraternité s'imposent dans le lexique républicain selon les codes formels et abstraits de l'individualisme libéral.

[2] G. Comazzetto, « La solidarietà nello spazio costituzionale europeo. Tracce per una ricerca », 262.

[3] Voir A. Supiot, « Les mésaventures de la solidarité civile », *Droit social,* n. 1, 1999, 64.

[4] A. Supiot, *Homo juridicus. Essai sur la fonction anthropologique du Droit*, 306.

[5] Dans ce processus, un rôle prépondérant est joué par les mouvements ouvriers, par les syndicats naissants, par l'appartenance donc à une classe sociale.

Le deuxième préjugé est celui consistant en l'idée « d'une société naturellement harmonique[1] », c'est-à-dire l'idée que la société est capable de répondre aux déséquilibres évidents dans la capacité des individus à accéder aux biens nécessaires pour vivre dignement par des processus spontanés (naturels) d'autorégulation basés sur la propriété privée et la liberté contractuelle comme principes régissant la vie économique et sociale censés « multiplier la richesse collective[2] » et émanciper chaque membre de la société de la misère. En réalité, ce modèle, basé sur la fiction du contrat entre "égaux", sanctionne un rapport de force entre ceux qui disposent de l'indépendance découlant de la possession de ressources et ceux qui, au contraire, vivent dans des conditions de dépendance en ne disposant que de leur force de travail. Ce qui ressort, c'est que le développement du système capitaliste industriel, au lieu de conduire au progrès économico-social de tous, produit, à partir de la phase marxienne de l'« accumulation originaire[3] », « un fait social massif[4] », source de fractures sociales graves et permanentes : la propagation du paupérisme, un phénomène qui, en dénonçant son insoutenabilité sociale, manifeste également l'insoutenabilité théorique du modèle libéral.

Par conséquent, l'autre condition fondamentale de pensabilité de l'idée de solidarité réside dans le choix « de confier non plus à la nature, au libre comportement individuel[5] », au libre-échange, « mais à l'artificialité du droit et de ses règles la tutelle de l'égalité[6] », cette dernière n'étant plus interprétée comme un principe purement moral, mais aussi comme un principe fortement « juridique[7] » intrinsèquement lié à la solidarité dans la restructuration normative des devoirs publics. Le dépassement de ce préjugé ouvre ainsi la voie à l'idée du droit comme instrument à travers lequel répondre aux problèmes liés à la satisfaction des besoins matériels de la vie et à la juridisation de la solidarité comme processus nécessaire au respect de la dignité et de l'égalité des citoyens.

La nécessité de cet effort théorique s'impose ensuite comme conséquence de la reconnaissance d'un fait fondamental : la grille épistémologique libérale, articulée autour des pierres angulaires éthico-juridiques de l'homme abstrait, de la responsabilité individuelle et donc du mérite\démérite individuel dans la gestion des événements générés par des « causalités

---

[1] S. Rodotà, *Solidarietà. Un'utopia necessaria,* Laterza, Rome-Bari, 2014, 8.

[2] A. Cantaro, *Il secolo lungo. Lavoro e diritti sociali nella storia europea*, 35.

[3] K. Marx, *Le Capital,* sect. VII, ch. 24. Dans la pensée marxiste, cette phase correspond au premier moment du processus historique de séparation du producteur des moyens de production.

[4] P. Rosanvallon, *La nouvelle question sociale. Repenser l'État-providence*, 23.

[5] S. Rodotà, *Solidarietà. Un'utopia necessaria*, 9.

[6] Ibidem, 8.

[7] Ibidem.

discrètes et séparées[1] », c'est-à-dire concernant chaque fois un individu déconnecté des autres, s'avère inadaptée pour lire et donc organiser la complexité des rapports sociaux réels. Cette complexité se traduit en la prolifération et l'imbrication d'une multiplicité d'éléments causaux qui, dans les processus socio-productifs, rend « de plus en plus difficile de discerner dans le champ de la responsabilité ce qui (peut) être imputé à l'individu et ce qui (relève) d'autre facteurs[2] » : la dimension du risque se redéfinit de manière à rendre factuellement illusoire l'idée de la responsabilité ou prévoyance individuelle comme conduite morale à travers laquelle l'individu parvient à s'approprier entièrement son existence et son avenir. Quel que soit l'effort individuel, les aléas engendrés par le fonctionnement du système produisent en tant que tels un surplus constitutivement insaisissable pour les coordonnées de la responsabilité ou prévoyance individuelle ; « une causalité économique, sociale e politique[3] » émerge, faisant de la misère et de l'indigence des phénomènes directement imputables aux « principes de fonctionnement et d'organisation[4] » de la société. Par conséquent, l'émergence d'une causalité hors du contrôle individuel remettant en cause l'absolutisation de l'individu comme seul centre d'imputation et de la propriété comme reflet objectif du comportement individuel provoque une crise des principes de la raison libérale. Il s'agit alors de surmonter cette crise en définissant un principe éthico-juridique de gouvernement capable de prendre en charge ce réseau capillaire de causes et d'effets interconnectés et entrelacés, de risques mutuels et omniprésents issus du fonctionnement même de la société et reflétant la nécessité de penser et d'organiser « une économie des obligations qui ne peut qu'être étrangère à l'économie libérale[5] ».

La mise en œuvre de cette avancée théorique se réalise par l'institutionnalisation de la solidarité, c'est-à-dire par le développement de politiques de redistribution intersubjective, par la mutualisation conséquente des risques de l'existence et par la reconnaissance constitutionnelle des droits de la citoyenneté sociale. C'est ce processus qui permet à la solidarité de passer d'une forme aléatoire et contingente, liée aux activités traditionnelles de charité locale en guise de devoir moral, à une forme systématique[6], à la hauteur de la complexité sociale et des risques qu'elle engendre : la solidarité, « en tant que ressource dogmatique, s'élève[7] » au

[1] F. Ewald, *L'État providence*, 364.
[2] P. Rosanvallon, *La nouvelle question sociale. Repenser l'État-providence*, 23.
[3] F. Ewald, *L'État providence*, 92.
[4] Ibidem.
[5] Ibidem.
[6] F. Ewald résume ainsi le sens de l'institutionnalisation du principe de solidarité : « faire de la charité une obligation de stricte justice, réunifier obligations morales et juridiques dans un seul régime d'obligations sociales ». F. Ewald, *L'État Providence*, 349.
[7] E. Christodoulidis, *The redress of law*, 235.

rang de source d'« orientation normative[1] », devenant l'un des piliers fondamentaux autour desquels les liens sociaux doivent désormais se restructurer. La solidarité trouve ainsi sa déclinaison sociale : en vertu de sa connexion normative avec l'activité des pouvoirs publics, elle devient "sociale" dans la mesure où elle va au-delà de « l'existence de liens sociaux diversement fondés (familiers, religieux, etc.) en identifiant un terrain où la solidarité acquiert une valeur normative, synthétisant une relation particulière entre droits et devoirs[2] », entre sphère juridique et sphère morale, et en se généralisant à l'ensemble de la société par des systèmes redistributifs impliquant le dépassement de la répartition prétendument naturelle des ressources du modèle libéral et la recherche de conditions de vie équitables et décentes pour tous. Dans le contexte défini par la compréhension de l'existence sociale en tant qu'existence située et intersubjective, la consécration constitutionnelle de la solidarité comme ressource normative institutionnalise le principe selon lequel tous les membres de la société, quel que soit leur degré d'exposition au risque, ont un devoir de responsabilité envers les autres, et en particulier envers les moins fortunés, dans la mesure où ils bénéficient des avantages de la production globale de la société. Ce principe implique le dépassement de la position libérale selon laquelle ce n'est que par le libre consentement des individus concernés que ceux-ci peuvent assumer un devoir et s'appuie sur « les preuves anthropologiques révélant les manières par lesquelles les individus humains s'enchevêtrent dans des réseaux de relations sociales les dotant d'un statut social, mais leur imposant également des devoirs par là même[3] ».

Dans le cadre défini par le constitutionnalisme social, ce "devoir de responsabilité" et les obligations solidaristes qui en découlent entretiennent une relation d'interconnexion synergique avec les principes de dignité et d'égalité substantielle. Ces deux derniers ne peuvent être poursuivis sans la mise en place d'un réseau d'obligations solidaristes (l'institutionnalisation de systèmes de redistribution intersubjectifs à travers la fiscalité et la sécurité sociale) en mesure de rendre possible l'accès aux biens et services fondamentaux pour tous, tout comme le principe de solidarité n'est pas compréhensible si ce n'est à la lumière des dimensions normatives introduites par le principe de dignité et celui d'égalité substantielle. En d'autres termes, ce n'est que par l'institutionnalisation du principe de solidarité que « la dignité de la personne apparaît nettement [puisqu'elle] ne peut être associée à des situations dans lesquelles la personne reste [...] subordonnée à la bienveillance (charité) des autres, confinée dans la

---

[1] Ibidem, 235.

[2] S. Rodotà, *Solidarietà. Un'utopia necessaria*, 21.

[3] A. Supiot, « Judicial Enforcement of social solidarity in view of recent European, German and French Jurisprudence », dans J. Van der Walt, J. Ellsworth (sous la direction de), *Constitutional Sovereignty and social solidarity in Europe*, 112-113.

dépendance[1] ». Dans le même temps, le principe de solidarité se réalise selon les coordonnées d'une action visant à garantir à tous une égale appartenance et une égale participation à la société, fondamentales pour le respect de l'égale dignité de chaque individu.

Cette interconnexion synergique n'est pas seulement la base conceptuelle de l'organisation des stratégies de défense sociale, mais aussi la condition préalable à toute liberté qui ne se veut pas purement formelle mais s'enracine dans le vécu individuel et collectif comme possibilité concrète d'agir. En effet, l'institutionnalisation du principe de solidarité est non seulement le fondement de la réorganisation de la société autour du développement de réseaux protecteurs (assurances sociales, sécurité sociale, etc.) et de la propagation capillaire par les services publics de l'accès aux biens fondamentaux (santé, éducation, logement, etc.), mais aussi de la reconnaissance de la dimension collective de la liberté. L'un des traits distinctifs du constitutionnalisme social est de considérer le sujet dans son être-situé, ce qui signifie également dans ses appartenances sociales concrètes. Par conséquent, la reconnaissance des droits d'action collective (d'association, de négociation, de grève, etc.) entraîne dans le même temps la reconnaissance des formes de solidarité au sein des groupes sociaux ainsi que de leurs idées de "société juste" et de la possibilité de les affirmer dans le débat public\politique.

Cela implique de renverser la perspective libérale traditionnelle selon laquelle chaque homme trouve « dans autrui non la *réalisation,* mais plutôt la *limite* de sa propre liberté[2] ». Au contraire, l'institutionnalisation de la solidarité sous-entend la poursuite d'intérêts communs qui ne sont réalisables que par l'action avec d'autres, et donc seulement par l'exercice de libertés collectives ; cela veut dire accorder « des protections constitutionnelles aux formes collectives de représentation (syndicats, associations professionnelles, patronales, etc.) et d'action (grèves, etc.) et aux procédures collectives (négociations collectives, etc.)[3] » et, si faisant, « transformer des rapports de force en rapports de droit[4] » à travers l'affirmation de la dimension collective de la liberté[5].

Ainsi, le concept de solidarité acquiert un caractère simultanément normatif et structurel : dans un espace commun constitutivement intersubjectif, la solidarité comme ressource normative lie les individus entre eux à la fois comme valeur partagée et comme nécessité structurelle liée à la

[1] S. Rodotà, *Solidarietà. Un'utopia necessaria*, 10.
[2] K. Marx, *Sulla questione ebraica*, 139.
[3] E. Christodoulidis, *The redress of law*, 243.
[4] A. Supiot, *Homo juridicus. Essai sur la fonction anthropologique du Droit*, 233-234.
[5] J. Donzelot souligne comment le développement des libertés collectives devient l'instrument par lequel « résoudre dans la société le système des attentes et des craintes entre les groupes et les individus – nouveau paradigme de la vie sociale ». J. Donzelot, *L'invention du social,* 72.

survie et au bon fonctionnement de la société, en s'ancrant systématiquement dans la réalité du lien social.

La solidarité institutionalisée : modification de la logique du droit et déclinaison en principe assurantiel et principe redistributif

L'institutionnalisation progressive de la solidarité répond donc à la nécessité historique de définir de nouveaux instruments de régulation sociale capables de résoudre les apories émergeant au sein du modèle libéral d'organisation de la société. Ce modèle manifeste son inadéquation par rapport à la complexité de l'évolution économico-sociale des systèmes capitalistes industriels : ce phénomène de complexification creuse et approfondit progressivement le hiatus entre la capacité des catégories juridiques libérales à capturer la réalité et la réalité elle-même. Ces éléments de crise du modèle libéral, émergeant de la concrétude du développement historique du capitalisme industriel, renvoient à une crise plus profonde concernant la manière dont la raison libérale pense le droit.

Tout d'abord, la pensée libérale n'envisage pas la possibilité de penser juridiquement la mise en place de protections sociales capables d'apporter des réponses adéquates aux problèmes évoqués : si la « logique juridique[1] » est pensable seulement comme logique contractuelle, comme *do ut des,* alors « le pauvre qui réclame sans donner se situe en deçà du droit [...] sa plainte ne renvoie à aucune obligation juridique[2] ». Par conséquent, en termes libéraux, seule une obligation morale, extra-juridique est justifiable (charité, bienfaisance, etc.) : le droit définit comme sa tâche la délimitation et la défense des droits individuels afin de garantir des espaces de liberté égaux pour tous.

Définir le droit de cette manière permet de fixer un point de discernement précis et indiscutable entre les obligations juridiques et les obligations morales, entre le droit et la morale. Par exemple, conférer un caractère juridique contraignant au contenu moral de la charité ou de la bienfaisance, en instituant, par le biais de lois positives, une obligation légale de "fraternité" ou de "solidarité", reviendrait, pour la pensée libérale, à ouvrir la voie à une juridisation incontrôlable d'autres contenus moraux qui, en tant que tels, « ne contiennent pas en eux-mêmes le principe de leur propre définition[3] ». Il appartiendrait au législateur de définir arbitrairement la portée de ces droits. Cela remettrait en cause la *ratio essendi* du droit libéral puisque, en plus de nier la nature contractuelle du droit, ce dernier ne serait plus « ce qui lie la volonté du législateur et lui donne la forme du droit[4] » ;

---

[1] F. Ewald, *L'État providence*, 58.
[2] Ibidem.
[3] Ibidem, 60.
[4] Ibidem.

au contraire, « la sanction juridique des devoirs de fraternité implique[rait] le renversement des rapports droit-politique, légalité-opportunité[1] », entérinant la subordination du droit à la politique et donc au danger despotique qui lui est inhérent.

Par conséquent, dans la pensée libérale, délimiter nettement la sphère du droit est justement ce qui permet de le penser comme ce qui préserve la liberté de toute contrainte extérieure, la rendant ainsi possible. De ce fait, le droit ne peut pas être interprété comme un instrument permettant de poursuivre des finalités éthico-politiques au nom d'une idée imposée de l'extérieur de société bonne ou juste ; il n'est pas une technique d'orientation de la société vers ce qui "devrait être", mais plutôt ce qui permet de réguler la contrainte de manière à rendre les individus également libres de déterminer, à travers les pratiques sociales émergeant spontanément du devenir de la société, ce qui est bon ou juste pour eux.

Compte tenu de l'incapacité de cette façon de penser le droit à lire la réalité de manière adéquate, l'institutionnalisation de la solidarité est ce qui permet de sortir de cette impasse : le développement de l'État-providence en Europe devient possible grâce à la mise en œuvre de ce « devoir de solidarité anonyme [...] et général dont personne n'est dispensé[2] ». Il est donc nécessaire d'identifier ses formes principales et les principes novateurs qu'elles introduisent afin de comprendre ce passage central. À cet égard, nous pouvons distinguer deux principes fondamentaux de solidarisation institutionnelle : le principe assurantiel et le principe redistributif.

Le principe assurantiel, ayant pour idéal-type le développement des assurances sociales obligatoires dans l'Allemagne bismarckienne, s'inscrit dans le contexte des activités productives : fondé sur le principe contributif, il devient opérationnel en lien avec une activité salariée, générant un droit à la protection sociale au regard des risques encourus dans l'exercice de cette activité. Ce droit « apparaît, au même titre que la rémunération directe du travail, comme la contrepartie de l'apport de chacun à la société [...] comme un système de garantie des revenus tirés de l'activité professionnelle[3] ».

La mise en œuvre du principe assurantiel repose sur la reconnaissance de la dimension objective d'une causalité sociale issue du fonctionnement même de la société, productrice de risques généralisés qui doivent être partagés non plus selon le principe de la responsabilité ou de la faute individuelle, mais selon un principe de solidarité impliquant les employeurs, les employés et l'État. Ce principe de partage repose sur l'objectivation du "social" comme "risque", c'est-à-dire sur la possibilité de rendre le social intelligible en l'apprenant par un principe, celui assurantiel, dont les

---

[1] Ibidem.

[2] A. Supiot, « Judicial Enforcement of social solidarity in view of recent European, German and French Jurisprudence », 114-115.

[3] F. Ewald, *L'État providence*, 400.

fondements épistémologiques permettent de le traduire en termes probabilistes et statistiques et donc de « reléguer au second plan le jugement sur les individus[1] », leurs fautes personnelles, leurs conduites. Les risques générés par le fonctionnement de la société peuvent faire l'objet de calculs, de prédictions, ils peuvent être appris et standardisés comme des régularités statistiques qui, en tant que telles, désignent des événements objectifs non attribuables à la responsabilité individuelle puisque surgissant comme des faits "purs", comme ce qui "arrive" tout court. Ainsi, objectiver le social à travers la catégorie du risque « permet de penser comment la poursuite du bien commun ne peut pas aller sans préjudices particuliers, dont il convient en toute justice de prévoir la compensation[2] ». Le principe assurantiel vise à indemniser les individus selon un principe de responsabilité partagée pour les dommages subis du fait de leur participation au processus de développement de la société ; comme ils sont tous également des individus dont le sort dépend de façon décisive d'aléas répartis de manière hasardeuse, ils établissent entre eux, par le biais de la technologie de l'assurance, une dimension d'interdépendance étrangère aux codes libéraux puisqu'ils se reconnaissent 1) comme également exposés à des risques qui, étant "objectifs", sont dans le même temps inévitables et 2) comme faisant partie du même espace social dans lequel les mêmes risques se produisent[3]. L'assurance sociale obligatoire est alors l'instrument qui permet d'affronter ces risques de manière partagée : en les mutualisant, elle confère une première forme institutionnelle à la solidarité en répartissant obligatoirement et mécaniquement la charge de leurs conséquences sur toutes les composantes du processus productif (employeurs et employés) ainsi que sur l'État. La force du principe assurantiel réside dans sa capacité à unifier différents risques sous un même régime : de la maladie aux accidents du travail, de la vieillesse au chômage, etc. Il constitue une technique juridique de défense sociale globale contre les risques de l'existence grâce à sa capacité d'« introduire l'ordre dans le désordre, supprimer le hasard, régulariser enfin l'incertitude, sinon la faire disparaître[4] » ; en s'universalisant par l'assomption de son caractère obligatoire, il permet de redéfinir le rôle de l'État en termes protecteurs comme dispositif solidaire de réduction de l'incertitude existentielle tout en respectant le principe de la liberté individuelle et « sans qu'intervienne la bonne volonté des hommes[5] ».

Ainsi, l'assurance sociale obligatoire constitue la première forme de solidarité institutionnalisée : bien qu'elle ait la limite de n'opérer que dans le

[1] P. Rosanvallon, *La nouvelle question sociale. Repenser l'État-providence*, 24.
[2] F. Ewald, *L'État providence*, 371.
[3] Le principe d'assurance a pour corollaire une rationalité territoriale : il ne peut opérer qu'au sein d'un espace communautaire juridiquement circonscrit.
[4] É. Laurent, *Le Paupérisme et les Associations de prévoyance*, Paris, 1865, cité par P. Rosanvallon, *La nouvelle question sociale. Repenser l'État-providence*, 25.
[5] P. Rosanvallon, *La nouvelle question sociale. Repenser l'État-providence*, 26.

domaine des activités salariales afin de protéger contractuellement les salariés lorsque l'événement accidentel causant la perte temporaire et fortuite du salaire se produit (n'incluant donc que des transferts monétaires *ex post*), elle agit néanmoins comme « une sorte de transformateur moral et social[1] » resémantisant selon de nouvelles catégories la modalité d'interpréter la coexistence d'individus appartenant à un même espace social et productif ainsi que le rôle de l'État, ouvrant la voie au chemin qui mènera à la constitutionnalisation de la dimension sociale de la citoyenneté.

Le deuxième principe de solidarisation institutionnelle est celui redistributif, basé sur l'extension de la sécurité sociale au-delà du rapport salarial et du droit du travail qui en découle : il ne s'agit pas d'instituer des mécanismes assurantiels de protection agissant sur certaines catégories d'individus (travailleurs, chômeurs, personnes âgées, handicapées, etc.), mais de garantir aux citoyens en tant que tels un niveau essentiel de sécurité sociale basé sur la satisfaction de leurs besoins fondamentaux. Comme le dit J. J. Dupeyroux, « le fondement du droit à la Sécurité sociale n'est plus recherché dans l'activité professionnelle et l'apport de chacun à la société, mais dans les besoins des individus. [...] Il s'agit alors d'assurer une meilleure redistribution des revenus en fonction des besoins de chacun : la sécurité sociale revêt la forme d'un système de garantie d'un minimum social[2] ». Articuler la défense et la promotion sociale des citoyens non plus seulement autour d'un contrat salarial et en tant que contrepartie du travail accompli, mais sur la base de la définition (toujours potentiellement sujette à reformulation en liaison avec les évolutions historico-sociales) d'un ensemble de besoins fondamentaux découlant de la relation de simple appartenance d'un individu à une société donnée, signifie concevoir une forme de solidarité beaucoup plus large et profonde que celle assurantielle. En effet, si le principe assurantiel, en opérant une répartition horizontale (au sein d'une même classe de revenu) des ressources et de nature compensatoire dans la mesure où il vise à réparer les dommages, demeure tout à fait compatible avec l'allocation marchande des ressources et les inégalités qui en découlent, le principe redistributif se concrétise au contraire par la mise en place de « mécanismes de redistribution verticale, entre classes de revenus[3] », visant à modifier l'allocation marchande des ressources au nom de l'objectif de garantir à tous une égale possibilité d'accès aux biens et services nécessaires à la satisfaction des besoins fondamentaux. Par conséquent, à travers le principe redistributif, la solidarité en tant que valeur normative s'enracine plus profondément dans le lien social en ce que son objectif est non seulement de garantir à chacun un niveau essentiel de sécurité sociale nécessaire à la préservation de conditions

---

[1] Ibidem.
[2] J. J. Dupeyroux, dans F. Ewald, *L'État providence,* 400.
[3] P. Rosanvallon, *La nouvelle question sociale. Repenser l'État-providence*, 37.

de vie dignes par la *freedom from want*, mais aussi de réduire les inégalités, de rendre les citoyens substantiellement égaux, en développant, par rapport au principe assurantiel, des taux de démarchandisation plus importants.

Le principe de redistribution, en effet, ne repose pas sur des critères de « proportionnalité de la prime au risque, de la cotisation et de la prestation[1] », caractérisant classiquement la logique contributive ; sa *ratio operandi* s'articule plutôt autour du binôme « impôts-charges sociales[2] », par lequel la société établit des fonds – financés collectivement et en fonction de la disponibilité de ressources de chacun (principe de progressivité fiscale) – destinés à la redistribution du revenu produit globalement par la société selon les conditions de besoin, en donnant une forme institutionnelle à un noyau axiologique qui dans l'assurance comme « mode de production de la solidarité[3] » trouve une réalisation bien plus partielle et toujours liée à la logique marchande de l'échange d'équivalents.

Dans la réalité des États-providence européens, ces deux principes se réalisent en s'entremêlant, donnant lieu à des systèmes hybrides et multiformes[4]. En tout cas, l'enracinement constitutionnel de la solidarité comme élément axiologique indispensable à la dimension sociale de la citoyenneté et son institutionnalisation selon le principe assurantiel et celui redistributif est l'expression d'un changement profond par rapport à la manière libérale de concevoir le droit dans la mesure où ce dernier, dans sa déclinaison sociale, s'affirme comme technique de réforme sociale visant à orienter normativement la réalité selon des valeurs partagées, intersubjectives, constituant la dimension relationnelle de l'existence sociale. L'État social transforme ce qui relevait auparavant de la sphère non contraignante des activités caritatives et de la générosité personnelle en un fait de droit, lié à une vision organique de la justice sociale : « la prestation est un dû, pas une libéralité[5] ».

L'explication des processus décrits ci-dessus est nécessaire pour comprendre la portée normative de l'ancrage constitutionnel de la solidarité et son organisation ultérieure à grande échelle (éducation, santé, sécurité sociale, logement, transports, etc.) Le principe de solidarité est reconnu (de manière différente) dans les constitutions de l'Europe occidentale[6] et s'impose, indissociablement à la mise en œuvre des droits et des politiques de la citoyenneté sociale, comme l'un des éléments fondamentaux de la

---

[1] F. Ewald, *L'État providence*, 402.

[2] Ibidem.

[3] P. Rosanvallon, *La nouvelle question sociale. Repenser l'État-providence*, 83.

[4] À cet égard, le débat distingue classiquement deux idéaux-types : l'État bismarckien et l'État beveridgien.

[5] P. Rosanvallon, *La nouvelle question sociale. Repenser l'État-providence*, 24.

[6] Voir, par exemple, les arts. 2, 138, 156.1 de la Constitution espagnole ; les arts. 1, 63, 82.d de la Constitution portugaise ; l'art. 2 de la Constitution italienne ; le Préambule de la Constitution française de 1946 ; etc.

légitimité démocratique de l'État et de ses activités : dans ce contexte, « l'idée des droits est capable de déployer son potentiel dans la construction du lien social grâce à son lien structurel avec la solidarité et ses devoirs[1] » sanctionnés constitutionnellement.

Ainsi, la solidarité constitue une source normative indispensable à la compréhension de l'imaginaire caractérisant le constitutionnalisme européen d'après-guerre : la solidarité, malgré la diversité des modalités de reconnaissance, identifie une valeur transversale qui s'enracine, indissociablement aux valeurs de dignité et d'égalité substantielle, dans la *ratio juris* informant le développement constitutionnel social. Ce dernier, en se fixant pour objectif le respect de la dignité et la poursuite de l'égalité substantielle, ne peut que trouver l'un de ses fondements dans le principe de solidarité : ce n'est qu'à la lumière de ce principe qu'il devient possible d'inscrire institutionnellement les composantes d'une société dans de larges réseaux de liens solidaires visant à rendre possible une intégration (toujours perfectible) orientée vers « l'égalité substantielle et la dignité de la personne humaine comme base des droits fondamentaux et de toute la structure juridique[2] ».

En outre, c'est par l'enracinement de la solidarité comme ressource dogmatico-normative que la configuration subjective de l'homme comme "homme situé et relationnel" devient pleinement intelligible. En effet, si les conditions de son épanouissement personnel reposent sur la concrétude de sa situation matérielle et de ses appartenances sociales, alors il ne peut qu'être dépendant de ces dernières, en avoir besoin. Par conséquent, l'"homme situé et relationnel" ne devient pleinement intelligible que si les liens de solidarité structurant les formations sociales auxquelles il appartient et à partir desquelles il peut poursuivre ses intérêts, tant individuels que collectifs, sont mis en lumière ; il ne peut être libre que par la reconnaissance et la valorisation de ces liens de solidarité, ce qui n'est possible que par l'ancrage constitutionnel du principe de solidarité et son institutionnalisation dans les systèmes de sécurité sociale. Une fois encore, nous ne pouvons comprendre la dimension constitutionnelle de la solidarité que dans ce réseau de clarification mutuelle avec les autres principes : en ce sens, « la solidarité ne peut pas être ni isolée ni séparée, son estompement se lie avec les limites de la liberté matérielle et avec une croissance des inégalités qui affecte la dignité même de la personne[3] ».

La solidarité constitue ainsi un dépôt sémantique où des courants intellectuels, philosophiques et politiques très différents puisent. La puissance symbolique de cette idée a indéniablement contribué à

---

[1] S. Rodotà, *Solidarietà. Un'utopia necessaria*, 17.

[2] G. Comazzetto, « La solidarietà nello spazio costituzionale europeo. Tracce per una ricerca », 266.

[3] S. Rodotà, *Solidarietà. Un'utopia necessaria*, 26.

resémantiser, à penser selon de nouvelles coordonnées des catégories et des concepts juridico-philosophiques fondamentaux. Dans les constitutions sociales d'après-guerre, le sujet n'est plus abstrait mais saisi dans l'urgence de ses besoins matériels ; il fait partie intégrante de la société par des voies intégratives et défensives soutenues par la contribution proportionnelle de tous ; l'usage de la propriété n'a plus pour seul objet l'intérêt individuel mais s'accompagne désormais d'une fonction sociale ; le contrat de travail n'est plus le résultat d'un rapport de force mais d'un rapport de droit, grâce au développement des droits d'action collective ; la citoyenneté n'est plus seulement civile et politique mais aussi sociale.

Cette capacité de (re)sémantisation conceptuelle (et donc de transformation) inscrite dans le principe de solidarité ainsi que dans les autres ressources dogmatico-normatives identifiées est ce qui permet à la logique du droit de structurer de manière cohérente sa relation avec la réalité environnante et, dans le même temps, de s'ouvrir à ses évolutions tout en préservant ladite cohérence. Comme le souligne S. Rodotà, « dans ce difficile travail de construction continue, le droit doit puiser dans le monde qui l'entoure, mais, dans le même temps, il est le lieu où une multiplicité d'impulsions variées et [...] contradictoires trouve un moment de sélection et d'unification selon des modalités qui ne sont pas arbitraires, mais que l'ordre juridique lui-même identifie à travers le lien qui lie la solidarité à d'autres principes constitutionnels, à la manière dont elle est concrètement inscrite dans la législation et lue par la jurisprudence[1] ».

3 - Les modalités de reconnaissance des droits sociaux dans les Constitutions européennes

Après avoir précisé les évolutions théorico-constitutionnelles nécessaires à l'affirmation de la citoyenneté sociale par une opération théorique d'identification et de sondage de ses traits distinctifs, il faut maintenant se poser une question : comment les droits qui mettent en œuvre la logique de la citoyenneté sociale sont-ils reconnus dans les constitutions européennes ? L'objectif est de vérifier le statut et les différentes manières dont les droits de citoyenneté sociale sont présents dans certains des principaux textes constitutionnels européens.

Tout d'abord, les droits sociaux constituent une innovation juridico-conceptuelle introduite dans le domaine constitutionnel depuis relativement peu de temps : ils entrent pour la première fois dans un texte constitutionnel grâce à la Constitution de Weimar de 1919. Cette constitution représente un tournant fondamental par rapport au constitutionnalisme libéral classique car, dans la deuxième partie intitulée *Droits et devoirs fondamentaux des Allemands*, elle « contient une véritable mine de dispositions [...] dans

---

[1] Ibidem, 28.

lesquelles se manifeste l'idée dite sociale[1] ». Par ce texte, l'État sanctionne officiellement pour la première fois son droit\devoir d'intervenir dans les processus économiques (section *Vie économique*) : le constitutionnalisme européen entre ainsi dans une nouvelle phase, dans laquelle les pouvoirs publics se voient assigner des objectifs visant à mettre en œuvre des « idéaux de solidarité et de justice sociale[2] », dans laquelle les États assument des responsabilités en matière de garantie du bien-être individuel et social.

La Constitution de Weimar constitue donc l'antécédent d'une nouvelle phase du constitutionnalisme européen, dont la marque de fabrique est précisément la reconnaissance et la mise en œuvre des droits de la citoyenneté sociale. F. H. Neumann et H. Heller affirment à cet égard que la constitution de Weimar apporte avec elle la « décision claire en faveur de l'État social de droit ; la décision de libérer les droits de leurs hypothèques individualistes originaires et de transformer l'État de droit traditionnel en un État démocratico-social moderne et actualisé[3] » . C'est à partir de cette décision que l'individu dans la concrétude de son être-situé devient constitutionnellement pertinent ; c'est à partir de cette décision que l'égalité acquiert une portée constitutionnelle non seulement en ce qui concerne sa dimension formelle, mais aussi sa dimension substantielle puisque cette constitution définit comme objectif des pouvoirs publics celui de créer « les conditions pour que tous bénéficient d'un traitement égal [...] de faire en sorte que tous les citoyens soient mis en mesure de jouir (concrètement) des droits qui leur sont reconnus[4] ». Il y a ainsi une référence évidente à des concepts clés mentionnés dans cette étude, tels que celui de liberté "effective", "réelle", ou celui de "propriété sociale".

À partir de 1945, ce paradigme constitutionnel se propage à travers l'Europe de différentes manières dans le contexte plus général de l'internationalisation des droits humains[5] et conduit à la reconnaissance constitutionnelle de clauses sociales, de catalogues de droits sociaux fondamentaux et de « principes directifs définissant des objectifs sociaux auxquels la politique de l'État doit s'efforcer de donner effet[6] ». Après les

---

[1] A. Cantaro, *Il secolo lungo. Lavoro e diritti sociali nella storia europea*, 59. Voir les arts. 145-152-153-155.

[2] C. Mortati, *La Costituzione di Weimar*, Editori Sansoni, Florence, 1946, cité par A. Cantaro, *Il secolo lungo. Lavoro e diritti sociali nella storia europea*, 61.

[3] A. Cantaro, *Il secolo lungo. Lavoro e diritti sociali nella storia europea*, 67. Voir F. L. Neumann, *Il diritto del lavoro fra democrazia e dittatura*, Il Mulino, Bologne, 1983, et H. Heller, *Gesammelte Schriften*, Sijthoff, Leiden, 1971.

[4] C. Mortati, *La Costituzione di Weimar*, cité par S. Cocchi, *La tutela e la promozione dei diritti sociali. Decentramento, uguaglianza e differenziazione in Italia e in Spagna*, 34.

[5] Voir les arts. 22, 23, 24, 25, 26 de la Déclaration universelle des droits de l'homme adoptée par l'ONU en 1948.

[6] C. O' Cinneide, « The present limits and future potential of European Social Constitutionalism », dans K. G. Young (sous la direction de), *The future of economic and social rights*, Cambridge University Press, Cambridge, 2019, 327.

horreurs de la guerre mondiale, cette période constitue un passage crucial dans la redéfinition de la centralité de l'homme, de ses droits, de sa condition au sein de la société et de ses relations avec cette dernière. Les constituants européens ne peuvent plus se dispenser de relever les limites doctrinales du modèle libéral et de reconnaître des droits directement rattachés à la dimension concrète de l'existence individuelle et à sa liberté positive ; ils ne peuvent plus se dispenser de reconnaitre que « les revendications de soutien social des individus et des familles pour lesquels de telles garanties s'appliqueraient constituent une demande qu'aucune société politique moralement légitime ou qui voudrait réussir ne peut ignorer[1] ». La dimension sociale de la citoyenneté s'affirme comme dimension fondamentale dans la reformulation des systèmes juridiques et économiques censés redéfinir les conditions de la coexistence sociale ; elle fait l'objet d'un « *overlapping consensus* [...] entre les différentes familles idéologiques autour de la désirabilité du *welfare*[2] », sanctionnant ainsi comme une spécificité de la culture politique européenne la recherche constante d'un équilibre raisonnable entre deux pôles, celui de la liberté et celui de l'égalité, non plus interprétés comme insurmontablement dichotomiques mais comme potentiellement complémentaires.

La reconnaissance des droits sociaux implique également un certain degré de politisation de l'ordre marchand : ils « fournissent la base juridique pour une intervention politique sur le marché dans le but d'atténuer les inégalités majeures[3] » et d'institutionnaliser des liens solidaires à niveau national tout en restant dans les limites de cet ordre. Les droits sociaux introduisent par conséquent des valeurs autres que celles attribuables à l'ordre marchand ; leur « fonction fondamentale [...] est de corriger le marché, de concilier la politique sociale et l'ordre du marché[4] » afin de contrebalancer l'exposition aux risques inhérents aux oscillations constantes du marché.

Il s'agit alors d'explorer les différentes manières dont les droits sociaux sont reconnus dans les constitutions européennes. Comme le souligne S. Gambino, « les constitutions européennes de l'après-guerre partagent un fonds commun de reconnaissance des droits sociaux par leur constitutionnalisation. Au-dessus de ce fonds commun, nous pouvons identifier de véritables modèles constitutionnels de reconnaissance et de protection de ce type de droits[5] ». À cette fin, il faut d'abord souligner que, bien qu'hétérogènes, ces modalités différentes constituent des articulations

[1] F. Michelman, « The Constitution, social rights, and liberal political justification », *I. CON*, vol. 1, n. 1, Oxford University Press, New York, 2003, 14.

[2] M. Ferrera, *Rotta di collisione. Euro contro welfare ?,* Laterza, Rome-Bari, 2016, 54.

[3] G. S. Katrougalos, « The (Dim) Perspectives of the European Social Citizenship », *Jean Monnet Working Paper*, 2007, 7.

[4] Ibidem.

[5] S. Gambino, « Diritti e cittadinanza (sociale) nelle costituzioni nazionali e nell'Unione », 18-19.

concrètes d'un concept fondamental, celui d'État social, élaboré par la doctrine juridique allemande sous le terme de *Sozialstaat*, indiquant un nouveau « principe normatif et organisationnel fondamental de la Constitution[1] » placé « sur un pied d'égalité avec le principe du *Rule of Law*[2] » et visant à capturer la forme et les tâches de l'État découlant de ses fonctions sociales et économiques renouvelées.

Le concept de *Sozialstaat* est un concept composite, ancré au niveau constitutionnel par le biais de droits et dispositions constitutionnels ainsi que par le rôle et l'activité des cours constitutionnelles ; un concept qui attribue normativement à l'État la tâche de réaliser l'intégration sociale à partir d'une base axiologique reconnaissable et partagée. En d'autres termes, il s'agit d'un « principe normatif, prescriptif, qui définit une *polity* spécifique, où l'État a l'obligation constitutionnelle d'assumer des fonctions interventionnistes dans les domaines économique et social[3] ».

Ce principe est traduit dans les constitutions européennes selon différentes modalités. Il s'agit de les analyser et de les distinguer, afin de faire ressortir les consonances et les différences et de comprendre quel statut est accordé aux droits de la citoyenneté sociale. Je me concentrerai notamment sur les constitutions de l'Italie, de l'Espagne, de l'Allemagne et de la France. Ce choix est dicté par deux raisons : 1) le poids de ces pays au sein de l'Europe ; 2) la diversité par laquelle ils incorporent constitutionnellement la citoyenneté sociale. L'objectif est de faire ressortir les particularités des différents ordres constitutionnels en ce qui concerne la dimension sociale de la citoyenneté, afin de fournir un aperçu de sa présence à la fois partagée et différenciée.

3.1 - La Constitution italienne

La Constitution italienne confère aux droits sociaux le statut de droits constitutionnels et les inclut dans un catalogue « d'une ampleur et d'une systématicité inusitées[4] ». Ce catalogue, situé dans la première partie de la Charte constitutionnelle (Titre II *Rapporti etico-sociali* et Titre III *Rapporti economici*) et développant en détail le contenu normatif essentiel de l'égalité substantielle et de la dignité sociale consacré par l'art. 3 (définissant pour l'ordre constitutionnel l'objectif de favoriser le plein épanouissement de la personne humaine en éliminant les obstacles de nature économique et sociale), comprend le droit au travail (art. 4) ; le droit à la santé (art. 32) ; le droit à l'éducation de base gratuite et obligatoire, consacrant également le droit pour les étudiants doués mais démunis d'atteindre les niveaux d'études

[1] G. S. Katrougalos, « The (Dim) Perspectives of the European Social Citizenship », 9-10.
[2] Ibidem, 10.
[3] Ibidem, 10.
[4] R. Pilia, *I diritti sociali*, 96.

les plus élevés (art. 34) ; le droit à une rémunération suffisante et équitable (art. 36) ; le droit des femmes qui travaillent à l'égalité de traitement (art. 37) ; le droit à l'assistance, qui stipule que tout citoyen qui ne peut pas travailler et qui ne dispose pas des moyens nécessaires pour vivre dans des conditions décentes a droit à l'entretien et à l'assistance sociale à travers le soutien des institutions de l'État (art. 38) ; le droit à la sécurité sociale (art. 38), la liberté syndicale (art. 39), le droit de grève (art. 40) ; la Constitution limite également la disposition de la propriété privée à des fins sociales et vise à la rendre accessible à tous (art. 42) et prévoit la possibilité d'expropriation en faveur d'entités publiques ou de communautés de travailleurs d'entreprises travaillant dans des secteurs d'intérêt général (art. 43).

Dans le même temps, la partie sociale de la Constitution est généralement contrebalancée par le respect des principes de l'économie de marché. En particulier, les droits inscrits dans la Constitution « ont préservé des distinctions claires entre les acteurs de l'économie privée et ceux de l'État, ils ont fait en sorte que les conflits privés ne soient pas immédiatement internalisés dans l'État (c'est-à-dire que les conventions collectives ne dépendent pas de l'intervention de l'État dans le processus de négociation)[1] » ; ainsi, l'État n'est pas appelé à réguler entièrement le processus économique.

Tout d'abord, le discours constitutionnel italien sur les droits sociaux contient une explicitation claire d'un élément conceptuel central pour cette étude, à savoir l'idée de "l'homme situé", d'un sujet considéré selon les filtres de la concrétude et de la relationnalité de son existence. En effet, avant la promulgation de la Constitution, les courants politiques participant aux travaux constituants (en particulier les courants démocrate-chrétien et communiste) définissent comme base fondamentale de leurs accords une idée précise du sujet avancée dans un ordre du jour :

« la Sous-Commission, après avoir examiné les possibles approches systématiques d'une déclaration des droits de l'homme, à l'exclusion de celle qui s'inspire d'une vision purement individualiste [...], considère que la seule approche véritablement conforme aux exigences historiques auxquelles le nouveau statut de l'Italie démocratique doit répondre est celle qui a) reconnaît la précédence substantielle de la personne humaine (entendue dans l'intégralité de ses valeurs et de ses besoins, non seulement matériels mais aussi spirituels) par rapport à l'État et la destination de ce dernier au service de la première ; b) reconnaît dans le même temps la socialité nécessaire de toutes les personnes, qui sont destinées à se compléter et à se perfectionner mutuellement par une solidarité économique et spirituelle réciproque :

[1] C. Thornill, *A sociology of Constitutions. Constitutions and State legitimacy in historical-sociological perspective*, 331.

d'abord dans diverses communautés intermédiaires disposées selon une gradualité naturelle (communautés familiales, territoriales, professionnelles, religieuses, etc.), et donc, pour tout ce pour quoi ces communautés ne sont pas suffisantes, dans l'État ; c) que pour cela affirme l'existence des droits fondamentaux des personnes et des droits des communautés avant toute concession de l'État[1] ».

Dans cette reconfiguration de l'idée de sujet, l'abstraction et l'isolement du modèle libéral de l'individu sont remplacés par le caractère concret de ses besoins fondamentaux et par sa socialité. Il est ainsi possible d'identifier les principes fondamentaux de l'ordre constitutionnel naissant, interprétables comme données constitutives de cet ordre et comme inextricablement liés entre eux. Tout d'abord, le principe personnaliste, établissant la centralité de l'individu, de ses besoins, de ses droits et de son développement non seulement en tant qu'individu singulier, mais aussi en tant que membre de formations sociales. C'est dans ce dernier point que réside le principe pluraliste, complémentaire du principe personnaliste : la multiplicité des formations sociales dans lesquelles l'individu développe interactivement sa personnalité et cherche son épanouissement personnel « n'est plus simplement reconnue comme un fait, contre lequel il faut éventuellement se prémunir en tant que facteur susceptible de perturber le monolithisme étatique (l'État mono-classe), mais devient [...] un véritable choix de valeur qui imprègne la Constitution entière[2] ». La reformulation de l'idée de sujet met également en avant un troisième principe, le principe solidariste : la construction de la centralité de l'individu sur la base du principe personnaliste et du principe pluraliste ne peut se faire qu'en assumant la nécessité de développer des réseaux d'obligations solidaristes à travers lesquels permettre à tous de rechercher son bien-être personnel. Ce principe, ainsi que le principe d'égale dignité sociale et d'égalité substantielle consacré par l'art. 3, retrace de manière exemplaire les ressources dogmatico-normatives identifiées comme caractérisant le paradigme constitutionnel social ; le large catalogue constitutionnel de droits sociaux mentionné ci-dessus répond donc à l'objectif d'articuler pleinement ces ressources normatives.

Cette articulation ne suit pas un modèle unique mais se déroule sous différentes formes[3]. Certains droits font l'objet d'une reconnaissance constitutionnelle directe, comme ceux concernant la famille fondée sur le mariage (ex art. 29). D'autres, comme le droit au travail ou le droit à

---

[1] Ordre de jour de M. Dossetti lors de la séance de la première sous-commission du 9 septembre 1946. Voir S. Cocchi, *La tutela e la promozione dei diritti sociali. Decentramento, uguaglianza e differenziazione in Italia e in Spagna*, 96-97.

[2] S. Cocchi, *La tutela e la promozione dei diritti sociali. Decentramento, uguaglianza e differenziazione in Italia e in Spagna*, 97.

[3] Voir ibidem, 100.

l'éducation, en tant que points nodaux déterminants d'un vaste projet d'égalisation substantielle des citoyens (art. 3), exigent des pouvoirs publics qu'ils agissent de manière à garantir l'égalité d'accès à ces droits (la "propriété sociale") pour tous. D'autres encore (par ex. l'art. 36) sont formulés de manière à attribuer au législateur la tâche de préciser concrètement les modalités de mise en œuvre de leur contenu ainsi que les destinataires des droits en question. À cet égard, « la doctrine constitutionnelle [...] distingue les droits sociaux "conditionnés" (arts. 38, 34, 32, 38 3e alinéa, 46 de la Constitution) et les droits sociaux "inconditionnels" (arts. 4, 29, 30, 36, 37 de la Constitution) – les premiers supposant une intervention du législateur sur le *quando*, le *quomodo* et l'*an*, les seconds ayant une structure et une nature telles qu'aucune autre intervention n'est nécessaire pour les réaliser[1] ».

En ce qui concerne leur justiciabilité et leur implémentation, cette pluralité rédactionnelle des droits sociaux se présente, dans la doctrine et la jurisprudence, à la fois comme un élément de controverse et comme une ouverture pour une plus grande marge de solutions. À cet égard, il faut souligner comme un trait crucial du cadre constitutionnel italien la grande importance attribuée à « l'indépendance, l'impartialité et la responsabilité normatives du pouvoir judiciaire (arts. 101, 104, 111)[2] » : les conditions énoncées dans ces articles sont indispensables pour que la Cour garantisse la protection des droits constitutionnels – y compris les droits sociaux – par rapport à la volatilité et aux fluctuations de l'activité politico-législative par l'évaluation de la conformité des dispositions législatives avec les principes, valeurs et droits consacrés constitutionnellement. En ce sens, il est nécessaire d'adopter comme base du discours l'arrêt n. 1/1956 par laquelle la Cour constitutionnelle italienne raccorde substantiellement sa technique herméneutique-interprétative des dispositions constitutionnelles concernant l'énucléation des droits fondamentaux et leur sauvegarde aux ressources dogmatico-normatives de la dignité sociale et de l'égalité substantielle. C'est sur la base de cette connexion qu'il devient possible de fonder la « nature préceptive des droits constitutionnels (en particulier des droits sociaux)[3] », leur justiciabilité et, plus généralement, leur « garantie [...] comme caractère indéfectible de la forme de l'État[4] ». C'est donc ce lien qui établit comme tâche centrale de l'État celle de rendre concrètement accessibles à tous les droits que la Constitution sanctionne comme fondamentaux pour le développement et l'épanouissement de la personne. La réflexion doctrinale approfondit cette approche interprétative en distinguant, dans la lecture des

[1] S. Gambino, « Diritti e cittadinanza (sociale) nelle costituzioni nazionali e nell'Unione », 17.
[2] C. Thornill, *A sociology of Constitutions. Constitutions and State legitimacy in historical-sociological perspective*, 332.
[3] S. Gambino, « Diritti e cittadinanza (sociale) nelle costituzioni nazionali e nell'Unione », 10.
[4] Ibidem.

droits sociaux, un volet objectif et un volet subjectif. En ce qui concerne le volet objectif, la constitutionnalisation des droits sociaux dans le contexte italien engendre une obligation « morale et juridique[1] » à la charge de l'État, appelé à y répondre par l'activité législative : comme le souligne Peces-Barba, ce « devoir originel de l'État, de nature négative, se décompose en une pluralité de devoirs positifs visant à la satisfaction de droits de crédit issus de la valeur d'égalité[2] ». Ainsi, l'aspect objectif des droits sociaux se reflète dans l'ensemble de règles régissant les actions étatiques visant à atténuer les inégalités et les asymétries sociales. D'autre part, le volet subjectif des droits sociaux se traduit en le droit général des citoyens de prendre part aux avantages de la vie en commun, droit général qui se ramifie en droits spécifiques à certains bénéfices issus de la responsabilité des organes de l'État et qui se pose comme prémisse indispensable à la jouissance des droits civils et politiques.

Examinons plus spécifiquement l'activité de la Cour constitutionnelle, en mentionnant quelques cas dans lesquels elle s'exprime clairement quant au statut et à la justiciabilité des droits sociaux. En guise d'introduction, nous pouvons certes affirmer que les juges constitutionnels attribuent une pleine valeur constitutionnelle aux droits sociaux, tout en reconnaissant « le principe de gradualité des réformes législatives et celui de la constitutionnalité provisoire de disciplines qui doivent être développées ou réformées[3] ». En effet, la Cour italienne oriente son activité afin de conférer effectivité et protection au contenu des droits sociaux. Comme les autres droits fondamentaux, les droits sociaux sont systématiquement interconnectés avec des valeurs et/ou des principes sanctionnés constitutionnellement ; l'intelligibilité de l'un s'éclaire à la lumière de l'autre et vice versa. Par conséquent, ils doivent pouvoir bénéficier du même niveau de protection constitutionnelle que les autres droits fondamentaux dans la mesure où ils ne sont pas dotés d'une normativité inférieure.

Par exemple, la Cour, dans son arrêt 7/1967, se prononce à propos du droit à l'éducation, en affirmant qu'il ne s'agit pas "d'une simple norme programmatique [...], à réaliser seulement si et dans la mesure du possible", mais d'un "principe immanent", à la formulation "claire et incisive", doté d'un caractère pleinement préceptif[4] et donnant lieu à un droit de prestation auquel l'individu peut prétendre directement. Ce principe implique pour les pouvoirs publics l'organisation du libre accès à l'éducation au nom d'un intérêt à la fois individuel (il est de l'intérêt de l'individu d'y avoir accès) et

[1] P. Chiarella, « Esistenza, esigibilità e giustiziabilità dei diritti sociali », *Tigor : revue de science de la communication*, n.1, 2011, 56.
[2] G. Peces-Barba, « Los deberes fundamentales », *Doxa*, n. 4, 1987, cité par P. Chiarella, *Esistenza, esigibilità e giustiziabilità dei diritti sociali*, 58.
[3] R. Pilia, *I diritti sociali*, 156.
[4] Voir S. Cocchi, *La tutela e la promozione dei diritti sociali. Decentramento, uguaglianza e differenziazione in Italia e in Spagna*, 109.

collectif (il est de l'intérêt de la collectivité de faire en sorte que tous ses membres y aient accès). Il constitue à toutes fins utiles un droit subjectif.

Si, nous considérons le droit à la santé, il passe d'une simple norme programmatique non attribuable à la sphère des droits directement exigibles par l'individu, à, par l'institution du Service Sanitaire National (loi n. 833 du 23 décembre 1978), un droit subjectif à tous égards, reconnu par la Cour (arrêt n. 88 du 26 juillet 1979) comme un « droit fondamental absolu et inviolable de l'individu[1] », habilitant ainsi ce dernier à demander directement sa concrétisation (et donc l'accès aux services de santé nécessaires à la sauvegarde de sa santé).

En ce qui concerne les droits des travailleurs, il est important de mentionner l'arrêt 129/1963 de la Cour constitutionnelle. Dans cet arrêt, la Cour interprète le droit à un salaire proportionnel à la quantité et à la qualité du travail et suffisant pour mener une existence libre et digne comme un droit subjectif exigible devant la juridiction ordinaire puisqu'il est lié aux valeurs fondamentales de la dignité et de la liberté humaine.

En outre, parmi les différentes techniques de protection constitutionnelle adoptées par la Cour italienne, les arrêts "*additive di prestazione*" jouent un rôle central (surtout à partir du milieu des années 1970) en tant que technique visant non seulement à évaluer la conformité d'un acte législatif avec ce qui est prévu par la Constitution, mais aussi à le compléter en indiquant le contenu omis. En d'autres termes, « *les sentenze additive* [...] déclarant l'illégitimité d'une norme dans la partie où elle omet et donc exclut quelque chose, se proposent de remédier à une lacune de discipline [...] en dictant elle-même la norme intégrative[2] ». Cette opération, en ce qui concerne la typologie *additiva di prestazione*[3], comporte, sur la base du principe d'égalité, l'extension d'un ensemble donné de prestations économiques et/ou de services dont bénéficient déjà certains groupes sociaux à d'autres groupes sociaux présentant des caractéristiques similaires ou qui se recoupent et ayant donc le droit d'accéder aux mêmes prestations et/ou services. C'est le cas lorsque la Cour, estimant illégale ou déraisonnable une disparité de traitement entre certains groupes sociaux, par le biais d'un arrêt « ajoute un *quid novi* à la normative examinée en étendant le traitement qu'elle prévoit également à la catégorie initialement exclue[4] ».

Cette stratégie interventionniste de la Cour, exemplifiée par les *sentenze additive di prestazione*, décline (laissant place à d'autres techniques de protection) à partir des années 1990, principalement en raison d'une

---

[1] R. Pilia, *I diritti sociali*, 126.

[2] S. Cocchi, *La tutela e la promozione dei diritti sociali. Decentramento, uguaglianza e differenziazione in Italia e in Spagna*, 112.

[3] Il existe, dans la jurisprudence italienne, d'autres types de *sentenze additive*, tels que les *sentenze additive di garanzia* ou *di principio*.

[4] S. Cocchi, *La tutela e la promozione dei diritti sociali. Decentramento, uguaglianza e differenziazione in Italia e in Spagna*, 114.

disponibilité financière réduite (le coût des droits sociaux constitue l'une des limites principales à leur accomplissement). Néanmoins, selon une grande partie de la doctrine italienne[1], le balancement entre la garantie d'un droit à valeur constitutionnelle et des exigences d'équilibre ou d'efficacité économique ne peut pas aboutir à la compromission de la première : les valeurs constitutionnelles sont prioritaires par rapport aux arguments relatifs à la durabilité et à l'efficacité économique dans la mesure où ces derniers ne sont pas des fins en soi, mais des instruments visant avant tout à satisfaire les droits fondamentaux, c'est-à-dire ce qui constitue le contenu substantiel primaire et irréductible de l'ordre (sous peine de perte de sens de l'ensemble du système juridique). Sur la base de cette ligne interprétative et en concomitance avec une situation financière complexe, « la Cour s'engage sur la voie de la délimitation de leur contenu intangible, diversement défini comme essentiel, minimal, uniforme, exclu au législateur en tant que noyau fondamental constitutionnellement nécessaire pour que le droit soit concrètement exploitable[2] » (voir l'arrêt 134/1994), réaffirmant ainsi la signification de leur enracinement constitutionnel.

En outre, un autre trait social distinctif de la Constitution italienne par rapport aux autres constitutions est la reconnaissance de la valeur du travail comme charnière autour de laquelle se développe le rapport entre la personne et le système social constitutionnel. Le modèle italien est un modèle travailliste, dans lequel l'accès aux différentes formes de protection sociale dépend principalement du travail (en particulier le travail subordonné, à temps plein et à durée indéterminée) : en effet, il existe peu de droits sociaux universels dans l'ordre italien (un exemple est le droit à la santé). Selon l'abondante jurisprudence en la matière, il ne faut pas déduire du droit au travail consacré par l'art. 4 ainsi que de toutes les autres énonciations constitutionnelles concernant le travail que les pouvoirs publics ont pour mission de fournir un emploi à tous. Ces énonciations imposent plutôt au législateur de faire en sorte que des conditions économiques, sociales et juridiques favorables pour la création d'emplois et pour l'élargissement des possibilités d'accès au travail pour le plus grand nombre possible de citoyens soient développées.

Pour conclure, dans le cadre italien, la reconnaissance constitutionnelle des droits sociaux résulte clairement connectée aux ressources dogmatico-normatives identifiées dans la section précédente comme étant celles qui permettent de définir un ordre constitutionnel comme "social". Partant d'une conception "située" du sujet, l'ordre constitutionnel se fixe comme objectif central celui de sauvegarder la dignité de la personne et de garantir les conditions de son développement personnel tant au niveau individuel qu'au

[1] Voir M. Luciani, *Sui diritti sociali.*

[2] S. Cocchi, *La tutela e la promozione dei diritti sociali. Decentramento, uguaglianza e differenziazione in Italia e in Spagna*, 121.

sein des formations sociales en orientant l'action des pouvoirs publics selon les coordonnées de l'égalité substantielle et du principe de solidarité. L'activité du juge constitutionnel, visant à attribuer et à défendre la valeur constitutionnelle des droits sociaux et à définir leur contenu essentiel inviolable, reflète la centralité de cet objectif. Par conséquent, « la préexistence reconnue à l'égard de l'État non seulement de l'individu, mais aussi des formations sociales qui font de lui une personne, permet ainsi de qualifier les droits sociaux comme inviolables au même titre que les droits de liberté[1] » tant par les pouvoirs publics que par les pouvoirs privés, c'est-à-dire de les considérer comme inséparables de la *ratio essendi* de l'ordre constitutionnel en tant qu'expression constitutive de sa base axiologique.

3.2 - La Constitution espagnole

La Constitution espagnole, adoptée en 1978 à la suite de la transition post-totalitaire visant à la réorganisation démocratico-constitutionnelle de l'État espagnol, présente la particularité d'inclure à la fois une clause relative à l'État-providence et un riche catalogue de droits sociaux. En effet, l'art. 1.1 de la Constitution espagnole, qui fait partie du *Título Preliminar*, définit l'Espagne comme un État social et démocratique de droit, reconnaissant la liberté, la justice, l'égalité et le pluralisme comme les valeurs suprêmes de l'ordre espagnol. Le choix fondamental d'introduire la clause de l'*Estado social*, et donc de faire du principe de l'État social l'un des principes axiologico-fondationnels de l'ordre constitutionnel espagnol, signifie attribuer à l'État espagnol certaines finalités constitutionnelles à caractère social. Cette clause sociale s'érige en principe directif et contraignant de l'action de tous les pouvoirs publics, tant étatiques qu'autonomiques, et définit les fondements de leur relation avec les citoyens espagnols non seulement sur la base de la sauvegarde de l'État démocratique de droit et des libertés classiques, mais aussi sur la base de la protection et de la promotion sociales, de la mise à l'abri du besoin et de la lutte contre les inégalités excessives. En particulier, elle engage les pouvoirs publics à garantir des conditions de vie décentes pour tous et, en lien avec l'art. 9.2, à veiller à ce que « la liberté de l'individu et des groupes dans lesquels il s'intègre soit réelle et effective, en éliminant les obstacles qui s'opposent à sa réalisation et en facilitant la participation de tous les citoyens à la vie politique, culturelle et sociale[2] ».

---

[1] S. Cocchi, *La tutela e la promozione dei diritti sociali. Decentramento, uguaglianza e differenziazione in Italia e in Spagna*, 127.
[2] J. M. R. Munoz, « Dimensiones del Estado Social y derechos fundamentales sociales », *Revista de investigações constitucionais*, vol. 2, n. 2, 2015, 42. La similitude entre cet art. et l'art. 3 de la Constitution italienne est évidente.

Tout en rappelant le concept de liberté réelle, l'*Estado social* affiche l'objectif explicite « de remédier efficacement à l'inégalité matérielle des citoyens, en supprimant les obstacles à sa réalisation et en facilitant l'accès à l'emploi[1] ». Nous retrouvons ici, comme principe constitutionnel à la lumière duquel organiser le *fàcere* des pouvoirs publics, la ressource dogmatico-normative de l'égalité substantielle : tous les citoyens doivent pouvoir accéder effectivement à un ensemble de droits et de biens fondamentaux grâce à des obligations solidaristes-redistributives, afin que l'idée-force de la complémentarité entre la garantie des libertés individuelles et un niveau acceptable d'égalité puisse s'affirmer.

Le riche catalogue de dispositions sociales contenu dans la Constitution espagnole est donc chargé d'articuler le contenu normatif du terme "social" figurant à l'art. 1.1 ; il propose de capturer constitutionnellement l'ensemble des droits et des possibilités concrètes d'accès aux biens fondamentaux ("propriété sociale") et nécessaires pour préserver la dignité et l'égalité substantielle de tous ainsi que pour favoriser les conditions de la recherche autonome de l'épanouissement personnel et de la participation à la vie publique. Le cadre constitutionnel espagnol se présente ainsi comme l'achèvement\dépassement de l'État libéral du XIXe siècle. Le principe de l'*Estado Social* inscrit à l'art. 1.1 constitue l'élément le plus transformateur de ce processus : il confère à l'État espagnol le caractère social faisant l'objet des analyses de ce travail.

Dans le détail, la Constitution espagnole présente un large éventail de droits économiques et sociaux, ces derniers étant dotés de différents niveaux de garantie. Ils sont contenus dans le titre I de la Charte fondamentale espagnole et distingués entre *derechos y libertades* (les droits fondamentaux classiques et les droits et obligations des citoyens, arts. 14-38) et *principios rectos de la politica social y economica* (arts. 39-52). Le premier groupe comprend le droit à l'éducation (art. 27), la liberté syndicale et le droit de grève (art. 28), le droit à la propriété reconfiguré en fonction de l'ajout de la fonction sociale (art. 33), le droit au travail, au libre choix de sa profession, à une rémunération adéquate pour satisfaire ses besoins et ceux de sa famille (art. 35), le droit à la négociation collective (art. 37) et à la libre entreprise (art. 38). Dans le deuxième groupe, la Constitution espagnole reconnaît la protection sociale, économique et juridique de la famille (art. 39) ; une répartition plus équitable des revenus régionaux et personnels, imposant ainsi aux pouvoirs publics une finalité redistributive (art. 40) ; un système public de sécurité sociale pour tous les citoyens, garantissant une assistance sociale suffisante face aux situations de besoin, notamment en cas de chômage (art. 41) ; le droit à la santé (art. 43) ; l'accès à la culture (art. 44) ; le droit de bénéficier d'un logement décent et adéquat (art. 47) ; la garantie,

[1] Ibidem.

par des pensions adéquates et périodiquement actualisées, de l'autonomie économique des citoyens dans leur vieillesse (art. 50).

Dans le même temps, certains des droits sociaux fondamentaux reconnus par la Constitution espagnole sont considérés comme des droits exigibles et justiciables, tandis que d'autres sont plutôt reconnus comme des principes de nature directive relatifs à la vie socioéconomique du pays[1]. En effet, sur la base de la détermination des différents niveaux de garantie associés aux droits fondamentaux établie à l'art. 53.3, le texte constitutionnel espagnol « distingue les *derechos y libertades* (les droits, libertés et devoirs fondamentaux des citoyens contenus dans les arts. 14-38) des *principios rectos de la politica social y economica* (arts. 39-52), en accordant uniquement au premier groupe le *status* de droits subjectifs constitutionnellement garantis et uniquement aux *derechos fundamentales y libertades públicas* le *recurso de amparo*[2] pour en déduire les violations[3] ». Par conséquent, les droits appartenant au premier groupe (comprenant des droits sociaux, tels que le droit à l'éducation, le droit au travail et le droit de grève) disposent du niveau de garantie le plus élevé, étant exigibles à la fois devant les tribunaux ordinaires et, dans certains cas, devant le Tribunal constitutionnel (arts. 15-29) ; ils sont à tous égards des droits subjectifs. En particulier, ces droits obligent les pouvoirs publics à ne pas violer « le contenu essentiel mentionné à l'art. 53.1[4] » et décisif dans la définition de leur caractère fondamental. Prenant un exemple concernant les droits sociaux contenus dans ce premier groupe, le Tribunal constitutionnel lui-même, dans son arrêt STC 11/1981 en matière de droit de grève, reconnaît ce dernier comme un droit subjectif fondamental car directement exigible, définissant des obligations à la charge des pouvoirs publics et protégé par la réserve ordinaire de la loi[5].

Les droits économiques et sociaux contenus dans les arts. 39-52, en tant que principes, inspirent et guident l'activité législative et la mise en œuvre des politiques publiques de l'État, engageant ce dernier à respecter leur contenu normatif (*principio de vinculatoriedad*) mais ne peuvent être revendiqués que devant les tribunaux ordinaires et "conformément aux dispositions des lois qui les appliquent" (art. 53.3). Dans le même temps, la

[1] Voir B. Gonzalez Moreno, *El Estado social. Naturaleza juridica y estructura de los derechos sociales*, Civitas, Madrid, 2002.

[2] Il s'agit d'une institution juridique d'origine hispano-américaine par laquelle « une personne exerce un droit de recours devant un organe judiciaire fédéral ou, parfois, local, contre un acte d'une autorité étatique ou municipale qui semble porter atteinte aux garanties individuelles ou à la répartition des compétences entre l'État fédéral et les États membres, afin de restaurer la situation subjective lésée ou l'organisation des compétences ». D. Granara, *L'amparo messicano : il ruolo della giurisprudenza,* cité par R. Pilia, *I diritti sociali,* note 22, 162.

[3] R. Pilia, *I diritti sociali*, 99.

[4] S. Cocchi, *La tutela e la promozione dei diritti sociali. Decentramento, uguaglianza e differenziazione in Italia e in Spagna*, 181.

[5] Voir ibidem, 181-182.

doctrine reconnaît que, comme l'établissent l'art. 9.1 ("les citoyens et les pouvoirs publics sont soumis à la Constitution") et l'art. 53.3 ("la reconnaissance, le respect et la protection des principes reconnus au chapitre trois doivent inspirer la législation positive, la pratique judiciaire et l'action des pouvoirs publics"), les *principios rectos de la politica social y economica* « sont dotés de la même valeur normative que les autres dispositions constitutionnelles, sauf le fait qu'ils n'affirment pas l'existence de droits subjectifs immédiatement exigibles, l'intervention préalable du législateur étant nécessaire à cette fin[1] ».

Le Tribunal constitutionnel confirme le point susmentionné : à travers de multiples arrêts, il reconnaît le caractère constitutionnel contraignant et directif des principes sociaux et économiques mais les distingue des droits fondamentaux en ce qu'ils ne donnent pas lieu « en eux-mêmes (à) des droits juridiquement exigibles[2] ». Ces principes assignent donc au législateur la tâche de spécifier et d'articuler leur contenu afin qu'ils puissent être traduits en droits subjectifs directement exigibles. À leur tour, les principes économiques et sociaux conditionnent les canons interprétatifs de l'activité jurisprudentielle : en tant que dispositions constitutionnelles, ils peuvent être adoptés comme critère d'évaluation de la constitutionnalité d'un acte législatif. À cet égard, « le Tribunal constitutionnel a dû reconnaître que ces préceptes constituent [...] un paramètre de référence pour déterminer la constitutionnalité des lois (CSST 18/1982, 4 mai, FJ 1, et 45/1989, 20 février, FJ 4)[3] ». Ils expriment ainsi leur efficacité tant par le biais de tout ce qui concerne les pratiques de contrôle de la constitutionnalité des lois que par la justiciabilité directe des droits économiques et sociaux qui en découlent et qui sont établis par l'activité législative.

En approfondissant la position du *Tribunal Constitucional*, dès les années suivant la promulgation de la Constitution il s'expose clairement en associant à chaque composante constitutionnelle le rang de "norme suprême" de l'ordre, en tant que telle contraignante : « il ne faut jamais oublier que la Constitution [...] est une norme juridique, la norme suprême de notre système juridique, et en tant que telle tant les citoyens que tous les pouvoirs publics, et donc aussi les juges et les magistrats faisant partie du pouvoir judiciaire, y sont également soumis[4] ». Par ailleurs, le *Tribunal*

---

[1] F. Balaguer Callejón, G. Cámara Villar, M. L. Balaguer Callejón, J. A. Montilla Martos, *Manual de derecho constitucional. Derechos y libertades fundamentales. Deberes constitucionales y principios rectores. Instituciones y órganos constitucionales* (vol. 2), Tecnos, Madrid, 2011, cité par S. Cocchi, *La tutela e la promozione dei diritti sociali. Decentramento, uguaglianza e differenziazione in Italia e in Spagna*, 184.

[2] STC 36/1991, https://vlex.es/vid/sentencia-422108478.

[3] J. L. P. R. de Sanmamed, « Revisión de los principios rectores de la política social y económica y de su actual realidad jurídico-constitucional », *Revisto de Estudios Políticos*, Nueva Época, *(122)*, 282.

[4] STC 16/1982, F.J. 1 dans https://vlex.es/vid/1-an-i-2-15034892.

Constitucional, par un arrêt très important, interprète l'art. 1.1 et les dispositions sociales de la Constitution comme des normes exprimant la configuration historico-temporelle particulière du pouvoir et ses relations entre celui-ci, la société et ses composantes :

« la reconnaissance de dénommés droits de caractère économique et social – reflétés dans divers préceptes de la Constitution – conduit à l'intervention de l'État pour les rendre effectifs, tout en donnant une transcendance sociale à l'exercice des droits par les citoyens [...] et à l'accomplissement de certains devoirs – comme les devoirs tributaires [...] l'interpénétration entre l'État et la société se traduit à la fois en la participation des citoyens à l'organisation de l'État et en l'organisation par l'État d'entités sociales dans la mesure où leur activité présente un intérêt public significatif[1] ».

Ainsi, les relations entre l'État et la société caractérisant les systèmes occidentaux de pouvoir à un moment historique donné procèdent d'une origine "transcendante" de nature sociale qui informe aussi bien l'intervention de l'État, appelé à rendre effectifs les droits économiques et sociaux et à protéger les intérêts publics, que le comportement des citoyens, appelés à remplir des devoirs fondamentaux de contribution et de participation à la vie de l'État. Qu'il s'agisse de l'établissement d'un système fiscal progressif et solidaire, de l'attribution de fonctions sociales à la propriété privée ou de l'intervention de l'État dans l'économie, tout ne devient intelligible qu'à la lumière de l'enracinement constitutionnel de la clause et des droits sociaux.

En outre, l'accent mis par le Tribunal sur l'interrelation entre l'État et la société renvoie à la dimension substantielle du droit en tant que dimension qui rend possible l'interconnexion structurelle entre le droit et son environnement culturel, politique et social et donc la formation d'un *corpus* partagé de normes et de valeurs capable de stabiliser les liens sociaux à travers un réseau de droits-devoirs à valeur contraignante. L'incorporation de cette dimension substantielle modifie la nature et les fonctions du droit : celui-ci, « d'une source chargée de limiter l'activité des pouvoirs publics et d'éviter leur ingérence indue dans la sphère intangible des libertés individuelles, devient un instrument permettant d'atteindre un niveau plus élevé d'égalité[2] » à travers des contraintes solidaires centrées autour de la valeur cardinale de l'égale dignité sociale. En conséquence directe, la dimension substantielle du droit se traduit en un contrôle de constitutionnalité des lois qui comprend non seulement des critères formels-

[1] STC 18/1984, dans https://vlex.es/vid/2-3-4-as-an-5-lotc-6-c-24-9-7-va-15034680.

[2] S. Cocchi, *La tutela e la promozione dei diritti sociali. Decentramento, uguaglianza e differenziazione in Italia e in Spagna*, 169.

procéduraux, mais aussi des critères substantiels. Les dispositions sociales présentes dans la Constitution agissent dans ce sens, étant décisives aux fins d'une interprétation constitutionnelle correcte.

Ayant ainsi résumé les éléments principaux de la dimension constitutionnelle de la citoyenneté sociale italienne et espagnole, nous pouvons maintenant passer à une autre modalité de reconnaissance. Parmi les constitutions qui présentent un petit nombre de droits sociaux et leur donnent le caractère de normes programmatiques figurent les constitutions de l'Allemagne, de la France et de l'Irlande. J'analyserai les constitutions de l'Allemagne et de la France.

3.3 - La Loi fondamentale allemande

La Loi fondamentale de la République allemande (*Grundgesetz*) entre en vigueur en 1949, précédée et suivie par les constitutions des Länder. La particularité de la *Grundgesetz* est qu'elle fonde la dimension sociale de son système constitutionnel sur la *Sozialstaatklausel* contenue dans l'art. 20 et attribuant les caractères démocratique et social à l'ordre fédéral allemand. Bien que la Cour constitutionnelle allemande interprète la Loi fondamentale comme étant neutre par rapport à l'ordre économique de la société[1], l'introduction dans la Constitution de la "clause de l'État social" implique une « déclaration de mission constitutionnelle[2] », l'introduction d'un contenu normatif qui, parce qu'il est inscrit dans l'ordre constitutionnel, exige d'être mis en œuvre par les pouvoirs de l'État. La *Sozialstaatklausel*, dans la mesure où elle est dotée d'une valeur constitutionnelle, contraint l'action des pouvoirs publics ainsi que les ordres constitutionnels des *Länder*[3] (comme stipulé à l'art. 28) et l'affiliation de l'Allemagne à l'Union européenne (art. 23) au respect de ses principes. L'art. 79 stipule également l'impossibilité de modifier (*Ewigkeitsklausel*) les principes démocratiques, fédéraux et sociaux contenus dans l'art. 20[4].

Par conséquent, dans le cas allemand, l'introduction de la clause sociale constitue l'élément transformateur qui rend possible la transition de la forme de l'État libéral du 19e siècle à celle du *Sozialer Rechsstaat* : ce concept « diffère du libéralisme traditionnel, car il rompt avec une compréhension

---

[1] BVerfGE 50, 338.

[2] C. O' Cinneide, « The present limits and future potential of european social constitutionalism », 331.

[3] De nombreuses constitutions des Länder contiennent des listes de droits sociaux fondamentaux. Ces droits ne sont pas uniquement formulés en termes de principes abstraits, mais également en termes de règles strictes. De nombreux domaines sociaux sont régis par une compétence législative concurrente État-Länder. Parmi les constitutions reconnaissant des droits sociaux, nous pouvons citer la Constitution bavaroise, la Constitution du NordRhén-Westphalie, la Constitution de la ville-Land de Hambourg, la Constitution d'Essen.

[4] Cela vaut également pour l'art. 1, pour l'articulation de la Fédération en Länder et pour le principe de la participation des Länder à la législation.

purement formelle de la liberté en incluant des préoccupations relatives aux conditions substantielles qui doivent prévaloir pour que la liberté individuelle devienne un concept significatif et ne reste pas une notion vide[1] ». Il est alors nécessaire d'interpréter la clause sociale allemande comme une « décision constitutionnelle fondamentale en faveur de l'État social, dans le sens d'une obligation de façonner l'ordre social plus profondément et plus amplement[2] » afin d'assurer les conditions matérielles nécessaires – *das soziale Minimum* – pour que chacun puisse vivre dans la dignité.

Dans le même temps, la Loi fondamentale allemande ne contient pas de reconnaissance explicite de la protection sociale et de la sécurité sociale en tant que droits fondamentaux de l'individu et présente très peu de dispositions associées à la sphère socioéconomique. Ceci repose sur un choix précis des constituants allemands, fondé principalement sur le caractère provisoire initial de la Charte constitutionnelle (ils souhaitaient ne pas lier « les développements futurs de la structure sociale et économique à la rigidité de la *Grundgesetz*[3] » allemande) et sur la difficile applicabilité et justiciabilité des droits sociaux. Néanmoins, l'absence d'une articulation constitutionnelle détaillée de la clause sociale ne constitue pas un blocage pour la construction, le développement et le maintien d'un système social ample et efficace. La particularité du concept de *Sozialstaatklausel* réside dans le fait que « d'une part, il est extrêmement générique et n'offre pas d'exemplification par rapport aux droits individuels, d'autre part, son indétermination permet, au moment de sa conversion en loi, une polyvalence qui le rend adaptable aux besoins concrets des citoyens[4] ». Ainsi, l'introduction de la clause sociale, en établissant comme tâche découlant de la nouvelle forme "démocratique et sociale" de l'État la mise en place d'institutions sociales efficaces, indique dans le même temps que « les droits formels prévus [...] doivent être accompagnés de droits à la dignité matérielle [...] en exprimant ainsi la présomption que l'État doit évoluer vers un État-providence[5] ».

En effet, les dispositions de la *Grundgesetz* pouvant être associées à des droits sociaux, telles que l'art. 6 concernant la protection des mères et des enfants et l'art. 9 concernant le droit de former des associations pour la défense et l'amélioration des conditions économiques et de travail, trouvent

[1] D. Grimm, « Legitimation by Constitution and socioeconomic rights from a german perspective », *Critical Quarterly for Legislation and Law*, vol. 98, n. 3, 2015, 207.
[2] H. P. Ipsen, « Welcher » (J. P. Thurn), dans J. King, *Social rights, constitutionalism, and the german social state principle*, 9.
[3] M. G. Losano, « Le costituzioni della Germania post-bellica e i diritti fondamentali », *Revista de la Facultad de Derecho*, n. 32, 2012, 234.
[4] R. Pilia, *I diritti sociali*, 107.
[5] C. Thornill, *A sociology of Constitutions. Constitutions and State legitimacy in historical-sociological perspective*, 336.

un développement important dans la législation sociale allemande. En particulier, le trait le plus distinctif du modèle social allemand, basé sur l'art. 9, sur l'art. 14 établissant la fonction sociale de la propriété et sur l'art. 15 ouvrant la possibilité de la socialisation des moyens de production, réside dans le développement de formes de cogestion des entreprises (dont les modalités varient en fonction de la taille de l'entreprise) et de procédures de négociation collective très structurées. En outre, une législation étendue organise l'État social allemand en ce qui concerne la protection contre la maladie, les accidents et le chômage, elle prévoit des aides sociales généreuses axées sur le principe du besoin, des soutiens considérables à l'éducation et à la formation, etc. ; une législation largement codifiée par le premier Code social rédigé en 1975, qui sera suivi d'autres.

Ainsi, bien que les dispositions sociales produites par la législation fédérale ne puissent être interprétées comme des droits subjectifs à part entière, néanmoins l'Allemagne présente l'un des États-providence les plus avancés et les plus complets. L'absence d'un vaste catalogue de droits sociaux dans l'ordre constitutionnel ne constitue pas une limite insurmontable au développement d'un système de sécurité sociale étendu et efficace, à l'extension des droits des citoyens bien au-delà de la sphère des droits libéraux classiques. Cela est possible principalement en vertu de deux éléments. Le premier concerne le fait que la reconnaissance constitutionnelle de la *Grundgesetz* permet l'interprétation de « la légitimité de l'État comme découlant d'une modification des concepts classiques de l'État démocratique et légal finalisée à l'inclusion des principes d'égalité matérielle[1] » et de solidarité, conçus comme indispensables au respect de la dignité humaine. Cette modification à portée normative lie et oriente l'activité des pouvoirs publics de manière contraignante, en leur donnant une direction générale à respecter.

Dans le même temps, l'évolution remarquable de l'État-providence allemand « n'est pas le résultat de la justiciabilité des droits socioéconomiques ou de l'application judiciaire du principe de l'État social [...] plutôt le résultat de certaines décisions politiques et d'une économie d'après-guerre globalement robuste qui a rendu possible la mise en œuvre de celles-ci[2] ». Ainsi, l'une des caractéristiques du cas allemand est de disposer d'un ample État-providence en absence d'une liste constitutionnelle de droits sociaux : son affirmation ne vient pas de l'attribution aux droits sociaux du statut de droits fondamentaux directement exigibles, mais d'un large développement législatif soutenu par des conditions économiques et politiques favorables et disposant d'une base constitutionnelle-sociale reconnaissable et contraignante, la *Grundgesetz*. La mise en évidence de

---

[1] Ibidem.

[2] D. Grimm, « Legitimation by Constitution and socioeconomic rights from a german perspective », 206-207.

l'importance primaire de la voie législative et des conditions politiques et économiques favorables ne doit cependant pas conduire à banaliser la signification théorico-constitutionnelle de la reconnaissance du principe du *Sozialer Rechsstat* en tant que principe redéfinissant de manière reconnaissable les conditions de légitimité de l'activité politique elle-même.

À cela s'ajoute, comme trait distinctif ultérieure du contexte constitutionnel allemand, le rôle joué par la Cour constitutionnelle fédérale, conçue par la Loi fondamentale comme une institution placée au-dessus du système judiciaire ordinaire et dotée des pouvoirs nécessaires à la résolution de questions dirimantes, telles que celles concernant la définition et la répartition des compétences entre l'État et les *Länder* et entre les organes fédéraux et le contrôle de constitutionnalité des lois produites. Par rapport à la dimension sociale de l'ordre constitutionnel allemand, il convient de souligner que l'activité de la Cour se caractérise dès le départ par la définition de la *Sozialstaatklausel* comme « base pour l'interprétation de la Constitution [...] supérieure et non limitée par un prétendu principe d'économie libre de marché [...] principe-guide de l'État (*leitendes Prinzip, Staatsziel*) et, surtout, loi directement applicable[1] ».

Parmi les plus de 120 références à la clause sociale présentes dans les décisions de la Cour, nous pouvons en citer rapidement quelques-unes faisant directement référence à des concepts clés de ce travail. En effet, tout en agissant selon des limites précises, la Cour élabore des interprétations des droits des citoyens allemands à la lumière de la déclinaison sociale attribuée constitutionnellement à l'État. Par exemple, dans les arrêts 53 BVerfGE 257 (1980) et 72 BVerfGE 9 (1986), la Cour définit la protection assurée par certaines assurances sociales ainsi que l'accès à d'autres aides sociales comme une forme de propriété protégée constitutionnellement (selon l'art. 14), rappelant ainsi le concept de propriété sociale. En outre, il existe de nombreux cas dans lesquels la Cour établit que « le droit à la liberté individuelle doit être interprété comme incluant la liberté factuelle (*faktische Freiheit*) [...] que le droit à l'égalité de traitement doit être interprété comme incluant l'égalité des chances (*Chancengleichheit*)[2] » et qu'il est nécessaire de reconnaître et de garantir concrètement les conditions d'un « minimum existentiel digne[3] », en évoquant dans ces cas la modalité d'élaborer les concepts de liberté réelle ou concrète, d'égalité substantielle et de dignité du constitutionnalisme social et en dégageant de la clause sociale des droits subjectifs.

---

[1] J. King, « Social rights, constitutionalism, and the german social state principle », 12, en référence à BVerfGE 1, 97 (105) (1951), BVerfGE 4, 7 (17f) (1954), BVerfGE 6, 32 (41) (1957).

[2] Ibidem, 15.

[3] Ibidem. Célèbre à cet égard est l'arrêt BVerfGE 40, 121 (133) (1975).

En général, les travaux de la Cour allemande contribuent substantiellement à la détermination du contenu de l'art. 20, en adoptant souvent des lignes interprétatives visant à élargir sa portée normative. À cet égard, un rôle important est celui de collecteur procédural joué par l'art. 2.1 qui, au nom du respect du droit au libre développement de la personnalité, permet de relier les droits individuels de liberté à la clause sociale en en resémantisant le sens et « en déduisant ainsi une large gamme d'obligations pour l'État et de droits à des prestations spécifiques pour les citoyens[1] », nécessaires au développement de leur liberté positive.

En complément, il convient de noter que, ces dernières années, un certain nombre de décisions de la Cour concernant les indemnités de chômage et le régime légal[2] de bénéfices sociaux pour les demandeurs d'asile[3] semblent adopter un raisonnement juridique moins fermé par rapport à la possibilité de reconnaître les droits sociaux et économiques comme des droits individuels fondamentaux et exigibles. Ce raisonnement, en vertu de l'art. 1 et de l'art. 20 de la Loi fondamentale, structure son jugement d'inconstitutionnalité sur les dispositions régissant les prestations *Hartz IV* e l'*Asylum Seekers Benefit Act* sur la base de l'objectif constitutionnel de garantir des niveaux minimums d'existence digne et donc des conditions matérielles suffisantes à la satisfaction des besoins fondamentaux de subsistance et au développement de la personne. Dans ces cas, la Cour semble donc s'orienter « vers une interprétation progressive du droit humain à la sécurité sociale[4] ».

En conclusion, le cas allemand est important car il nous permet de comprendre qu'un mode de reconnaissance constitutionnelle des droits de citoyenneté sociale basé sur l'introduction d'une clause sociale plutôt que sur un riche catalogue de droits sociaux peut être tout aussi efficace, sinon plus, pour garantir et développer les droits susmentionnés. Dans le cas de l'Allemagne, c'est le résultat du développement économique et d'un consensus politique général quant à la nécessité de développer largement l'État-providence. Parallèlement, ce travail d'enquête visant à analyser les citoyennetés sociales européennes ne peut manquer de souligner l'importance de la *Sozialstaatklausel* : elle est « un véritable principe de droit, et non une déclaration hortatoire ou vide, et elle engage l'État dans une activité sociale positive [...] visant à assurer et à façonner un ordre social juste, en compensant les inégalités[5] ».

---

[1] S. Cocchi, *La tutela e la promozione dei diritti sociali. Decentramento, uguaglianza e differenziazione in Italia e in Spagna*, 44.
[2] BVerfG, 1 BvL 1/09, arrêt du 9 février 2010 (Hartz IV).
[3] BVerfG, 1 BvL 10/10, arrêt du 18 june 2012 (Asylum Seekers Benefits).
[4] I. T. Winkler, C. Malher, « Interpreting the right to a dignified minimum existence : a new era in german socio-Economic rights jurisprudence ? », *Human Rights Law* Review n. 13, vol. 2, 2013, 389.
[5] J. King, « Social rights, constitutionalism, and the german social state principle », 12.

3.4 - La Constitution française

La Constitution française de 1958, de même que la Loi fondamentale allemande, contient peu de droits de nature sociale. Mis à part le titre concernant la création du Conseil économique, social et environnemental, la Constitution de 1958 ne présente qu'une seule référence à caractère social, contenue dans le premier article, qui définit la France comme "une république indivisible, laïque, démocratique et sociale".

Le trait distinctif du système constitutionnel français est constitué par l'inscription des droits sociaux dans le Préambule de la Constitution de 1946[1], ayant valeur constitutionnelle (son contenu peut donc être utilisé pour évaluer la constitutionnalité des lois[2]), identifie les principes politiques, économiques et sociaux "particulièrement nécessaires à notre temps" et reconnaît comme droits, à côté des droits sacrés et inaliénables de l'homme contenus dans la Déclaration des droits de 1798, certains droits économiques et sociaux. Comme le souligne X. Bioy, « les droits sociaux [...] trouvent leur fondement constitutionnel dans le préambule de la Constitution de 1946 : l'alinéa 5 et le droit d'obtenir un emploi, le 10 et les conditions nécessaires au développement de l'individu et de la famille [...] , le 11 et la protection de la Santé, la sécurité matérielle, le repos, les loisirs, le droit d'obtenir de la collectivité des moyens convenables d'existence, l'alinéa 12 et les charges qui résultent des calamités nationales et enfin l'alinéa 13, qui concerne l'égal accès de l'enfant et de l'adulte à l'instruction, à la formation professionnelle et à la culture[3] », auxquels il convient d'ajouter les droits syndicaux, le droit de grève et le droit des travailleurs à la participation et à la gestion des entreprises consacrés par les alinéas 6, 7, 8. Il est donc nécessaire de se pencher sur le statut constitutionnel attribué aux droits sociaux en France à travers l'analyse de leur dimension et articulation constitutionnelles et de leur niveau de justiciabilité.

Le contenu social du Préambule susmentionné s'articule selon trois groupes de normes : les principes économiques et sociaux nécessitant d'être développés et concrétisés par l'action législative dont le contenu est interprété non pas comme un droit directement exigible mais comme un principe directeur de l'action législative (le droit au travail et en matière d'emploi et la transformation de biens et d'entreprises d'intérêt général en services publics de propriété collective) ; les droits et libertés individuelles ou collectives concernant les travailleurs, ayant la forme de droit-liberté (le

---

[1] Comme antécédent, la Constitution jacobine de 1793 reconnaît à l'art. 21 que "les secours publics sont une dette sacrée" de la République.

[2] C'est notamment le cas depuis l'arrêt n° 44 du 16 juillet 1971 du Conseil constitutionnel, par lequel le Préambule a été intégré au bloc de constitutionnalité.

[3] X. Bioy, *Droits fondamentaux et libertés publiques,* Lextenso édition, Montchrestien, Paris, 2013, cité par T. Rambaud, « Les droits sociaux comme droits fondamentaux », *Revue internationale de droit comparé*, vol. 66, n. 2, 2014, 608-609.

droit de grève, le droit syndical, le droit à la négociation collective et le droit de cogestion des entreprises, le droit au repos) ; « les principes qui servent de fondement, grâce à l'intervention du législateur, à des droits individuels à une prestation matérielle, c'est-à-dire les droits-créances[1] » (comme les droits déductibles en vertu des alinéas 10, 11, 12 et 13 donnant lieu à des prestations en matière de santé, de vieillesse, de chômage, etc.).

Le contenu social du Préambule transforme profondément l'imaginaire constitutionnel français. Dans le modèle libéral de la Constitution de 1789, la conception de la centralité de l'individu et de son épanouissement personnel repose sur des fondements individualistes-abstraits : l'attribution "égale" des droits et libertés se réalise par « la construction juridique d'un individu abstraitement libre et abstraitement égal à ses semblables[2] » car soustrait de la détermination résultant des conditions sociales et matérielles et des affiliations collectives au sein desquelles il mène son existence.

Dans ce contexte, en ce qui concerne l'épanouissement individuel l'État ne peut jouer qu'une fonction essentiellement négative de non-interférence dans la sphère des libertés individuelles. Au contraire, le Préambule de la Constitution de 1946 définit explicitement un réseau de droits qui ne sont intelligibles que dans leur connexion avec les conditions concrètes d'existence d'un individu pensé comme appartenant constitutivement à des formations sociales spécifiques : du droit de négocier collectivement de meilleures conditions de travail au droit de disposer des conditions nécessaires au développement tant individuel que familial, du droit à la sécurité sociale fondée sur la solidarité nationale au droit d'obtenir de la collectivité, en cas de besoin, le soutien nécessaire pour vivre dignement, etc. Comme le souligne R. Pelloux, « on reconnaît aux individus ce qu'on a appelé parfois un statut positif, c'est-à-dire le droit d'exiger de l'État certaines prestations[3] » : ce dernier assume « des obligations de faire à l'égard desquelles le particulier est, vis-à-vis de la société, en position de créancier[4] ». Par conséquent, la manière de concevoir la centralité et l'épanouissement de l'individu dans l'imaginaire constitutionnel français

[1] O. Dutheillet de Lamothe, « Les normes constitutionnelles en matière sociale ». *Cahiers du Conseil constitutionnel*, n. 29, 2010, https://www.conseil-constitutionnel.fr/nouveaux-cahiers-du-conseil-constitutionnel/les-normes-constitutionnelles-en-matiere-sociale.

[2] S. Cocchi, *La tutela e la promozione dei diritti sociali. Decentramento, uguaglianza e differenziazione in Italia e in Spagna*, 20.

[3] R. Pelloux, « Le préambule de la Constitution du 27 octobre 1946 », *Revue du droit public et de la science politique*, chron. 347, 1947, cité par L. Gay, « Des droits à part (entière) ? La justiciabilité inaboutie des droits sociaux en droit constitutionnel français », *Les Cahiers de Droit*, vol. 61, n. 2, 2020, https://www.erudit.org/en/journals/cd1/2020-v61-n2-cd05410/1070650ar/

[4] J. Rivero, G. Vedel, « Les principes économiques et sociaux de la Constitution : le préambule », *Collection Droit social*, vol. 31, 1947, cité par L. Gay, « Des droits à part (entière) ? La justiciabilité inaboutie des droits sociaux en droit constitutionnel français ».

change radicalement : dans le Préambule, elle ne peut se concevoir qu'à travers la prise en charge par l'État d'obligations positives d'intervention.

À partir de ce profond renouvellement, les questions de la valeur constitutionnelle et de la justiciabilité de ces droits, et donc de leur effectivité, n'en ont pas moins fait l'objet de longs débats doctrinaux, au sein d'« une culture constitutionnelle durablement hostile aux droits sociaux[1] » principalement en raison de deux obstacles théoriques, à savoir « l'impossible assimilation des droits sociaux aux droits subjectifs[2] » (notamment des droit-créances, interprétés par une partie de la doctrine non pas comme des droits subjectifs mais comme des objectifs ou des principes constitutionnels) et « l'impossible sanction des droits constitutifs d'obligations positives[3] ». Reconstruire entièrement le débat doctrinal dépasserait le cadre de cette section ; ce qu'il convient de souligner en ce qui concerne la valeur constitutionnelle et la justiciabilité des droits sociaux, c'est le rôle interprétatif du Conseil constitutionnel.

Malgré la méfiance doctrinale évoquée, l'activisme en la matière du Conseil constitutionnel s'avère déterminant dans l'attribution de valeur constitutionnelle aux droits sociaux énoncés dans le Préambule, dans la spécification progressive de leur contenu ainsi que des obligations positives auxquelles ils donnent lieu, permettant ainsi de les associer à un certain degré de justiciabilité. À travers la décision n. 71-44 DC du 16 juillet 1971 (*Liberté d'association*), il accorde au préambule une valeur égale à celle de la Constitution[4], étendant ainsi les sources normatives du contrôle de constitutionnalité aux principes qui y sont contenus (donc également à ceux concernant les droits sociaux). Ainsi, le préambule est reconnu comme « contraignant en soi[5] » et partie intégrante d'un « vaste corpus de droit constitutionnel substantiel[6] » sanctionné par le Conseil par le biais de cet arrêt.

D'autres cas peuvent être mentionnés comme suivant la voie tracée par cet arrêt séminal. Par exemple, le caractère constitutionnel du droit à la protection sociale, à la protection de la santé et à la sécurité matérielle est reconnu par le Conseil à travers deux décisions, une de 1980 et une de 1987[7]. En matière de droits des travailleurs, le Conseil, à travers la décision n. 79-

[1] L. Gay, « Des droits à part (entière) ? La justiciabilité inaboutie des droits sociaux en droit constitutionnel français ».
[2] Ibidem.
[3] Ibidem.
[4] Dans ce cas, le Conseil invalide une loi promulguée par le Parlement parce qu'elle viole les droits contenus dans la Déclaration de 1789 et le Préambule de 1946, l'évaluant ainsi comme inconstitutionnelle.
[5] L. Pech, « France », dans M. Langford (sous la direction de), *Social rights jurisprudence. Emerging trends in international and comparative Law*, Cambridge University Press, Cambridge, 2008, 270.
[6] Ibidem.
[7] La référence est à la décision n. 86-225 DC, 23 janvier 1987.

105 DC du 25 juillet 1979, définit le droit de grève comme un principe à valeur constitutionnelle ; de même, la valeur constitutionnelle du droit syndical est reconnue par la décision n. 83-162 DC du 20 juillet 1983, ainsi que le droit de négociation collective, au sujet duquel la décision n. 77-79 DC du 5 juillet 1977 établit comme tâche du législateur de définir les conditions de sa mise en œuvre.

Dans le même temps, la question concernant les niveaux de justiciabilité effective de ces droits est plus complexe. En effet, « la Constitution française ne dispose pas d'un mécanisme qui permet de sanctionner l'inertie du législateur concernant la mise en œuvre d'un droit-créance[1] ». Compte tenu de la difficulté de mettre en place des procédures permettant d'identifier les omissions du législateur et de dégager des solutions possibles, la *ratio operandi* du Conseil constitutionnel repose plutôt sur « l'hypothèse [selon laquelle] les droits sociaux seraient mis en cause par le législateur, non par omission mais par action, c'est-à-dire par l'adoption de normes les (re)mettant en cause[2] ». Ces opérations, dans lesquelles les droits sociaux du Préambule jouent le rôle d'arguments constitutionnels mobilisés lors du jugement de constitutionnalité et consistant à apprécier l'impact d'une norme ou d'une loi sur le niveau acquis de protection et de prestation sociales, permettent au Conseil constitutionnel de préciser le niveau minimal d'effectivité des principes consacrés par le Préambule. Par conséquent, l'activité du Conseil constitutionnel, en établissant un niveau minimum de respect des principes constitutionnels, permet de structurer et valoriser leur caractère constitutionnel (dont le "dogmatisme" fait partie intégrante). En partant de ce point clé, l'activité législative est appelée à déterminer le contenu concret de ces droits.

Outre cette modalité d'utilisation, les droits sociaux peuvent également être mis en jeu afin de conférer une valeur constitutionnelle à une action législative. C'est le cas, par exemple, de la célèbre Décision n. 99-423 du 13 janvier 2000, dans laquelle la réduction de la durée hebdomadaire du travail à 35 heures est pleinement justifiée en tant que mise en œuvre des alinéas 5 et 11 du Préambule. Dans le même temps, ces modalités opérationnelles ne peuvent exercer leur efficacité que lorsqu'un droit social fait l'objet de mise en œuvre législative. De ce fait, « en l'absence de cette mise en œuvre législative, l'individu ne peut faire protéger son droit directement par un juge[3] ». Pour cette raison, une grande partie de la doctrine ainsi que le Conseil constitutionnel expriment des réticences à considérer ces droits comme des droits subjectifs à tous égards ; dans le même temps, comme le reconnaît l'important juriste français G. Braibant, « les droits sociaux

[1] Ibidem, 613.

[2] L. Gay, « Des droits à part (entière) ? La justiciabilité inaboutie des droits sociaux en droit constitutionnel français ».

[3] Ibidem.

positifs ont néanmoins une justiciabilité normative, ce qui signifie que les juges peuvent écarter ou annuler les normes qui compromettent leur mise en œuvre[1] ».

Dans le panorama constitutionnel français, les droits sociaux du Préambule sont certainement des normes à valeur constitutionnelle : ils ne sont pas réductibles à leur aspect déclaratif, puisque leur contenu exprime normativement la direction que le législateur et, en général, les pouvoirs publics doivent suivre ainsi qu'un argument de nature constitutionnelle qui peut être utilisé pour évaluer la constitutionnalité des lois. Tout en admettant qu'ils ne constituent pas des droits subjectifs à part entière, ils établissent néanmoins des objectifs constitutionnels contraignants concernant la sauvegarde de conditions sociales décentes, dans lesquelles la mise en œuvre effective de leur contenu devient reconnaissable. Toutefois, ils bénéficient d'une justiciabilité limitée, cette dernière n'étant possible que dans le cas du contrôle de constitutionnalité des lois promulguées.

3.5 - Quelques remarques sur les autres constitutions : les pays nordiques, le Benelux, l'Autriche, la Grande-Bretagne, l'Europe centrale et orientale.

En marge des constitutions des pays déjà mentionnés et analysés, il est intéressant de fournir brièvement quelques notes quant à la dimension constitutionnelle de la citoyenneté sociale dans d'autres pays européens.

En ce qui concerne les pays nordiques appartenant à l'UE (Suède, Danemark, Finlande), il convient tout d'abord de souligner que la constitutionnalisation des droits sociaux ne leur confère pas le statut de droits subjectifs, mais le statut de « garanties constitutionnelles programmatiques[2] ». Par exemple, l'art. 2.2 de la Loi fondamentale suédoise établit comme tâche fondamentale des autorités publiques celle de garantir et de promouvoir le bien-être de l'individu dans ses différentes facettes ainsi qu'un ensemble de droits sociaux classiques, tels que le droit au travail, à la sécurité sociale, à l'éducation et au logement.

Certains de ces droits sont également inscrits dans la Constitution finlandaise, comme le droit à l'éducation (art. 16), au travail et à la formation professionnelle (art. 18, qui inclut aussi la promotion de l'emploi) et à l'assistance sociale, tandis que la Constitution danoise présente un nombre plus restreint de droits sociaux, notamment le droit à un travail qui favorise des conditions de vie sûres (art. 75) et le droit à l'éducation gratuite (art. 76).

---

[1] G. Braibant, *La Charte des droits fondamentaux de l'Union européenne*, Seuil, Paris, 2001, cité par L. Pech, « France », dans M. Langford (sous la direction de), *Social rights jurisprudence. Emerging trends in international and comparative Law*, 272.

[2] E. Palici di Suni Prat, F. Cassella, M. Comba, *Le Costituzioni dei paesi dell'Unione Europea,* cité par R. Pilia, *I diritti* sociali, 108-111.

La caractéristique distinctive des systèmes nordiques est de concrétiser la dimension sociale de la citoyenneté reconnue constitutionnellement par le biais d'une législation sociale très avancée et axée sur l'individu en tant que tel. Comme le souligne G. Esping-Andersen, les systèmes nordiques, à travers « un mélange de programmes hautement démarchandisant et universalistes[1] », poursuivent l'égalité substantielle « au niveau de plus hauts standards et non une égalité au niveau des besoins minimaux[2] », garantissant ainsi les taux les plus élevés d'indépendance individuelle vis-à-vis du marché (notamment au Danemark, en Suède et, en dehors de l'UE, en Norvège).

Si nous considérons les pays du Benelux (Belgique, Pays-Bas, Luxembourg), le *Grond Wet* néerlandais présente la particularité, d'une part, d'inclure de nombreux droits à caractère social (le droit à un emploi suffisant à l'art. 19, à la sécurité sociale à l'art. 20, à la santé à l'art. 22, et à l'éducation à l'art. 23) et de leur reconnaître le statut fort de droits subjectifs que les pouvoirs publics protègent et concrétisent, et, en revanche, de ne pas prévoir constitutionnellement des droits sociaux classiques de nature collective tels que ceux concernant la négociation et l'action syndicale, ces droits étant entièrement attribués au niveau législatif.

La Constitution belge de 1994, dans ses arts. 23-24, présente des droits de nature sociale, économique et culturelle : au travail, à la sécurité sociale, à la santé, à l'assistance sociale, médicale et juridique, à un logement décent, au développement culturel et social et à l'enseignement. Ces droits ne sont pas qualifiés comme droits subjectifs, mais définissent une orientation contraignante pour le législateur, associée à la protection et à la promotion de conditions de vie décentes. Cette orientation trouve un large développement dans le système social et dans l'activité législative de l'État.

De même, dans la Constitution luxembourgeoise, dans la mise en œuvre des droits sociaux constitutionnels (le droit au travail, à la sécurité sociale et à la santé à l'art. 11 et le droit à l'éducation à l'art. 23), le rôle principal est joué par l'activité législative. En effet, « le texte précise [...] que ces droits ne représentent pas des libertés fondamentales individuelles, mais des programmes législatifs dont l'élaboration relève de la responsabilité de l'État[3] ». De ce fait, les pays du Benelux, tout en ne présentant pas de listes systématiques de droits sociaux, reconnaissent à ceux-ci une dimension et une valeur constitutionnelles. En outre, le contenu social de la citoyenneté s'articule autour d'une législation étendue et de systèmes modernes et efficaces de sécurité et de promotion sociales.

---

[1] G. Esping-Andersen, *Les trois mondes de l'État-providence. Essai sur le capitalisme moderne*, 42.

[2] Ibidem.

[3] R. Pilia, *I diritti* sociali, 113.

Nous pouvons rapidement conclure en mentionnant d'une part les pays qui ne reconnaissent pas explicitement les droits sociaux dans leur constitution, à savoir l'Autriche[1] et la Grande-Bretagne[2], et les pays d'Europe centrale et orientale (Lituanie, Lettonie, Estonie, Pologne, République tchèque, Slovaquie, Hongrie, Slovénie, Roumanie et Bulgarie), qui, principalement en raison de leur passé socialiste, présentent dans les Constitutions promulguées après la transition postcommuniste de nombreux traits typiques du constitutionnalisme libéral-démocratique, mais sont « très timides dans la reconnaissance des principes et des canons du constitutionnalisme démocratico-social européen du 20e siècle[3] ».

4 - Un héritage différencié et commun

Cette étude s'articule autour de la position interprétative selon laquelle les constitutions européennes d'après-guerre se caractérisent par le fait de partager un élément profondément transformateur du constitutionnalisme classique, à savoir l'attribution d'un statut constitutionnel aux droits de la citoyenneté sociale. T. H. Marshall résume cette transformation en soulignant comment « les droits sociaux impliquent (...) la subordination du marché à la justice sociale, le remplacement de la libre négociation par la déclaration des droits[4] », et nous avons vu comment ce point essentiel se manifeste dans le constitutionnalisme européen à la fois comme un trait commun (puisqu'il est inclus dans les constitutions européennes) et de différentes manières (dépendantes du cours historique et de la culture juridique des pays considérés). Ce faisant, je renvoie à la base du travail de cet ouvrage, à savoir l'identification du noyau fondateur du constitutionnalisme social européen dans la reconnaissance du fait que, « bien que les différents États-nations aient suivi des voies différentes pour établir leurs modèles de *welfare* respectifs, ils s'appuient tous sur des principes analogues, qui consistent principalement en une valorisation des droits sociaux[5] ».

---

[1] La Constitution autrichienne contient une liste de droits fondamentaux remontant à 1867, qui a ensuite été complétée par l'octroi d'un statut constitutionnel à la Convention européenne des droits de l'homme.

[2] La Grande-Bretagne n'a pas de constitution écrite ; toutefois, le système juridique britannique prévoit plusieurs prestations sociales ayant une valeur juridique et intègre la Convention européenne des droits de l'homme. Il convient de rappeler que le Royaume-Uni a été un pays leader dans le développement de systèmes de protection sociale. À cet égard, voir le plan *Beveridge* de 1942, pierre angulaire de l'organisation à vocation universaliste de l'État-providence.

[3] A. Cantaro, *Il diritto dimenticato. Il lavoro nella costituzione europea*, Giappichelli Editore, Turin, 2007, 45-46.

[4] T. H. Marshall, *Citizenship and Social class*, 40.

[5] K. Möller, « From the Ventotene Manifesto to post-democratic integration. A reconstructive approach to Europe's social dimension », 232.

Le contenu normatif de ces principes peut être reconnu et rendu effectif de façon différente et nous ne pouvons pas établir une connexion précise entre les modalités de reconnaissance et les niveaux d'efficacité dans la garantie des droits. Il existe des pays qui reconnaissent un grand nombre de droits sociaux mais qui disposent de systèmes de sécurité sociale moins efficaces et moins étendus que des pays où la constitutionnalisation des droits sociaux est plus faible et qui s'appuient davantage sur l'instrument de la législation. Dans le même temps, ce contenu normatif nous permet de parler d'« une culture européenne de la justice sociale, au sens d'un *ethos* distinct[1] » que j'ai explicité en prenant comme objet d'analyse la dimension éthico-substantielle du droit caractérisant le paradigme du constitutionnalisme social.

Ainsi, l'inclusion de la citoyenneté sociale ou la définition d'un État en tant qu'État social au sein de la constitution ne désigne pas seulement l'adoption de nouveaux objectifs constitutionnels, mais implique également « un processus bidirectionnel, car la Constitution cristallise les valeurs sociales déjà ancrées (dans la communauté), mais d'autre part, elle contribue à leur consolidation en un système objectif, ce qui peut avoir des répercussions normatives. Les éléments normatifs et axiologiques sont étroitement et mutuellement étayés[2] » et se reflètent dans une série de fonctions marquant le caractère "social" de la nouvelle forme européenne d'État.

Tout d'abord, la reconnaissance constitutionnelle des droits sociaux joue un rôle central dans la fonction relative au contrôle de la constitutionnalité des lois : les normes présentant un contenu social, dans la mesure où elles sont dotées de valeur constitutionnelle, s'imposent comme des critères substantiels fondamentaux pour sauvegarder la cohérence du système juridique. Cette reconnaissance est porteuse d'une dimension éthico-substantielle qui, en plus de redéfinir les critères de légitimité des actions des pouvoirs publics en fonction de leur conformité à un « système objectif de valeurs[3] », fournit « des ressources pour restreindre ou contester l'influence du mécanisme de marché [...] du droit de la concurrence [...] offrant une justification juridique pour en circonscrire les limites[4] » et une base enracinée dans la constitution pour le développement de la législation et des politiques sociales. La croyance en la capacité d'autorégulation de

[1] C. Fabre, « Social Rights in European Constitutions », dans G. De Búrca, B. De Witte, *Social Rights in Europe*, Oxford University Press, Oxford, 2005, cité par S. Katrougalos, « The (Dim) Perspectives of the European Social Citizenship », 17.

[2] S. Katrougalos, « The (Dim) Perspectives of the European Social Citizenship », 18.

[3] Ibidem, 11.

[4] A. Lyon-Caen, « The legal efficacy and significance of fundamental social rights : lessons from the European experience », in B. Hepple (sous la direction de), *Social and labour rights in a global context*, Cambridge University Press, Cambridge, 2002, cité par S. Katrougalos, « The (Dim) Perspectives of the European Social Citizenship », 11-12.

l'économie est mise de côté au profit de l'affirmation du *status positivus*, c'est-à-dire en faveur du développement de l'interventionnisme étatique dans les sphères sociales et économiques, indispensable à la mise en œuvre des systèmes de sécurité et de promotion sociales. Donc, au-delà de la diversité des constitutionnalismes européens, l'attribution d'une valeur constitutionnelle à la dimension sociale de la citoyenneté et le partage des fonctions susmentionnées constituent des traits distinctifs du constitutionnalisme social européen d'après-guerre.

Ces traits ne sont pas seulement pertinents pour l'étude théorique des formes constitutionnelles, mais aussi pour l'analyse des effets empiriquement vérifiables de l'adoption de ce paradigme constitutionnel. En effet, comme le souligne (entre autres) H. Kaeble dans une étude de 1987 intitulée *Vers une société européenne*[1], à partir de différences significatives dans le niveau de développement des États-providence respectifs, dans les décennies suivant immédiatement la guerre mondiale et en conjonction avec des conditions favorables (l'effondrement du mythe de l'économie qui s'auto-équilibre, le boom économique, etc.), les États européens sont les protagonistes d'un « processus de nivellement[2] » qui réduit « les différences entre les systèmes de sécurité sociale au sein de l'Europe comme aucun autre des processus précédents[3] ». Malgré la variété des compositions politiques ainsi que des modèles de protection sociale, H. Kaeble souligne comment un « consensus pragmatique autour de la nécessité d'une sécurité sociale gérée par l'État a été atteint en Europe[4] » et comment ce consensus a conduit à une certaine « homogénéité[5] » au sujet du développement de certaines dimensions et fonctions fondamentales du *welfare*. Cela fait référence à l'idée de *overlapping consensus* évoquée précédemment et à l'extraction du concept de constitutionnalisme social effectuée dans ce chapitre.

Ainsi, ce concept est aussi interprétable en tant qu'héritage commun. Comme le souligne L. Pennacchi, « en Europe, la construction d'une identité commune s'est fondée précisément sur la reconnaissance des divergences et a été animée par une volonté éthico-politique qui s'est exprimée dans des processus d'interprétation, d'exégèse et de compréhension mutuelle[6] ». Le résultat emblématique de cette démarche a été l'affirmation de critères normatifs partagés, c'est-à-dire d'un « complexe de valeurs, de choix, de production de connaissances, de normes, d'interdictions, de stimuli, de

---

[1] Titr. orig. H. Kaeble, *Auf dem weg einer europäischen gesellschaft eine sozialgeschichte westeuropas*. 1880-1980, C. H. Becksche Verlagsbuchhandlung (Oscar Beck), München, 1987.

[2] H. Kaeble, *Verso una società europea. Storia sociale dell'Europa*. 1880-1980, Laterza, Rome-Bari, 1990, 146-147.

[3] Ibidem.

[4] Ibidem, 148.

[5] Ibidem, 147.

[6] L. Pennacchi, *La moralità del welfare. Contro il neoliberismo populista*, 6.

formes d'agrégation et de mobilisation collective qui porte le nom de modèle social européen[1] » et qui se reflète dans « un patrimoine constitutionnel européen commun[2] ». Des analyses effectuées, il ressort que la dignité, l'égalité substantielle et la solidarité constituent les traits qui distinguent le plus la profondeur éthico-normative introduite par le constitutionnalisme social. Dans le sillage d'auteurs importants, tels que A. Supiot ou E. Christodoulidis, j'ai formulé ces conteneurs symboliques, dans leur dimension constitutionnelle, en termes de ressources dogmatico-normatives destinées à structurer la manière dont le droit, dans la dimension sociale de la coexistence civile, exerce sa fonction fondamentale de "lien", c'est-à-dire de dispositif par lequel les individus organisent dans un espace commun les relations entre eux et assument les obligations de réciprocité qui en découlent[3]. Dans cette opération, par laquelle le droit "lie" les individus au sein d'un ordre symbolique qu'ils reconnaissent et partagent, le caractère dogmatique de ces ressources normatives réside dans la détermination des « points limites[4] » au-delà desquels les conditions mêmes d'intelligibilité et de sens de l'ordre symbolique en jeu deviennent caduques. Dans le travail d'interprétation herméneutique d'un paradigme constitutionnel, il est donc très important de tenter de distiller aussi clairement que possible le contenu essentiel de ces ressources normatives et de saisir les implications de fond de leur reconnaissance au niveau constitutionnel.

En ce sens, la portée de la reconnaissance constitutionnelle des ressources dogmatico-normatives mentionnées peut être conceptuellement explicitée à travers la lecture fournie par E. Christodoulidis du droit en tant que « technique de l'Interdit[5] », thématique supienne déjà introduite au début de cette section. E. Christodoulidis souligne que le terme "interdiction" est un terme ambigu, car « il indique ce qui d'une part résiste, endigue et interrompt et, d'autre part, assure la médiation. D'une part, il se réfère au sens de la "diction" qui sert de médiateur en transportant les significations entre les (inter)registres : de la politique, de l'éthique, de l'économie, etc., au droit, et inversement. D'autre part, il se réfère au sens d'empêcher (endiguer, interrompre) l'assujettissement de la logique d'un milieu (droit ou politique) à celle d'un autre[6] ». Conséquemment, saisir pleinement la signification de l'enracinement constitutionnel d'un ensemble de valeurs signifie en comprendre la « non-négociabilité[7] » puisque ces dernières, en tant que ressources dogmatiques, « sous-tendent ce que signifie appartenir à un

[1] Ibidem.
[2] A. Cantaro, *Il secolo lungo. Lavoro e diritti sociali nella storia europea*, 11.
[3] Voir E. Christodoulidis, *The redress of law*, 232.
[4] Ibidem, 233.
[5] A. Supiot, *L'homo juridicus, Essai sur la fonction anthropologique du Droit*, 30.
[6] E. Christodoulidis, *The redress of law*, 235.
[7] Ibidem.

monde[1] », remplissent l'appartenance à une même communauté de contenus symboliques communs, orientent les manières d'être ensemble, exprimant ainsi leur caractère normatif. En d'autres termes, ils constituent la substance interne d'un ordre, en dehors de laquelle ce dernier perd sa *ratio essendi*.

Dans le même temps, les ressources dogmatico-normatives orientent l'action visant à les concrétiser, à les mettre à l'œuvre, en direction du dépassement du caractère constamment partiel et défectueux de leur réalisation concrète ; d'autre part, les instruments d'instanciation ne rendront jamais possible leur pleine réalisation, étant toujours perfectibles et faillibles. Dans ce processus, les ressources dogmatico-normatives agissent en remplissant leur fonction de "jugement" : « en tant que jugement, elles organisent le passage de l'universel au particulier, qui est la condition de toute raison pratique ; elles autorisent l'actualisation et la détermination de la valeur[2] ». Ainsi, elles spécifient la *praxis* à laquelle elles donnent lieu en termes de détermination, de « concrétisation ou d'instanciation[3] » du contenu abstrait de la valeur, permettant ainsi sa réalisation (bien que toujours partielle) dans des situations réelles. Par conséquent, « c'est à ce stade que l'interdiction se lie au jugement, le premier terme fixant et délimitant clairement le contexte pour l'exercice du second, qui prend effet au niveau de l'instanciation renouvelée[4] ». Le caractère dogmatique réside donc dans la définition des contours insurmontables d'un imaginaire normatif, dans le fait qu'il en est à la fois « origine et limite[5] » infranchissable.

Les ressources normatives qui substantialisent le caractère "social" du paradigme commun du constitutionnalisme social prennent une forme historico-concrète dans la mise en place des systèmes institutionnels de défense, de sécurité et de promotion sociales. Le constitutionnalisme social contient en son sein un "double-mouvement[6]" polaniyen, c'est-à-dire que son système normatif exprime la nécessité d'exercer des formes de contrôle social sur le fonctionnement du marché en guise de protection contre ses effets potentiellement dévastateurs. Dans cette perspective, « l'ordre économique n'est qu'une fonction de l'ordre social, dans lequel il est contenu[7] » : le marché est alors encadré dans un ordre social contenant

[1] Ibidem.
[2] Ibidem, 236.
[3] Ibidem.
[4] Ibidem.
[5] Ibidem.
[6] Voir K. Polanyi, *La Grande Transformation : aux origines politiques et économiques de notre temps*, Gallimard, Paris, 2009. Dans ce livre K. Polanyi « relève une contradiction fondamentale dans le laissez-faire capitaliste. Alors que le système ne peut se développer qu'en marchandisant le travail, il sème par la même les germes de sa propre autodestruction. Si la force de travail n'est rien de plus qu'une marchandise, le système est probablement conduit à sa propre destruction ». G. Esping-Andersen, *Les trois mondes de l'État-providence. Essai sur le capitalisme moderne,* PUF, Paris, 1999, 52.
[7] Ibidem.

d'autres valeurs que celles de la rationalité marchande et auxquelles cette dernière doit se conformer en vertu de leur caractère dogmatique. Il s'agit de faire en sorte que le bien-être et l'épanouissement des citoyens ne dépendent pas entièrement du marché et de ses exigences ; il s'agit de garantir un « niveau acceptable d'autonomie vis-à-vis du marché[1] ».

En ce sens, la notion fondamentale de "démarchandisation" peut être reliée au tissu éthico-normatif caractérisant le constitutionnalisme social. Cette notion a été élaborée par le sociologue G. Esping-Andersen dans son texte *Les trois mondes de l'État-providence* et vise à identifier la capacité d'un État-providence de garantir aux individus la satisfaction de leurs besoins fondamentaux en dehors de la logique marchande. Elle se produit en réaction à une situation d'hégémonie de marché (marchandisation polanyienne des facteurs fondamentaux de production : travail, terre, monnaie) qui, en réduisant l'existence et le bien-être des individus à des marchandises, crée elle-même les conditions de son insoutenabilité. En effet, la survie du système marchand dépend de la possibilité de le "cadrer" suffisamment pour que le *cash nexus* (la dépendance de l'individu envers le marché) soit contrebalancé par un réseau de soutiens sociaux capable de protéger l'individu des risques de l'existence : les individus ne peuvent être réduits à des marchandises « car ils doivent survivre, non seulement se reproduire mais également reproduire la société dans laquelle ils vivent[2] ».

Ce qui est intéressant aux fins de ce livre, c'est que les processus de démarchandisation de la société engendrés par la mise en place des États-providence[3] répondent à une vision de l'existence et du bien-être de l'individu connectée à un système de valeurs qui ne peut pas être entièrement ramené à la rationalité économique et que j'ai explicité à travers l'identification et l'approfondissement des ressources dogmatico-normatives spécifiques du paradigme social européen. Pour G. Esping-Andersen, évaluer si, dans une société donnée, il existe un « niveau de vie socialement acceptable en dehors d'une participation au marché[4] », et donc un niveau acceptable de démarchandisation, signifie tout d'abord s'interroger sur la « force, l'étendue et la qualité des droits sociaux[5] » et, de ce fait, de la citoyenneté sociale ; de cette dernière dépend alors la possibilité de ne pas faire de la logique marchande la seule modalité d'intégration sociale.

---

[1] Ibidem, 54.

[2] Ibidem, 53.

[3] K. Polanyi ne prône pas l'existence d'un modèle unique d'État-providence, pas plus qu'il ne considère ce dernier comme la panacée de tous les maux. Il structure son livre autour de l'analyse de la genèse et du développement des différents États-providence des pays européens, en les classant selon le degré relatif de démarchandisation qu'ils produisent dans la société. Ces modèles, une fois transposés dans le monde réel, perdent leur pureté et s'hybrident entre eux.

[4] G. Esping-Andersen, *Les trois mondes de l'État-providence. Essai sur le capitalisme moderne*, 54.

[5] Ibidem.

Ainsi, le constitutionnalisme social est tel car il reconnaît les droits sociaux comme faisant partie des normes qui composent la dimension substantielle de la démocratie constitutionnelle. Dans ce cadre, les droits sociaux constituent des « éléments constitutionnels essentiels, en représentant des principes qui ne peuvent être minés ou renversés par une majorité législative[1] » au même titre que les droits civils et politiques. La citoyenneté sociale se constitue donc à travers trois étapes fondamentales, à savoir « la reconnaissance, la protection constitutionnelle et la promotion politique des droits fondamentaux[2] » et en particulier des droits sociaux. Ne pas accorder à ces derniers une protection constitutionnelle et une promotion politique au même niveau que celles des autres droits fondamentaux revient à compromettre « la substance même du *status* de citoyenneté[3] » : la fragilisation de la sémantique constitutionnelle de la dignité matérielle, de l'égalité substantielle et de la solidarité et par là même de ses réalisations institutionnelles implique inévitablement « un glissement global du terrain constitutionnel[4] » en faveur de l'expansion progressive de la normativité du marché dans des sphères auparavant hors de sa compétence. Cela pose un problème profond, portant sur la *ratio essendi* des droits sociaux. Il apparaît donc nécessaire et coessentiel à leur statut et à leur fibre normative de préserver et de promouvoir 1) leur inconditionnalité – un droit fondamental est tel puisqu'il nous appartient et les prestations auxquelles il donne accès doivent être interprétées comme la concrétisation de son exercice, et non comme la contrepartie d'un échange contractuel ; 2) leur dimension collective intrinsèque, que j'interprète comme le devoir de responsabilité et de réciprocité inscrit dans la coopération sociale et sur la base duquel chaque citoyen doit pouvoir participer à la vie d'une "société de semblables", y poursuivre ses projets (individuels et/ou collectifs) librement choisis, y rechercher son propre épanouissement. Ces deux éléments apparaissent indispensables à la préservation de l'héritage normatif du constitutionnalisme social.

À la base de la variété des systèmes sociaux comme réalisations concrètes se trouve donc la reconnaissance de cet élément minimal-fondamental, un héritage commun. Ce faisant, j'ai mis en lumière l'"originalité européenne", c'est-à-dire la construction et le maintien d'un équilibre raisonnable entre la liberté et l'égalité, entre le marché et la cohésion sociale, l'idée que « la liberté n'est pas seulement un principe statique, la sécurité d'un espace

---

[1] V. Fabbrizi, « Do Social Rights Deserve a Special Constitutional Protection ? On Luigi Ferrajoli's and Frank Michelman's Democratic Theory », *Jura Gentium,* vol. 15, n. 1, 2018, 48.

[2] A. Pizzorusso, « Le "generazioni" dei diritti" », dans S. Panizza, R. Romboli (sous la direction de), *L'attuazione della Costituzione*, Plus, Milan, 2004, cité par T. Casadei, *I diritti sociali. Un percorso filosofico-giuridico,* 55.

[3] Ibidem.

[4] E. Christodoulidis, « Social Rights Constitutionalism : An Antagonistic Endorsement », 148.

individuel protégé de l'arbitraire du pouvoir [...] La liberté a aussi un contenu dynamique et propulsif et se traduit en un processus de libération des obstacles qui empêchent le plein développement des potentialités individuelles[1] », processus indissociable de la substantialisation de l'égalité et de la reconnaissance des obligations solidaristes inscrites dans la dimension sociale de la citoyenneté.

Du plein développement des potentialités humaines dépend l'autonomie des sujets. Ainsi, l'argument que je soutiens et que je développerai davantage est que l'identification des composantes normatives fondamentales du constitutionnalisme social et leur imbrication permettent de faire ressortir, à partir de la dimension nucléaire de ce paradigme, ce que C. Castoriadis appelle la politique ou le projet révolutionnaire, c'est-à-dire « une *praxis* qui se donne comme objet l'organisation et l'orientation de la société en vue de l'autonomie de tous[2] », imprimant constamment sur la réalité ce que j'ai qualifié de surplus non résorbable, d'excédent qui ne peut jamais être entièrement enfermé dans une réalisation contingente ou un savoir historiquement déterminé, « de sens ou d'orientations qui ne se laissent pas simplement fixer en "idées claires et distinctes" et qui dépassent la représentation même du projet telle qu'elle pourrait être fixée à un instant donné quelconque[3] ». La dignité en tant que « principe fondateur des droits[4] » est indissociable de l'autonomie du sujet : cette dernière ne peut qu'être appréhendée comme un devenir autodéterminé qui, en tant que tel, renouvelle constamment son engagement en redéfinissant, actualisant et enrichissant son contenu à partir des marges de déterminabilité intrinsèques à l'imaginaire normatif dans lequel cet *agĕre*[5] s'inscrit. De plus, l'autonomie envisagée dans le cadre du constitutionnalisme social n'est pas concevable comme « la liberté inaliénable d'un sujet abstrait [mais] comme un problème et un rapport social[6] ». Alors, dans l'imaginaire normatif qui nous intéresse, les ressources normatives identifiées remplissent cette *praxis* de significations, de significations qui ne sont pas figées, qui ne sont pas réductibles à des prescriptions purement technico-fonctionnelles, mais qui possèdent un dynamisme tel que la pensée doit tenter de les redéfinir et de les actualiser face à des situations historiques et sociales en constante évolution et au nom de la préservation de l'héritage différencié et commun qu'elles composent.

---

[1] P. Costa, « Civitas : storia della cittadinanza in Europa », dans P. Costa, *L'età dei totalitarismi e della democrazia*, Laterza, Rome-Bari, 2001, 426-430.

[2] C. Castoriadis, *L'institution imaginaire de la société*, 115.

[3] Ibidem, 116.

[4] A. Supiot, « Judicial Enforcement of social solidarity in view of recent European, German and French Jurisprudence », dans J. Van der Walt, J. Ellsworth (sous la direction de), *Constitutional Sovereignty and social solidarity in Europe*, 110.

[5] Surtout dans son sens étymologique de pousser, faire avancer, diriger.

[6] C. Castoriadis, *L'institution imaginaire de la société*, 159.

Chapitre 2 La citoyenneté sociale dans le processus d'intégration européenne : fondements, étapes clés, évolutions normatives

1 - Reconstruction du parcours historique : trajectoires et transformations de la relation entre la citoyenneté sociale et l'intégration économique

Dans ce chapitre, l'objet d'étude est l'émergence progressive de la "constitution économique" européenne : l'argument que j'avance est que l'ordre européen peut être interprété comme un ordre constitutionnel centré sur la "normativité concurrentielle" et que cette clé interprétative permet de comprendre en profondeur la relation entre les instances économiques et les instances sociales au sein du processus intégrationniste. J'associe au principe de concurrence un caractère normatif fondamental : ce principe constitue, dès le début du processus intégrationniste, l'*eidos*, la qualité spécifique de l'ordre européen, la norme fondamentale sur laquelle s'appuie la légitimité de la constitution économique européenne. Le devoir-être dont ce principe est porteur est consubstantiel à la construction juridico-institutionnelle européenne : il est inscrit dans le moment fondateur de celle-ci, définissant son imaginaire normatif et donc les conditions de son intelligibilité ainsi que le "niveau profond" de son agir. Au niveau européen, le principe concurrentiel dispose ainsi du caractère axiomatique – en tant que principe premier – et du caractère hétéronome – en tant qu'indiscutable – définissant la nature dogmatique du contenu d'une ressource normative. À mon avis, seule cette manière d'interpréter le principe de concurrence permet 1) de développer une lecture cohérente du processus de pénétration progressive de la normativité concurrentielle, depuis le contre-balancement social de ce principe caractérisant le compromis initial jusqu'à son opération de resémantisation des éléments normatifs mêmes de la citoyenneté sociale identifiés dans le premier chapitre ; 2) de fournir une clé d'analyse du déficit social européen et de la fragilisation des systèmes sociaux nationaux qui en découle fondée sur une logique interne et cohérente, détectable à travers un mouvement spéculatif ayant pour but d'identifier les fondements conceptuels de l'imaginaire normatif européen. Dans cette perspective, l'argument que j'avance pour fournir une explication adéquate à ce que je veux démontrer est que les raisons de la primauté de la normativité concurrentielle et de son caractère dogmatique peuvent être reconstruites, comme dans le cas du constitutionnalisme social, à travers un travail de reconstruction conceptuelle visant à identifier les contenus normatifs fondamentaux qui sous-tendent la dynamique évolutive du processus intégrationniste. Mon point est que la persistance de cette primauté dans les différentes étapes de la construction européenne ne peut être comprise qu'à travers l'identification de tels contenus, qui sont également pris dans le mouvement évolutif de cette construction, mais qui constituent dans le même temps le socle conceptuel sur lequel elle repose. Cette opération permet de saisir la conflictualité fondamentale entre la normativité sociale des ressources identifiées dans le premier chapitre et la normativité économico-concurrentielle de l'ordre européen, conflictualité aboutissant à la production de l'oubli de l'imaginaire normatif du constitutionnalisme social.

Pour vérifier la valeur de cet argument, je procéderai de deux manières :

- dans la première partie du chapitre, je retracerai les principales étapes de la construction de l'acquis social européen, en me concentrant notamment sur la relation évolutive entre les raisons économiques liées à la mise en place et à l'extension du marché unique et les raisons sociales liées aux manières d'interpréter et de protéger le *status* des participants au marché unique ;
- dans la deuxième partie, j'isolerai les raisons profondes de la dynamique évolutive identifiée dans la première partie, en me concentrant sur la reconstruction des registres sémantiques et des fondements conceptuels du constitutionnalisme européen du marché basé sur la normativité concurrentielle et particulièrement redevable à la pensée ordo et néolibérale.

1.1 - La séparation fonctionnelle entre intégration économique européenne et politiques sociales nationales comme décision systémique fondamentale

Les traités fondateurs de la CECA[1] et de la CEE[2] présentent ce que G. F. Mancini appelle « frigidité sociale[3] », indiquant ainsi la marginalité des dispositions et compétences sociales associées au niveau communautaire. Les analyses qui suivent s'attachent alors à vérifier la consistance de cette formule, non seulement en identifiant dans les traités qui inaugurent le processus d'intégration européenne les normes socialement pertinentes, mais aussi en mettant en évidence les motivations stratégiques et idéologiques à l'origine de cette marginalité.

---

[1] Le traité instituant la Communauté du charbon et de l'acier, également connu sous le nom de traité de Paris, validé à Paris en 1951 par la France, l'Italie, la République fédérale d'Allemagne, le Luxembourg, la Belgique et les Pays-Bas.

[2] Le traité instituant la Communauté économique européenne, également connu sous le nom de traité de Rome, a été adopté à Rome en 1957 par la France, l'Italie, la République fédérale d'Allemagne, le Luxembourg, la Belgique et les Pays-Bas. La même année, la Communauté européenne de l'énergie atomique (CEEA ou Euratom) a également été créée,

[3] G. F. Mancini, « Principi fondamentali di diritto del lavoro nell'ordinamento delle Comunità europee », *Il lavoro nel diritto comunitario e l'ordinamento italiano*, Atti del Convegno di Parma 30–31 octobre 1985, Padua 1988, 23ff.

Le traité CECA

En ce qui concerne le traité CECA, les normes à caractère social les plus significatives sont celles contenues dans les trois premiers paragraphes de l'art. 68, situé au début du chapitre "Salaires et mouvements de la main-d'œuvre" (ch. III du Titre III), dont le premier paragraphe dispose : "Les modes de fixation des salaires et des prestations sociales en usage dans les différents États membres ne sont pas affectés, en ce qui concerne les industries du charbon et de l'acier, par l'application du présent traité, sous réserve des dispositions suivantes". Le premier paragraphe de l'art. 68 rend ainsi explicite la volonté de la Communauté naissante de préserver la souveraineté sociale des États adhérents ; son libellé montre clairement l'intention des États membres ainsi que des principaux acteurs sociaux nationaux (syndicats, associations d'employeurs, etc.) de conserver les leviers de réglementation des systèmes de protection sociale. Les paragraphes 2 et 3 de l'art. confirment et renforcent cette position : les exceptions qu'ils indiquent à ce qui est disposé dans le premier paragraphe prévoient l'intervention de la Haute Autorité et du Comité consultatif afin de détecter les pratiques pouvant être reliées au dumping social (comme l'abaissement des prix d'une entreprise publique ou privée à des fins de concurrence résultant de l'abaissement des salaires) et de formuler des recommandations pour prévenir que de telles pratiques n'entraînent une dégradation du niveau de vie des employés. L'objectif d'accroître la croissance économique commune par l'établissement d'un marché unique du charbon et de l'acier en régime de concurrence ne doit pas conduire à une réduction du niveau des salaires et des protections sociales établi au sein des États membres, il ne doit pas se muer en un instrument permettant de compromettre potentiellement l'autonomie sociale de ces derniers.

Comme le soulignent des auteurs tels que S. Giubboni et R. Sanseverino, l'art. 68 se rattache à l'une des pierres angulaires du constitutionnalisme social : disposer que le régime de concurrence établi ne doit pas impliquer l'acceptation supranationale d'ajustements concurrentiels basés sur des « prix [et] salaires [...] anormalement bas[1] » signifie valoriser l'action de la négociation collective, puisque « la présence de normes collectivement convenues, applicables et appliquées [...] est déjà suffisante en soi pour garantir que les salaires ne tombent pas en dessous d'un certain niveau[2] ». Dans le même temps, il s'agit d'interpréter ce lien (ainsi que les compétences sociales limitées attribuées au niveau communautaire par l'art. 68) comme étant avant tout surdéterminé par l'objectif fondamental du traité

[1] R. Sanseverino, « Commento all'articolo 68 », dans R. Quadri, R. Monaco and A. Trabucchi (sous la direction de), *Trattato istitutivo della Comunità Europea del Carbone e dell'Acciaio. Commentario*, Padoue, vol. II, 1970, 961.

[2] Ibidem.

de garantir des conditions concurrentielles équitables. Dans ce cadre, la négociation collective et les possibilités limitées d'intervention de la Haute Autorité dans le domaine social reçoivent leur signification par leur caractère instrumental à la poursuite de l'objectif susmentionné. Ainsi, dans le domaine social, le traité CECA présente comme premier élément significatif la lutte contre les pratiques de dumping social. La Communauté naissante ne se voit pas attribuer des compétences sociales particulièrement importantes ; ces dernières restent dans la sphère de la souveraineté sociale des pays membres.

L'établissement d'un marché unique en régime de concurrence dans les secteurs du charbon et de l'acier ne doit donc pas conduire à la fragilisation des niveaux de protection sociale garantis par les systèmes nationaux ni à l'abaissement des niveaux d'emploi. Cette "sensibilité sociale" du traité CECA trouve son expression non seulement dans l'art. 68, mais aussi dans l'art. 2, qui énonce comme objectif fondamental de la Communauté celui de sauvegarder la continuité de l'emploi, et surtout dans l'art. 56, qui prévoit la possibilité pour la Haute Autorité d'intervenir activement dans le domaine social au cas où la modernisation technico-économique des secteurs industriels du charbon et de l'acier produisait "une réduction d'une importance exceptionnelle des besoins de main-d'œuvre" ainsi que "des difficultés particulières dans le réemploi de la main-d'œuvre rendue disponible". La norme est très importante, puisqu'elle permet à la Haute Autorité de financer la création de nouveaux emplois afin d'absorber la main-d'œuvre excédentaire, de financer les allocations de chômage ainsi que des "allocations pour frais de réinstallation" et des programmes de "rééducation professionnelle des travailleurs amenés à changer d'emploi".

Ces dispositions explicitent la démarche initiale des institutions européennes visant à encadrer le fonctionnement du marché unique au sein de structures sociales solides, à mitiger le caractère péremptoire des objectifs liés à la mise en place d'un système concurrentiel[1] à travers la préservation de l'efficacité des politiques nationales de protection et de promotion sociales. En outre, un élément intéressant de cette approche est qu'elle ne reflète pas seulement la nécessité déjà inscrite dans le développement socioéconomique des États membres de fournir des politiques interventionnistes afin d'assurer la subsistance de l'individu au-delà du marché, mais elle acquiert également un caractère innovant en ce qu'elle modernise « au niveau transnational l'un des objectifs les plus fondamentaux des normes protectrices du droit du travail, à savoir la sécurité de l'emploi, en le traduisant en l'objectif différent – mais non opposé – de la continuité

[1] Des objectifs impliquant, par exemple, l'interdiction pour les États membres de fournir des aides d'État aux entreprises nationales opérant dans le secteur.

des revenus et des ressources lors de la transition (garantie et assistée) d'un emploi à un autre[1] ».

Le traité CEE

L'objectif fondamental du traité instituant la Communauté économique européenne est d'inscrire « le marché commun dans un cadre juridique fixe, constitué principalement par les garanties concernant les quatre libertés fondamentales[2] » ; il s'agit d'établir un ordre juridico-concurrentiel à l'échelle européenne à même d'uniformiser le comportement des acteurs économiques, tant privés que publics, par le biais de règles strictes de nature antiprotectionniste et établissant des interdictions relatives à l'établissement de cartels et à l'exercice abusif de positions dominantes sur le marché. Par conséquent, la pertinence des dispositions sociales du traité réside dans la relation de fonctionnalité qu'elles entretiennent avec la construction du marché concurrentiel et la mise en place des conditions optimales pour son fonctionnement : les dispositions sociales les plus significatives concernent la libre circulation, l'abolition de toute discrimination et la sécurité sociale des travailleurs migrants (arts. 48-51) ainsi que l'égalité de rémunération entre travailleurs et travailleuses (art. 119)[3] et leur formation professionnelle (art. 128). L'interconnexion entre ces dispositions tourne clairement autour d'une priorité : celle de garantir, comme coessentielle à la nature même du marché unique, la libre circulation du travail[4].

De cette brève analyse, nous pouvons tout d'abord extraire deux éléments fondamentaux. Le premier est que l'intégration inaugurée par le traité CEE est principalement "négative" : comme le précise S. Leibfried, « l'intégration négative a pour seul objectif d'éliminer les obstacles au libre marché. Les

[1] S. Giubboni, *Social rights and market freedom in the European Constitution : a labour law perspective*, Cambridge University Press, Cambridge, 2005, 38-39.

[2] D. Schiek, « Re-embedding economic and social constitutionalism », https://www.cambridge.org/core/terms, https://doi.org/10.1017/CBO9780511835193.004, dans D. Schiek, H. Schneider (sous la direction de), *European Economic and Social Constitutionalism after the Treaty of Lisbon*, Cambridge University Press, Cambridge, 2011, 25. Il s'agit de la libre circulation des biens, des services, des personnes et de la liberté d'établissement des travailleurs et des capitaux.

[3] Au fil du temps, une série de cas judiciaires réglés par la Cour de justice européenne a permis à ce droit d'acquérir le *status* de « source d'un droit social fondamental à l'égalité de traitement entre les hommes et les femmes en matière de rémunération, directement applicable dans les systèmes juridiques des différents États membres, indépendamment de mesures d'application spécifiques ». S. Giubboni, *Social rights and market freedom in the European Constitution : a labour law perspective*, 53.

[4] Il faut également interpréter dans ce sens les arts. relatifs au libre établissement des travailleurs migrants dans les pays de l'UE (art. 52-54).

citoyens sont identifiés comme participants au marché ; la politique sociale reste principalement un complément aux quatre libertés[1] ».

Le deuxième élément est que le principe fondamental que le traité CEE intègre à partir des documents déjà analysés est celui selon lequel l'approfondissement du processus d'intégration européenne par la réalisation d'un marché unique et concurrentiel génèrerait automatiquement les résultats souhaités en termes de convergence vers le haut des *welfare* nationaux[2] et donc de « cohésion à la fois entre les pays et à l'intérieur de ceux-ci[3] ». Ces résultats ne nécessiteraient donc pas de procédures ou d'interventions directes dans le domaine social, si ce n'est pour rétablir les conditions de concurrence en cas de distorsions et pour coordonner au niveau supranational les différentes législations sociales nationales[4] (coordination nécessaire pour une circulation libre et équitable du travail). Si, dans les États membres, les mesures sociales concrétisent une conception substantielle de la citoyenneté composée de valeurs non réductibles à l'ordre marchand, au niveau communautaire elles se configurent alors comme de pures opérations de *market-making*. À ce propos, le traité ne prévoit pas les instruments juridiques appropriés pour poursuivre les visées de l'art. 117, c'est-à-dire "l'amélioration des conditions de vie et de travail de la main-d'œuvre" et leur "égalisation dans le progrès", mais seulement une réglementation concernant l'organisation des activités de la Commission qui, dans le domaine social[5], s'engage sur la base du traité à stimuler la coopération mutuelle entre les pays membres.

La création d'un Fonds social européen reflète l'adoption de ces deux orientations : d'une part, les finalités qui lui sont attribuées concernent l'implémentation à la fois de la croissance économique des pays les moins avancés et de la mobilité des travailleurs au sein du marché unique ; d'autre

---

[1] S. Leibfried, P. Pierson, « The Prospects for Social Europe », *Politics and society*, vol. 20, n. 3, 1992, 339.

[2] « Les États membres conviennent de la nécessité de promouvoir l'amélioration des conditions de vie et de travail de la main-d'œuvre permettant leur égalisation dans le progrès. Ils estiment qu'une telle évolution résultera tant du fonctionnement du marché commun, qui favorisera l'harmonisation des systèmes sociaux, que des procédures prévues par le présent Traité et du rapprochement des dispositions législatives, réglementaires et administratives ». *Traité CEE*, art. 117.

[3] F. Vandenbroucke, « The idea of a European Social Union : a normative introduction », dans F. Vandenbroucke, C. Barnard et G. De Baere (sous la direction de), *A European Social Union after the Crisis*, Cambridge University Press, Cambridge, 2017, 22.

[4] « Le Conseil [...] adopte dans le domaine de la sécurité sociale les mesures nécessaires pour l'établissement de la libre circulation des travailleurs, en instituant notamment un système permettant d'assurer aux travailleurs migrants et à leurs ayants droit : a) la totalisation, pour l'ouverture et le maintien du droit aux prestations, ainsi que pour le calcul de celles-ci, de toutes périodes prises en considération par les différentes législations nationales, b) le paiement des prestations aux personnes résidant sur les territoires des États membres ». *Traité CEE*, art. 51.

[5] Emploi, sécurité sociale, conditions de travail, etc.

part, l'art. connecte l'augmentation du niveau de vie aux implémentations susmentionnées, sans recourir à des formules faisant référence à la possibilité d'adopter des politiques sociales (partiellement) communes ou partagées au niveau communautaires.

Le seul secteur dans lequel le traité CEE présente des dispositions propres à développer une intégration positive et « une compétence véritablement fédérale[1] » est le secteur agricole. L'art. 39 connecte l'objectif "d'assurer ainsi un niveau de vie équitable à la population agricole" avec la poursuite d'objectifs comme celui "de stabiliser le marché [...] de garantir la sécurité des approvisionnements [...] d'assurer des prix raisonnables dans les livraisons aux consommateurs", en reconnaissant explicitement "la nécessité d'opérer graduellement les ajustements opportuns". La politique agricole commune se propose ainsi de constituer un réseau social protecteur et redistributif à l'échelle européenne ; un secteur dans lequel la normativité du principe concurrentiel est exceptionnellement atténuée en faveur d'une coordination étroite entre les niveaux supranational et national visant à la mise en place des politiques nécessaires pour garantir "le relèvement du revenu individuel de ceux qui travaillent dans l'agriculture" ainsi que la protection des productions nationales et de leurs travailleurs. Dans le même temps, à la différence des systèmes de *welfare* des États membres, la politique agricole commune n'accorde pas aux travailleurs agricoles une gamme de droits directement exigibles à niveau européen, préservant ainsi la stricte autonomie des États membres dans le domaine social.

En conclusion, la *ratio essendi* de la politique sociale de la Communauté ne réside pas en elle-même, comme dans le cas du constitutionnalisme social ; dans le traité CEE, sa *ratio essendi* se trouve plutôt dans un principe externe, hétéro-directeur, celui concernant la création et l'implémentation du marché concurrentiel européen.

Capture du compromis initial

Les traités CECA et CEE, à la différence des Constitutions nationales, ne se structurent pas à partir d'un socle de droits fondamentaux dont l'égale fondamentalité fait l'objet d'un accord transversal. En particulier, le traité CEE reconnaît comme fondamentales uniquement les libertés économiques[2] à la base de l'ouverture des économies nationales ; elles représentent « l'esprit, la structure, le teneur[3] » de la Communauté européenne naissante.

---

[1] S. Leibfried, P. Pierson, « The Prospects for Social Europe », 350.

[2] Il s'agit des quatre libertés de mouvement dans le marché commun (la libre circulation des marchandises, la libre circulation des personnes, la libre prestation de services, la libre circulation des capitaux) et de la liberté de concurrence.

[3] CJE, 26/62, *Van Gend & Loos*, 5 février 1963.

Nous sommes donc bien loin de l'imaginaire normatif caractérisant le constitutionnalisme social.

Dans le même temps, il ressort des analyses menées que la "frigidité sociale" originelle de l'intégration européenne, déductible de la marginalité des dispositions sociales des traités et de leur instrumentalité par rapport à la mise en place d'un marché unique, ouvert et concurrentiel (de compétence exclusive de l'ordre communautaire), n'est pas interprétable comme une distanciation délibérée de la sémantique des droits fondamentaux et, en particulier, des droits sociaux, en raison d'un manque de conscience de leur importance, mais comme décision systémique fondamentale d'institutionnaliser « la séparation fonctionnelle entre une constitution de la concurrence, relevant du domaine du droit et de la jurisprudence supranationaux [...] et les constitutions sociales, relevant du domaine des autorités publiques nationales[1] ». La *ratio* de cette séparation est duale : elle réside, d'une part, dans la mise en place des conditions institutionnelles et factuelles nécessaires à l'instauration et à l'implémentation d'une économie européenne ouverte en libre concurrence ; d'autre part, dans la sauvegarde tout aussi nécessaire de l'extension et de l'efficacité des systèmes sociaux nationaux et du respect de leur souveraineté et de leur différence. Ces deux directions ordonnatrices sont complémentaires : l'idée-force des pères fondateurs est que les bénéfices économiques produits par le marché unique ne porteraient non seulement pas atteinte aux solidarités nationales ou aux objectifs concernant le plein emploi ou l'amélioration des conditions de travail, mais s'avéreraient cruciaux pour soutenir les dépenses sociales et redistributives internes. Dans cette perspective, la construction du marché concurrentiel génère ainsi des effets sociaux positifs connectés à l'objectif dont dispose le traité à l'art. 117, à savoir l'amélioration des conditions de vie et de travail de la main-d'œuvre.

Le paradigme pouvant être extrait de l'analyse des traités originaux est définissable comme « économico-fonctionnaliste[2] » : en instituant comme centre normatif de son imaginaire la libéralisation et la mise en concurrence des économies nationales européennes, les compétences structurant ce paradigme ainsi que les conséquences juridico-subjectives dans le domaine économico-social qu'il produit sont coessentielles et fonctionnelles aux objectifs découlant du centre normatif précité. Par conséquent, c'est sur la base de cette logique fonctionnaliste qu'il faut interpréter l'attribution de compétences à la Communauté tant dans le domaine économique que dans le domaine social : tant les libertés économiques auxquelles cette logique

---

[1] F. Losurdo, « L'Unione Europea e il declino dell'ordine neoliberale », Federalismi.it, *Rivista di diritto pubblico italiano, comparato, europeo*, 2018, 6. Comme le souligne l'auteur, conformément à la séparation fonctionnelle, les États membres conservent le contrôle des politiques fiscales et monétaires, qui sont décisives pour garantir un système de protection sociale efficace.

[2] A. Cantaro, *Il diritto dimenticato. Il lavoro nella costituzione europea*, 62.

donne lieu que les objectifs sociaux liés à la libre circulation des travailleurs (garantir des formes de protection sociale aux travailleurs migrants, l'égalité de rémunération hommes/femmes, la liberté d'établissement, etc.) acquièrent un caractère différent par rapport aux droits fondamentaux reconnus dans les constitutions nationales, puisque ces objectifs et libertés ne sont pas protégés ou poursuivis comme des fins en soi, mais parce que fonctionnellement nécessaires aux activités des participants au marché concurrentiel européen, qu'il s'agisse de travailleurs, de producteurs, de consommateurs, etc. Les dispositions sociales contenues dans les traités fondateurs n'existent qu'en tant qu'appendice indispensable aux objectifs mentionnés : elles n'établissent pas « de nouveaux droits sociaux, en plus de ceux déjà reconnus par les ordres nationaux[1] », mais elles se proposent d'instaurer un mécanisme européen en mesure de garantir aux travailleurs migrants l'accès aux systèmes nationaux de protection sociale et d'implémenter ainsi la libre circulation du travail.

La marginalité de la dimension sociale communautaire peut donc s'expliquer par l'identification de motivations à la fois idéologiques et stratégiques :

- d'un point de vue idéologique, la motivation principale est que la mise en œuvre du marché unique en concurrence non faussée et la croissance économique qui en découle produiraient spontanément une élévation du niveau des protections sociales au point de déterminer une harmonisation progressive et générale vers le haut des systèmes de *welfare*, générant ainsi des progrès substantiels dans l'amélioration des conditions de vie et de travail des citoyens européens ;
- d'un point de vue stratégique, le paradigme économico-fonctionnaliste décrit apparaît comme le plus approprié pour la poursuite de l'objectif fondamental de la Communauté naissante, à savoir instaurer un marché unique, libre et concurrentiel, car la fonctionnalisation des compétences et de l'action de l'ordre supranational permet de circonscrire l'action communautaire en évitant les conflits qui découleraient d'une intégration politique plus profonde ainsi qu'entre le droit communautaire et les droits reconnus dans les textes constitutionnels des pays membres. En particulier, s'agissant des droits sociaux, l'attribution aux institutions européennes de compétences sociales significatives ainsi que la reconnaissance dans les traités de droits sociaux effectifs remettraient davantage en cause l'un des instruments principaux de légitimation démocratique des États membres, à savoir leur autonomie/souveraineté sociale.

En conclusion, la "décision de système" caractérisant l'origine du processus d'intégration européenne laisse aux états nationaux la tâche de garantir à leurs citoyens une existence matériellement libre et digne. L'idée

[1] M. Losana, « La perdurante ambiguità dei diritti sociali europei », Costituzionalismo.it, *Editoriale Scientifica*, 2022, 117.

même de sujet autour de laquelle il se structure est principalement celle du *market citizen*, c'est-à-dire celle d'un individu qui se "subjectivise" en tant que participant au marché. C'est sur cette base que les principes sociaux consacrés par les traités se concentrent sur la figure du travailleur migrant : celui-ci, comme les travailleurs nationaux, doit pouvoir accéder aux prestations concrétisant les droits sociaux reconnus dans le pays d'accueil précisément en raison de sa participation au marché du travail. Dans la logique d'accès aux droits sociaux des travailleurs migrants prévue par la Communauté naissante, il apparaît ainsi « une ambiguïté fondamentale, se situant à la frontière entre la sphère de l'égalité substantielle et le domaine différent [...] de l'égalité formelle[1] ». Comme souligne Losana, elle semble se situer dans la dimension substantielle de l'égalité, puisque la dynamique intégrationniste qu'elle entend réaliser ne peut que reposer sur la structuration, par les pays concernés, d'un système de protection sociale des travailleurs fort et consolidé. Dans le même temps, elle ne prévoit pas l'obligation pour les États membres de mettre en place et de respecter un socle minimum contraignant de protection, laissant ainsi la place à des interprétations qui l'associent à une déclinaison formelle de l'égalité, c'est-à-dire à une égalisation des conditions des travailleurs (autochtones et non) qui n'inclut pas l'attention aux niveaux concrets de protection auxquels ces derniers ont effectivement accès.

Parallèlement, la typologie de solidarité que nous pouvons extraire de l'analyse de la phase originaire présente deux aspects. D'une part, elle se révèle être de caractère « territorial[2] » : comme en témoignent, par exemple, les finalités rattachées aux Fonds social européen[3], l'objectif n'est pas celui de reconnaître et implémenter au niveau européen de nouveaux droits individuels et collectifs de sécurité sociale à même d'instituer entre les citoyens des liens de solidarité de type redistributif et assurantiel comparables à ceux existant au niveau national, « mais de transférer des quotes-parts [de richesse] des régions plus riches et plus développées vers les régions plus pauvres et arriérées[4] ». D'autre part, la mise en place de la possibilité pour les travailleurs migrants d'accéder à la sécurité sociale du pays d'accueil en vertu de la technique coordinatrice et des politiques antidiscriminatoires donne lieu à une forme de solidarité pouvant être définie comme « accès équitable aux opportunités[5] », formule indiquant

---

[1] Ibidem, 120.
[2] Ibidem, 111.
[3] Ibidem.
[4] Ibidem.
[5] F. Vandenbroucke, « The idea of a European Social Union : a normative introduction », 23. Ce principe d'*acces justice,* tout en conservant comme base de son exercice l'utilisation individualiste d'une liberté économique, étend sa portée dans le temps, s'appliquant à la suite des arrêts *Martinez Sala* (C-85/96) et *Zambrano* (C-34/09) également aux citoyens européens économiquement inactifs.

l'implémentation des « opportunités personnelles pour tous les [...] citoyens souhaitant ou devant être mobiles[1] ».

Comme nous pouvons le constater, c'est toujours le centre normatif précédemment identifié qui détermine l'espace sémantique au sein duquel comprendre non seulement à quoi les valeurs susmentionnées font référence, mais aussi le processus d'intégration européenne en général ; « c'est ce principe de l'économie de marché [concurrentiel] qui est chargé dès les origines de pourvoir à la légitimité de la construction européenne[2] », tandis que les systèmes nationaux de sécurité sociale se voient confier la tâche d'« encadrer l'ouverture économique transnationale[3] ». Essayons donc de retracer les évolutions successives de cette « décision constitutionnelle[4] » originaire, afin d'évaluer ses effets sur le processus d'intégration européenne.

1.2 - De la fonction coordinatrice à la fonction harmonisatrice : évolution du rôle du niveau communautaire et premières acquisitions sociales

Dans la phase initiale de l'intégration européenne, les compétences dont disposent les institutions communautaires dans le domaine social concernent principalement la coordination des mesures visant à garantir l'accès des travailleurs migrants aux systèmes nationaux de sécurité sociale, faute de compétences harmonisatrices. Par conséquent, « la politique sociale communautaire n'a aucune autonomie existentielle[5] », se présentant plutôt comme un instrument fonctionnel 1) à la poursuite d'un ordre d'exigences supérieur et contraignant (l'intégration économique par le marché unique) et 2) à la « codification progressive d'un *jus publicum economicum europaeum*[6] » comme vecteur principal du processus graduel de constitutionnalisation de l'ordre communautaire.

Conformément à cet ordre communautaire, le règlement 3/58/CEE confirme et approfondit la fonction de coordination des systèmes nationaux de sécurité sociale conférée au niveau communautaire. Conformément aux dispositions de l'art. 51 du traité CEE, ce règlement reconnaît comme plateforme nécessaire à la libre circulation des travailleurs – et donc au bon fonctionnement du marché unique – la mise en place "d'un système

---

[1] Ibidem.

[2] P. Dardot, C. Laval, *Ce cauchemar qui n'en finit pas. Comment le néolibéralisme défait la démocratie*, La Découverte, Paris, 2016, 115.

[3] S. Giubboni, « The rise and fall of EU labour law », wileyonlinelibrary.com/journal/eulj, *European Law Journal*, 2018, 5.

[4] J. Drexl, « La constitution économique européenne. L'actualité du modèle ordolibéral », *Revue internationale de droit économique*, n. 4, 2011, 438.

[5] A. Cantaro, *Il secolo lungo. Lavoro e diritti sociali nella storia europea*, 180.

[6] P. Dardot, C. Laval, *Ce cauchemar qui n'en finit pas. Comment le néolibéralisme défait la démocratie*, 111.

permettant d'assurer aux travailleurs migrants et à leurs ayants droit, d'une part, la totalisation, pour l'ouverture et le maintien du droit aux prestations ainsi que pour le calcul de celles-ci, de toutes périodes prises en considération par les différentes législations nationales et, d'autre part, le paiement des prestations aux personnes résidant sur les territoires des États membres". À cette fin, le périmètre d'application de la fonction de coordination susmentionnée doit inclure les "régimes de sécurité sociale généraux et spéciaux, contributifs et non contributifs" et doit garantir aux travailleurs salariés et assimilés ressortissants de l'un des États membres l'accès à une large gamme de prestations sociales stipulées par la législation du pays d'accueil : les prestations de maladie, de maternité, d'invalidité, de vieillesse, les prestations en cas d'accidents du travail ou de maladies professionnelles, les prestations de chômage, les allocations familiales, etc.

La promulgation de ce règlement et le renforcement conséquent de la coordination supranationale des *welfare* nationaux se situent en continuité avec les objectifs du cadre réglementaire originaire, notamment celui de favoriser la libre circulation des travailleurs tout en sauvegardant les responsabilités en matière sociale des États membres.

Cette démarche est également confirmée 1) par la « *equal protection rule*[1] » du règlement (CEE) 1612/68, qui qualifie la liberté de circulation des travailleurs des États membres et de leurs familles comme étant un "droit fondamental", établissant ainsi "l'abolition [...] de toute discrimination fondée sur la nationalité en ce qui concerne l'emploi, la rémunération et les autres conditions de travail, ainsi que le droit [...] de se déplacer librement à l'intérieur de la Communauté pour exercer une activité salariée" ; 2) par le règlement CEE 1408/71 du Conseil du 14 juin 1971, qui précise les modalités d'application des régimes de sécurité sociale dans les cas concernant la mobilité au sein de la Communauté de travailleurs salariés et non-salariés, des membres de leur famille, de chômeurs, de titulaires de pensions, etc. Ces deux règlements s'affirment comme « des outils puissants pour créer un droit uniforme dans l'ensemble de l'Union européenne, puisqu'ils ont une application générale, sont contraignants dans leur intégralité et sont directement applicables dans tous les États membres (art. 249 (2) traité CE)[2] ».

Ces règlements, dans la lignée des traités fondateurs, interprètent la ressource normative de la solidarité comme « structure d'opportunités[3] », c'est-à-dire comme mise à disposition pour les citoyens européens des outils aptes à concrétiser le droit de poursuivre l'amélioration du niveau de vie en

---

[1] R. Rogowski, E. Kajtár, « The European Social Model and coordination of social policy. An overview of policies, competences and new challenges at the EU level », paper présenté à la conférence *Quality in Labour Market Transitions: A European Challenge*, Amsterdam 25-26 November 2004, 9.

[2] Ibidem, 4.

[3] F. Vandenbroucke, « The idea of a European Social Union : a normative introduction », 24.

se déplaçant et en travaillant librement au sein des autres États européens. Cette forme de solidarité se profile comme une sorte de tremplin pour accéder à une autre forme de solidarité, celle caractérisant les systèmes nationaux de sécurité sociale. Dans le même temps, l'accès à cette solidarité, comme disposé à l'art. 4 du règlement de 1971, ne concerne pas la gamme d'aides sociales dont l'octroi est indépendant du travail : l'objectif est de promouvoir la libre circulation du travail à travers « la portabilité des droits liés au travail, mais pas [...] la neutralisation du principe de territorialité pour les droits sociaux non liés au travail (et les cotisations)[1] ». Ces droits, relevant de « la sphère de la solidarité "asymétrique" (c'est-à-dire de l'aide publique basée uniquement sur des considérations de besoin)[2] » et répondant à la normativité du principe redistributif, restent à ce stade ancrés à la territorialité de l'État-nation et donc l'apanage des citoyens nationaux, ne se situant pas dans le champ d'application de l'action coordinatrice supranationale. En outre, à l'instar des traités fondateurs, l'accent mis sur le principe d'égalité (entre les nationalités et entre hommes et femmes) par ces règlements se révèle coessentiel à la logique de l'intégration marchande : l'égalité recherchée ici est l'égalité des citoyens en tant qu'"opérateurs économiques" qui doivent disposer des mêmes chances et conditions de participation au marché unique. Sont interconnectés avec ce concept d'égalité les objectifs « d'éviter les distorsions juridiques de nature à entraver la libération de la main-d'œuvre sur le marché européen du travail[3] » et « de garantir l'égalité entre ressortissants communautaires dans l'exercice de l'activité salariée, mais encore de l'égalité d'accès à cette activité[4] ».

Au cours des années 1970, coïncidant avec la crise économique et l'émergence de la nécessité de réformer structurellement les systèmes de sécurité sociale, la Communauté européenne modifie sa stratégie de défense et de soutien des *welfare* nationaux, abandonnant l'approche coordinationniste-abstentionniste en faveur d'une approche plus activiste. Cette modification est de nature à la fois opérationnelle et idéologique, car elle présuppose l'adoption d'une position selon laquelle la lutte contre le dumping social et l'objectif du maintien ainsi que de tout accroissement des niveaux de protection requièrent « une garantie précise d'intervention économique supranationale, *sub specie* d'harmonisation impérative dans le progrès[5] ». L'harmonisation, de processus spontané généré par le fonctionnement du marché unique, devient alors un résultat à construire par

[1] M. Ferrera, *The Boundaries of Welfare. European Integration and the New Spatial Politics of Social Protection*, Oxford University Press, Oxford, 2005, 133.
[2] Ibidem.
[3] A. Supiot, *Critique du droit du travail*, PUF, Paris, 2011, cha. 1, par. 16.
[4] Ibidem, par. 18.
[5] S. Giubboni, *Diritti e solidarietà in Europa. I modelli sociali nazionali nello spazio giuridico europeo*, Il Mulino, Bologne, 2012, 44.

l'implication directe du niveau communautaire ; l'"*integration through law*" acquiert ainsi un plus grand poids, n'étant pas « perçue comme un véritable défi au *statu quo* national[1] ».

À ce stade du processus d'intégration européenne, nous pouvons distinguer entre les directives visant à réaliser 1) « une harmonisation cohésive[2] », c'est-à-dire une harmonisation dont la raison d'être est identifiable dans la réception par les systèmes juridiques nationaux des dispositions communautaires destinées à la protection équitable et à la promotion du travail et non axées sur la normativité du marché concurrentiel, et des directives visant à réaliser 2) « une harmonisation fonctionnaliste[3] », dont la *ratio* est au contraire d'intervenir afin de préserver les conditions de bon fonctionnement du marché concurrentiel, dont la non-distorsion dépend de l'efficacité de la défense contre le dumping social.

Les directives qui sont associées à l'"harmonisation cohésive" sont les suivantes :

- la directive du Conseil du 10 février 1975 (75/117/CE), qui, ayant son fondement juridique dans l'art. 119[4] du traité CEE, dispose "le rapprochement des législations des États membres relatives à l'application du principe de l'égalité des rémunérations entre les travailleurs masculins et les travailleurs féminins", ainsi que l'obligation pour les États membres de prendre toutes les mesures nécessaires à la fois pour faire valoir ce principe en justice contre tout type d'abus et pour éliminer les éléments discriminatoires résiduels présents dans les législations, les conventions collectives, au niveau administratif, etc. ;

- la directive du Conseil du 9 février 1976 (76/207/CE), dont les fondements juridiques résident dans l'art. 117[5] et dans l'art. 235[6] du traité

---

[1] M. Ferrera, *The Boundaries of Welfare. European Integration and the New Spatial Politics of Social Protection*, 104.

[2] M. D'Antona, « Sistema giuridico comunitario », dans A. Baylos-Graus, B. Caruso, M. D'Antona, e S. Sciarra, *Dizionario del diritto del lavoro comunitario,* cité par S. Giubboni, *Diritti e solidarietà in Europa. I modelli sociali nazionali nello spazio giuridico europeo,* note 41, 42.

[3] Ibidem.

[4] « Chaque État membre assure au cours de la première étape, et maintient par la suite, l'application du principe de l'égalité des rémunérations entre les travailleurs masculins et les travailleurs féminins pour un même travail ». *Traité CEE*, art. 119.

[5] « Les États membres conviennent de la nécessité de promouvoir l'amélioration des conditions de vie et de travail de la main-d'œuvre permettant leur égalisation dans le progrès. Ils estiment qu'une telle évolution résultera tant du fonctionnement du marché commun, qui favorisera l'harmonisation des systèmes sociaux, que des procédures prévues par le présent traité et du rapprochement des dispositions législatives, réglementaires et administratives ». *Traité CEE*, art. 117.

[6] « Si une action de la Communauté apparaît nécessaire pour réaliser, dans le fonctionnement du marché commun, l'un des objets de la Communauté, sans que le présent Traité ait prévu les pouvoirs d'action requis à cet effet, le Conseil, statuant à l'unanimité sur proposition de la

CEE, établissant l'obligation pour les États membres 1) de reconnaitre et appliquer le "principe de l'égalité de traitement entre hommes et femmes en ce qui concerne l'accès à l'emploi, y compris la promotion, et à la formation professionnelle ainsi que les conditions de travail et [...] la sécurité sociale" ; 2) comme dans la directive 75/117/CE, de mettre en place les mesures nécessaires à sa pleine application et à sa défense juridictionnelle.

Un autre document communautaire pertinent car non réductible à la logique économico-fonctionnaliste est le Programme d'action sociale du 21 janvier 1974, contenu dans une résolution du Conseil. Ce document, « comme fruit tardif des derniers vestiges du consensus social-démocrate[1] », en plus d'attribuer à la politique sociale de la Communauté un rôle décisif dans la poursuite "du plein et du meilleur emploi au niveau communautaire, national et régional", de "l'amélioration des conditions de vie et de travail permettant leur égalisation dans le progrès" et de la "participation croissante des partenaires sociaux aux décisions économiques et sociales de la Communauté et des travailleurs à la vie des entreprises", et en plus de détailler de manière exhaustive les mesures à mettre en place afin de réaliser les objectifs précités, il ne fait pas de la croissance économique une finalité absolue et autosuffisante ; elle n'acquiert de sens que par rapport à sa capacité à élever le niveau de la qualité de la vie.

Les directives qui relèvent plutôt de la logique de l'"harmonisation fonctionnaliste" sont les suivantes :

- la directive 75/129/CEE concernant les licenciements collectifs, qui vise à rapprocher les législations nationales en la matière et à améliorer uniformément la protection des travailleurs afin de garantir "un développement économique et social équilibré dans la Communauté" par l'introduction de procédures de consultation obligatoires entre l'employeur et les partenaires sociaux et l'octroi de facultés aux autorités publiques compétentes aux fins de résoudre ou d'atténuer les conséquences sociales de ces licenciements ;
- la directive 77/187/CEE "concernant le rapprochement des législations des États membres relatives au maintien des droits des travailleurs en cas de transfert d'entreprises, d'établissements ou de parties d'établissements", qui définit des procédures ayant pour principal objectif d'établir dans ce domaine des niveaux comparables de protection sociale au sein des États membres, afin de ne pas altérer le bon fonctionnement du marché ;
- la directive 80/987/CEE, dans laquelle l'"harmonisation fonctionnaliste" vise à protéger les "travailleurs salariés en cas d'insolvabilité de l'employeur" et à maintenir ainsi des conditions de concurrence équitables

---

Commission et après consultation de l'Assemblée, prend les dispositions appropriées ». *Traité CEE*, art. 235.

[1] S. Giubboni, *Social rights and market freedom in the European Constitution : a labour law perspective*, 57.

au sein du marché unique à travers la mise en place d'institutions de garantie cofinancées par les entrepreneurs par lesquelles assurer "le paiement de [...] créances impayées".

En outre, c'est depuis la fin des années 1960 que la Cour, par des arrêts tels que *Stauder* (1969), *Internationale Handelsgesellschaft* (1970), *Nold* (1974), *Rutili* (1975), commence à reconnaître comme principes de l'ordre communautaire les droits fondamentaux faisant partie du patrimoine constitutionnel des États membres. De plus, avec l'arrêt *Frilli* de 1972, suivi plus tard par les arrêts *Piscitello* (1983) et *Giletti* et au. (1987), la Cour rend possible pour les non-nationaux ayant « une position juridiquement définie qui lui confère un droit exécutoire à la prestation[1] » l'accès « à la plupart des "minima sociaux" liés à la citoyenneté (typiquement les pensions sociales)[2] » ainsi que leur exportabilité « du pays de paiement au pays de (nouvelle) résidence[3] », en assouplissant davantage la rigidité des limitations découlant de la territorialité des systèmes sociaux nationaux.

Cette période "harmonisatrice" se conclut rapidement, marquant le début de l'effritement progressif du *embedded liberalism* en tant que modèle de référence de la phase initiale du processus d'intégration européenne.

1.3 - La déconstruction de la configuration initiale et l'émergence de l'asymétrie entre l'intégration sociale et l'intégration économique

La construction de l'Europe communautaire démarre avec la décision originale de rendre compatibles l'intégration économique supranationale et la préservation de l'autonomie et de la spécificité des systèmes sociaux nationaux par la "séparation fonctionnelle" des deux sphères. L'idée clé de l'approche fonctionnaliste réside dans la conviction qu'il est possible d'édifier « un pouvoir public lié à une activité ou à une fonction et pas nécessairement à un territoire[4] » dont la légitimité découlerait non seulement des avancées accomplies, mais aussi de « l'effet de *spillover* [...] du fait que l'intégration d'un certain secteur (la fusion de la production de charbon et d'acier, la construction d'une zone de libre-échange, etc.[5]) conduit à la nécessité, en raison des liens entre les différents secteurs, de poursuivre la coopération économique et l'harmonisation juridique dans des domaines non

[1] M. Ferrera, *The Boundaries of Welfare. European Integration and the New Spatial Politics of Social Protection*, 134.
[2] Ibidem.
[3] Ibidem.
[4] A. Cantaro, « Ascesa e declino dell'eccezionalismo », dans A. Cantaro (sous la direction de), « Quo vadis Europa ? Stabilità e crescita nell'ordinamento europeo », *Cultura giuridica e diritto vivente* (*Revue en ligne*), Université de Urbino Carlo Bo, 2015, 56.
[5] Ainsi que la libre circulation des travailleurs.

prévus initialement[1] ». Tant la modalité coordinatrice que la modalité harmonisatrice de l'activité communautaire répondent à cette nécessité. Dans le même temps, l'effet de *spillover*, en vertu de ses propriétés extensives, tend à modifier les équilibres établis entre les secteurs réglementaires concernés. Je me propose donc de retracer et d'analyser les mutations survenues dans la relation entre l'intégration économique européenne et l'intégration sociale nationale à l'origine de la déconstruction et du dépassement de sa configuration initiale et de l'élargissement progressif du spectre applicatif du principe de concurrence en tant que ressource normative primaire. Ce processus, en conduisant à l'abandon de l'équilibre initial, n'est pas seulement à l'origine de ce que de nombreux auteurs appellent le "déficit social européen", mais anesthésie aussi « la tendance à relativiser [...] au niveau supranational le paradigme de l'*homo oeconomicus*[2] », produisant ainsi certains glissements dans l'imaginaire normatif caractérisant le constitutionnalisme social décrit dans le premier chapitre.

Le tournant interprétatif de la Cour à l'origine de l'éloignement du compromis initial

La période que j'analyse correspond à la fin des *Trente Glorieuses*[3], c'est-à-dire à l'issue d'un long parcours d'enracinement et d'extension des *welfare* nationaux, auquel l'intégration européenne apporte sa contribution en soutenant « ce cercle vertueux en veillant à l'interdépendance économique et en facilitant les flux commerciaux, garantissant ainsi des taux de croissance plus élevés et des dividendes fiscaux plus importants[4] ». Dans le même temps, la logique d'ouverture intrinsèque au processus intégrationniste agit sur la logique de fermeture des systèmes sociaux nationaux par le biais de règlements, de directives, de jugements[5], visant à ouvrir des « brèches dans les espaces domestiques de la citoyenneté[6] », comme souligné dans le cas de la protection sociale des travailleurs migrants. Toutefois, cela ne remet pas en cause la solidité du compromis

---

[1] A. Cantaro, « Ascesa e declino dell'eccezionalismo », dans A. Cantaro (sous la direction de), *Quo vadis Europa ? Stabilità e crescita nell'ordinamento europeo*, 56.

[2] F. Saitto, « "Risocializzare l'Europa". La dimensione sociale europea tra economia di mercato e integrazione sovranazionale », *Rivista di Diritti comparati*, n. 3/2017, 90-91.

[3] J. Fourastié, *Les trente glorieuses ou la révolution invisible*, Fayard, Paris, 1979.

[4] M. Ferrera, *The Boundaries of Welfare. European Integration and the New Spatial Politics of Social Protection*, 105.

[5] Le premier arrêt dans ce domaine est CJE, 75/63, *Mrs. M. K. H. Hoekstra v. Bestuur der Bedrijfsvereniging voor Detailhandel en Ambachten* (Administration of the Industrial Board for Retail Trades and Businesses), 19 mars 1964, 177.

[6] M. Ferrera, *The Boundaries of Welfare. European Integration and the New Spatial Politics of Social Protection*, 106.

initial, et donc la capacité des États membres à maintenir leur autonomie sociale.

Cet équilibre s'affaiblit progressivement au fil des ans en raison de divers facteurs, dont les effets seront de longue durée, se propageant et s'enracinant progressivement au fil des années. Parmi ceux-ci, il faut citer 1) les deux crises pétrolières (1973 et 1979) et les phénomènes de stagflation qui en découlent et qui, par la combinaison de phénomènes inflationnistes et de stagnation économique, compromettent la capacité des États à poursuivre l'objectif du plein emploi et à contrer le chômage croissant ; 2) l'abandon des accords de Bretton Woods et des politiques de contrôle des mouvements de capitaux, avec pour conséquence l'augmentation de la mobilité et la financiarisation du capital, limitant la capacité des États européens « de gouverner leurs propres données macroéconomiques de manière indépendante[1] » ; 3) des changements démographiques majeurs, tels que le vieillissement de la population et l'augmentation de la participation des femmes au marché du travail, à l'origine de l'augmentation des coûts sociaux ; 4) les pressions et contraintes financières imposées par une économie de plus en plus mondialisée.

Les directives analysées dans le paragraphe précédent constituent une première réponse européenne à cette période difficile, une réponse centrée sur l'actionnement de « toutes les capacités existantes tant au niveau national qu'au niveau communautaire, sans remettre en cause explicitement la division du travail entre les deux[2] ».

Toutefois, cette réponse s'avère incapable de faire face aux problèmes émergeant dans le cadre d'un scénario économique profondément changé et en pleine évolution. À la différence de la première phase du processus d'intégration européenne, « l'ancien compromis institutionnel des années 1950 (*market-making* au niveau communautaire, *market-correcting* au niveau national)[3] » apparaît inadéquate par rapport à l'objectif de « sauver l'État-nation cette fois-ci[4] ». La crise impose l'élaboration de nouvelles réponses, la mise en œuvre de nouvelles stratégies, la réorganisation du processus d'intégration européenne à partir de principes directeurs différents de ceux en vigueur jusqu'à présent. Dans le même temps, la construction juridico-institutionnelle de la Communauté ne confère pas à celle-ci les compétences nécessaires pour apporter des réponses capables de « lier la forte poussée vers l'intégration économique par la construction juridique d'un marché commun à une défense tout aussi rigoureuse des prérogatives

[1] L. Paggi, « Europeismo. "Ideologia politica funzione degli scambi" o utopia consolatoria ? », dans A. Cantaro (sous la direction de), *Quo vadis Europa ? Stabilità e crescita nell'ordinamento europeo*, 47.

[2] M. Ferrera, *The Boundaries of Welfare. European Integration and the New Spatial Politics of Social Protection*, 112.

[3] Ibidem, 113.

[4] Ibidem.

nationales dans le domaine social[1] ». L'inefficacité des modèles de référence établis ouvre des espaces d'influence en faveur de « communautés épistémiques influentes[2] » désireuses de modifier les critères normatifs régissant le processus d'intégration européenne à la lumière des difficultés croissantes. En effet, c'est particulièrement à ce moment qu'un ensemble d'idées prend de plus en plus de poids, tant sur le plan politico-institutionnel que sur le plan intellectuel. Ces idées concernent « une foi croissante dans les vertus et les capacités du secteur privé[3] » (y compris dans le domaine des services sociaux), c'est-à-dire dans la capacité du marché à apporter des réponses efficaces aux besoins des citoyens considérés avant tout comme des consommateurs ; la diffusion d'une méfiance à l'égard des prestations produites par des systèmes de sécurité sociale étendus qui, au contraire, sont susceptibles de « produire des "trappes à pauvreté" ou une "dépendance renforcée" », et de décourager ainsi la participation au marché du travail ; plus généralement, l'affirmation du marché comme lieu de réalisation de l'émancipation sociale des individus. Ce qui est pertinent pour ce travail, c'est d'identifier les étapes de cette évolution normative, et donc les mutations dans la manière de concevoir la relation entre la sphère économique et la sphère sociale au sein du processus d'intégration européenne.

Les initiatives entreprises par les institutions européennes pour sortir de la crise rendent manifeste la priorité qu'elles identifient pour servir ce but. Face à « un syndrome complexe de déclin économique et d'impasse institutionnelle[4] », l'objectif principal est alors de redéfinir le cadre réglementaire concernant le marché unique supranational afin d'étendre la portée normative du principe concurrentiel et d'abandonner le modèle harmonisateur.

Les jalons de ce changement de cap se trouvent dans l'activité de la Cour de justice européenne. Tout d'abord, la Cour participe de manière décisive au processus graduel de constitutionnalisation de l'ordre communautaire par l'introduction de deux principes fondamentaux :

- le principe de l'effet direct ou de l'applicabilité directe des normes communautaires[5], qui dispose que « lorsque le droit communautaire [...]

---

[1] S. Giubboni, *Social rights and market freedom in the European Constitution : a labour law perspective,* 59. Voir aussi G. Majone, « The European Community between Social Policy and Social Regulation », *Journal of Common Market Studies*, vol. 31, n. 2, 153-170, 1993.

[2] S. Giubboni, *Social rights and market freedom in the European Constitution : a labour law perspective*, 59.

[3] N. Gilbert, « Citizenship in the Enabling State : The Changing Balance of Rights and Obligations», dans A. Evers, A. M. Guillemard (sous la direction de), *Social policy and citizenship : the changing landscape*, Oxford University Press, Oxford, 2013, 84.

[4] M. Ferrera, *The Boundaries of Welfare. European Integration and the New Spatial Politics of Social Protection*, 113.

[5] Arr. 26/62, N*VAlgemene Transport-en Expeditie Onderneming van Gend & Loos v. Netherlands Inland Revenue Administration*, 1963.

impose des obligations précises et inconditionnelles aux particuliers, aux États membres et aux institutions communautaires [...], ces obligations sont directement applicables dans les relations inter-privées, se convertissent en droits subjectifs[1] » justiciables ;

- le principe de la primauté du droit communautaire sur les droits nationaux[2], primauté qui renforce manifestement la capacité à agir de la Cour et de la Commission.

De nombreux auteurs utilisent le terme de "constitutionnalisation" pour désigner la métamorphose des traités européens d'« un ensemble de dispositions juridiques engageant les États souverains à un régime verticalement intégré conférant des droits et des obligations judiciairement opposables à toutes les personnes et entités juridiques, publiques et privées, sur le territoire de la Communauté européenne[3] ». L'affirmation des principes susmentionnés constitue alors une étape fondamentale dans ce processus transformatif ainsi que dans l'approfondissement de la susdite *integration-through-law*. Dans le même temps, ils rendent possible l'ancrage d'une base juridique potentiellement capable de restreindre la capacité des États membres « d'exclure les structures d'autorité externes de leur espace juridictionnel[4] », et donc de défendre leur autonomie sociale, l'équilibre délicat entre l'intégration économique supranationale et les systèmes sociaux nationaux : associer les principes de l'effet direct et de la suprématie du droit communautaire aux quatre libertés fondamentales des traités signifie que ces dernières « peuvent être invoquées par tout acteur économique devant les tribunaux nationaux, la CJCE pouvant jouer le rôle d'arbitre ultime[5] ». Il est donc nécessaire d'identifier les premiers cas à travers lesquels l'activité de la Cour se traduit en un facteur d'affaiblissement de l'équilibre mentionné et de propagation de la normativité du principe concurrentiel : mon objectif est d'extrapoler le contenu de ce tournant interprétatif, qui est décisif parce qu'il redéfinit l'orientation du processus d'intégration européenne.

De cette nouvelle phase, l'arrêt *Dassonville* de la Cour du 11 juillet 1974 constitue le moment inaugural. Ce cas, concernant l'importation de whisky écossais en Belgique en provenance du Royaume-Uni, met au centre de l'attention la notion de "mesure d'effet équivalent à une restriction

[1] A. Cantaro, *Il secolo lungo. Lavoro e diritti sociali nella storia europea*, 175.

[2] Arr. 6/64, *Flaminio Costa v. E.N.E.L.*, 1964.

[3] A. Stone Sweet, J. Caporaso, « From Free Trade to Supranational Polity : The European Court and Integration », dans W. Sandholtz and A. Stone Sweet (sous la direction de), *European Integration and Supranational Governance*, cité par M. Ferrera, *The Boundaries of Welfare. European Integration and the New Spatial Politics of Social Protection*, 98.

[4] M. Ferrera, *The Boundaries of Welfare. European Integration and the New Spatial Politics of Social Protection*, 99.

[5] D. Schiek, « Re-embedding economic and social constitutionalism : Normative perspectives for the EU », 26.

quantitative[1]". L'art. 30 du traité CEE établit que "les restrictions quantitatives à l'importation ainsi que toutes mesures d'effet équivalent sont interdites entre les États membres, sans préjudice des dispositions ci-après". Les critères interprétatifs utilisés par la Cour à cet égard avant cet arrêt relèvent de la démarche générale de libéralisation des échanges entre États. En particulier, dans l'arrêt *Statistical Levy*, le jugement de la Cour s'articule autour de la « distinction entre les règles régissant l'accès au marché et les règles régissant la réglementation du marché et considère que les premières devraient effectivement être *obstacle-based* et les secondes *discrimination-based*[2] ». La logique de cette distinction réside, une fois de plus, dans la combinaison de mesures visant à l'implémentation du marché unique (comme celles interdisant les comportements protectionnistes) et à la préservation de l'autonomie sociale des États membres, et donc d'une marge considérable en ce qui concerne « les choix [...] sociaux et économiques[3] » ; une combinaison cohérente avec l'équilibre sanctionné par le compromis initial entre l'impératif supranational d'intégration économique et l'impératif national de protection des systèmes sociaux.

L'arrêt *Dassonville* s'avère alors très significatif dans la mesure où, à travers lui, se produit le premier glissement normatif par rapport au paradigme originaire. En l'occurrence, la Cour « au lieu d'affirmer [...] la distinction entre la réglementation qui interdit l'accès au marché et la réglementation interne au marché qui, toutefois, permet l'accès au marché des produits importés [...] amalgame les deux et applique ensuite aux deux la même interdiction portant sur les obstacles injustifiés, qu'ils soient ou non discriminatoires et/ou protectionnistes[4] ». Comme déjà évoqué, le point sur lequel le changement d'interprétation s'applique concerne la notion de "mesure d'effet équivalent à une restriction quantitative", car cette notion encapsule désormais toutes "les règles édictées par les États membres qui sont susceptibles d'entraver, directement ou indirectement, effectivement ou potentiellement, les échanges commerciaux intracommunautaires[5]". La normativité du principe concurrentiel acquiert ainsi une grande potentialité de propagation en vertu de l'applicabilité désormais omni-pénétrante de l'interdiction découlant de la notion de "mesure d'effet équivalent" : l'effet

[1] « L'exigence par un État membre d'un certificat d'authenticité plus difficilement accessible aux importateurs d'un produit authentique régulièrement en libre pratique dans un autre État membre qu'aux importateurs du même produit en provenance directe du pays d'origine constitue une mesure d'effet équivalent à une restriction quantitative incompatible avec le traité ». CJE, 8/64, *Dassonville*, 11 juillet 1974.

[2] J. Weiler, « Constitution of the Common Market : text and context in the evolution of the free movement of goods », dans P. Craig, G. de Burca (sous la direction de), *The evolution of the EU Law*, cité par S. Giubboni, *Social rights and market freedom in the European Constitution : a labour law perspective*, 169.

[3] Ibidem.

[4] Ibidem.

[5] CJE, *Dassonville*, para 5.

de *spillover* des libertés fondamentales du marché unique trouve ici son origine dans le fait qu'il ne s'agit plus seulement d'interdire les mesures à caractère discriminatoire, mais d'encadrer tout secteur en connexion avec le marché de manière à empêcher en tout point toute disposition potentiellement à même d'ériger des clôtures à l'approfondissement de l'intégration marchande.

Le déclenchement de cet effet dû à la réinterprétation de l'art. 30 contient *in nuce* son extensibilité aux domaines concernant l'autonomie sociale des États membres, et donc à ce qui concerne leur éventail décisionnel en matière de systèmes de *welfare* et de travail ; on y trouve l'émergence de l'asymétrie entre la sphère économique et la sphère sociale au sein du processus d'intégration européenne et une accélération de la logique marchande, puisque l'art. 30 se resémantise de manière à devenir – « surtout entre les mains de ceux qui opèrent économiquement à l'échelle communautaire et qui sont donc les plus "naturellement" intéressés à maximiser ses effets libéralisateurs – un instrument qui pourrait être utilement invoqué, dans le cadre de stratégies judiciaires sciemment élaborées, non seulement pour garantir l'accès de leurs marchandises aux marchés des autres États membres [...] mais [...] pour s'assurer l'accès au marché tout court afin d'atteindre une plus grande liberté économique[1]». Dans cette dynamique, le déséquilibre émergeant se manifeste comme une dislocation hiérarchique des priorités économiques supranationales et des priorités sociales nationales, qui reconfigurent désormais leur relation en termes de subordination des secondes aux premières dans la mesure où les dispositions sociales adoptées au niveau national deviennent systématiquement susceptibles d'être soumises au contrôle de la sémantique envahissante de l'art. 30.

L'arrêt *Cassis de Dijon* de la Cour du 20 février 1979, concernant l'importation en République fédérale d'Allemagne de la liqueur française *Cassis de Dijon*, constitue un pas supplémentaire dans la direction tracée par l'arrêt *Dassonville* puisque, par ce biais, le principe de la reconnaissance mutuelle[2] est reconnu pour la première fois. Ce principe établit que, sauf dans des cas exceptionnels (relatifs à la santé, à la sécurité et à l'environnement), les produits légalement fabriqués et commercialisés dans un État membre doivent également pouvoir être commercialisés dans les autres États membres. L'élément clé extrapolable de ce principe réside dans la « présomption que toute marchandise considérée comme négociable dans

---

[1] S. Giubboni, *Social rights and market freedom in the European Constitution : a labour law perspective*, 170.

[2] La Cour estime qu'il n'y a pas de « de raison valable pour laquelle, à condition qu'elles aient été légalement produites et commercialisées dans l'un des États membres, les boissons alcoolisées ne devraient pas être introduites dans un autre État membre ». CJE, 120/78, *Cassis de Dijon*, 20 févier 1979.

un État membre est libre de circuler dans l'ensemble du marché commun[1] » parce que c'est sur la base de cette présomption que les États sont maintenant contraints de « justifier devant la Cour tout impact [...] de leur législation nationale sur le commerce transfrontalier[2] ». Cela modifie profondément l'approche initiale des institutions communautaires : il ne s'agit plus d'assurer des conditions équitables pour la libre circulation des marchandises par des directives harmonisatrices définissant les niveaux réglementaires à respecter, mais de faire en sorte que l'« équivalence présumée entre les standards établis dans le pays d'origine et ceux établis dans le pays de destination[3] » agisse en tant que vecteur de facilitation et d'intensification de la circulation et des échanges commerciaux dans le marché unique à travers la réduction de l'« harmonisation [...] au respect de niveaux de sécurité minimaux, confiés à un processus de régulation technique[4] », sauf dans quelques cas exceptionnellement importants et d'intérêt général. Comme nous le verrons, le principe de reconnaissance mutuelle constitue un moment charnière dans le processus de propagation progressive de la logique concurrentielle en ce que, en se substituant à la technique de l'harmonisation vers le haut et en organisant la circulation des marchandises autour du respect de standards minimaux, il fait en sorte que « le choix du droit devienne prérogative des opérateurs économiques [...] dans une logique de concurrence ouverte entre les systèmes juridiques[5] ».

Par conséquent, le champ d'application de ce principe (étendu depuis 1991 à toutes les libertés fondamentales du Marché unique[67]), dans le sillage de l'arrêt *Dassonville* et en continuité avec celui-ci quant à la dynamique de resémantisation de l'art. 30, s'inscrit dans le processus de fragilisation de l'équilibre initial et d'affirmation progressive de la primauté de la rationalité économique du marché concurrentiel sur les exigences d'ordre social, favorisé par le renforcement subreptice des compétences communautaires par rapport à la capacité d'agir de la sphère politique nationale en la matière. En d'autres termes, la reconstruction de cette activité jurisprudentielle permet de saisir la centralité du rôle ainsi acquis par la Cour en ce qui concerne l'équilibrage entre les exigences dictées par le marché concurrentiel et celles dictées par les objectifs de protection sociale

[1] D. Schiek, « Re-embedding economic and social constitutionalism : Normative perspectives for the EU », 26.
[2] Ibidem.
[3] S. Giubboni, *Diritti e solidarietà in Europa. I modelli sociali nazionali nello spazio giuridico europeo*, 51.
[4] Ibidem.
[5] Ibidem, 52 ; M. Gnes, *La scelta del diritto. Concorrenza fra ordinamenti, arbitraggi, diritto comune europeo*, Giuffrè. Milan, 2004, cité par S. Giubboni, *Diritti e solidarietà in Europa. I modelli sociali nazionali nello spazio giuridico europeo*, 51.
[6] CJE, 76/90, *Säger*, 25 juillet 1991.
[7] Le principe de la reconnaissance mutuelle est ensuite reconnu et établi par le règlement (CEE) n. 764/2008, JO 2008 n. L218/21.

constitutionnellement sanctionnés : cette activité jette les bases d'un *modus operandi* par lequel la Cour non seulement juge les choix nationaux en matière sociale en fonction de leur durabilité et de leur efficacité économique, mais les compare également, « conformément au principe de proportionnalité, avec toutes les mesures alternatives possibles qui, en étant moins restrictives, seraient susceptibles de produire un bénéfice net plus élevé[1] ». Il s'agit d'un passage très significatif : la normativité du marché concurrentiel affirme ainsi sa suprématie en s'enracinant dans le glissement sémantique par lequel une mesure sociale se qualifie comme acceptable seulement si « elle remplit un critère non seulement de pertinence politique, mais aussi de *nécessité*[2] », car « il n'est pas possible d'appliquer des mesures alternatives qui entravent moins le commerce[3] ».

Les effets identifiables de l'activité de la Cour sur le processus d'intégration européenne sont les suivants :

- la resémantisation de l'art. 30 orientée vers la poursuite de l'intégration marchande à travers l'attribution aux principes évoqués dans les arrêts analysés d'un statut constitutionnel, afin d'axer sur eux le processus intégrationniste ;
- l'affirmation de la « *regulatory competition*[4] », par laquelle « le choix du niveau optimal de réglementation est confié au marché et non aux décideurs politiques nationaux ou communautaires[5] », avec pour conséquence le renforcement des pouvoirs réglementaires de la Cour sur les activités des États ;
- la formation d'un noyau éthico-normatif sur la base duquel « toute entrave au libre-échange est en quelque sorte inappropriée et doit être justifiée[6] » et donc l'adoption de critères interprétatifs qui, au nom de la primauté axiologique des quatre libertés fondamentales, manifestent leur contradiction potentielle au regard des priorités sociales caractérisant les systèmes constitutionnels des États membres, posant ainsi les bases de l'émergence de ce qui sera appelé plus tard le "déficit social européen".

La Cour fait ainsi de l'art. 30 "réinterprété" un instrument d'ouverture et de libéralisation des économies nationales au sein du marché unique ainsi que d'enracinement et de réitération de la nouvelle manière de relier le "bon" fonctionnement du marché concurrentiel et les systèmes de sécurité sociale.

---

[1] S. Giubboni, *Social rights and market freedom in the European Constitution : a labour law perspective*, 174.
[2] M. Barbera, *Dopo Amsterdam. I nuovi confini del diritto sociale comunitario*, Promodis Italia, Brescia, 2000, cité par S. Giubboni, *Social rights and market freedom in the European Constitution : a labour law perspective*, 174.
[3] Ibidem.
[4] Ibidem, 171.
[5] Ibidem.
[6] Weiler, *Constitution of the Common Market : text and context in the evolution of the free movement of goods*, cité S. Giubboni, *Social rights and market freedom in the European Constitution : a labour law perspective*, 171.

Comme le montrent des arrêts ultérieurs tels que *Commission v France*[1] ou *Decker*[2], la Cour agit de manière à implémenter « l'*effet utile* de l'art. 30 dans la plus grande mesure possible[3] » : elle ne se borne pas à étendre la portée de l'art. 30 aux mesures relevant de la protection sociale et à interdire les mesures législatives nationales ne s'inscrivant pas dans la logique normative du marché commun, mais agit également de manière à identifier les mesures qu'un État devrait adopter pour promouvoir cette logique et qu'il n'a pas encore adoptées, élargissant ainsi son champ d'application de ce qu'un État a fait ou fait actuellement à ce qu'un État "devrait" faire et omet de faire. Le champ d'application de l'art. 30 prend ainsi une extension et une prééminence non prévues initialement dans le compromis initial, remettant sérieusement en cause l'autonomie sociale des États membres.

L'Acte unique européen

Le processus d'effritement progressif du compromis initial et du principe normatif de l'harmonisation sociale vers le haut franchit une nouvelle étape à la suite de la ratification de l'Acte unique européen en 1986[4]. Ce document, précédé par le Livre blanc de 1985 et ayant pour but d'accélérer le processus intégrationniste par l'approfondissement du marché unique, constitue un autre moment clé dans le « processus non linéaire de métamorphose constitutionnelle[5] » de la Communauté européenne. En ce sens, les éléments les plus significatifs de l'Acte unique sont à rechercher :

- dans la modification législative, réalisée à partir de l'art. 100a du traité CEE, qui introduit le principe de la majorité qualifiée dans le cadre de la promulgation des directives liées au fonctionnement du marché unique tout en précisant que cette modification, en ce qui concerne la sphère sociale, "ne s'applique pas aux dispositions fiscales, aux dispositions relatives à la libre circulation des personnes et à celles relatives aux droits et intérêts des travailleurs salariés", mais seulement "au rapprochement des dispositions législatives, réglementaires et administratives" en matière de santé et de sécurité (ex art. 118a), laissant ainsi les « questions de politique sociale dans leur ensemble [...] soumises au consentement unanime[6] » ;

[1] CJE, 265/95, *Commission des Communautés européennes contre République française*, 9 décembre 1997.
[2] CJE, 120/95, *Nicolas Decker contre Caisse de maladie des employés privés*, 29 avril 1998.
[3] S. Giubboni, *Social rights and market freedom in the European Constitution : a labour law perspective*, 175.
[4] L'Acte unique européen est le traité modifiant le traité de Rome de 1957 instituant la Communauté économique européenne.
[5] S. Giubboni, *Social rights and market freedom in the European Constitution : a labour law perspective*, 24.
[6] S. Leibfried, P. Pierson, « The Prospects for Social Europe », 22.

- dans la focalisation sur la dimension négative du processus d'intégration via l'application du principe de reconnaissance mutuelle (ex art. 100) afin de rapprocher sensiblement les mesures, dispositions, etc. des États membres afférentes à la sphère de la libre circulation des biens et des services sur la base de standards définis au niveau européen, tout en excluant le secteur du marché du travail ;

- dans la poursuite de l'amélioration des conditions de travail dans les États membres (ex art. 118a) par la mise en œuvre d'une stratégie fondée sur l'adoption de "prescriptions minimales applicables progressivement" (ex art. 118a) et compatibles avec la « compétitivité des entreprises européennes, en particulier celles de petite et moyenne taille[1] ».

Tout d'abord, le choix d'appliquer le principe de la majorité qualifiée afin de dynamiser le marché concurrentiel tout en maintenant le principe de l'unanimité en matière de politiques sociales communautaires (sauf dans les domaines de l'hygiène et de la sécurité) « institutionnalise l'asymétrie[2] » déjà présente dans l'activité jurisprudentielle de la Cour entre les priorités économiques et sociales. Tandis que, d'une part, le principe de la majorité qualifiée facilite les procédures à travers lesquelles des mesures visant à surmonter les obstacles à l'intégration marchande peuvent être adoptées dans les circonstances qui l'exigent, d'autre part « le fait que des politiques inacceptables même pour un seul membre puissent être bloquées semble limiter la CE à des stratégies basées sur le "plus petit dénominateur commun"[3] ». En effet, l'adoption d'une stratégie ayant comme principe directeur le partage « de standards minimaux à implémenter graduellement (tout en évitant de menacer la compétitivité)[4] » signale *de facto* un moment de césure et d'éloignement du modèle de l'harmonisation vers le haut des systèmes sociaux nationaux, car cette stratégie, située dans un contexte de compétitivité économique accrue, ne peut conduire qu'à une « interprétation réductrice des standards sociaux[5] ».

Dans le même temps, le principe de reconnaissance mutuelle agit comme un opérateur de simplification de l'harmonisation du Marché unique[6] : si, d'une part, ne s'appliquant pas aux marchés nationaux du travail, il respecte

---

[1] S. Giubboni, *Social rights and market freedom in the European Constitution : a labour law perspective*, 238.
[2] Ibidem, 237.
[3] S. Leibfried, P. Pierson, « The Prospects for Social Europe », 22.
[4] S. Giubboni, *Social rights and market freedom in the European Constitution : a labour law perspective*, 238.
[5] J. Kenner, *EU Employment Law : from Rome to Amsterdam and beyond*, Bloomsbury Publishing, Londres, 2002, 238, cité par S. Giubboni, *Social rights and market freedom in the European Constitution : a labour law perspective*, 238.
[6] Voir S. Leibfried, P. Pierson, « The Prospects for Social Europe », 30.

la rationalité territoriale[1] organisant la protection sociale au sein des États membres et donc le principe de leur autonomie sociale, d'autre part, il « rend possible l'intégration économique sans remplacer les réglementations nationales au niveau supranational et sans créer d'institutions politiques supranationales[2] », approfondissant davantage l'asymétrie susmentionnée et la dimension "négative" de l'intégration. En outre, le principe de reconnaissance mutuelle agit également comme amplificateur de la normativité concurrentielle dans la mesure où, à travers lui, « le niveau optimal de réglementation n'est pas fixé par une décision politique prise par les législateurs communautaires, mais il est établi par le marché, qui donnera la préférence – parmi les systèmes normatifs concurrents – à ceux qui sont jugés plus efficaces ou simplement avantageux[3] ». En ce sens, l'élément stratégiquement décisif réside dans l'établissement d'un cadre réglementaire à même de déterminer les conditions d'une "mise en concurrence" de plus en plus générale et envahissante des systèmes nationaux, de manière à étendre progressivement le rôle du marché en tant qu'institution sociale décidant des standards à adopter car plus efficient que la décision politique. L'harmonisation se transforme ainsi en un processus de compression toujours plus strict de la possibilité, pour les États membres, de recourir, directement ou indirectement et au nom d'objectifs et de valeurs constitutionnellement sanctionnés, à des principes normatifs autres que celui concurrentiel[4].

La tendance ressortant de l'analyse de l'activité jurisprudentielle depuis l'affaire *Dassonville* est donc confirmée et implémentée par l'Acte unique européen, qui contribue ainsi à l'approfondissement de la fracture de la « complémentarité[5] » originelle entre les exigences dictées par la construction du marché unique et celles dictées par la défense de la spécificité des systèmes sociaux nationaux. Malgré l'ancrage juridique au niveau européen des normes concernant la sécurité et l'hygiène au travail (ex art. 118a), le critère interprétatif qui s'impose graduellement est celui selon lequel « les systèmes nationaux de droit du travail et de sécurité sociale [...] représentent [...] des obstacles concrets à la circulation libre et non faussée

[1] Pour le concept de "rationalité territoriale", voir M. Ferrera, *The Boundaries of Welfare. European Integration and the New Spatial Politics of Social Protection*, Oxford University Press, Oxford, 2005 ; F. Ewald, *L'État providence*, Bernard Grasset, Paris, 1986.

[2] S. Giubboni, *Social rights and market freedom in the European Constitution : a labour law perspective*, 79.

[3] Ibidem, 78-79.

[4] Rappelons que l'Acte unique européen stipule au point 4 de l'art. 100a, que "lorsqu'après l'adoption d'une mesure d'harmonisation par le Conseil, statuant à la majorité qualifiée, un État membre estime nécessaire d'appliquer des dispositions nationales justifiées par des exigences importantes visées à l'art. 36 ou relatives à la protection du milieu de travail ou de l'environnement il les notifie à la Commission".

[5] S. Giubboni, *Social rights and market freedom in the European Constitution : a labour law perspective*, 50.

des biens et des services dans le marché unifié ou une distorsion injustifiée de la concurrence à l'intérieur de celui-ci[1] », plutôt qu'une gamme de droits-devoirs de nature constitutionnelle intrinsèquement liée à la nature démocratique de l'exercice du pouvoir.

La notion d'abus automatique, l'extension du concept d'entreprise et le dumping salarial dans l'activité de la Cour

Les analyses menées à propos de la position interprétative adoptée par la Cour de justice dans les affaires mentionnées et à propos du contenu de l'Acte unique européen répondent à un objectif principal, qui est d'identifier, dans le processus d'intégration européenne, le moment clé du glissement du compromis initial basé sur la complémentarité entre l'intégration économique supranationale et l'intégration sociale nationale vers l'assomption définitive du critère normatif de la maximisation du principe concurrentiel, lequel, de principe régissant la construction du marché unique, s'impose comme fin en soi, en affirmant progressivement sa primauté dans des secteurs auparavant immunisés ou partiellement immunisés contre son "emprise". Après cette phase, l'« infiltration[2] » de ce principe répondant à l'objectif d'établir un système compétitif exempt d'effets distorsifs sur la concurrence s'étend considérablement, impliquant notamment l'activité des monopoles publics ainsi que la sphère de la protection sociale et de la libre prestation de services. En ce qui concerne le premier secteur, il s'agit d'extraire le contenu fondamental du « recentrage radical de l'intervention communautaire – auparavant concentrée presque exclusivement sur la conduite des particuliers et maintenant principalement orientée vers l'interférence des gouvernements nationaux sur le processus compétitif[3] ». À travers les arts. 85-94, le traité CEE établit les règles de concurrence, en indiquant quelles pratiques (accords entre entreprises, fixation des prix, limitation de la production, etc.) sont incompatibles avec le fonctionnement du marché unique. En particulier, l'art. 90 dispose l'assujettissement aux règles de concurrence des entreprises publiques ou ayant des droits spéciaux et responsables "de la gestion de services d'intérêt économique général ou présentant le caractère d'un monopole fiscal[4]", tandis que l'art. 86 formule l'interdiction "pour une ou plusieurs entreprises d'exploiter de façon abusive une position dominante sur le marché commun ou dans une partie substantielle de celui-ci". L'approche adoptée en la matière par les institutions communautaires jusqu'à cette période reflète la logique du

---

[1] Ibidem, 167.
[2] Ibidem, viii.
[3] Ibidem, 184.
[4] Sauf dans les cas où le respect des règles de concurrence est totalement incompatible avec la mission à accomplir.

compromis initial, car « les règles relatives à la concurrence sont interprétées de manière très contraignante à l'égard des entreprises privées[1] », mais pas en ce qui concerne « les politiques étatiques ayant des effets de distorsion sur la concurrence elle-même[2] ». En d'autres termes, les activités des entreprises publiques exerçant une position dominante/monopolistique sur le marché ou bénéficiant de droits spéciaux obtenus par le biais de l'État sont considérées comme compatibles avec les normes communautaires si elles ne se basent pas sur des pratiques discriminatoires et si elles répondent à des nécessités d'ordre général identifiées par le niveau politique national[3] ; dans cet état de fait, la normativité du principe concurrentiel est considérablement atténuée et les États conservent de larges marges d'action dans des secteurs centraux pour leur légitimité démocratique et constitutionnelle, comme le domaine social.

À partir du milieu des années 80, le critère interprétatif par lequel les institutions communautaires lisent les dispositions contenues dans l'art. 90 se modifie substantiellement. Ce bouleversement s'opère principalement à travers une directive de la Commission[4] concernant le contenu de l'art. 90 et, surtout, à travers une série d'arrêts de la Cour de justice[5] qui, après avoir remis en cause la compatibilité présumée entre les règles concurrentielles et les activités des entreprises monopolistiques ou des entreprises bénéficiant de droits spéciaux conférés par l'État en soulignant que cette compatibilité doit au contraire être soigneusement appréciée par la Cour au cas par cas, élaborent « le nouveau concept d'abus inévitable ou automatique lié à la position dominante d'un monopole public ou d'une entreprise bénéficiant de droits spéciaux[6] ». Ce concept est le résultat d'une évolution jurisprudentielle qui, à partir de l'art. 5, relie automatiquement l'attribution à une entreprise d'un droit exclusif à son exercice abusif et à la création inévitable de positions dominantes incompatibles avec le fonctionnement correct du marché unique. Dans cette évolution, la dynamique d'amplification de la normativité concurrentielle est détectable dans le renversement conduisant de la « présomption de légitimité[7] » à la présomption d'illégitimité des monopoles en tant que violant les « arts. 86 et 90 (1) […] à moins qu'il ne soit prouvé que des droits et pouvoirs

[1] A. Cantaro, *Il secolo lungo. Lavoro e diritti sociali nella storia europea*, 190.
[2] Ibidem.
[3] Voir CJE, 155/73, *Sacchi*, 30 avril 1974.
[4] Directive 88/301/CEE.
[5] CJE, 202/88, *Telecommunications Terminals*, 19 mars 1991 ; CJE, 41/90, *Hofner and Elser v Macrotron Gmbh*, 23 avril 1991 ; CJE, 260/89, *Elleniki Radiophonia Tileorasi*, 18 juin 1991 ; CJE, 179/90, *Merci Convenzionali Porto di Genova v Siderurgica Gabrielli*, 10 décembre 1991 ; CJE, 18/88, *Régie des Télégraphes v GB*, 13 décembre 1991.
[6] S. Giubboni, *Social rights and market freedom in the European Constitution : a labour law perspective*, 190.
[7] Ibidem, 188.

exclusifs[1] » sont « essentiels à l'accomplissement, en droit ou en fait, de la fonction particulière d'intérêt général confiée à l'entreprise concernée[2] ». Comprendre la portée de ce renversement signifie comprendre la prémisse qui le sous-tend, à savoir que, sauf dans de rares cas, « l'intérêt général est mieux servi par les mécanismes de régulation d'un marché concurrentiel[3] » : le renforcement ainsi opéré de la primauté du principe concurrentiel contribue à l'ébranlement de l'équilibre initial en ce qu'il érode davantage l'autonomie sociale des États membres et donc leur capacité d'agir conformément à un imaginaire normatif dans lequel le développement du système économique marchand et les libertés connexes s'enchâssent dans un système de valeurs non entièrement assimilables à la logique concurrentielle, surtout en ce qui concerne la garantie des services fondamentaux. La tendance qui se dessine au sein du processus intégrationniste est de réduire au minimum les possibilités de s'affranchir du centre normatif fondamental, celui concurrentiel, et donc de limiter l'extension des services publics (fondamentaux pour la réalisation des ressources normatives du constitutionnalisme social) à la fourniture de prestations essentielles, de base.

Dans la même phase jurisprudentielle, la Cour élabore une autre doctrine destinée à corroborer la normativité concurrentielle, identifiable dans l'application extensive du concept d'entreprise à « toute entité exerçant une activité économique, indépendamment de son statut juridique et de son mode de financement[4] ». Sauf dans les rares cas où la nature de l'activité est telle qu'elle doit nécessairement être exercée par des institutions publiques, toute entité « engagée dans une activité qui pourrait, au moins en principe, être exercée par une entreprise privée pour en tirer des profits[5] » est soumise aux normes communautaires de la concurrence. L'adoption de ce critère par la Cour permet d'attirer dans le champ de la normativité concurrentielle un éventail large et différencié d'activités et de sujets, en resémantisant leur contenu selon la logique marchande, c'est-à-dire en les associant aux priorités liées à la participation au système compétitif (avant tout celle de réaliser des profits), même dans le cas d'« entités qui ne sont traditionnellement pas connectées à la logique entrepreneuriale[6] ».

---

[1] Ibidem, 191.
[2] Ibidem.
[3] Ibidem, 193.
[4] CJE, 41/90, *Hofner and Elser v Macrotron Gmbh*, 23 avril 1991.
[5] Advocat Général, CJE, 67/96, *Albany International BV*, 21 septembre 1999, cité par S. Giubboni, *Social rights and market freedom in the European Constitution : a labour law perspective*, 196.
[6] Di Via, « L'impresa », dans N. Lipari (sous la direction de), *Diritto privato europeo*, CEDAM, Padoue, 1997, 265, cité par S. Giubboni, *Social rights and market freedom in the European Constitution : a labour law perspective,* 196.

Comme le montrent les cas *Hofner*, *INAIL*[1], *Albany International BV*[2], *van der Woude*[3], Coreva[4] etc., la dynamique décrite ci-dessus manifeste sa force envahissante également dans les domaines relevant de la souveraineté sociale des États membres, tels que ceux concernant les organismes publics dédiés à l'emploi, les systèmes de sécurité sociale et les négociations collectives, puisque, dans les appréciations de la Cour, elle conduit à la compression progressive de la légitimité des critères alternatifs à celui formulé par l'Avocat général dans *Albany International BV* et à ce qui en découle. En basant la formulation des jugements sur le principe de proportionnalité, l'effet utile ainsi produit est encore celui de minimiser les exceptions possibles à la normativité concurrentielle : par exemple, en ce qui concerne les systèmes de sécurité sociale, « seule la forme spécifique de solidarité qui s'exprime dans la méthode redistributive est susceptible d'exclure en amont l'applicabilité des règles de compétition et de placer les activités de sécurité sociale en dehors du champ de la notion omnivore d'entreprise[5] ». En ce qui concerne la négociation collective, en revanche, elle n'est pas valorisée, comme c'est le cas dans le développement constitutionnel des États membres, sur la base de la sémantique des droits fondamentaux et de l'autonomie collective, mais d'abord et avant tout sur la base de son instrumentalité par rapport au bon fonctionnement du marché, car « les partenaires sociaux ne restent libres et autonomes que s'ils poursuivent les objectifs qui leur sont propres dans le cadre formel de la négociation collective et se limitent à réglementer les conditions d'emploi sans affecter directement le marché des produits et des services[6] ». Ce dernier élément acquiert davantage de poids, car, à la suite des initiatives de la Commission Delors au cours des années 1980, la phase de « l'expérimentation et [...] la mise en place des acteurs de la négociation collective[7][8] » conduit à l'accord des partenaires sociaux du 31 octobre 1991 (inclus par la suite dans le traité de Maastricht), à travers lequel les

[1] CJE, 218/00, *Cisal di Battistello Venanzio et C. Sas contre INAIL*, 22 janvier 2002.
[2] CJE, 67/96, *Albany International*, 21 septembre 1999.
[3] CJE, 222/98, *Hendrik van der Woude contre Stichting Beatrixoord*, 21 septembre 2000.
[4] CJE, 244/94, *Fédération française des sociétés d'assurance, Société Paternelle-Vie, Union des assurances de Paris-Vie et Caisse d'assurance et de prévoyance mutuelle des agriculteurs contre Ministère de l'agriculture et de la pêche*, 16 novembre 1995.
[5] S. Giubboni, *Social rights and market freedom in the European Constitution : a labour law perspective*, 201.
[6] Ibidem, 204.
[7] P. Pochet, C. Degryse, « The European Social Dialogue : what is the role of employers and what are the hopes for the future ? », dans F. Vandenbroucke, C. Barnard, G. De Baere (sous la direction de), *A European Social Union after the crisis*, 239.
[8] Voir European Trade Union Confederations (ETUC), BusinessEurope (UNICE), European Association of Craft, Small and Medium-size Enterprises (UEAPME) et European Centre of Employers and Enterprises providing Public Services (CEEP).

partenaires sociaux expriment « leur volonté de participer activement à l'élaboration de la politique sociale de l'UE[1] ».

Le processus d'extension progressive de la normativité concurrentielle concerne également la libre prestation de services. Cette fois encore, la modification des critères d'interprétation adoptés par la Cour joue un rôle décisif. Depuis l'arrêt *Rush Portuguesa*[2], le règlement relatif au détachement temporaire de travailleurs effectué dans le cadre d'une prestation de services dans un pays de la Communauté autre que le pays d'origine ne s'articule plus autour de l'art. 39 du traité CEE, et donc autour du principe de l'interdiction des discriminations en raison de la nationalité et de l'égalité de traitement selon les "dispositions législatives, réglementaires et administratives régissant l'emploi des travailleurs nationaux", mais autour de l'art. 49 du traité CEE, qui dispose « l'interdiction de tout obstacle, indistinctement applicable et donc non discriminatoire, qui ne pourrait être justifié par des exigences impérieuses conformément au principe de proportionnalité[3] ». Ce glissement normatif, conduisant l'année suivante à considérer les normes protectrices en vigueur dans le marché du travail du pays d'accueil comme une entrave injustifiable aux libertés du marché (arr. *Säger*[4]) et subséquemment à la directive 96/71/CEE, esquisse un cadre réglementaire favorable à la protection sociale du travailleur détaché temporairement en vertu de la possibilité de recourir à la disposition nationale qui lui est la plus propice. Par conséquent, la défense de l'opportunité pour le travailleur d'obtenir un emploi dans un pays tiers par le biais, par exemple, de l'« avantage comparatif résultant des coûts salariaux moins élevés dans le pays d'origine[5] », entre en contradiction avec l'un des piliers fondamentaux de la phase initiale du processus d'intégration, à savoir la défense des systèmes sociaux contre l'« entrée des standards de protection plus bas du pays d'origine du prestataire de services, avec tout leur potentiel de déréglementation et de déstructuration de l'autonomie normative de l'État membre d'accueil[6] ».

En conclusion, l'implémentation du principe concurrentiel se réalise à ce stade à travers la synergie entre les dispositions appartenant au champ d'application « *ratione personae*[7] » et les dispositions appartenant au champ

[1] P. de Buck, M. Cerutti, « Social Dialogue : why it matter. European Employers Perspective », dans F. Vandenbroucke, C. Barnard, G. De Baere (sous la direction de), *A European Social Union after the crisis*, 213

[2] CJE, 113/89, *Rush Portuguesa*, 27 mars 1990.

[3] S. Giubboni, *Diritti e solidarietà in Europa. I modelli sociali nazionali nello spazio giuridico europeo*, 54.

[4] CJE, 76/90, *Säger*, 25 juillet 1991.

[5] S. Giubboni, *Diritti e solidarietà in Europa. I modelli sociali nazionali nello spazio giuridico europeo*, 56.

[6] Ibidem, 55.

[7] S. Giubboni, *Social rights and market freedom in the European Constitution : a labour law perspective*, 196.

d'application « *ratione materiae*[1] », résultat de l'évolution de la modalité d'interpréter le rapport entre les exigences du marché concurrentiel et les autres sphères réglementaires. Dans ce processus, le « droit communautaire de la concurrence [...] devient un instrument pénétrant de contrôle (et de libéralisation effective) de certaines des formes les plus traditionnelles d'intervention de l'État dans l'économie[2] », le centre normatif à partir duquel le concept dominant d'égalité prend de plus en plus les contours de l'égalité des chances de participer au marché et celui de la solidarité les contours d'« une exception, interprétée de manière restrictive, aux principes de la libre concurrence[3] ». Dans ce contexte, la ratification de la Charte communautaire des droits sociaux fondamentaux des travailleurs lors du Conseil européen de Strasbourg des 8 et 9 décembre 1989, résumant les principes fondamentaux du droit du travail partagés par les États membres, n'apporte pas de changement substantiel à l'asymétrie décrite ci-dessus (déficit social), étant donné qu'il s'agit d'une simple déclaration dépourvue de valeur juridique contraignante, mais ayant tout au plus une signification politique susceptible de donner lieu à des initiatives législatives.

Le traité de Maastricht

Le traité de Maastricht[4] marque une étape décisive dans le processus de constitutionnalisation de l'ordre communautaire ainsi que dans l'approfondissement de la conflictualité entre ce dernier et l'imaginaire normatif du constitutionnalisme social. En cohérence avec ce qui précède, mon objectif est alors de poursuivre, à travers l'analyse de ce « tournant extrêmement important dans le développement du projet d'intégration[5] », le travail de reconstruction de l'acquis social européen et donc de retraçage de la conflictualité évoquée ainsi que de ses évolutions.

Dans l'Acte unique européen « le renforcement des ressources institutionnelles de l'intégration positive [...] en premier lieu par l'introduction du vote à la majorité qualifiée[6] », concerne tout d'abord l'objectif de mettre en place les conditions les plus favorables à l'implémentation du marché unique, ne touchant que marginalement à la

[1] Ibidem.
[2] Ibidem, 197.
[3] A. Supiot, *L'evolution du droit du travail et les taches de la doctrine en l'an 2000*, Hugo Sinzheimer Institut, Amsterdam, 2000, 51, cité par S. Giubboni, *Social rights and market freedom in the European Constitution : a labour law perspective*, 202.
[4] Traité sur l'Union européenne (TUE), signé le 7 février 1992 à Maastricht (Pays-Bas) et entré en vigueur le 1er novembre 1993.
[5] C. Joerges, « Flaws, Old and New, of Economic Governance in Europe », dans A. Cantaro (sous la direction de), *Quo vadis Europa ? Stabilità e crescita nell'ordinamento europeo*, 14.
[6] S. Giubboni, *Social rights and market freedom in the European Constitution : a labour law perspective*, 95.

sphère des politiques sociales. Le traité de Maastricht ne fait que confirmer et approfondir cette approche. Premièrement, le contenu social du traité est plutôt marginal : au nom du progrès économique et social, il prévoit à l'art. B le renforcement de la "cohésion économique et sociale" (auquel le chapitre XIV est également consacré) et l'établissement d'un Fonds social à cet effet (art. 3i), ainsi que le respect des libertés et des droits fondamentaux qui figurent dans les constitutions des États membres (art. F2). Le traité contient aussi des normes concernant le soutien et la contribution de l'Union à la poursuite d'objectifs à caractère social en matière d'éducation (art. 126), de formation professionnelle (art. 127) et de santé (art. 129).

Le document le plus significatif est le Protocole sur la politique sociale contenant un Accord sur la politique sociale engageant 11 des 12 États membres (à la suite de l'auto-exclusion de la Grande-Bretagne comme dans le cas de la Charte communautaire des droits sociaux fondamentaux des travailleurs) autour d'objectifs tels que "la promotion de l'emploi, l'amélioration des conditions de vie et de travail, une protection sociale adéquate, le dialogue social, le développement des ressources humaines permettant un niveau d'emploi élevé et durable et la lutte contre les exclusions". Cet accord permet d'étendre les compétences législatives du niveau européen via la modification de l'art. 118a du traité de Rome, modification définissant la base juridique pour le développement de « prescriptions minimales sous forme de directives européennes dans dix domaines d'intérêt social[1] » (dans cinq d'entre elles à la majorité qualifiée) ne concernant plus seulement la sécurité et la salubrité des conditions de travail, mais portant aussi sur « l'information et la consultation des travailleurs, l'égalité entre les hommes et les femmes et l'intégration des personnes exclues du marché du travail[2] ». Dans les années suivant la signature du traité de Maastricht, ce renforcement des capacités opérationnelles des institutions européennes conduit à l'adoption de directives concernant le temps de travail[3], le congé parental[4], l'information et la consultation des travailleurs des entreprises multinationales[5] et les prestataires de services détachés temporairement[6], en manifestant ainsi son efficacité.

Dans le même temps, l'Accord s'avère faible quant à certains domaines décisifs de la sphère sociale, n'attribuant pas explicitement à la

---

[1] E. Gabaglio, https://www.dizie.eu/dizionario/protocollo-sulla-politica-sociale/, 2002.
[2] Ibidem.
[3] Directive 93/104/CE du Conseil du 23 novembre 1993 concernant divers aspects de l'organisation du travail, du repos, des congés, etc. ; Directive 97/81/CE du Conseil du 15 décembre 1997 sur le travail à temps partiel ; Directive 99/70/CE du Conseil du 28 juin 1999 sur le travail à durée déterminée.
[4] Directive 96/34/CE du Conseil du 3 juin 1996, modifiée en 2010.
[5] Directive 94/45/CE du Conseil du 22 septembre 1994.
[6] Directive 96/71/CE du Parlement européen et du Conseil du 16 décembre 1996.

« compétence communautaire des matières telles que les rémunérations, le droit d'organisation syndicale et le droit de grève et de lock-out[1] » et établissant le vote à l'unanimité du Conseil « pour les décisions relatives à la sécurité et à la protection sociale, à la tutelle des travailleurs en cas de résiliation de leur contrat de travail, à la représentation et à la défense collective des intérêts des travailleurs et des employeurs [...] aux conditions d'emploi des ressortissants de pays tiers et au financement de mesures destinées à promouvoir l'emploi au-delà de ce qui est prévu pour le Fonds social européen[2] ».

Sur la base des finalités énoncées à l'art. 3 du traité ("La Commission a pour tâche de promouvoir la consultation des partenaires sociaux au niveau communautaire" etc.) et de ce que prévoit déjà l'art. 118B de l'Acte unique ("La Commission s'efforce de développer le dialogue entre partenaires sociaux au niveau européen" etc.), l'accord institue, par le biais des arts. 3-4, des procédures permettant de consolider le rôle des partenaires sociaux dans le processus décisionnel européen en leur conférant des pouvoirs consultatifs et négociatifs auprès de la Commission (dans la phase concernant les initiatives législatives) et du Conseil (dans la phase de validation des accords conclus). L'entrée en vigueur de certaines directives[3] repose sur l'adoption de ces procédures, qui constituent des instruments (bien que limités) de « *market-correcting* [...] visant également à protéger la capacité des États-nations à exercer une politique nationale au nom de la subsidiarité[4] » ; dans le même temps, dans le contexte décrit jusqu'à présent « les syndicats [...] ont une capacité limitée à utiliser les leviers de pouvoir au niveau transnational[5] » en raison de multiples facteurs (tels que l'hétérogénéité des réglementations nationales) et, surtout, en vertu de l'architecture économique introduite par le traité de Maastricht.

En effet, dans la dynamique tracée par l'effet de *spillover* inscrit dans le « postulat fonctionnaliste[6] » en tant que « conséquence naturelle du marché unique, de la nécessité inéluctable d'avoir, dans un marché totalement unifié, un seul moyen de paiement[7] » malgré l'hétérogénéité socioéconomique des États de la zone euro, l'apport décisif du traité de Maastricht réside dans l'achèvement de la définition et de la constitutionnalisation de la structure économique et monétaire européenne. Cet achèvement est réalisé à travers la

[1] R. Pilia, *I diritti sociali*, 70.
[2] E. Gabaglio, https://www.dizie.eu/dizionario/protocollo-sulla-politica-sociale/.
[3] En particulier, les personnes en congé parental, travaillant à temps partiel ou à durée déterminée.
[4] E. Christodoulidis, *The redress of law*, 371.
[5] P. Pochet, C. Degryse, « The European Social Dialogue : what is the role of employers and what are the hopes for the future ? », dans F. Vandenbroucke, C. Barnard, G. De Baere (sous la direction de), *A European Social Union after the crisis*, 241.
[6] A. Cantaro, « Ascesa e declino dell'eccezionalismo », dans A. Cantaro (sous la direction de), *Quo vadis Europa ? Stabilità e crescita nell'ordinamento europeo*, 56.
[7] Ibidem.

détermination des limites supérieures du déficit public, de la dette publique et du taux d'inflation que les États membres doivent respecter en tant que membres de l'UEM[1].

Ainsi, « le traité de Maastricht donne [...] à la constitution économique [européenne] une dimension macroéconomique puisqu'elle vise l'ordre économique et monétaire du point de vue non des opérateurs économiques mais de celui de l'Union et de ses membres[2] ». Ce traité confie intégralement la politique monétaire à la Banque centrale européenne, institution indépendante (art. 107 et 108) ayant pour mandat impératif la stabilité des prix (art. 105) et donc « fonctionnalisée à limiter et à contraindre les politiques budgétaires des États membres[3][4] » ; ces dernières, ainsi que les politiques économiques en général, tout en restant du ressort des États membres, doivent respecter (de manière partiellement flexible) les contraintes financières prévues pour encadrer et piloter l'évolution budgétaire des États (le ratio déficit/PIB à 3 % et le ratio dette/PIB à 60 %) ainsi que les exigences liées à la participation à une économie ouverte en libre concurrence. En outre, par le biais des arts. 101 et 103, le traité « interdit à l'euro-système de racheter des instruments des dettes publiques [et] à l'Union et aux États de la zone euro de répondre des engagements d'autres États de la zone[5] ». Comme le précise la Cour de justice[6], ces articles garantissent ainsi "que les États membres restent soumis à la logique du marché lorsqu'ils contractent des dettes, celles-ci devant les inciter à maintenir une discipline budgétaire". Cette dernière est donc interreliée, dans son caractère impératif, aussi bien avec la stabilité monétaire qu'avec la discipline de marché.

Ce qui nous intéresse, c'est que le dispositif économico-politique et institutionnel ratifié à Maastricht non seulement consolide la primauté des normes supranationales concernant le fonctionnement du marché unique et le comportement des États en son sein, tout en réduisant et en disciplinant leurs marges d'action dans le domaine social, mais « transforme simultanément le

---

[1] Une structure qui sera par la suite modifiée, enrichie, implémentée, etc., mais qui restera essentiellement la même.

[2] C. Mongouachon, « Ordolibéralisme et discipline budgétaire européenne : forces et limites de l'analogie », *Politeia* [Les Cahiers de l'Association française des auditeurs de l'Académie internationale de droit constitutionnel], 2019, hal-04064920, 12.

[3] A. Cantaro, *Il secolo lungo. Lavoro e diritti sociali nella storia europea*, 193.

[4] L'objectif est également d'éviter les pratiques de *moral hazard* de la part des États membres, « c'est-à-dire la poursuite de politiques fiscales excessivement expansionnistes dans l'espoir d'un allègement budgétaire de la part du niveau supranational de gouvernement ». F. Losurdo, « Stabilità e crescita da Maastricht al Fiscal compact », dans A. Cantaro (sous la direction de), *Quo vadis Europa ? Stabilità e crescita nell'ordinamento europeo*, 109.

[5] C. Mongouachon, « Ordolibéralisme et discipline budgétaire européenne : forces et limites de l'analogie », *Politeia*, 15.

[6] CJE, 370/12, *Pringle c/ Government of Ireland*, 27 novembre 2012.

cadre constitutionnel des États membres[1] » agissant comme un opérateur d'intensification des lignes de faille émergentes dans la relation entre l'intégration européenne et le constitutionnalisme social. En effet, le processus dynamique d'élargissement et d'institutionnalisation des compétences européennes résultant de l'évolution des scénarios politiques, économiques et sociaux, se développe dans le même temps comme processus d'enracinement constitutionnel de l'ordre européen en cours d'émergence, lequel « se superpose, s'intègre et se combine avec les constitutions et les régimes juridiques des États membres dans la description globale de leurs compétences constitutionnelles *de facto*[2] », donnant lieu à une « combinaison de plusieurs régimes juridiques ayant des qualités constitutionnelles[3] ». La spécificité de cet espace constitutionnel pluriel et multiniveaux demeure dans la présence de normativités conflictuelles dont la relation se développe comme un mouvement de débordement et de redéfinition progressives de l'espace sémantique caractérisant les ressources normatives fondamentales du constitutionnalisme social ; un mouvement dont la dynamique d'avancement acquiert une force propulsive précisément en agissant sur les marges de déterminabilité des ressources en question, au point de produire, comme nous le verrons, une transformation susceptible d'entrainer l'oubli de leur contenu antérieur.

En ce sens, il convient de préciser les traits fondamentaux de la configuration constitutionnelle de l'ordre européen à la suite de la ratification du traité de Maastricht. Tout d'abord, dans cette configuration, nous ne trouvons pas « au sommet du système juridique un système pluraliste de principes destiné à guider et dans le même temps à contraindre extérieurement la médiation politique des partis productrice de règles modifiables (selon le modèle du constitutionnalisme de l'après-guerre)[4] », mais « des règles rigides [...] numériques[5] », relevant d'un dispositif macroéconomique précis et expression d'un « régime de savoir-vérité[6] » remplaçant, dans la constitution économique européenne émergente, le « cadre pluraliste de valeurs, codifié dans les principes des

[1] S. Giubboni, *Social rights and market freedom in the European Constitution : a labour law perspective*, 70.
[2] I. Sand, « Constitutionalism and multi-coded Treaties of the EU : changing the concepts of Constitutionality », dans K. Tuori, S. Sankari (sous la direction de), *The many constitutions of Europe*, Routledge, New York, 2016, 54.
[3] Ibidem.
[4] A. Guazzarotti, *Crisi dell'euro e conflitto sociale. L'illusione della giustizia attraverso il mercato*, FrancoAngeli, Milan, 2016, 92.
[5] Ibidem.
[6] L. De Lucia, « Pastorato e disciplinamento », Diritto pubblico, n. 3, 2015, 895, cité par A. Guazzarotti, *Crisi dell'euro e conflitto sociale. L'illusione della giustizia attraverso il mercato*, 92.

constitutions de l'après-Seconde Guerre mondiale[1] ». Ce régime qualifie de « juste ou de faux, de vérité ou d'erreur[2] » le respect ou le non-respect des « indicateurs formels [...] au sommet de la hiérarchie des sources[3] », devenant ainsi porteur d'une normativité tout autre que celle qui caractérise le constitutionnalisme d'après-guerre. La rigidité de ce régime de vérité ne se base pas seulement sur la fixité de ses règles, mais aussi sur l'attribution au principe de la stabilité des prix du « rôle de *Grundnorm* communautaire[4] », dont la surveillance est assurée par la Banque centrale européenne, qui, afin de remplir sa mission, se configure comme « une nouvelle institution transnationale, apolitique et experte[5] », autonome et indépendante de toute autre institution[6], et donc « splendidement isolée des négociations politiques[7] ». En effet, la construction de cette entité indépendante n'est pas contrebalancée par « la mise en place d'institutions chargées de prendre des décisions sur les priorités et les choix politiques entre des valeurs sociales concurrentes[8] » ; la sauvegarde de la valeur de la monnaie en tant que priorité incontestable prive les États membres de la possibilité de recourir à celle-ci pour atteindre des objectifs de nature sociale, tels que les objectifs redistributifs ou ceux qui sont liés à la réalisation du plein emploi[9]. De cette manière, l'ordre européen se profile comme un « *framework* a-politique[10] » visant l'expansion et l'enracinement de la rationalité économique du marché concurrentiel à travers le pouvoir disciplinant de règles économiques/numériques jouissant de la normativité contraignante du *status* constitutionnel. Dans ce cadre, la combinaison du principe du marché concurrentiel et des principes relatifs à l'objectif fondamental de la stabilité macroéconomique aboutit à une « politique

---

[1] A. Guazzarotti, *Crisi dell'euro e conflitto sociale. L'illusione della giustizia attraverso il mercato*, 92.
[2] Ibidem.
[3] Ibidem, 95.
[4] A. Cantaro, *Il secolo lungo. Lavoro e diritti sociali nella storia europea,* 193.
[5] K. Tuori, S. Sankari, « The many constitutions of Europe », dans K. Tuori, S. Sankari (sous la direction de), *The many constitutions of Europe*, 17.
[6] Développement précédé par la mise en place en 1978 du Système Monétaire Européen.
[7] M. J. Herdegen, « Price stability and budgetary restraints in the economic and monetary Union : the Law as guardian of economic wisdom », 10, cité par S. Giubboni, *Social rights and market freedom in the European Constitution : a labour law perspective,* 70.
[8] S. Giubboni, *Social rights and market freedom in the European Constitution : a labour law perspective*, 71.
[9] Voir M. Dani, A. J. Menéndez, « È ancora possibile riconciliare costituzionalismo democratico-sociale e integrazione europea ? », Saggi - *DPCE* online, vol. 42, n. 1., 2020 ; H. James, *Making the European Monetary Union : the role of the Committee of Central Bank Governors and the origins of the European Central Bank*, Cambridge University Press, Cambridge, 2012.
[10] E. Christodoulidis, « A default constitutionalism ? A disquieting note on Europe's many constitutions », dans K. Tuori, S. Sankari (sous la direction de), *The many constitutions of Europe*, 38.

monétaire et budgétaire façonnée par les exigences du marché[1] » : l'interrelation synergique entre les politiques européennes harmonisatrices/réglementaires et les politiques redistributives nationales est définitivement compromise. Par conséquent, le traité de Maastricht, en consolidant la primauté axiologique des libertés économiques par rapport à la position précaire des droits sociaux et en vidant la « suprématie du droit sur les politiques monétaires et fiscales[2] », contredit « l'inspiration de nombreuses traditions constitutionnelles en matière d'États-providence nationaux[3] » et aggrave le déficit social européen. Si le développement constitutionnel européen du vingtième siècle peut être interprété comme un projet politique de capture et d'orientation de l'ordre économique capitaliste par une palette d'éléments éthico-normatifs non entièrement réductible à la rationalité économique, le constitutionnalisme inédit de Maastricht « est un programme politique ambitieux visant à faire prévaloir le déterminisme économique sur la politique[4] » et produisant inévitablement des conséquences pour les systèmes sociaux nationaux.

De l'abondante littérature suivante Maastricht et concernant ce que P. Pierson et S. Leibfried définissent comme le principe de l'« austérité permanente de l'État social[5] », nous pouvons extrapoler un cadre disciplinaire, renforcé par la suite par le Pacte de stabilité et de croissance[6], dont les fondements peuvent être trouvés :

- dans la réglementation rigide des politiques monétaires, budgétaires et, par conséquent, fiscales[7], à travers une série de critères économico-numériques et de procédures de contrôle et, le cas échéant, de sanction, réduisant ainsi les capacités nationales d'agir en termes solidaires et redistributifs en cas de difficultés économiques ou de crises sans prévoir,

---

[1] F. Martucci, *L'ordre économique et monétaire de l'Union européenne*, Bruylant, Brussels, 2015, 595.

[2] C. Joerges, « What is left of the European economic constitution ? A melancholic eulogy », *European Law Review*, 2005, 478.

[3] Ibidem.

[4] C. Crouch, « Introduction : The Political and Institutional Deficits of European Monetary Union », dans C. Crouch, *After the Euro. Shaping Institutions for Governance in the Wake of European Monetary Union*, Oxford University Press, Oxford, 2000, 5, cité par S. Giubboni, *Social rights and market freedom in the European Constitution : a labour law perspective*, 72.

[5] P. Pierson, S. Leibfried, « Semi Sovereign Welfare States : Social policy in a Multitiered Europe », dans S. Leibfried, P. Pierson (sous la direction de), *European Social Policy. Between fragmentation and integration*, Brooking Institution Press, Washington, 1995.

[6] Le Pacte de Stabilité et Croissance, ratifié au Conseil européen d'Amsterdam le 17 juin 1997 sur la base des articles 121 (ex-art. 99 TCE) et 126 (ex-art. 104 TCE) du traité sur le fonctionnement de l'Union européenne, a acquis une valeur normative par deux règlements du Conseil de l'Union européenne du 7 juillet 1997.

[7] En plus des articles déjà mentionnés, voir aussi arts. 2, 4, 104.

dans le même temps, des mécanismes de solidarité susceptibles d'être activés efficacement au niveau européen[1] ;

- dans la « rupture objective du lien entre la politique sociale et la politique économique[2] » : les États sont désormais contraints d'organiser les dépenses de soutien et de développement de leurs systèmes sociaux ne disposant plus d'une (relative) autonomie en matière de leviers financiers et de ressources économiques, mais devant inscrire leur action dans le cadre de paramètres établis qui, agissant comme des contraintes externes, tendent inévitablement à « contenir et/ou redimensionner les dépenses sociales[3] », tout « en réorientant leur agenda vers les questions d'efficacité, de viabilité financière et d'incitation au travail[4] » ;

- dans la politique monétaire, qui, en plus de ne lire qu'à travers le filtre du « paradigme inflationniste [...] l'évolution des autres variables macroéconomiques (emploi, croissance, dépenses sociales)[5] », exerce son pouvoir disciplinaire en établissant un système de taux de change fixes et en obligeant ainsi les États les moins compétitifs à rattraper leur retard dans la course concurrentielle en recourant, entre autres, à des réformes structurelles visant à stimuler la flexibilité des composantes du marché du travail, à comprimer les coûts et à simplifier le cadre réglementaire afin de dynamiser les processus. En outre, dans le paradigme anti-inflationniste et, plus généralement, dans le dispositif macroéconomique de Maastricht, l'augmentation de l'inflation étant un signe présageant la baisse de compétitivité d'un système, la négociation collective entre les partenaires sociaux « acquiert une importance macroéconomique directe et est soumise à une pression constante visant à contenir la dynamique des salaires qui [...] devra être strictement proportionnelle à l'évolution de la productivité[6] », c'est-à-dire avec un mécanisme coessentiel à la normativité concurrentielle ainsi qu'à la « neutralisation du conflit redistributif[7] » et à la « dépolitisation du marché[8] » ;

---

[1] À cet égard, le budget dont dispose l'Union n'est pas assez important pour remplir cette fonction. En outre, l'aide financière prévue à l'art. 100 n'implique pas une augmentation des capacités de ce budget et ne peut être activée qu'en cas de difficultés qui ne sont pas de la responsabilité des États membres concernés et après un vote unanime du Conseil. Elle a donc un caractère extraordinaire et agit non pas pour modifier le *statu quo*, mais pour le reconfirmer.

[2] S. Giubboni, *Social rights and market freedom in the European Constitution : a labour law perspective*, 76.

[3] Ibidem, 75.

[4] M. Ferrera, *Rotta di collisione. Euro contro welfare ?*, 58-59.

[5] A. Cantaro, *Il secolo lungo. Lavoro e diritti sociali nella storia europea*, 194.

[6] S. Giubboni, *Social rights and market freedom in the European Constitution : a labour law perspective*, 80.

[7] A. Somma, *Quando l'Europa tradì se stessa,* Laterza, Rome-Bari, 2021, 94.

[8] Ibidem.

- dans l'interdiction au « Système des banques centrales d'accorder aux institutions communautaires et aux entités publiques nationales "tout autre type de crédit" ainsi que d'acheter directement "des instruments de leur dette" (art. 123 TFUE, ex art. 101 TCE)[1] », de manière à conformer le comportement des États aux *desiderata* du marché concurrentiel dont les taux sont « censés refléter l'état de santé économique du pays emprunteur[2] ». Cette forme de discipline exerce une influence encore plus importante après l'achèvement du processus de libéralisation des mouvements de capitaux en vertu de la directive 88/361/CEE du Conseil, du 24 juin 1988, et de l'art. 73 bis du traité de Maastricht, libéralisation particulièrement problématique car non accompagnée « d'accords internationaux permettant des échanges automatiques d'informations sur l'identité des détenteurs de capitaux et la mise en place d'une politique coordonnée et équilibrée de régulation et de taxation adéquate des profits, revenus et actifs concernés[3] ».

La seule forme de solidarité fédérale identifiable dans l'ordre disciplinaire maastrichtien repose ainsi sur l'effort des États membres de respecter les points nodaux de cet ordre, véritables centres d'irradiation normative[4]. Ce dispositif macroéconomique réduit considérablement « le nœud gordien de la décision[5] » et du conflit politico-idéologique dans des domaines décisifs pour la physionomie économico-sociale des États membres. Dans ce cadre, « la souveraineté de l'État dans le domaine social [...] devient [...] une opportunité et un instrument d'ajustement de la compétitivité de chaque pays [...] plutôt qu'un instrument visant à préserver [...] les spécificités de chaque système de protection sociale et le système de valeurs sociales constitutionnellement protégé par les différents systèmes nationaux[6] ».

Comme nous verrons, des auteurs importants parlent à cet égard de « gouvernement des règles[7] », de « Gouvernance par les nombres[8] », indiquant par là même l'institutionnalisation d'un ordre produisant une déformation des fondements constitutionnels des pays concernés et la

---

[1] Ibidem.

[2] C. Mongouachon, « Ordolibéralisme et discipline budgétaire européenne : forces et limites de l'analogie », *Politeia*, 15.

[3] T. Piketty, *Capital et idéologie*, 644.

[4] Comme le confirme également l'interdiction de *bailout*, qui figure à présent à l'art. 125 TFUE.

[5] A. Cantaro, « Ascesa e declino dell'eccezionalismo », dans A. Cantaro (sous la direction de), *Quo vadis Europa ? Stabilità e crescita nell'ordinamento europeo*, 61.

[6] A. Cantaro, *Il secolo lungo. Lavoro e diritti sociali nella storia europea*, 193.

[7] J. P. Fitoussi, *Il dittatore benevolo. Saggio sul governo dell'Europa*, Il Mulino, Bologne, 2002, 9.

[8] A. Supiot, *La Gouvernance par les nombres. Cours au collège de France*, Fayard, Paris, 2012-2014.

propagation ultérieure de la « *regulatory competition*[1] » dans des secteurs cruciaux des systèmes sociaux nationaux. En cohérence avec les objectifs de cet ouvrage, ce qui est intéressant n'est pas de mener une étude empirico-comparative des effets négatifs ou positifs produits par ce tournant, mais de reconstruire l'acquis social européen afin de saisir les processus profonds de transformation normative émergeant de la constitutionnalisation de l'ordre européen et concernant la modalité de concevoir la citoyenneté sociale et ses éléments fondamentaux.

Le traité d'Amsterdam

Dans cet état de fait, « où l'espace juridique d'un marché de plus en plus déréglementé [...] constitue le seul élément commun unifiant les États membres[2] », l'exigence de rééquilibrer le rapport entre l'intégration négative et l'intégration positive, entre la sphère économique et la sphère sociale, fait son apparition dans le traité d'Amsterdam[3]. La recherche d'un nouvel équilibre s'y développe sur trois axes :

- la reconnaissance de la centralité constitutionnelle, dans le processus d'intégration européenne, des valeurs sociales affirmées dans la Charte sociale européenne de 1961 et dans la Charte des droits sociaux fondamentaux des travailleurs de 1989, mises en exergue à plusieurs reprises dans le traité et désormais interprétées comme fondements substantiels des politiques communautaires, comme éléments normatifs que la Cour doit prendre en compte dans ses opérations d'équilibrage avec les libertés économiques ;
- en attribuant à l'emploi le *status* d'"intérêt commun" (art. 109o), le traité dédie à ce domaine le Titre VI, qui stipule à l'art. 109 que "les États membres et la Communauté s'attachent [...] à élaborer une stratégie coordonnée pour l'emploi et [...] à promouvoir une main-d'œuvre qualifiée, formée et susceptible de s'adapter ainsi que des marchés du travail aptes à réagir rapidement à l'évolution de l'économie". Ainsi, afin de stimuler les taux d'emploi et la croissance économique, l'action européenne adopte un nouveau critère normatif, sur la base duquel « la convergence des systèmes nationaux de l'emploi et de la protection sociale[4] » est poursuivie au travers de l'identification et du partage des « *best practices*[5] ».

---

[1] M. Ferrera, *The Boundaries of Welfare. European Integration and the New Spatial Politics of Social Protection*, 118.
[2] S. Giubboni, *Social rights and market freedom in the European Constitution : a labour law perspective*, 115.
[3] Traité modifiant le traité sur l'Union européenne et signé à Amsterdam (Pays-Bas) le 2 octobre 1997.
[4] S. Giubboni, *Social rights and market freedom in the European Constitution : a labour law perspective*, 28-29.
[5] Ibidem.

Cependant, malgré ces avancées, le traité d'Amsterdam ne remet pas en cause la primauté axiologique des libertés économiques fondamentales, puisque les références aux droits sociaux figurant dans les chartes évoquées n'entraînent pas l'inclusion d'un catalogue de droits sociaux fondamentaux dans l'architecture européenne. En effet, ces droits sont intégrés dans l'acquis social européen « en tant qu'intérêts sociaux objectifs [...] et non en tant que positions subjectives directement justiciables[1] ». Par conséquent, les droits sociaux en tant que tels ne constituent pas des sources normatives autonomes, mais disposent plutôt d'un statut faible : ils dépendent de la mise en place de mesures, d'initiatives, de politiques, etc., visant à poursuivre « les objectifs sociaux énoncés[2] ».

Dans le même temps, l'accent mis par le traité d'Amsterdam sur les valeurs sociales contribue de manière significative à alimenter « l'urgence de leur constitutionnalisation, au même titre que les droits civils et économiques[3] ». En cela et dans le fait de jeter les bases du développement de la méthode de coordination ouverte réside la contribution principale du traité d'Amsterdam à la formation de l'acquis social européen.

Recadrer la relation entre la personne et le travail : l'adoption de la méthode ouverte de coordination et du modèle de la flexicurité

Le traité d'Amsterdam, en "constitutionnalisant" la stratégie européenne pour l'emploi, manifeste l'intention de répondre au déficit social européen par la mise en œuvre d'une nouvelle modalité d'agir normativement ayant les objectifs de poursuivre plus efficacement l'augmentation des taux d'emploi et d'insister sur l'importance de la dimension sociale au sein du processus intégrationniste, « sans pour autant remettre en cause la primauté des objectifs de stabilité monétaire et de rigueur macroéconomique permanente tels que confirmés par le Pacte de stabilité et de croissance[4] ». Dans cette perspective, les institutions européennes élaborent une méthode gouvernementale inédite visant à dynamiser les processus de coordination de l'action des États membres dans les domaines concernés et à « atteindre des objectifs politiques dans des domaines où des compétences législatives solides font défaut[5] », tout en préservant la diversité des systèmes sociaux nationaux : la méthode ouverte de coordination, officiellement adoptée lors du lancement de la stratégie de Lisbonne en 2000[6], ayant l'ambition de

[1] Ibidem, 105.
[2] Ibidem.
[3] Ibidem.
[4] Ibidem, 122.
[5] R. Rogowski, « Governance of the European Social Model : the case of flexicurity », *Review of European Economic Policy*, vol. 43, 2008, 82-91.
[6] Stratégie adoptée à la suite du Conseil européen de Lisbonne en mars 2000 et ayant pour base juridique les arts. 99 et 127 du TCE.

« faire de l'Europe l'économie *knowledge-based* la plus compétitive du monde, capable d'une croissance économique durable, d'une amélioration quantitative et qualitative de l'emploi et d'une plus grande cohésion sociale[1] ».

Ce nouveau modèle normatif présente deux caractéristiques principales : « le recours croissant à la *soft law* et la tendance vers la transition d'un droit social substantiel à un droit social procédural[2] ». L'utilisation de la *soft law*[3], donc d'un instrument à faible pouvoir contraignant, mais capable dans le même temps de se configurer comme un « mécanisme [...] par lequel obliger les États membres à atteindre les objectifs politiques définis par la Communauté[4] », apparaît doté de l'élasticité nécessaire pour préserver de larges marges d'action au niveau national ainsi que la spécificité des modèles sociaux tout en lançant « un processus d'apprentissage vertueux dans les phases d'élaboration et de mise en œuvre des politiques[5] » visant à « diffuser de nouveaux principes au sein des systèmes étatiques [...] de nouvelles motivations et des modes de coopération alternatifs [...] l'utilisation de concepts communs dans le discours politique [et] des meilleures connaissances et expériences (c. d. *best practices*)[6] ».

La force du processus développé par la méthode ouverte de coordination - qui s'étend ensuite de l'emploi à de nombreux domaines de la protection et de l'inclusion sociale – réside dans sa capacité à renouveler l'« approche statique qui marque encore la stratégie de convergence des politiques de protection sociale[7] » en remplaçant la verticalité de la transmission du niveau européen au niveau national d'un critère ou d'une mesure normative contraignante (*top-down*) par l'horizontalité procédurale de la propagation et du partage de connaissances et de pratiques dont la performativité les rend susceptibles de se configurer en modèles communs. Selon la Commission, cette méthode se caractérise par :

---

[1] P. de Buck, M. Cerutti, « Social dialogue : why it matters - European employers perspective », dans F. Vandenbroucke, C. Barnard et G. De Baere (sous la direction de), *A European Social Union after the Crisis*, 217.

[2] S. Giubboni, *Social rights and market freedom in the European Constitution : a labour law perspective*, 241.

[3] La doctrine communautaire qualifie de "*soft law*" les instruments juridiques tels que les recommandations, les avis, les rapports, les lignes directrices, etc. Ces instruments juridiques figurent à l'art. 249 du traité CE.

[4] S. Baroncelli, O. Farkas, *Il Metodo di Coordinamento Aperto e le sue applicazioni al governo economico e occupazionale dell'Unione europea: il contesto comunitario e le ricadute sull'ordinamento interno*, 1.

[5] Ibidem, 2.

[6] Ibidem.

[7] S. Giubboni, *Social rights and market freedom in the European Constitution : a labour law perspective*, 248.

« - la définition de lignes directrices de l'Union ("*guidelines*") en combinaison avec des calendriers spécifiques pour la réalisation des objectifs qu'elles fixent à court, moyen et long terme ; la définition [...] d'indicateurs quantitatifs et qualitatifs et de paramètres de référence ("*benchmarks*") [...] en fonction des besoins des différents États membres et secteurs, en tant que moyen de comparaison des meilleures pratiques ;

- la transposition de ces orientations européennes dans les politiques nationales et régionales en fixant des objectifs spécifiques et en adoptant des mesures qui tiennent compte des diversités nationales et régionales[1] » ;

- en dernier lieu, « des activités régulières de suivi, de vérification et d'évaluation entre paires ("*peer-review*") organisées comme des processus d'apprentissage mutuel ("*mutual learning*")[2] ».

Ainsi, dans ces « modes de gouvernance non hiérarchiques et flexibles[3] », le niveau européen se reconfigure 1) comme un espace cognitif et procédural au sein duquel les organismes institutionnels ou de la société civile, nationaux, régionaux, etc., dialoguent afin d'identifier, de comparer et d'évaluer les approches émergentes par le biais de pratiques réflexives ; 2) comme centre moteur d'irradiation des *policies* meilleures en vue d'accélérer et de dynamiser les processus de modernisation des « marchés nationaux du travail et des systèmes de protection sociale qui leur sont associés [...] sans assumer de fonctions réglementaires directes[4] », mais en coordonnant les activités de contrôle et de correction au moyen d'une gamme d'indicateurs quantitatifs et qualitatifs conçus pour indexer les actions des États membres sur les *best practices* identifiées, dont l'affirmation ne résulte pas d'appréciations politiques mais d'opérations correctes de mesure.

Le caractère non hiérarchique de la méthode ouverte de coordination se reflète également dans la centralité du principe de subsidiarité qui, en plus de garantir la démocraticité de la méthode en permettant aux acteurs concernés de définir de manière autonome les stratégies à adopter pour mettre en œuvre les orientations proposées, étend sa portée à des domaines relevant de la compétence exclusive des États afin de développer « un rapport de participation plus large et plus composite[5] » entre les différents niveaux et de

---

[1] S. Baroncelli, O. Farkas, *Il Metodo di Coordinamento Aperto e le sue applicazioni al governo economico e occupazionale dell'Unione europea : il contesto comunitario e le ricadute sull'ordinamento interno*, 4-5.

[2] Ibidem, 4-5.

[3] R. Rogowski, « Governance of the European Social Model: the case of flexicurity », *Review of European Economic Policy*, vol. 43, 84.

[4] S. Giubboni, *Social rights and market freedom in the European Constitution : a labour law perspective*, 125.

[5] S. Baroncelli, O. Farkas, *Il Metodo di Coordinamento Aperto e le sue applicazioni al governo economico e occupazionale dell'Unione europea : il contesto comunitario e le ricadute sull'ordinamento interno*, 5.

mettre en place un dispositif de délibération, de « convergence et d'apprentissage mutuel[1] », pluriel, diffus et participatif.

L'enrichissement cognitif singulier et collectif inhérent au fonctionnement réflexif d'un tel dispositif justifie le glissement « de la régulation *top-down* aux modes de régulation qui soutiennent l'autorégulation[2] ». Cette dernière, « plutôt que de chercher à uniformiser les systèmes nationaux en les modelant sur le modèle jugé fonctionnellement meilleur[3] » pour la préservation de l'efficacité et de la *correctness* du système concurrentiel, se propose de contrebalancer la poussée vers la compression des standards sociaux en tant qu'effet de l'intégration marchande par un processus « à la fois ouvert et régulateur[4] » dans lequel les États, dans le cadre tracé par des valeurs et des principes communs et inaliénables, agissent à partir et en fonction de leur spécificité en définissant de manière autonome les modalités d'adoption ou de convergence vers les *best practices* résultant de l'échange continu et diversifié de connaissances et d'expériences, empêchant ainsi idéalement la concurrence à la baisse entre les ordres.

En conformité avec la mise en place de cette machine gouvernementale procédurale et réflexive, les institutions européennes adoptent la *flexicurité* comme base conceptuelle commune à partir de laquelle redéfinir les « aspects des politiques sociales et de *welfare* ainsi que des politiques économiques[5] » vers lesquels les États membres doivent maintenant converger de manière coordonnée afin de moderniser leurs stratégies en matière de protection sociale et d'emploi. Cette base conceptuelle, dont l'objectif est d'« exploiter les interdépendances positives entre la compétitivité, l'emploi et la sécurité sociale[6] », s'articule entre 2006 et 2007 par le biais de multiples documents européens[7], qui identifient et détaillent ses principes fondamentaux, résumés par la Commission en quatre points clés :

---

[1] Ibidem.

[2] R. Rogowski, « Governance of the European Social Model: the case of flexicurity », *Review of European Economic Policy*, vol. 43, 86.

[3] S. Giubboni, *Social rights and market freedom in the European Constitution : a labour law perspective*, 119.

[4] E. Christodoulidis, *The redress of law*, 387.

[5] R. Rogowski, « Governance of the European Social Model : the case of flexicurity », *Review of European Economic Policy*, vol. 43, 87.

[6] Conseil européen de Bruxelles, conclusions de la présidence, 23 et 24 mars 2006. 7775/06, Concl. 1.

[7] *Flexicurity Pathways - Turning hurdles into stepping stones*, Rapport du groupe d'experts européens sur la flexicurité, 2007; Vers des principes communs de flexicurité : des emplois plus nombreux et de meilleure qualité en combinant flexibilité et sécurité, Communication de la Commission au Parlement européen, au Conseil, au Comité économique et social européen et au Comité des régions, adoptée le 27 juin 2007. COM(2007), 359 ; *Common Principles of Flexicurity*, Conseil "Emploi, politique sociale, santé et consommateurs", 6 décembre 2007.

« - Souplesse et sécurisation des dispositions [...] dans le cadre d'un droit du travail, de conventions collectives et d'une organisation du travail et de l'emploi modernes ;

- des stratégies globales d'apprentissage tout au long de la vie pour garantir une capacité d'adaptation et une aptitude à l'emploi durables des travailleurs, en particulier des plus vulnérables[1] » ;

- ensuite, « des politiques actives du marché du travail efficaces permettant aux individus de faire face aux changements rapides [...] et de faciliter les transitions vers de nouveaux emplois ;

- des systèmes de sécurité sociale modernes qui fournissent une aide au revenu adéquate, encouragent l'emploi et facilitent la mobilité sur le marché du travail. Cela suppose une large gamme de prestations de protection sociale (indemnités de chômage, pensions et soins de santé)[2] » censée permettre « aux individus de concilier leur travail et leurs responsabilités privées et familiales, telles que la garde d'enfants[3] ».

Comme nous le verrons plus en détail, malgré le caractère flou de sa définition, cette base conceptuelle constitue néanmoins « un changement sémantique très important [...] dans les idées concernant l'emploi et les politiques sociales en Europe[4] », puisqu'il diffuse de manière très influente « un nouveau vocabulaire (comprenant des termes tels qu'employabilité, esprit d'entreprise, activation, *benchmarking* et flexicurité)[5] » à travers lequel réinterpréter le sujet au travail, la *ratio essendi* et les finalités des politiques sociales, etc., disposant ainsi d'un potentiel considérable de transformation des éléments normatifs fondamentaux de la citoyenneté sociale identifiés dans le premier chapitre. Par conséquent, le modèle de flexicurité s'inscrit très bien dans la gouvernance inaugurée par la méthode ouverte de coordination : le développement de politiques de flexicurité implique la mise en place d'« indicateurs de performance, de politiques de contrôle ou de suivi renforcées et de support à la diffusion des meilleures pratiques[6] », afin d'implémenter la procéduralité et la réflexivité des processus de coordination de l'action des États.

---

[1] Vers des principes communs de flexicurité : Des emplois plus nombreux et de meilleure qualité en combinant flexibilité et sécurité, Communication de la Commission au Parlement européen, au Conseil, au Comité économique et social européen et au Comité des régions, 5-6.

[2] Ibidem.

[3] Ibidem.

[4] M. Keune, A. Serrano, « The power to name and struggles over meaning : the concept of Flexicurity », dans M. Keune, A. Serrano (sous la direction de), *Deconstructing flexicurity and developing Alternative approaches. Towards new concepts and approaches for employment and social policy*, Routledge, New York, 2014, 1.

[5] Ibidem.

[6] R. Rogowski, « Governance of the European Social Model : the case of flexicurity », *Review of European Economic Policy*, vol. 43, 93.

La méthode ouverte de coordination s'affirme donc comme *modus operandi*, comme *praxis* politico-discursive en mesure d'indiquer une stratégie commune de modernisation et de dynamisation des politiques de l'emploi et du marché du travail tout en respectant les limites des compétences européennes et dans un contexte caractérisé par la diversité des orientations politico-idéologiques. Dans ce contexte, l'adoption d'une coordination flexible et réflexive, basée sur la *soft law* et, en général, sur la dimension procédurale du droit plutôt que sur sa dimension substantielle, permet d'approfondir l'intégration dans les secteurs concernés en contournant les problèmes potentiels liés au contenu éthico-normatif des principes et valeurs reconnus par la Constitution qui "signifient socialement" la citoyenneté. En effet, « la solution procédurale promeut l'amincissement des principes constitutionnels pour leur permettre de s'étendre sur l'espace politique européen à travers la diversité des cultures politiques et des interprétations constitutionnelles. Cela permet de contourner des solutions constitutionnelles plus épaisses à l'échelle supranationale et [...] aboutit à un constitutionnalisme européen fonctionnellement limité, centré sur les normes de libéralisation du marché [...], et à l'existence d'un système dense et complexe de gouvernance à plusieurs niveaux qui s'étend à tous les domaines de la politique[1] ». La nature procédurale de ce dispositif gouvernemental permet de sauvegarder formellement l'enracinement et le contenu substantiel-constitutionnel des principes susmentionnés tout en agissant comme un instrument capable de les mettre en œuvre dans le respect des diversités nationales, donnant ainsi lieu à des réalisations contextuelles (par exemple, les nombreuses réformes du marché du travail menées par les pays européens), mais convergeant vers les indicateurs établis. Dans le même temps, la notion de meilleures pratiques appartient à un milieu épistémique composé d'indicateurs, de *benchmarks*, de techniques de *scoring*, d'objectifs numériques et de stratégies pour les atteindre. Ce langage est censé permettre une adaptation constante et efficace des systèmes sociaux aux impératifs de compétitivité et s'applique aux différentes pratiques sociales en les mesurant, en sélectionnant les informations pertinentes sur la base de critères préétablis, en comparant les informations recueillies et en établissant ainsi les *best practices* à généraliser. La gamme d'indicateurs numériques sur laquelle reposent ces procédures de mesure, de comparaison et de généralisation, dès lors qu'elle est érigée en clé de lecture, échappe à toute possibilité de contestation, elle est supposée intrinsèquement valide. Ainsi, ses mesures sont objectives : elles établissent "objectivement" ce qui est pertinent, donc ce qu'il faut généraliser et ce qu'il faut faire pour adapter ses pratiques à ce qui a été mesuré et sélectionné comme pertinent. De ce fait, ce qui est identifié comme *best practice* « est retiré de tout contexte qui pourrait permettre un

[1] E. Christodoulidis, *The redress of law,* 385.

choix d'interprétation, une mise en balance ou un jugement[1] » : il fournit ponctuellement la cognition de ce qu'il faut faire pour modifier, transformer, adapter au mieux – c'est-à-dire pour obtenir le meilleur *score* – ses pratiques sociales dans l'exposition continue à la normativité concurrentielle. Par conséquent, ces indicateurs agissent comme des opérateurs permettant de modifier la relation des systèmes sociaux et de leurs ressources normatives avec l'ordre du marché. De ce fait, la sauvegarde de l'enracinement et du contenu substantiel-constitutionnel des principes de la citoyenneté sociale mentionnée plus haut semble compromise car « dans ce processus de procéduralisation globale, la constitution ne semble fournir qu'un levier aux accélérations et aux adaptations de l'auto-organisation cognitive de la société[2] ». Ainsi, le constitutionnalisme social « s'effondre [...] dans un projet cognitif continu[3] » où la fluidité des échanges garantie par les pratiques procédurales-réflexives agit sur le caractère évolutif intrinsèque au surplus sémantique de ses fondements normatifs dans une condition 1) d'absence de limites substantielles et 2) de reformulation constante de la prescriptivité de ces derniers selon la logique compétitive du jeu concurrentiel des meilleures pratiques, des indicateurs à suivre ou des standards à acquérir. Par conséquent, les réalisations contextuelles mentionnées, pouvant être interprétées comme « une démarche qui intériorise et absorbe tout critère indépendant de juste mesure[4] », déclenchent des processus de fragilisation et de dissolution des contenus éthico-normatifs constitutionnels et de leur dogmaticité ainsi que de désubstantialisation du droit social. Par conséquent, l'excavation conceptuelle du contenu et des implications de l'adoption au niveau européen de la méthode ouverte de coordination aggrave, contrairement à ses prémisses initiales, la relation entre le processus d'intégration européenne et le paradigme du constitutionnalisme social, non seulement en ne remettant pas en cause la primauté des raisons économiques, mais aussi en affaiblissant la dimension substantielle de la citoyenneté sociale.

Une opération inachevée : la Charte de Nice et l'intégration par les droits

L'évolution européenne dans le domaine social ne se limite pas, à ce stade, à l'adoption de la méthode ouverte de coordination. En effet, les institutions européennes proclament à Nice (7 décembre 2000) la Charte des droits fondamentaux de l'Union européenne afin de ne pas « dissoudre tout le discours sur les droits fondamentaux dans l'Union européenne dans les

[1] Ibidem, 353.
[2] Ibidem, 387.
[3] Ibidem.
[4] Ibidem, 390.

eaux tièdes de la *soft law*[1] », relier la flexibilité et la procéduralité de la stratégie pour l'emploi à la dimension substantielle « de certaines valeurs fondamentales[2] » et, en général, « d'induire, au niveau européen, cette intégration culturelle et sociale entre les citoyens des États membres [...] indispensable pour soutenir toute hypothèse d'unification politique[3] » et pour contrebalancer « la prédominance critiquée, dans les traités, des valeurs d'efficacité économique sur celles de justice et d'équité sociale[4] ».

D'ailleurs, le climat idéologico-politique dans lequel s'inscrit la Charte de Nice se caractérise par l'accentuation de la reconnaissance du fait que « les avantages économiques de l'UE ne sont valables que comme argument pour renforcer l'UE dans le cadre d'un appel culturel plus large, bien au-delà de la dimension économique[5] » et concernant un « idéal de vie collective[6] », un « *modus vivendi* européen[7] », un « modèle de société[8] » qui assure « les conditions matérielles d'existence, les possibilités d'éducation et de loisirs, des marges importantes de mobilité sociale qui font de l'autonomie individuelle un atout essentiel et rendent ainsi possible la participation démocratique[9] ». En d'autres termes, le processus d'intégration européenne doit se doter de la dimension éthico-normative contenue dans les « caractères substantiels du fait d'être ensemble en tant qu'Européens[10] », dans les traits constituant « un modèle social et moral[11] » reconnaissable précisément parce que "original", différent. Dans le premier chapitre, j'ai identifié et analysé les éléments normatifs fondamentaux de ce modèle, composant le paradigme du constitutionnalisme social. La Charte des droits fondamentaux de l'Union européenne, en affirmant que « les pays européens ont décidé de partager un

---

[1] S. Giubboni, *Social rights and market freedom in the European Constitution : a labour law perspective*, 139.

[2] E. Christodoulidis, « A default constitutionalism ? A disquieting note on Europe's many constitutions », dans K. Tuori, S. Sankari (sous la direction de), *The many constitutions of Europe*, 39.

[3] A. Guazzarotti, *Crisi dell'euro e conflitto sociale. L'illusione della giustizia attraverso il mercato*, 98.

[4] E. Paciotti, « La Carta : i contenuti e gli autori », dans A. Manzella, P. Melograni, E. Paciotti, S. Rodotà, *Riscrivere i diritti in Europa. Introduzione alla Carta dei diritti fondamentali dell'Unione Europea,* Il Mulino, Bologne, 2001, 18.

[5] J. Habermas, *Una Costituzione per l'Europa ?,* Lit Edizioni, Rome, 2017, 27. Traduction de l'article *Warum braucht Europa eine Verfassung ?*, Die Zeit, n. 27, 28 juin 2001.

[6] G. Zagrebelsky, « Introduzione », dans G. Zagrebelsky (sous la direction de), *Diritti e Costituzione nell'Unione Europa*, Laterza, Rome-Bari, 2003, XI.

[7] Ibidem.

[8] Discours de Lionel Jospin sur l'avenir de l'Europe élargie, Paris, 28 mai 2001, cité par J. Habermas, *Una Costituzione per l'Europa ?*, 27.

[9] J. Habermas, *Una Costituzione per l'Europa ?*, 22.

[10] G. Zagrebelsky, « Introduzione », dans G. Zagrebelsky (sous la direction de), *Diritti e Costituzione nell'Unione Europa*, XI.

[11] A. Manzella, « Dal mercato ai diritti », dans A. Manzella, P. Melograni, E. Paciotti, S. Rodotà, *Riscrivere i diritti in Europa. Introduzione alla Carta dei diritti fondamentali dell'Unione Europea*, 49.

avenir pacifique fondé sur des valeurs communes[1] », que « l'Union se fonde sur les valeurs indivisibles et universelles de dignité humaine, de liberté, d'égalité et de solidarité[2] » et qu'elle reconnaît l'« importance exceptionnelle[3] » des droits sociaux, non seulement dévoile « une identité constitutionnelle implicite à ce que l'Union est déjà[4] », mais entend avant tout récupérer cet héritage et en faire la « marque collective d'un document [...] constitutionnel[5] » de niveau européen.

Dans un contexte marqué par l'accroissement de la compétitivité économique et par le risque de recul des protections sociales, la Charte de Nice se propose de contrebalancer la primauté des impératifs concurrentiels à travers la reconnaissance d'un large catalogue de droits dans lequel « l'autonomie des valeurs protégées par les droits sociaux fondamentaux[6] » joue un rôle particulièrement important dans la redéfinition de la base de légitimation du processus d'intégration. En effet, « l'innovation la plus importante[7] » caractérisant l'« intégration à travers les droits[8] » lancée à Nice réside dans le fait de donner aux droits sociaux contenus dans la Charte le même degré de fondamentalité que les droits civils et politiques : la Charte dispose « le principe de l'indivisibilité, de l'interdépendance et de la complémentarité des droits de première, deuxième et troisième génération[9] », assumant ainsi une position axiologique selon laquelle les droits de liberté économique doivent désormais être équilibrés par des valeurs telles que l'égalité ou la solidarité.

Le principe d'indivisibilité se reflète, au sein de la Charte, dans l'« égalisation juridico-formelle[10] » des droits civils, politiques, sociaux et de nouvelle génération, regroupés selon six principes-valeurs fondamentaux : la dignité (Titre I : art. 1-5), la liberté (Titre II : art. 6-19), l'égalité (Titre III : art. 20-26), la solidarité (Titre IV : art. 27-38) et la justice (Titre V : art. 47-50). La répartition des droits fondamentaux en fonction de leurs racines axiologiques vise non seulement à affirmer l'égalité de tous les droits

---

1 Préambule de la Charte des droits fondamentaux.

2 Ibidem.

3 Mandat du Conseil européen de Cologne pour la rédaction de la Charte des droits fondamentaux, 3-4 juin 1999.

4 A. Manzella, « Dal mercato ai diritti », dans A. Manzella, P. Melograni, E. Paciotti, S. Rodotà, *Riscrivere i diritti in Europa. Introduzione alla Carta dei diritti fondamentali dell'Unione Europea*, 37.

5 Ibidem, 49.

6 A. Cantaro, *Il secolo lungo. Lavoro e diritti sociali nella storia europea*, 101.

7 S. Giubboni, *Social rights and market freedom in the European Constitution : a labour law perspective*, 107.

8 L. Azzena, *L'integrazione attraverso i diritti. Dal cittadino italiano al cittadino europeo*, Giappichelli, Turin, 1999.

9 S. Giubboni, *Social rights and market freedom in the European Constitution : a labour law perspective*, 107.

10 A. Cantaro, *Il secolo lungo. Lavoro e diritti sociali nella storia europea*, 112.

reconnus par la Charte, mais aussi à « interpréter systématiquement un ensemble de principes [...] déductibles du droit constitutionnel des États membres, c'est-à-dire [...] des traditions qui constituent [...] le patrimoine constitutionnel commun à ces États[1] ». À la base de cette opération se trouve ainsi la reconnaissance de l'"originalité européenne" mise normativement en évidence dans le premier chapitre en tant que « substance interne[2] » commune aux États membres et identifiée par le paragraphe 5 du préambule comme source du droit européen au même titre que les traités, la Convention européenne de sauvegarde des droits de l'homme, la jurisprudence de la Cour de justice et les chartes à caractère social.

En effet, la Charte insère dans l'architecture constitutionnelle européenne une liste de droits sociaux pouvant être rattachés au paradigme du constitutionnalisme social, les répartissant dans le Titre II – Liberté, le Titre III – Égalité et le Titre IV – Solidarité, soulignant ainsi la centralité de l'"exceptionnalisme social" européen en tant que fibre commune liant les pays impliqués dans le processus d'intégration. Ces droits sont : "la liberté de réunion et d'association même syndicale (art. 12), le droit à l'éducation et à la formation professionnelle et continue (art. 14), le droit de travailler et d'exercer une profession librement choisie ou acceptée (art. 15)", "le droit des enfants à la protection et aux soins nécessaires à leur bien-être (art. 24), la protection des personnes âgées (art. 25), le droit des personnes handicapées à bénéficier de mesures visant à assurer leur autonomie, leur intégration sociale et professionnelle et leur participation à la vie de la communauté (art. 26)", "le droit à l'information et à la consultation des travailleurs au sein de l'entreprise (art. 27), le droit de négociation et d'actions collectives (art. 28), le droit d'accès aux services de placement (art. 29), la protection en cas de licenciement injustifié (art. 30), le droit à des conditions de travail justes et équitables (art. 31), la protection des jeunes au travail (art. 32), la protection de la famille sur le plan juridique, économique et social et sa conciliation avec la vie professionnelle (art. 33)", le droit d'accès aux prestations de sécurité sociale et aux services sociaux assurant une protection dans des cas tels que la maternité, la maladie, les accidents du travail, la dépendance ou la vieillesse, ainsi qu'en cas de perte d'emploi, et "le droit à une aide sociale et à une aide au logement (art. 34)", "la protection de la santé (art. 35), l'accès aux services d'intérêt économique général (art. 36), la protection des consommateurs (art. 38)".

Ainsi, la Charte produit un « approfondissement de la dimension des valeurs de la construction communautaire[3] », un élargissement de

---

[1] A. Pizzorusso, *Il patrimonio costituzionale europeo*, 105.

[2] A. Manzella, « Dal mercato ai diritti », dans A. Manzella, P. Melograni, E. Paciotti, S. Rodotà, *Riscrivere i diritti in Europa. Introduzione alla Carta dei diritti fondamentali dell'Unione Europea*, 39.

[3] A. Cantaro, *Il secolo lungo. Lavoro e diritti sociali nella storia europea*, 102.

l'imaginaire normatif européen par rapport à l'étroitesse économiciste précédente. La Charte fonde sa tentative de reconnecter le processus intégrationniste à la tradition sociale européenne sur la reconnaissance de droits sociaux qui, en plus de constituer une sorte de synthèse de ladite tradition[1], se proposent comme « manifestations concrètes des principes de dignité, d'égalité et de solidarité[2] », et donc comme trait d'union avec les ressources normatives fondamentales du constitutionnalisme social. De même, l'accent est mis sur la lutte contre l'exclusion sociale et la pauvreté, sur « le droit à l'aide sociale et à l'aide au logement afin d'assurer une existence décente à tous ceux qui ne disposent pas de ressources suffisantes[3] ». Ce faisant, la Charte reconnaît comme principe fondamental non seulement celui selon lequel « assurer à chacun les conditions matérielles d'existence constitue la précondition indispensable à la jouissance de toute liberté civile ou économique[4] », mais introduit potentiellement un fondement juridique susceptible de soutenir des mesures telles que le *basic income*, le revenu de base, etc.

Toutefois, cette opération présente plusieurs aspects critiques. Du point de vue de leur application et de leur portée, les droits sociaux affirmés dans la Charte de Nice 1) n'impliquent aucune modification du système de compétences et de tâches établi par les traités et 2) "s'adressent aux institutions et organes de l'Union dans le respect du principe de subsidiarité, ainsi qu'aux États membres, uniquement lorsqu'ils mettent en œuvre le droit de l'Union (art. 51)". Par conséquent, « la force expansive des droits fondamentaux trouve une limite dans le principe d'attribution des compétences[5] » ainsi que dans son applicabilité limitée aux cas de mise en œuvre du droit européen au niveau étatique.

Un autre élément de faiblesse qui peut être déduit des arts. 51-52 et des Explications découle de la distinction entre droits et principes. Cette distinction « reflète l'idée selon laquelle, alors que les droits confèrent aux individus des droits subjectifs directement applicables devant un tribunal, les principes constituent de simples lignes directrices programmatiques adressées au législateur et/ou à l'exécutif, qui ne peuvent être utilisées par

[1] Une tradition enrichie par la reconnaissance de nouveaux droits sociaux généraux, tels que ceux reconnus dans les arts. 27, 30, 38.

[2] S. Rodotà, « La Carta come atto politico e documento giuridico », dans A. Manzella, P. Melograni, E. Paciotti, S. Rodotà, *Riscrivere i diritti in Europa. Introduzione alla Carta dei diritti fondamentali dell'Unione Europea*, 83.

[3] S. Giubboni, *Social rights and market freedom in the European Constitution : a labour law perspective*, 110.

[4] Ibidem.

[5] B. Nascimbene, « Carta dei diritti fondamentali, applicabilità e rapporti fra giudici : la necessità di una tutela integrata », *European Papers : a journal on law and integration*, vol. 6, n. 1, 2021, 86.

les tribunaux que comme point de référence pour contrôler leurs actions[1] » ; les principes disposent donc d'une force normative moindre que les droits. Malgré leur intégration dans le droit primaire européen en vertu du traité de Lisbonne, aux droits sociaux de la Charte est principalement attribuable le *status* de "principes" : comme l'indiquent clairement les Explications, les arts. 26[2], 35, 36 e 38 constituent des principes, tandis que les arts. 33-34 « contiennent des éléments à la fois d'un droit et d'un principe[3] ». En outre, la combinaison du caractère générique de leurs formulations, de l'absence d'obligations contraignantes pour les États membres en ce qui concerne leur implémentation, de la difficulté « de contester un acte de l'UE portant [...] sur un droit social de la Charte, si le libellé de ce dernier renvoie aux conditions fixées par le droit de l'Union[4] » et des limites concernant leur applicabilité rend leur normativité manifestement marginale par rapport à celle des droits sociaux consacrés par les constitutions nationales. Ils peuvent être interprétés davantage comme des principes que comme de véritables droits justiciables, et donc comme des « outils interprétatifs[5] » visant à orienter et à évaluer l'action des institutions européennes et des États. En tant que principes, ils se réalisent « par le biais d'actes législatifs ou exécutifs [...] ; par conséquent, ils ne sont pertinents pour le juge que lorsque ces actes sont interprétés ou soumis à un contrôle[6] », remettant ainsi en cause le principe même de l'indivisibilité des droits fondamentaux.

Une autre restriction de la force normative des droits sociaux de la Charte ressort de l'art. 52, par. 2. Comme le confirment plusieurs arrêts de la Cour[7], « un droit fondamental reconnu par la Charte, auquel s'applique la réserve de l'art. 52, paragraphe 2, a le même contenu normatif que la disposition correspondante du traité et/ou du droit dérivé[8] ». Dans le cas des droits sociaux, la pertinence de ce point est mise en évidence par les Explications, qui relient les arts. 27-31-34-35-36-38 aux dispositions en la matière des traités et les arts. 27-30-31-32-33-34 à la législation européenne (y compris secondaire). Les Explications précisent en outre qu'« au moins la moitié des

---

[1] A. Kornezov, « Social rights, the Charter, and the ECHR : caveats, austerity, and other disaster », dans F. Vandenbroucke, C. Barnard et G. De Baere, *A European Social Union after the Crisis,* 422.

[2] Comme la Cour l'a également souligné dans l'affaire C-356/12 *Glatzel.*

[3] B. Nascimbene, *Carta dei diritti fondamentali, applicabilità e rapporti fra giudici : la necessità di una tutela integrata*, 87.

[4] A. Kornezov, « Social rights, the Charter, and the ECHR : caveats, austerity, and other disaster », dans F. Vandenbroucke, C. Barnard et G. De Baere, *A European Social Union after the Crisis,* 422.

[5] Ibidem, 424.

[6] T. N. Poli, « Diritti sociali ed eguaglianza nello spazio giuridico europeo », 8, note 37.

[7] CJE, arr. *Delvigne*, C-650/13, 2015 ; arr. *Gardella*, C-233/12, 2013.

[8] A. Kornezov, « Social rights, the Charter, and the ECHR : caveats, austerity, and other disaster », dans F. Vandenbroucke, C. Barnard et G. De Baere, *A European Social Union after the Crisis,* 419.

clauses de solidarité de la Charte stipulent explicitement que leur exercice est soumis aux conditions prévues par le droit de l'Union et les législations et pratiques nationales[1] ». Par conséquent, si les droits sociaux ne peuvent être garantis que dans ce cadre, la Charte non seulement ne leur confère pas la profondeur normative et le pouvoir contraignant inhérent à leur fondamentalité constitutionnelle, mais « semble faire un pas en arrière, en introduisant l'idée – [...] propre à l'État libéral – que le contenu des droits n'est pas de nature à dépasser la loi, que les garanties prévues ne vont pas au-delà de ce qui est déjà assuré par la législation[2] ». Dans cette architecture, la position des droits sociaux se dégrade par rapport à celle qu'ils occupent dans le constitutionnalisme social ; ils ne représentant pas les articulations concrètes de ressources dogmatico-normatives constituant, pour l'activité législative, des critères à la fois de contrôle, d'interprétation, de direction et d'obligation. De l'analyse de l'art. 52, il ressort qu' 1) « il pourrait être particulièrement difficile de faire valoir que la législation sociale de l'UE est invalide au motif qu'elle est contraire à l'un des droits sociaux de la Charte[3] » et que 2) la reconnaissance de ces droits au niveau européen semble être interprétable davantage comme « un geste symbolique plutôt qu'une avancée normative[4] » de nature constitutionnelle. Le principe même de subsidiarité constitutionnelle affirmé à l'art. 53 – selon lequel, en cas de conflit, c'est le principe de la "meilleure tutelle" du ou des droits en question qui s'applique – n'agit pas comme facteur de renforcement de la normativité des droits sociaux puisque cet article n'indique pas la direction à prendre en cas de conflit entre des droits de nature différente. Par conséquent, étant donné que « chaque système résout les conflits entre les droits sur la base d'une vision du monde qui privilégie certains droits au détriment d'autres droits[5] », la résolution de ces conflits dépendra nécessairement du niveau effectif de force et de justiciabilité des droits impliqués dans l'exercice d'équilibre, un niveau qui, dans le cas des droits sociaux, se révèle déficitaire.

Des points critiques importants ressortent également des formulations de la Charte. Tout d'abord, nous ne pouvons pas déduire de la lutte contre l'exclusion sociale et la pauvreté une mission qui est au contraire centrale dans la grammaire du constitutionnalisme social : la mission pour les pouvoirs publics de réduire les inégalités en tant qu'élément indispensable à la fois pour assurer que chacun dispose des ressources nécessaires pour jouir d'un niveau acceptable de liberté réelle et concrète et pour sauvegarder la

[1] Ibidem, 420.
[2] A. Cantaro, *Il secolo lungo. Lavoro e diritti sociali nella storia europea*, 120.
[3] A. Kornezov, « Social rights, the Charter, and the ECHR : caveats, austerity, and other disaster », dans F. Vandenbroucke, C. Barnard et G. De Baere, *A European Social Union after the Crisis*, 422.
[4] Ibidem.
[5] A. Cantaro, *Il secolo lungo. Lavoro e diritti sociali nella storia europea*, 117.

cohésion sociale. Ainsi, « le principe de l'égalité substantielle disparaît [...] il se réduit à sa dimension formelle (art. 20)[1] ». Par ailleurs, cette disparition est confirmée par l'absence de références à la fonction sociale dans les cas concernant la liberté d'entreprise (art. 16) et le droit de propriété (art. 17).

En outre, la réaffirmation (art. 34) de l'objectif de cohésion sociale et territoriale ne prévoit pas l'introduction de bases juridiques susceptibles de conduire au développement et à l'institutionnalisation d'un réseau de « solidarité redistributive transnationale[2] » en mesure de contrebalancer l'expansivité de la normativité concurrentielle, normativité faisant des États membres des sujets « compétitifs, dont la seule solidarité semble être celle de s'engager dans la conquête des marchés étrangers et de rendre leurs propres marchés du travail plus efficaces[3] ».

L'affaiblissement de la complexité et de la profondeur de ces ressources normatives dans le texte ayant pour ambition de récupérer et de valoriser la tradition sociale européenne se reflète également dans la modalité d'interpréter la « qualité sociale et institutionnelle[4] » du sujet placé au centre de l'imaginaire intégrationniste. Dans le processus d'intégration, la *ratio essendi* de l'action sociale européenne est principalement celle de favoriser la mobilité des travailleurs, leur accès équitable aux marchés du travail nationaux. Ainsi, dans la lecture du sujet-travailleur, l'élément privilégié n'est pas la relationnalité de son être-en-société, de son inscription dans un réseau d'appartenances, mais plutôt sa condition d'opérateur singulier agissant en fonction de son intérêt particulier au sein de l'ordre compétitif du marché. La Charte de Nice confirme cette approche. Malgré la richesse et la variété des références symboliques et des valeurs qu'elle présente, la dimension relationnelle du sujet situé – centrale dans le constitutionnalisme social – y est reléguée au second plan au profit d'une orientation plus favorable à des sujets « désocialisés[5] », c'est-à-dire à « des individus, des consommateurs, des usagers [...] à des subjectivités éthiquement fortes (la personne humaine, les générations futures, les mineurs, etc.), mais socialement neutres, politiquement a-conflictuelles, sans racines et sans appartenances[6] ». Malgré la reconnaissance des droits sociaux, la veine universaliste du discours sur les droits mis en avant par la Charte semble davantage liée à l'opération d'abstraction du sujet de ses conditions matérielles typique du modèle libéral et plus fonctionnelle à sa marchandisation qu'à la matérialisation nécessaire pour mettre en évidence

[1] T. N. Poli, « Diritti sociali ed eguaglianza nello spazio giuridico europeo », 13. Sauf dans le cas de l'égalité homme-femme, comme le souligne l'auteur.
[2] A. Guazzarotti, *Crisi dell'euro e conflitto sociale. L'illusione della giustizia attraverso il mercato*, 118.
[3] Ibidem.
[4] A. Cantaro, *Il secolo lungo. Lavoro e diritti sociali nella storia europea*, 127.
[5] Ibidem, 128.
[6] Ibidem.

les déséquilibres de diverses natures sur lesquels les droits sociaux sont censés agir. Penser les droits sociaux en les déconnectant de la particularité historico-concrète de leurs porteurs et des formations sociales dans lesquelles ils s'inscrivent signifie les déconnecter aussi de l'« appareil de principes solidaires et [du] réseau de pouvoirs institutionnels capables de les revendiquer et de les faire respecter concrètement[1] ». Cette déconnexion sape non seulement la force normative des droits sociaux en eux-mêmes et dans leur relation avec d'autres droits, mais manifeste également la tendance à confier leur contenu et l'efficacité de leurs garanties à un processus de « juridisation extrême[2] » où ils entrent dans des conditions de faiblesse et où la dimension abstraite-procédurale l'emporte sur la dimension substantielle. Par conséquent, le discours sur les droits de la Charte ne produit pas des effets déstructurants uniquement dans les domaines de l'égalité et de la solidarité, puisque adopter comme interlocuteur un sujet "désocialisé" revient à penser la dignité de manière purement abstraite « et non comme un bien dont les contenus sont définis [...] par les liaisons et les appartenances sociales dans le cadre desquelles se développe concrètement la personnalité de chaque homme[3] ». Dans le meilleur des cas, une telle approche peut comporter la substitution des besoins complexes, historiquement déterminés et hautement politiques du sujet situé, par « les besoins humains bruts[4] », satisfaits par la protection de niveaux existentiels minimaux (d'où l'érosion conséquente de la profondeur éthico-normative de la dimension sociale de la citoyenneté) ; dans le pire des cas, la réduction du principe à une simple rhétorique.

Une autre confirmation de cette orientation réside dans le choix d'identifier comme « fondement éthique des droits du travail régis par la Charte de Nice [...] celui de la liberté [...] qui met au centre l'individu et la personne tout court[5] ». Le "droit de travailler" (art. 15) est inclus dans le chapitre II de la Charte ; il peut donc être interprété à partir de son incorporation dans le noyau axiologique de la Liberté, et en premier lieu comme une liberté économique inhérente au sujet dont les modalités d'exercice sont prévues par les traités, la jurisprudence communautaire, les Chartes et les textes constitutionnels. En étroite connexion avec l'égalité formelle inscrite dans la Charte, ce droit a pour priorité de « protéger l'individu tout court contre les formes haineuses de discrimination et d'exclusion[6] » ; il reformule négativement la liberté comme absence

---

[1] Ibidem, 129.
[2] Ibidem.
[3] A. Cantaro, *Il diritto dimenticato. Il lavoro nella costituzione europea*, 70.
[4] Ibidem, 71.
[5] Ibidem.
[6] Ibidem, 79. L'auteur souligne également les nombreuses directives relatives au principe de non-discrimination promulguées depuis le début des années 2000 : dir. N. 2000/43/CE, dir. N. 2000/78/CE, dir. N. 2002/73/CE.

d'ingérence de parties tierces (étatiques et non étatiques) dans l'exercice de la liberté individuelle et reconfirme ainsi la prévalence de la matrice individualiste de la Charte. Cette dernière reconnaît également des droits du travail de nature collective (art. 12, 27, 28) ; mais les sujets collectifs et les formations sociales impliqués dans la reconnaissance de ces droits « ne sont pas favorisés et promus en tant que tels [...] en raison d'une évaluation positive de leur rôle dans la vie économique et sociale, mais en tant que projections collectives de droits conçus d'abord comme des droits individuels[1] ». En ce sens, la formulation adoptée à l'art. 12 est emblématique, car elle met l'accent sur le droit de l'individu "de fonder [...] des syndicats et de s'y affilier pour la défense de ses intérêts", « sans aucune référence aux droits de l'organisation en tant que collectivité existante[2] » et incarnant des valeurs irréductibles à la poursuite de l'intérêt individuel.

Toujours dans le domaine du travail, la Charte ne reconnaît pas l'un des droits sociaux fondamentaux les plus significatifs du parcours constitutionnel européen, à savoir le droit au travail. Dans le constitutionnalisme social, le droit au travail est intimement connecté à la dimension matérielle de la dignité et au droit à une rémunération équitable (également absent de la Charte de Nice) : il constitue « le droit à ce que les autorités publiques créent les conditions nécessaires pour que chaque personne puisse travailler et mener une vie digne[3] ». Dans ce contexte, la reconnaissance du droit au travail et l'objectif de plein emploi qui en découle confèrent force juridique à la volonté d'encadrer le fonctionnement du marché de manière à instancier (avec des degrés de perfectibilité variables) le contenu abstrait des ressources dogmatico-normatives fondamentales ; il constitue ainsi un centre d'émanation normative d'origine constitutionnelle exerçant un pouvoir contraignant sur l'action des pouvoirs publics. Au contraire, comme le souligne la Commission, au niveau européen, le droit au travail est interprété non pas comme un droit, mais comme un objectif politique[4] (de responsabilité du niveau national), lié non pas à la recherche du plein emploi, mais d'un "haut niveau d'emploi", dont la portée est redimensionnée par la maximisation de la normativité concurrentielle. En effet, « pour l'ordre communautaire, l'emploi est, d'une part, une condition souhaitable en soi, dépourvue de toute signification anthropologique ou sociale (perte de la sémantique du sujet situé et relationnel) ; d'autre part, il cesse de l'être dès que l'on soupçonne que sa poursuite peut entrer en conflit avec – la valeur des valeurs – la compétitivité des entreprises et de l'économie[5] ».

---

[1] Ibidem, 82-83.
[2] Ibidem.
[3] Ibidem, 7.
[4] Com. (2000), 559, 13 septembre 2000.
[5] A. Cantaro, *Il secolo lungo. Lavoro e diritti sociali nella storia europea*, 127.

La présence du droit de travailler et l'absence du droit au travail sont également cohérentes avec les priorités de la stratégie européenne pour l'emploi déjà mentionnées, en particulier avec la centralité qu'elle accorde aux politiques de l'offre et au paradigme de l'employabilité et de l'adaptabilité des travailleurs. Il ne s'agit plus de revendiquer la mise en œuvre d'un droit constitutionnel obligeant l'État à intervenir activement pour assurer et sécuriser l'emploi et le revenu des citoyens, mais de mettre l'accent sur le « droit des individus en tant que tels (et non plus en tant que membres d'une classe sociale [...]) à l'égalité des chances dans l'accès et dans la concurrence (comme le droit à la formation et à la requalification) sur un marché du travail [...] capable de générer des opportunités d'emploi [...] s'il est rendu plus compétitif par des actions qui flexibilisent la relation d'emploi et améliorent la qualité des services de l'emploi[1] ». Une fois de plus, cet imaginaire privilégie l'individu en soi et ses "libertés de" au détriment du sujet connoté matériellement et relationnellement et porteur potentiel d'une forte conflictualité politico-idéologique.

En conclusion, la Charte de Nice, tout en apparaissant *prima facie* compatible avec les éléments normatifs fondamentaux du constitutionnalisme social, non seulement ne parvient pas à doter le niveau européen d'instruments capables de combler le déficit social et d'émanciper les droits sociaux de leur statut subalterne, mais introduit, dans la lignée de la stratégie européenne pour l'emploi, un paradigme social différent, un ordre de significations dont la gradualité de l'affirmation ne doit pas redimensionner sa capacité potentielle à produire progressivement l'oubli du paradigme antérieur. Cette capacité réside aussi dans le fait que, surtout après sa "constitutionnalisation" dans le traité de Lisbonne, la Charte ne représente pas seulement une liste symbolique de valeurs, mais agit aussi et surtout en tant que « facteur organisationnel de liaison entre les ordres[2] » au sein d'une structure multiniveau de « constitutionnalité partagée[3] ». Ces éléments expliquent le pouvoir de la Charte de produire des glissements sémantiques en direction de son modèle normatif et d'accroître ainsi une conflictualité latente entre ce dernier et la normativité dont le constitutionnalisme social est porteur.

L'activité market-oriented de la Cour de justice

Dans un texte rédigé juste après la promulgation de la Charte, S. Rodotà souligne que « pour donner toute sa portée à la discontinuité que représente

[1] A. Cantaro, *Il diritto dimenticato. Il lavoro nella costituzione europea*, 88-89.

[2] A. Manzella, « Dal mercato ai diritti », dans A. Manzella, P. Melograni, E. Paciotti, S. Rodotà, *Riscrivere i diritti in Europa. Introduzione alla Carta dei diritti fondamentali dell'Unione Europea*, 54.

[3] Ibidem.

indéniablement la Charte par rapport à l'Europe monocorde de l'économie[1] », il faut qu'elle s'affirme non seulement au niveau formel-constitutionnel, mais aussi dans les pratiques revendicatives des acteurs sociaux et politiques ainsi que dans les « opérations interprétatives des juristes[2] », fondamentales pour « renforcer ou réduire les opportunités contenues dans chaque article et, par conséquent, dans la reconstruction globale de ce nouveau système de droits[3] ». En ce sens, dans les années suivant la promulgation de la Charte, les droits sociaux qui y sont inscrits deviennent principalement des « véhicules de débats juridiques et de pratiques juridictionnelles, plutôt que de luttes sociopolitiques[4] ». De la reconstruction effectuée jusqu'à présent, il ressort la subalternité de la dimension sociale du processus intégrationniste par rapport aux finalités afférentes au fonctionnement efficace du marché unique : la promotion de la libre circulation des travailleurs et l'interdiction conséquente de la discrimination constituent les catalyseurs principaux du développement d'une citoyenneté sociale européenne sémantisée avant tout selon la grammaire des libertés économiques fondamentales et de leur renforcement.

L'activité de la Cour de justice, très prudente quant à l'utilisation de la Charte dans la formulation de ses jugements aussi bien avant qu'après l'acquisition par cette dernière de la même valeur que les traités, confirme la dépendance des droits sociaux de la « précompréhension politico-idéale pro-marché[5] » caractérisant traditionnellement les institutions européennes. Les cas paradigmatiques et largement commentés[6] des arrêts *Viking*[7], *Laval*[8], *Ruffert*[9] et *Commission vs Luxembourg*[10], relèvent que, dans les opérations de balancement, la reconnaissance de la part de la Cour des droits d'action collective et de grève comme droits fondamentaux ne conduit pas à un renforcement significatif de ces derniers vis-à-vis de la normativité concurrentielle exprimée par les libertés économiques fondamentales consacrées des traités (en particulier, les libertés de prestation de services et d'établissement). Au contraire, la portée des droits évoqués (contenus dans

[1] S. Rodotà, « La Carta come atto politico e documento giuridico », dans A. Manzella, P. Melograni, E. Paciotti, S. Rodotà, *Riscrivere i diritti in Europa. Introduzione alla Carta dei diritti fondamentali dell'Unione Europea*, 77.

[2] Ibidem, 74.

[3] Ibidem.

[4] A. Guazzarotti, *Crisi dell'euro e conflitto sociale. L'illusione della giustizia attraverso il mercato*, 102.

[5] G. Scaccia, « Proporzionalità e bilanciamento tra diritti nella giurisprudenza delle corti europee », *Rivista AIC*, n. 3, 2017, 22.

[6] Voir par exemple J. Van der Walt, *The Horizontal Effect Revolution and the Question of Sovereignty*, De Gruyter, Berlin, 2014.

[7] CJE, 438/05, *Viking*, 11 décembre 2007.

[8] CJE, 341/05, *Laval*, 18 décembre 2007.

[9] CJE, 346/06, *Ruffert*, 3 avril 2008.

[10] CJE, 319/06, *Commission vs Luxembourg*, 19 juin 2008.

l'art. 28 de la Charte) se trouve considérablement limitée par l'effet horizontal direct attribué aux libertés économiques[1] : la restriction de l'une d'entre elles est acceptable en vertu du principe de proportionnalité « uniquement si elle poursuit un "objectif légitime compatible" avec le traité, [si elle est] "justifiée par des raisons impérieuses d'intérêt général", [si elle] est apte à atteindre l'objectif [...] sans aller au-delà de ce qui est nécessaire pour l'atteindre[2] ». En raison de la dimension "constitutionnelle" des libertés économiques de marché, l'opération de restriction d'une liberté économique fondamentale au nom de la défense d'un droit social ou du travail n'est ainsi possible que sous la forme d'« exception au principe de la liberté économique et n'est donc autorisée que dans des conditions restrictives[3] ». De cet exceptionnalisme découle la soumission des normes contenues dans le droit du travail ou le droit social des États membres « à un contrôle strict de compatibilité avec les règles du marché intérieur. [...] La fonction protectrice poursuivie par le droit du travail perd ainsi sa légitimation autonome, et retrouve un espace de légitimité dans la mesure où elle est à même de passer le contrôle de compatibilité [...] effectué au nom de la primauté de l'efficacité allocative des libertés du marché[4] ». Par conséquent, le niveau supranational agit de manière à prioriser le respect des limites au-delà desquelles le fonctionnement optimal du marché concurrentiel serait remis en cause par le biais de la défense et de la propagation de niveaux élevés de protection sociale. Cet ordre de priorité ne peut qu'induire une compression du contenu du droit social en question au point de le déconstitutionnaliser et d'autoriser « l'existence de standards sociaux concurrents (salaires, temps de travail, conditions de travail, etc.) sur un même territoire[5] » et donc de phénomènes de « *social dumping* [...] entre travailleurs de nationalités et de statuts différents[6] ». Dans ces opérations de mise en balance des valeurs économiques et sociales, la Cour recourt « *to*

[1] Effet horizontal déjà reconnu dans CJE, 415/93, *Bosman*, 15 décembre 1995, et CJE, 43/75, *Defrenne*, 8 avril 1976. Comme le souligne J. Van der Walt, « la revendication de souveraineté incarnée par la reconnaissance de l'effet horizontal des libertés fondamentales a aussi été manifestement préparée par les décisions de la CJCE concernant l'effet direct du droit de l'UE dans les affaires Van Gend en Loos et Costa contre E.N.E.L. en 1963 et 1964 ». J. Van der Walt, *The Horizontal Effect Revolution and the Question of Sovereignty*, 338.
[2] T. N. Poli, « Diritti sociali ed eguaglianza nello spazio giuridico europeo », 18.
[3] O. De Schutter, « La garanzia dei diritti e principi sociali nella "Carta dei diritti fondamentali" », dans G. Zagrebelsky (sous la direction de), *Diritti e Costituzione nell'Unione Europa*, 210.
[4] S. Giubboni, « Il diritto sociale europeo alla ricerca dell'autonomia perduta », *Politiche sociali*, n. 1, 2019, 501.
[5] P. Pochet, « Twenty years of the publication 'Social policy in the European Union' : what have we learned ? », dans B. Vanhercke, D. Ghailani, S. Spasova, P. Pochet (sous la direction de), *Social policy in the European Union 1999-2019 : the long and winding road*, ETUI aisbl, Brussels, 2020, 20.
[6] Ibidem.

substantive due process review procedures[1] » par lesquelles maximiser « le principe fondamental de la liberté du marché[2] » dans des domaines socialement et politiquement très conflictuels. Ainsi, la Cour « s'engage à éliminer tous les obstacles dans cette course au moins-disant social[3] », adoptant une position dont la favorisation de la normativité concurrentielle semble aller bien au-delà des « bases juridiques concrètes[4] » fournies par le droit européen.

Cette position est également réitérée dans les arrêts postérieurs au quartet susmentionné. Par exemple, dans l'arrêt *Alemo-Herron*[5], l'interprétation par la Cour de la directive 2001/23 (concernant la protection des droits des travailleurs en cas de transfert d'entreprises), développée en connexion avec l'art. 16 de la Charte de Nice (concernant la liberté d'entreprise), transforme la fonction de cette directive, en l'alignant sur l'ordre des priorités évoquées. Comme l'analyse S. Giubboni, « d'instrument de protection de la continuité de la relation de travail et de ses conditions, la directive 2001/23 devient un instrument de protection de l'intérêt de l'employeur à tirer le plus grand profit de la transaction commerciale, en lui garantissant la maîtrise des coûts du travail[6] ». Dans cette perspective, les droits fondamentaux de grève et de négociation collective sont à nouveau anesthésiés et dépolitisés dans la mesure où ils sont susceptibles de modifier les coûts attendus et donc de nuire à la maximisation des profits.

L'arrêt *Anonymi Geneki Etairia Tsimenton (AGET) Iraklis*[7] confirme ce cadre interprétatif. Même dans ce cas, l'application d'une loi grecque concernant la protection des emplois face à la réduction des effectifs envisagée par la partie employeuse dans des conditions économiques et sociales difficiles est évaluée à la lumière de la directive 98/59 sur les licenciements collectifs réinterprétée à partir de l'art. 16 de la Charte de Nice. Une fois de plus, « la Cour [...] a immanquablement jugé la loi grecque contraire à la directive, interprétée [...] à la lumière de la liberté contractuelle[8] ». Selon la Cour, la raison "sociale" liée à la sauvegarde de l'emploi est subordonnée à la liberté économique de l'employeur d'apprécier l'opportunité d'effectuer des *downsizings* sur la base d'un raisonnement purement économique. À nouveau, l'objectif initial de la directive d'harmoniser les systèmes nationaux par le partage de critères de protection

[1] J. Van der Walt, *The Horizontal Effect Revolution and the Question of Sovereignty*, 335.
[2] Ibidem, 344.
[3] A. Supiot, *L'esprit de Philadelphie. La justice sociale face au marché total*, Éditions du Seuil, Paris, 2010, 71.
[4] J. Van der Walt, *The Horizontal Effect Revolution and the Question of Sovereignty*, 344.
[5] CJE, 426/11, *Alemo-Herron*, 18 juillet 2013.
[6] S. Giubboni, « Il diritto sociale europeo alla ricerca dell'autonomia perduta », *Politiche sociali,* 504.
[7] CJE, 201/15, *Anonymi Geneki Etairia Tsimenton* (AGET) *Iraklis*, 21 décembre 2016.
[8] S. Giubboni, « Il diritto sociale europeo alla ricerca dell'autonomia perduta », *Politiche sociali,* 505.

sociale de base, combiné avec « le principe classique selon lequel le législateur national a toujours le droit de prévoir des niveaux de protection du salarié plus élevés que ceux prévus par les directives européennes[1] », est remanié afin de défendre les libertés du marché contre toute compression sociale possible.

Dans le même temps, certains arrêts (*Collins*[2], *Hendrix*[3], etc.), concernant la possibilité pour les *job seekers* transnationaux et les citoyens économiquement inactifs d'accéder aux droits sociaux sous condition d'avoir établi une connexion effective avec le marché du travail du pays d'accueil, semblent conduire à un épaississement social de la citoyenneté européenne basée sur le droit économique à la liberté de circulation. En réduisant la sévérité des critères d'éligibilité par le biais du principe de proportionnalité (critère de résidence, de lien avec la société et le marché du travail du pays d'accueil, etc.), la Cour élargit la sphère de la solidarité transnationale des citoyens actifs sur le marché aux citoyens inactifs, allant apparemment dans le sens d'un dépassement de la dimension résiduelle, corollaire du marché, de la citoyenneté sociale européenne. Dans le même temps, le *modus operandi* de la Cour, individualiste puisque cette dernière agit au cas par cas sur la base des droits du citoyen concerné, n'est pas en mesure d'établir un lien avec « la dimension nécessairement collective et politique de la solidarité[4] ». Cette dernière reste ancrée dans le choix individuel d'activer une liberté économique de marché ; alors, c'est l'intérêt atomistique d'un individu conçu comme *market citizen* et donc « la logique formelle des libertés économiques qui se cache derrière les apparences de la logique substantielle des obligations solidaires[5] ». Par conséquent, tout en renforçant les droits sociaux des citoyens inactifs, même cette ligne jurisprudentielle ne parvient pas à situer la construction de la citoyenneté sociale ailleurs que dans la logique économique du marché unique. Elle reconfirme la présence de « contenus hégémoniques implicites dans les [...] précompréhensions[6] » de la Cour dictées par la logique évoquée.

---

[1] Ibidem.
[2] CJE, 138/02, *Collins,* 23 mars 2004.
[3] CJE, 287/05, *D. P. W. Hendrix*, 11 septembre 2007.
[4] S. Giubboni, *Diritti e solidarietà in Europa. I modelli sociali nazionali nello spazio giuridico europeo*, 228.
[5] A. J. Menendez, « European citizenship after Martinez Sala and Baumbast. Has European law become more human but less social ? », *ARENA working papers*, n. 9, 2009, cité par S. Giubboni, *Diritti e solidarietà in Europa. I modelli sociali nazionali nello spazio giuridico europeo,* 228.
[6] G. Preterossi, « Cosa resta della costituzione materiale », *Filosofia politica*, n. 1, 2023, 93.

Le traité de Lisbonne

Après l'échec du "traité établissant une Constitution pour l'Europe", du point de vue de son *status* la Charte de Nice acquiert une dimension "constitutionnelle" à la suite de la ratification du traité de Lisbonne[1], qui lui attribue à l'art. 6 "la même valeur juridique que les traités". La Charte, la Convention européenne de sauvegarde des droits de l'Homme et des libertés fondamentales et les "traditions constitutionnelles communes aux États membres" composent le cadre européen des droits, principes et libertés fondamentaux. Au travers de cette opération, le renforcement du *status* des droits sociaux « ne devrait plus représenter le résultat d'un effort interprétatif visant à renforcer une formule textuelle objectivement ambiguë[2] », mais serait réalisé par leur inclusion dans le droit primaire de l'Union. En outre, il consacre à l'art. 2 du TUE les valeurs fondamentales de l'Union, telles que la dignité, la solidarité, l'inviolabilité des droits de l'homme et l'égalité ; à l'art. 3 du TUE, il fixe des objectifs directement liés à la dimension sociale, tels que la promotion de la protection sociale et du progrès social, la lutte contre l'exclusion sociale, le soutien à la solidarité intergénérationnelle et en faveur d'un développement économique socialement durable ; à l'art. 9 du TFUE, il introduit une clause sociale disposant que "dans la définition et la mise en œuvre de ses politiques et actions, l'Union prend en compte les exigences liées à la promotion d'un niveau d'emploi élevé, à la garantie d'une protection sociale adéquate, à la lutte contre l'exclusion sociale ainsi qu'à un niveau élevé d'éducation, de formation et de protection de la santé humaine".

Parallèlement, l'art. 6 TUE dispose que "les dispositions de la Charte n'étendent en aucune manière les compétences de l'Union telles que définies dans les traités" et que "les droits, les libertés et les principes énoncés dans la Charte sont interprétés conformément aux dispositions générales du titre VII de la Charte régissant l'interprétation et l'application de celle-ci". Par conséquent, d'une part l'opération susmentionnée « n'aide pas à dépasser les limites étroites des compétences de l'UE[3] » dans le domaine social : le traité de Lisbonne confirme essentiellement le *statu quo* en n'identifiant pas « des domaines d'intervention expressément nouveaux et spécifiques qui peuvent permettre aux règles européennes d'influer sur les systèmes nationaux de

---

[1] "Le traité de Lisbonne a été signé [...] le 13 décembre 2007, à la suite d'une proclamation de la charte des droits fondamentaux de l'UE au Parlement par les présidents du Parlement européen, de la Commission et du Conseil. [...] Le traité est entré en vigueur le 1er décembre 2009 après avoir été ratifié par l'ensemble de 27 États membres". https://www.europarl.europa.eu/about-parliament/fr/in-the-past/the-parliament-and-the-treaties/treaty-of-lisbon.

[2] M. Losana, « La perdurante ambiguità dei diritti sociali europei », 127.

[3] H-W. Micklitz, « Failure or ideological preconceptions ? Thoughts on two grand projects : the European Constitution and the European Civil Code », dans K. Tuori, S. Sankari (sous la direction de), *The many constitutions of Europe*, 114.

protection sociale dans une mesure nettement plus importante qu'auparavant[1] ». La consolidation et le renforcement de l'acquis social à travers les arts. concernant la coordination via *soft law* des politiques de l'emploi (arts. 2, 5, 145-150 du TFUE), le dialogue social[2] (arts. 154-155 TFEU[3]) et la cohésion sociale (arts. 174-178 TFEU), confirment la configuration précédente ; les arts. en matière de *social policy* (arts. 151-164 TFUE), concernant une compétence partagée (art. 4 TFUE), « autorisent l'UE à promouvoir la coordination de la législation sociale des États membres (art. 156 du TFUE) et à édicter ses propres règles européennes pour la plupart des aspects de la politique sociale[4] ». En particulier, après une brève référence aux "droits sociaux fondamentaux, tels que ceux énoncés dans la Charte sociale européenne [...] et dans la Charte communautaire des droits sociaux fondamentaux des travailleurs", l'art. 151 réaffirme l'interrelation classique entre l'action européenne dans le domaine social et la nature d'"objectifs[5]" des dispositions sociales sous-jacentes à cette action ainsi que la confiance dans les capacités harmonisatrices du marché ; l'art. 153, en plus d'indiquer les domaines dans lesquels l'UE développe des actions complémentaires de soutien à l'activité des États[6], précise que les États membres conservent leur autonomie dans la définition des "principes fondamentaux de leur système de sécurité sociale" et réitère la non-application de l'action UE à des secteurs sociaux sensibles, tels que les rémunérations, le droit d'association, de grève et de *lock-out*.

---

[1] C. Salazar, « A Lisbon story : la Carta dei diritti fondamentali dell'Unione europea da un tormentato passato... a un incerto presente ? », Colloque *I diritti sociali dopo Lisbona. Il ruolo delle Corti. Il caso italiano. Il diritto del lavoro fra riforme delle regole e vincoli di sistema*, Université "Mediterranea" de Reggio Calabria, 5 novembre 2011.

[2] Les principales nouveautés résident dans l'obligation d'informer le Parlement européen des accords conclus par les partenaires sociaux (art. 155 (2), du TFUE) et dans la disposition figurant à l'art. 21 (3), en vertu de laquelle "le Conseil, statuant conformément à une procédure législative spéciale, peut arrêter des mesures concernant la sécurité sociale ou la protection sociale. Le Conseil statue à l'unanimité, après consultation du Parlement européen".

[3] En particulier, l'art. 155 du TFUE fournit « une base juridique pour la conversion en mesures de l'UE des conventions collectives (ou cadres) négociées par les partenaires sociaux dans les matières couvertes par l'art. 153 TFUE ». G. De Baere, K. Gutman, « The basis in EU constitutional law for further social integration », dans F. Vandenbroucke, C. Barnard et G. De Baere, *A European Social Union after the Crisis,* 350.

[4] A. Jacobs, « Labour law, social security law and social policy after the entering into force of the treaty of Lisbon », *European Labour Law Journal*, vol. 2, n. 2, 2011, 121.

[5] « La promotion de l'emploi, l'amélioration des conditions de vie et de travail, permettant leur égalisation dans le progrès, une protection sociale adéquate, le dialogue social, le développement des ressources humaines permettant un niveau d'emploi élevé et durable et la lutte contre les exclusions ».

[6] Nous pouvons mentionner « b) les conditions de travail ; c) la sécurité sociale et la protection sociale des travailleurs ; d) la protection des travailleurs en cas de résiliation du contrat de travail ; e) l'information et la consultation des travailleurs ; [...] h) l'intégration des personnes exclues du marché du travail ; [...] j) la lutte contre l'exclusion sociale » ; etc.

D'autre part, la référence de l'art. 6 au titre VII de la Charte réaffirme le caractère éminemment programmatique des dispositions sociales de la Charte ainsi que ses limites applicatives déjà évoquées, et donc le renversement (déconstitutionnalisation) de la « fonction constitutionnelle que les catalogues contenant des droits devraient remplir[1] » puisque « ce n'est plus le texte constitutionnel qui guide la production et l'interprétation des textes législatifs, mais ce sont ces derniers qui façonnent le contenu du texte constitutionnel[2] ». La valeur juridique acquise par la Charte à la suite du traité de Lisbonne ne fait pas des droits sociaux qui y sont reconnus des droits à part entière et ne renforce pas les protections déjà existantes[3] car « la Charte ne peut être considérée comme un instrument de protection des droits fondamentaux au-delà des compétences de l'Union (art. 6 TUE ; déclaration n. 1, annexée à l'acte final)[4] ». Par conséquent, de l'acquisition par la Charte "de la même valeur que les traités" ainsi que de l'affirmation de l'indivisibilité et de l'interdépendance des droits, il ne résulte pas un enracinement plus important de la force normative des droits sociaux au sein du processus d'intégration européenne. Au contraire, l'objectif implicite du cadre analysé semble être d'éviter « la transformation *ipso jure* du *Bill of rights* en un "super-paramètre" contraignant pouvant être utilisé largement et en toutes circonstances par les juges européens et les tribunaux nationaux dans l'exercice de leurs compétences respectives[5] ».

Ainsi, le traité de Lisbonne, tout en soulignant que l'Union, agissant conformément aux coordonnées de la "clause sociale" (art. 9 du TFUE), promeut "un niveau élevé de protection", "la justice et la protection sociales", la cohésion économique, sociale et territoriale", la "solidarité entre les générations", la lutte à "l'exclusion sociale" et aux "discriminations" ainsi que le renforcement des services économiques d'intérêt général (art. 14 TFUE), continue à surdéterminer la signification de ces objectifs ainsi que des droits sociaux et des principes de dignité, d'égalité et de solidarité à travers la priorité accordée à la normativité concurrentielle et à ses éléments, à savoir à la mise en place d'"une économie sociale de marché hautement compétitive" fondée sur la stabilité des prix (art. 3 (3) TEU), d'un système de concurrence "non faussée" (Protocole 27) que l'Union s'engage à sauvegarder (voir art. 3 TEU, art. 119-120 TFEU, etc.).

---

[1] M. Losana, « La perdurante ambiguità dei diritti sociali europei », 129-130.
[2] Ibidem, 130.
[3] Déjà dans l'arrêt 80/2011, la Cour, en ce qui concerne l'applicabilité de la Charte, renvoie à l'art. 51 de cette dernière. Voir M. Losana, « La perdurante ambiguità dei diritti sociali europei », Costituzionalismo.it, *Editoriale Scientifica*, 2022.
[4] C. Salazar, « A Lisbon story : la Carta dei diritti fondamentali dell'Unione europea da un tormentato passato… a un incerto presente ? », 8.
[5] Ibidem, 9.

1.4 - La crise économique comme accélérateur de l'oubli

Malgré l'échec de la Constitution européenne, l'acquisition par la Charte de Nice "de la même valeur juridique que les traités" sanctionnée par le traité de Lisbonne constitue la culmination d'un processus de constitutionnalisation inédit de l'ordre européen. Ce processus est en premier lieu le résultat du saut qualitatif produit par l'activité de la Cour, qui, « à travers sa lecture dynamique des traités[1] » (voir les arrêts *Costa* et *Les Verts*[2]) et établissant les principes de la primauté et de l'effet direct du droit européen, élabore « une nouvelle doctrine, selon laquelle les traités ne font pas partie du droit international, mais constituent un ordre juridique autonome, ayant des effets directs sur les systèmes juridiques nationaux à la lumière d'un objectif commun[3] » contraignant pour l'action des États membres. Cet ordre se fonde sur l'identification 1) d'un principe de répartition et de réglementation des compétences et 2) d'une gamme de droits fondamentaux constituant le noyau éthico-normatif sur lequel il doit reposer. Ainsi, l'Union semble se doter d'un profil constitutionnel à travers, d'une part, les principes susmentionnés (primauté et effet direct), « l'existence d'une procédure de renvoi préjudiciel, le devoir de coopération des États membres et le principe de subsidiarité[4] » et, d'autre part, à travers l'articulation progressive de la citoyenneté européenne selon la reconnaissance de droits, de principes et de libertés ne relevant plus seulement de la sphère économique, mais aussi de la sphère politique et sociale. Dans le même temps, je parle d'un "constitutionnalisme inédit" puisque l'Union ne détient pas des « pouvoirs directs d'*enforcement* – l'application de ses décisions doit s'appuyer sur les appareils exécutifs des États membres – et il ne peut pas décider de manière autonome de ses propres compétences et de celles des États ». En outre, comme affirmé par plusieurs cours nationales, son ordre ne se superpose pas hiérarchiquement à l'ordre constitutionnel national et, contrairement à la fixité de ce dernier, il apparait « en perpétuelle évolution[5] » et transformation et manque surtout d'un véritable « pouvoir constituent[6] ». Ces spécificités de l'ordre européen rendent manifeste le caractère inédit évoqué et permettent de faire référence moins à une constitution au sens classique du terme qu'à un « processus [...]

[1] E. L'Helgoualc'h, « Le Traité établissant une Constitution pour l'Europe. Une étape dans la dynamique constitutionnelle européenne », *Les Cahiers européens de Sciences Po*, n. 4, 2005, 6.

[2] CJE, 294/83, *Les Verts c./ Parlement*, 23 avril 1986.

[3] M. Ferrera, *Rotta di collisione. Euro contro welfare* ?, 94.

[4] E. L'Helgoualc'h, « Le Traité établissant une Constitution pour l'Europe. Une étape dans la dynamique constitutionnelle européenne », 6.

[5] Ibidem.

[6] Ibidem.

de constitutionnalisation[1] » progressif de l'ordre européen au sein d'un système à plusieurs niveaux dont les composantes peuvent être porteuses d'orientations normatives potentiellement conflictuelles.

Dans ce contexte, la "constitutionnalisation" de la Charte de Nice constitue la tentative la plus ambitieuse d'associer à l'intégration économique européenne un réseau commun de valeurs constitutionnelles. Cependant, cette tentative ne s'accompagne pas d'une progression significative des compétences européennes de *market-correcting*, susceptibles de répondre à la marginalité croissante des besoins sociaux par rapport à l'expansivité du principe concurrentiel et à son « débordement sur d'autres sphères de valeur[2] » ; elle ne dispose que des pratiques procédurales-réflexives et a-substantielles de la méthode ouverte de coordination et de faibles avancées du traité de Lisbonne.

Les développements analysés ne remettent donc pas en cause la primauté que la normativité concurrentielle exerce sur le processus d'intégration : en termes aristotéliciens, de cause efficiente, elle s'élève au rang de cause finale, réindexant les éléments (les autres "causes") impliqués dans le processus à la poursuite d'elle-même en tant que *telos*, comme il ressort de la forte asymétrie « entre les objectifs fiscaux et macroéconomiques (soumis à un contrôle et à des contraintes de plus en plus stricts) et les objectifs du *welfare*, qui ne font l'objet que d'évaluations *soft*[3] » et d'interprétations dépendantes de leur capacité à favoriser ou au moins à ne pas entraver la compétitivité marchande.

La crise financière et de la dette publique (2008) et les mesures prises pour y faire face constituent des facteurs extraordinaires venant confirmer et approfondir cette asymétrie. Au regard de mon objet d'analyse, la crise et sa gestion peuvent être interprétées comme un moment d'*inveramento*[4] de la constitution matérielle européenne, comme moment de dévoilement définitif des rapports de force existant entre la « Raison du Marché[5] » et la « Raison de l'État Social[6] » ; des reconstructions de la stratégie européenne de réponse à la crise[7], nous pouvons ainsi extrapoler comme mouvement principal le renforcement dogmatique des piliers normatifs fondamentaux de l'imaginaire constitutionnel européen.

---

[1] Ibidem, 17.

[2] M. Ferrera, *Rotta di collisione. Euro contro welfare ?*, 96.

[3] Ibidem, 12.

[4] Le terme italien *inveramento* signifie « le fait, le processus de devenir vrai, d'acquérir de la réalité et de la concrétude ». Vocabulaire *Treccani* en ligne.

[5] M. Ferrera, *Rotta di collisione. Euro contro welfare ?*, 97.

[6] Ibidem.

[7] Voir par exemple M. J. Rodrigues, E. Yarchogiannopoulou, *The Eurozone crisis and the transformation of EU gouvernance : internal and external implications*, Farnham, Ashgate, 2014.

En effet, la stratégie intergouvernementale de l'Union, centrée sur le droit européen d'urgence, se développe prioritairement afin de resserrer le cadre réglementaire au sein duquel les gouvernements nationaux (notamment ceux les plus touchés par la crise) sont habilités à agir politiquement et financièrement au nom du respect du mandat constitutionnel et de ses principes. C. Mathieu et H. Sterdyniak résument ce fonctionnement disciplinaire complexe en quatre axes principaux :

- « des plans d'austérité budgétaire[1] », visant « la réduction des déficits publics[2] » à travers « principalement la baisse des dépenses publiques[3] » ;
- « le renforcement de la discipline budgétaire. Le *Six-pack*, puis le traité budgétaire (TSCG), puis le *Two-pack* renforcent le contrôle des instances européennes sur les politiques budgétaires nationales en insérant celles-ci dans des règles contraignantes[4] ». En particulier, l'entrée en vigueur du traité budgétaire (*Fiscal Compact*) entraîne l'obligation pour les États d'introduire le principe de l'équilibre budgétaire dans leur constitution[5] ;
- « une surveillance accrue des politiques économiques[6] ». En particulier, les mécanismes de surveillance acquièrent précision et rigueur grâce aux procédures prévues par la mise en place du semestre européen (2011) et par le Pacte pour l'Euro Plus, à travers lequel les États s'engagent à poursuivre des objectifs pleinement cohérents avec la gouvernance économique émergente car « ils doivent améliorer leur compétitivité en surveillant l'évolution des coûts unitaires de main-d'œuvre ; [...] revoir les mécanismes d'indexation des salaires [...] améliorer la viabilité des finances publiques par des réformes du système de santé, par la suppression des régimes de préretraites et l'ajustement de l'âge de la retraite sur l'espérance de vie[7] » ;
- « une solidarité financière limitée[8] », garantie par la création du Mécanisme européen de stabilité (MES, 2012) et conditionnée au respect des *memorandum of understanding* (MOU) établis par le triptyque Commission-BCE-FMI et agissant comme des instruments inédits d'ancrage de l'austérité

[1] C. Mathieu, H. Sterdyniak, « L'Europe sociale dans la crise, crise de l'Europe sociale », dans P. Turquet (sous la direction de), *La crise de la protection sociale en Europe. Adaptation ou refondation*, PUR, Rennes, 2015, cha. 2, par. 8.

[2] Ibidem.

[3] Ibidem. Comme le soulignent les deux auteurs, « les mesures de restriction budgétaire mises en œuvre dans la zone euro ont représenté 1,7 % du PIB en 2011, 2,0 % en 2012, 1,1 % en 2013, 0,8 % en 2014. Elles ont brisé la reprise qui s'esquissait en 2010-2011 pour aboutir à une croissance négative pour l'ensemble de la zone (– 0,6 % en 2012, – 0,4 % en 2013) ».

[4] Ibidem, par. 9.

[5] L'Espagne a réformé l'art. 135 de la Constitution ; l'Italie a adopté les lois constitutionnelles n° 1/2012 et n° 243/2012 et a reformulé l'art. 81 de la Constitution ; etc.

[6] C. Mathieu, H. Sterdyniak, « L'Europe sociale dans la crise, crise de l'Europe sociale », dans P. Turquet (sous la direction de), *La crise de la protection sociale en Europe. Adaptation ou refondation*, cha. 2, par. 10.

[7] Ibidem, par. 11.

[8] Ibidem, par. 12.

et des réformes structurelles susmentionnées dans les politiques publiques nationales.

Afin de stabiliser un cadre réglementaire et disciplinaire immun de possibles choix ou comportements politico-économiques incompatibles avec l'"orthodoxie de Maastricht", la stratégie décrite ci-dessus agit en établissant de manière précise des règles et des procédures de contrôle, de sanction et d'assistance conditionnelle qui acquièrent une force normative dans la connexion avec des indicateurs économico-numériques dont l'objectivité se présente comme auto-évidente. À travers la crise, ces combinaisons de règles et de chiffres émergent une fois de plus comme « des dispositifs d'interprétation et de cadrage[1] » fixant les conditions mêmes de l'intelligibilité de l'ordre constitutionnel européen et de ses ressources normatives fondamentales.

La mise en œuvre de cette stratégie complète le parcours progressif de dépassement « de la configuration constitutionnelle conçue à l'origine par le traité de Rome[2] » : la séparation fonctionnelle initiale entre la sphère économique supranationale et la sphère sociale nationale, visant à sauvegarder l'autonomie sociale des États membres et la génération d'un surplus de ressources en mesure de soutenir et implémenter les États-providence, se dissout dans l'expansivité de la normativité concurrentielle et dans la disciplinarisation économique émanant du niveau européen. Ce qui m'intéresse n'est pas d'évaluer l'efficacité ou l'inefficacité des mesures adoptées ou des alternatives possibles, mais de souligner que la radicalisation du réseau multiniveau de contraintes fiscales et budgétaires rigides, en comprimant, dans les États les plus touchés par la crise, « la disponibilité décisionnelle et financière des gouvernements et des parlements[3] », agit comme accélérateur du processus de dé-conflictualisation et « dépolitisation des questions de justice sociale et redistributive, qui sont au centre de la définition des structures des différents systèmes de protection sociale[4] » et de la qualité démocratique des processus politiques nationaux. Comme le montrent de nombreuses études, la stratégie européenne de réponse à la crise accroît les inégalités entre les États membres et au sein de

---

[1] E. Christodoulidis, « Europe's donors and its supplicants : reflections on the Greek crisis », 251.

[2] M. Cinelli, S. Giubboni, *Cittadinanza, lavoro, diritti sociali. Percorsi nazionali ed europei*, 105.

[3] S. Gambino, « Crisi economica e costituzionalismo contemporaneo. Quale futuro europeo per i diritti fondamentali e per lo stato sociale ? », *Rivista elettronica del centro di documentazione europea dell'Università Kore di Enna*, réélaboration de l'intervention au Congrès International « Perspectivas nacionales y supranacionales del Derecho constitucional en el contexto de la globalización », organisé par l'Université de Catane et par l'Université de Granade, (European Integration and Globalization – Centre of Excellence), Catane, 2015, par. 35.

[4] M. Cinelli, S. Giubboni, *Cittadinanza, lavoro, diritti sociali. Percorsi nazionali ed europei*, 105.

ceux-ci et conduit à des effets régressifs dans de nombreux secteurs sociaux ainsi qu'à « l'érosion progressive des niveaux de protection [...] dans tous les pays européens, bien que plus prononcée dans les pays soumis à des programmes d'aide[1] ». De graves régressions sont constatables en ce qui concerne les niveaux salariaux, les taux d'emploi, la négociation collective, les politiques sociales, l'impact des prestations et des transferts sociaux sur les revenus, l'accès au soin, et l'augmentation conséquente des taux de pauvreté, de précarité et d'exclusion sociale[2].

Les dynamiques sociales caractérisant cette « parabole involutive des modèles de *welfare*[3] » ne sont pas seulement interprétables comme des constats empiriques de dysfonctionnements contingents des États-providence destinés à être rééquilibrés une fois sortis de la crise, mais aussi comme des catalyseurs du mouvement de délitement progressif des fondements institutionnels et constitutionnels de la dimension sociale de la citoyenneté. Dans un climat idéologico-politique caractérisé par une « méfiance[4] » radicale à l'égard des fonctions de démarchandisation de l'aide sociale et par la stigmatisation moralisatrice de la « dette (*Schuld*) comme faute à blâmer[5] », la fragilisation de la protection sociale doit également être lue comme une érosion progressive du « lien qui se crée ontologiquement entre le système de protection et les valeurs constitutionnelles[6] » et constitue l'épine dorsale de la structure normative du constitutionnalisme social. Les analyses développées dans le premier chapitre mettent en évidence l'attribution aux droits sociaux et à leurs garanties de la fondamentalité constitutionnelle : même « face aux contraintes financières [...] à la nécessaire gradualité de la protection et à la discrétion du législateur[7] », leur respect substantiel est indispensable à la cohérence et à l'intelligibilité du système constitutionnel en tant que réalisation historico-concrète des ressources normatives fondamentales de la dignité matérielle, de l'égalité substantielle et de la solidarité.

Au contraire, le processus de déconstitutionnalisation des droits sociaux repérable dans l'érosion du lien ontologique évoqué est davantage confirmé

---

[1] G. Fontana, « Crisi economica ed effettività dei diritti sociali in Europa », *WP CSDLE "Massimo D'Antona"*, n. 104, 2014, 16.

[2] Pour un aperçu complet de ces phénomènes de régression, voir P. Turquet (sous la direction de), *La crise de la protection sociale en Europe. Adaptation ou refondation.*

[3] G. Fontana, « Crisi economica ed effettività dei diritti sociali in Europa », 3.

[4] W. Schelkle, « The euro area after another crisis summit : Ignore the elephant in the room at your peril », *Intereconomics: Review of European Economic Politics*, Springer ; ZBW - Leibniz Information Centre for Economics ; Centre for European Policy Studies (CEPS), vol. 46 (4), 2011, 178-179.

[5] M. Ferrera, *Rotta di collisione. Euro contro welfare ?*, 63.

[6] M. Cinelli, S. Giubboni, *Cittadinanza, lavoro, diritti sociali. Percorsi nazionali ed europei*, 81.

[7] S. Gambino, « Crisi economica e costituzionalismo contemporaneo. Quale futuro europeo per i diritti fondamentali e per lo stato sociale ? », par. 19.

par l'activité de la Cour de justice en temps de crise. À travers de multiples arrêts, dont le plus important est l'arrêt *Pringle*[1], la Cour, soulignant que la Charte de Nice n'est pas applicable en matière de traités internationaux, affirme que les « mesures adoptées dans le cadre du Fiscal Compact et du Mes ne sont pas censurables pour violation de la Charte de Nice[2] », découplant ainsi ces mesures de la « sauvegarde du noyau dur des droits sociaux[3] ». Confirmée par la très faible considération de la Charte par le Conseil et la Commission[4] dans le suivi de la mise en œuvre des réformes structurelles établies, l'approche de la Cour acquiert une consistance supplémentaire en liaison avec les analyses effectuées quant à la position de la dignité, de l'égalité et de la solidarité dans la Charte, à savoir qu'à côté de l'affirmation de la centralité de la valeur de dignité, les formulations concernant les valeurs d'égalité et de solidarité présentent en revanche des criticités et de faiblesses par rapport à la tradition du constitutionnalisme social. Conformément à ces analyses, les actions des institutions européennes rendent manifeste le fait que, dans le scénario constitutionnel européen, la protection des droits sociaux se déconnecte du pôle normatif de l'égalité substantielle, en s'aplatissant « sur le seul [...] paramètre constitutionnel [...] de la dignité humaine, qui apparaît cependant [...] incertain [...] quant à sa fongibilité en tant que paramètre d'évaluation dans la mise en balance avec d'autres biens constitutionnels[5] ». D'une part, l'ordre constitutionnel européen n'affirme pas en termes substantiels la valeur de l'égalité ; d'autre part, il comprime « la dimension redistributive [...] de la solidarité[6] », en l'inscrivant dans un espace sémantique où elle ne devient compréhensible que si reformulée « en termes compétitifs[7] » et productifs. La crise accélère la transformation du contenu normatif de la solidarité en un instrument subsidiaire de maintien et d'augmentation de la compétitivité d'un système-pays : la solidarité "conditionnelle" issue de la gouvernance européenne se révèle « fonctionnelle à la mise en compétition des États et des territoires dans l'espace économique européen (et mondial)[8] » en ce qu'il conjugue le soutien financier à la mise en place d'une série de réformes structurelles susceptibles de dérigidifier le marché du travail et de réduire le poids des charges sociales à travers une participation

[1] CJE, 370/12, *Thomas Pringle*, 27 novembre 2012.
[2] G. Allegri, G. Bronzini, *Sogno europeo o incubo ?*, 28.
[3] C. Pinelli, « Le misure di contrasto alla crisi dell'Eurozona e il loro impatto sul modello sociale europeo », *Rivista giuridica del lavoro e della previdenza sociale*, n. 2, 2013, 240.
[4] Voir, par exemple, le document SWD(2012) 307 final de la Commission.
[5] S. Gambino, « Crisi economica e costituzionalismo contemporaneo. Quale futuro europeo per i diritti fondamentali e per lo stato sociale ? », par. 19.
[6] S. Giubboni, « Solidarietà », *Politica del diritto*, n. 4, 2012, 553.
[7] Ibidem, 551. Voir W. Streeck, « Il modello sociale europeo : dalla redistribuzione alla solidarietà competitiva », *Stato e Mercato*, n. 1, 2000, 3-24.
[8] M. Cinelli, S. Giubboni, *Cittadinanza, lavoro, diritti sociali. Percorsi nazionali ed europei*, 29.

accrue au marché et des coûts de main-d'œuvre compétitifs. Ce processus conduit à l'adoption du paradigme de la flexicurité et des politiques sociales actives : l'objectif idéal est de combiner la garantie de la sécurité avec l'activation responsable des sujets[1] visant à l'enrichissement des compétences utilisables sur le marché du travail et donc à une réinsertion plus rapide. Dans le même temps, de nombreuses études soulignent que le plus souvent « l'activation se résout en une conditionnalité sévère quant à l'accès à des prestations sociales réduites, en une logique d'affaiblissement substantiel des droits, subordonnés à la disponibilité active de l'assisté, pleinement responsabilisé, à accepter toute offre d'emploi, même peu qualifiée ou peu rémunérée[2] ».

En conclusion, la crise agit comme un accélérateur du processus déjà en cours de remplacement et d'oubli du contenu normatif de la dimension sociale-constitutionnelle de la citoyenneté. Ainsi, « les droits sociaux, même si fondamentaux, deviennent [...] le corps vivant sur lequel opère chirurgicalement la tentative de redressement imposée aux pays européens, notamment les plus faibles, avec la double conséquence paradoxale de nier la reconnaissance que leur accordent les chartes et de nier dans le même temps tout principe d'autonomie de la politique sociale des États[3] ». La protection des droits sociaux n'exerce plus un contre-pouvoir significatif à la normativité concurrentielle, mais devient l'objet d'une opération de resémantisation visant à la transformer en un instrument fonctionnel au renforcement compétitif et à diffuser « une révision des [...] valeurs et une réorientation décisive de nos sociétés, au sein desquelles est apparue cette attente de bien-être [...] dramatiquement remise en cause par la crise[4] ».

1.5 - Le Socle européen des droits sociaux

Selon J-M. Ferry, la gravité de la crise européenne et de ses conséquences peut être interprétée comme « une triple crise : crise technique de coordination macroéconomique, crise éthique de solidarité et coresponsabilité politique, crise historique de légitimation du projet européen lui-même[5] ». La combinaison de ces éléments ainsi que leur portée déterminent synergiquement les conditions d'une crise « existentielle[6] » du

[1] Notamment à partir du milieu des années 1990 par le biais de la stratégie européenne pour l'emploi.
[2] M. Cinelli, S. Giubboni, *Cittadinanza, lavoro, diritti sociali. Percorsi nazionali ed europei*, 29.
[3] G. Fontana, « Crisi economica ed effettività dei diritti sociali in Europa », 3.
[4] Ibidem.
[5] J-M. Ferry, *Comment peut-on être européen ? Éléments pour une philosophie de l'Europe*, Calman-Lévy, Paris, 2020, 77.
[6] S. Deakin, « What follows austerity ? From Social Pillar to New Deal », dans F. Vandenbroucke, C. Barnard et G. De Baere (sous la direction de), *A European Social Union after the Crisis*, 194.

processus d'intégration européenne, crise dans laquelle la question sociale émergeant de la régression des systèmes de *welfare* et de l'accroissement des inégalités au sein des pays européens et entre eux joue un rôle particulièrement significatif en ce qui concerne l'"originalité européenne" décrite et analysée. Malgré l'accent mis sur l'importance de la dimension sociale par le traité d'Amsterdam, la Charte de Nice et le traité de Lisbonne, les limites identifiées dans ces avancées ainsi que leur connexion « non plus à des exigences d'harmonisation mais à la garantie de traitements minimaux[1] » ne permettent pas d'inverser le processus de marginalisation des raisons sociales décrit ci-dessus. Dans ce processus, l'avènement de la crise marque une nouvelle étape, dans laquelle « la diminution progressive des standards sociaux minimaux[2] » semble rendre illusoire même l'objectif « d'empêcher les États de [...] manquer à certaines protections essentielles[3] ».

Face à ces difficultés et dans le cadre du discours sur l'état de l'Union de 2016, la Commission européenne déclare par le biais d'une communication[4] la nécessité d'identifier un socle européen des droits sociaux afin de rendre indissociables la relance du processus intégrationniste en crise et la récupération/sauvegarde de niveaux de protection et de promotion sociales à la hauteur de la complexité des défis en cours. Si, d'une part, « il est rare que la Commission prenne une initiative en matière de politique sociale qui ne se borne pas à prôner une nouvelle déréglementation au nom de l'intégration des marchés[5] », d'autre part, les contenus de la communication n'indiquent pas de changement de cap, se situant en continuité avec l'approche des institutions européennes en matière de protection sociale reconstruite dans les paragraphes précédents. En cohérence avec la réaffirmation du lien de causalité entre le développement du marché concurrentiel et le "renforcement des progrès sociaux et de la cohésion sociale", la Commission souligne à nouveau que, au sein d'une économie sociale de marché hautement compétitive, la politique sociale doit avant tout "être conçue comme un facteur de production, qui réduit les inégalités, optimise la création d'emplois et permet au capital humain européen de prospérer" précisément parce qu'elle est fonctionnelle et structurellement connectée à des niveaux croissants de compétitivité. En d'autres termes, la communication accentue le rôle de « la politique sociale en tant que facteur

---

[1] G. Bronzini, « Introduzione », dans G. Bronzini (sous la direction de), *Verso un pilastro sociale europeo*, Edizioni Fondazione Basso, Rome, 2018, 12.

[2] J. Habermas, *L'ultima occasione per l'Europa,* Lit Edizioni, Rome, 2019, 23.

[3] G. Bronzini, « Introduzione », dans G. Bronzini (sous la direction de), *Verso un pilastro sociale europeo*, 12.

[4] C. E., Lancement d'une consultation sur un socle européen des droits sociaux, Strasbourg, 8 mars 2016, 127.

[5] S. Deakin, « What follows austerity ? From Social Pillar to New Deal », dans F. Vandenbroucke, C. Barnard et G. De Baere, *A European Social Union after the Crisis,* 194.

de croissance économique durable, et pas seulement en tant que résultat de la croissance[1] », mettant en évidence comment de l'interprétation productiviste de la politique sociale dépendent non seulement la capacité de réduire les inégalités (de capital humain, de revenus, d'opportunités, etc.) et l'exclusion sociale, mais aussi les performances économiques des États membres. La continuité évoquée se reflète également dans la centralité attribuée au modèle de flexicurité et à ses catégories dans la régénération du processus de convergence des pays européens vers "des marchés du travail performants et inclusifs", dans l'attention portée à la viabilité financière des politiques sociales et dans le fait qu'elle « ne suggère pas de présenter des propositions d'harmonisation du droit du travail en recourant aux pouvoirs du traité[2] ».

La communication de la Commission est suivie de la proclamation du Socle européen des droits sociaux par le Conseil, la Commission et le Parlement européen à Göteborg le 27 novembre 2017. L'objectif de ce document est "de servir de guide pour atteindre des résultats en matière sociale et d'emploi permettant de relever les défis actuels et futurs et de satisfaire les besoins essentiels de la population, et pour faire en sorte que les droits sociaux soient mieux consacrés et mis en œuvre". Il présente un préambule résumant l'acquis social européen et indiquant les défis sociaux auxquels, en raison de la crise, les institutions européennes et les États membres doivent répondre[3] : "inégalités criantes, chômage de longue durée et chômage des jeunes [...] risque de pauvreté", etc. Le contenu du Socle se subdivise en trois chapitres couvrant trois thématiques sociales fondamentales, à savoir l'"Égalité des chances et accès au marché du travail", les "Conditions de travail équitables" et la "Protection sociale et inclusion sociale", et se développe à travers 20 méta-principes constituant un cadre général d'orientation de la politique sociale tant au niveau national qu'européen.

Le premier chapitre définit les principes permettant d'assurer la participation de tous au marché du travail et de promouvoir l'employabilité : le vocabulaire introduit par le modèle de flexicurité occupe une place centrale à travers l'affirmation de l'"Éducation, formation et apprentissage tout au long de la vie" (point 1) et le "Soutien actif à l'emploi" (point 4). Les principes contenus dans le deuxième chapitre éclairent ce qui permet de définir des conditions de travail "équitables" : la sécurité et l'adaptabilité des emplois (point 5), des niveaux de salaire qui garantissent des conditions de vie décentes à tout moment et la garantie d'un salaire minimum (point 6), le

[1] Ibidem, 201.
[2] Ibidem, 207.
[3] À ce propos, le Socle « y ajoute de nouveaux principes pour relever les défis issus des évolutions sociétales, technologiques et économiques ». Préambule du Socle européen des droits sociaux, point 14.

droit des travailleurs d'être informés[1] (point 7), la participation des partenaires sociaux à la "conception et [...] mise en œuvre des politiques économiques, sociales et de l'emploi" (point 8), l'"équilibre entre la vie professionnelle et la vie privée" (point 9), la salubrité de l'environnement de travail ainsi que "la protection des données" (point 10). Malgré l'encouragement en faveur des transitions "vers des formes d'emploi à durée indéterminée" et "l'interdiction de l'usage abusif de contrats atypiques", même ce chapitre réaffirme clairement les concepts clés de la flexicurité, comme l'"entrepreneurialité", l'adaptabilité constante du travail aux oscillations du marché, la "mobilité professionnelle", etc.

Le troisième chapitre propose dix principes concernant des domaines cruciaux de la protection sociale, tels que le "droit à une protection sociale adéquate" (point 12), les "prestations de chômage" étroitement couplées au nécessaire développement de politiques actives capables de garantir un "retour rapide à l'emploi" (point 13), le soutien au revenu des personnes en situation de vulnérabilité (pauvreté, vieillesse, handicap ; points 14, 15, 17), l'accès aux soins (point 16 et 18), aux logements sociaux (point 19) et aux services essentiels (point 20). Malgré le caractère générique des formulations, ce chapitre contient des éléments intéressants qui méritent d'être soulignés.

Tout d'abord, à travers la combinaison de « mesures de *welfare* mutualistes/catégorielles[2] » et « universalistes[3] » (non lié à un statut d'emploi ou de cotisation) figurant aux points 12-13-14-15-17, le Socle établit le méta-principe général selon lequel tout individu doit pouvoir disposer d'un revenu décent à tout moment de sa vie, qu'il soit salarié ou indépendant, contribuable ou non-contribuable, retraité ou non, etc. En particulier, face à l'augmentation de la pauvreté due à la crise et à l'incapacité des instruments mis en place par les États membres d'y faire face, le Socle, suivant la direction indiquée par la recommandation 92/441/CEE et l'art. 34 de la Charte, entérine la tâche pour chaque système national de se doter d'instruments sociaux à même de concrétiser le "droit à des prestations de revenu minimum adéquates pour vivre dans la dignité à tous les stades de sa vie, ainsi qu'à un accès efficace à des biens et des services de soutien". L'objectif est de préserver la dignité matérielle de chaque individu, de lutter contre la marginalisation sociale et l'inactivité en combinant le revenu avec des formes de conditionnalité liées à l'activation des sujets concernés (comme dans le cas des allocations de chômage) et de « prévenir l'indigence des personnes qui n'ont pas droit aux prestations de

---

[1] En particulier dans le cas de licenciement, pour lequel il doit également y avoir un droit de recours.

[2] M. D'Onghia, « Le tutele welfaristiche nel Social Pillar », dans G. Bronzini (sous la direction de), *Verso un pilastro sociale europeo*, 33.

[3] Ibidem.

sécurité sociale ou qui en ont déjà bénéficié, et lutter ainsi contre la pauvreté et l'exclusion sociale[1] ».

En outre, dans le Socle, la lutte contre la pauvreté concerne également la lutte contre la pauvreté des travailleurs : elle est « pour la première fois [...] reconnue comme l'un des problèmes de l'agenda social de l'UE[2] ». Cet objectif fait l'objet d'une explication détaillée au point 6 consacré aux salaires ("La pauvreté au travail doit être évitée"), et au point 12, qui affirme le droit de tout travailleur "à une protection sociale adéquate, quels que soient le type et la durée de la relation de travail". En complément, « presque tous les autres principes du Socle social, tels que l'égalité des chances et l'accès au marché du travail (principes 3 et 4), les conditions de travail équitables, la protection sociale et l'inclusion, sont pertinents au regard de la pauvreté des travailleurs[3] ». C'est sur la base des principes contenus dans la section 6 et concernant le droit de tout travailleur à un salaire lui permettant, ainsi qu'à sa famille, de vivre dans la dignité, que la Commission élaborera et proposera une directive sur le salaire minimum qui sera émise en octobre 2022.

Une autre innovation significative est l'introduction, dans le cadre du semestre européen, d'un ensemble de procédures visant à vérifier l'état de concrétisation des principes du Socle dans les politiques des États membres, sur la base d'une liste d'indicateurs sociaux permettant d'obtenir des données et des tendances pertinentes sur le plan social afin de photographier et de comparer les situations sociales des États membres. Similaire à la méthodologie de la méthode ouverte de coordination, l'objectif est « d'analyser les politiques adoptées par les États membres, de fournir une assistance technique en soutenant le *benchmarking* et l'échange de bonnes pratiques entre les États membres et les *stakeholder*, de sélectionner les meilleures performances dans le domaine de l'emploi et dans le domaine social au moyen d'un *scoreboard*, en favorisant ainsi le processus de convergence vers le haut[4] » et en permettant une élaboration plus précise et plus efficace des recommandations adressées aux pays membres. Le *social scoreboard* se compose de 35 indicateurs (subdivisés selon les trois domaines thématiques du Socle) et accorde une attention spécifique aux phénomènes de pauvreté en général et de *l'in-work poverty* en particulier, en établissant à cet égard plusieurs indicateurs, tels que l'"*In-work-at-risk-of-poverty rate*", l'"*At-risk-of-poverty or social exclusion rate*", le "*Severe material and social deprivation rate*", l'"*Impact of social transfers (other than pensions) on poverty reduction*", le "*Severe housing deprivation*" etc.,

---

[1] Ibidem, 34.

[2] L. Ratti, « Per una riconcettualizzazione delle cause della povertà lavorativa », *Quaderni rassegna sindacale*, n.1, « Lavoratori poveri », Futura Editrice, Rome, 2022, 52.

[3] Ibidem.

[4] F. Guarriello, « Il Pilastro europeo e la riscoperta del ruolo delle parti social », dans G. Bronzini (sous la direction de), *Verso un pilastro sociale europeo,* 59.

ainsi que des indicateurs concernant les niveaux de protection sociale, d'éducation, d'emploi, d'accès aux soins, etc.

Bien que l'introduction d'indicateurs sociaux ne constitue pas en soi une amélioration des politiques sociales en Europe car ces « indicateurs pourraient être conçus de manière à accentuer les pressions déréglementaires[1] », néanmoins leur idéation permet non seulement un accès systématique à une multitude de données socialement pertinentes, mais aussi d'exercer une activité d'orientation politique au sein du semestre européen susceptible d'influencer l'action des États membres dans les domaines concernés.

Cependant, le Socle présente d'autres éléments problématiques. Tout d'abord, il est un acte purement politique sans valeur juridique contraignante autonome : il vise à exercer une influence politique sur tous les niveaux de gouvernement, tout en précisant que "pour être opposables, ces principes et ces droits nécessitent d'abord des mesures concrètes ou des actes législatifs devant être adoptés au niveau approprié" (point 14 du Préambule). Au lieu de faire du Socle l'objet d'une décision fondamentale de nature constitutionnelle, les institutions européennes confèrent à ce document le *status* de *soft law*, dont le contenu peut être implémenté par voie législative à travers les propositions de la Commission et leur réception et mise en œuvre par les États membres. En conséquence, « le Socle explicite paradoxalement une instance de déconstitutionnalisation[2] » et de dépolitisation des droits sociaux, déjà décelable à la fois dans la manière dont ils sont reconnus par les traités et dans l'activité de la Cour de justice et reconfirmée à nouveau par l'absence d'« une infrastructure adéquate de politiques de mise en œuvre concrètes[3] » et de ressources financières associées au Socle.

En outre, le cadre conceptuel de la flexicurité prévaut dans le Socle. Bien que la conception de ce modèle remonte à une phase du processus intégrationniste socialement très différente de celle caractérisée par les graves conséquences de la crise, les glissements sémantiques que ledit modèle génère réapparaissent dans les analyses des dispositions du Préambule :

- de la conception redistributive de la justice du constitutionnalisme social, coessentielle à la poursuite de l'égalité substantielle, à l'adoption du « critère-guide de la justice d'accès[4] », qui réduit l'idée de justice à l'« optimisation des chances des individus de participer [...] à un marché du travail efficace[5] », au point que la mise en place d'instruments de soutien au

---

[1] S. Deakin, « What follows austerity ? From Social Pillar to New Deal », dans F. Vandenbroucke, C. Barnard et G. De Baere, *A European Social Union after the Crisis*, 207.
[2] S. Giubboni, « Oltre il Pilastro europeo dei diritti sociali. Per un nuovo riformismo sociale in Europa », dans G. Bronzini (sous la direction de), *Verso un pilastro sociale europeo*, 17.
[3] Ibidem.
[4] Ibidem, 18.
[5] Ibidem, 19.

revenu visant à assurer des conditions de vie décentes pour tous à tout moment de l'existence doit toujours être compatible avec l'objectif de fixer « le [...] niveau des salaires minimaux [...] de manière à sauvegarder [...] l'accès au travail et les incitations à la recherche d'un emploi[1] » ;

- de la valorisation de la capacité des systèmes sociaux de "garantir aux individus la satisfaction de leurs besoins fondamentaux en dehors de la logique marchande" à la valorisation de la capacité des systèmes sociaux 1) de garantir une flexibilité suffisant à permettre aux employeurs de s'adapter aux fluctuations constantes du marché, et 2) de reformuler la garantie des droits sociaux non pas en fonction d'une logique de protection de l'individu contre les conséquences négatives du marché, mais dans le but d'« offrir aux individus la possibilité de s'exprimer à travers les marchés[2] » ;
- de la solidarité redistributive à la « solidarité compétitive[3] », afin de favoriser « l'entrepreneurialité et la compétitivité globales du système[4] ».

Ainsi, la faiblesse juridique du Socle ne produit aucun changement dans le système de protections et de compétences existant, un système qui n'est pas en mesure de sauvegarder des niveaux de protection sociale comparables entre les différents pays européens ni de les rapprocher à la suite des fractures sociales produites par la crise et au nom d'une solidarité paneuropéenne effective. Bien qu'il présente des éléments significatifs en ce qui concerne l'évolution de la sensibilité sociale européenne, le Socle ne permet pas de sortir de l'espace sémantique étroit comprimant les systèmes sociaux sur « les variables d'ajustement dont la fonction principale est de contribuer à la poursuite des objectifs liés à l'UEM[5] ». Cette compression produit une « transformation [qui] altère l'équilibre entre la dimension économique et la dimension sociale dans l'ordre juridique de l'UE, déformant l'un des traits caractéristiques de son identité constitutionnelle[6] » au point d'opérer comme un agent producteur d'oubli.

---

[1] Ibidem, 18.
[2] M. Dani, « The Subjectification of the Citizen in European Public Law », dans L. Azoulai, S. Barbou des Places, E. Pataut (sous la direction de), *Constructing the Person in EU Law. Rights, Roles, Identities*, Bloombsbury, Oxford-Portland, 2016, 63.
[3] W. Streeck, « Il modello sociale europeo : dalla redistribuzione alla solidarietà competitiva », *Stato e Mercato*, n. 1, 2000, ici cité par S. Giubboni, « Oltre il Pilastro europeo dei diritti sociali. Per un nuovo riformismo sociale in Europa », dans G. Bronzini (sous la direction de), *Verso un pilastro sociale europeo*, 19.
[4] Ibidem.
[5] F. Costamagna, « National Social Spaces as adjustment variables in the EMU : a critical legal appraisal », *European Law Journal*, n. 24, 2018, 164, cité par S. Giubboni, « Oltre il Pilastro europeo dei diritti sociali. Per un nuovo riformismo sociale in Europa », dans G. Bronzini (sous la direction de), *Verso un pilastro sociale europeo*, 21.
[6] Ibidem.

1.6 - Le "mythe" de l'Europe sociale

Les analyses menées ne visent pas à défendre une position catastrophiste quant à la santé et aux perspectives des systèmes sociaux européens. Comme le montrent maintes études, malgré les nombreuses régressions sociales évoquées, les systèmes nationaux de protection sociale continuent, avec différents degrés d'efficacité, à atténuer les conséquences négatives des cycles économiques, à endiguer les phénomènes de pauvreté et d'exclusion et à « soutenir en partie l'activité et la consommation[1] ». De nombreux pays européens disposent toujours des systèmes sociaux les plus avancés au niveau mondial ; dans le même temps, ce fait n'est pas l'expression d'une intégration sociale supranationale réussie des États membres mais de « choix nationaux que seuls les États les plus forts économiquement et les mieux organisés peuvent se permettre, mais qui ne sont pas reproductibles pour les États en difficulté, endettés et risquant le *default*[2] », malgré l'adhésion commune à une liste de droits sociaux fondamentaux – et donc inviolables – reconnus par la Charte.

L'analyse des étapes principales relatives à la formation et au développement de l'acquis social européen nous permet tout d'abord de constater la persistance de la subalternité des raisons sociales par rapport à celles économiques. Cette subalternité se réalise selon des modalités et des critères différents et évolutifs et conduit de nombreux commentateurs à définir l'Europe sociale un « mythe[3] » : au lieu de créer les conditions matérielles pour l'établissement d'un modèle « hégémonique et capable à moyen terme de s'imposer à tous les États membres au moins sur les protections les plus importantes[4] », l'approfondissement de l'intégration économique accroît l'hétérogénéité économico-sociale des pays européens (notamment après l'élargissement à l'Est et la crise) au sein d'un marché concurrentiel « qui traite les droits nationaux comme des produits en compétition[5] », au point de rendre l'ordre européen « une terre d'élection de cette mise en concurrence des législations sociales et fiscales[6] », grâce aussi à l'action de la Cour de justice. Ce que je veux souligner, c'est que « faire de la compétition le seul principe universel d'organisation du monde[7] » n'est

---

[1] S. Dupuch, « Protection sociale en Europe : défis et revendications syndicales », dans P. Turquet (sous la direction de), *La crise de la protection sociale en Europe. Adaptation ou refondation*, cha. 7, par. 11.

[2] S. Giubboni, « Oltre il Pilastro europeo dei diritti sociali. Per un nuovo riformismo sociale in Europa », dans G. Bronzini (sous la direction de), *Verso un pilastro sociale europeo*, 9.

[3] M. Höpner, *Social pillar is a mith*, https://www.socialeurope.eu/author/martin-hopner, 5 novembre 2018.

[4] S. Giubboni, « Oltre il Pilastro europeo dei diritti sociali. Per un nuovo riformismo sociale in Europa », dans G. Bronzini (sous la direction de), *Verso un pilastro sociale europeo*, 9.

[5] A. Supiot, *L'esprit de Philadelphie. La justice sociale face au marché total*, 65.

[6] Ibidem, 68.

[7] Ibidem, 74.

pas seulement interprétable comme délégitimation de la conviction « que "plus d'Europe" nous rapprochera d'une Europe sociale[1] », mais aussi comme resémantisation des éléments normatifs fondamentaux caractérisant l'"exceptionnalisme social" européen et isolés dans le premier chapitre. Cette opération se traduit en glissements sémantiques produisant progressivement le remplacement et l'oubli des éléments concernés. L'examen de l'« éthos social[2] » émergeant du processus intégrationniste et des ressources normatives fondamentales de l'imaginaire constitutionnel européen constitue donc l'objectif de la seconde partie de ce chapitre.

2 - Fondements philosophiques et registres sémantiques du constitutionnalisme de marché

La reconstruction de l'acquis social européen menée dans la première partie de ce chapitre ne vise pas uniquement à indiquer un déficit, une asymétrie ou une subalternité. L'argument que j'essaie de démontrer à travers l'analyse des étapes clés du processus intégrationniste est que les différentes phases de ce processus produisent progressivement des transformations concernant les éléments fondamentaux de la dimension sociale de la citoyenneté isolés dans le premier chapitre. Ces transformations se réalisent en vertu de l'expansivité croissante de la normativité concurrentielle : celle-ci fait des éléments concernés des points d'application sur lesquels exercer sa force resémantisante, au point non seulement de remplacer, mais aussi d'oublier les contenus précédents. Le processus décrit, concrètement composé de traités, d'arrêts, de directives, etc., a certes un caractère évolutif : les critères déterminant le rapport entre la dimension économique et la dimension sociale évoluent en fonction des contingences politiques, économiques, historiques, etc. Néanmoins, le travail spéculatif et de creusement conceptuel que je mène vise à dégager de l'identification, de l'organisation et de l'analyse des faits évoqués une logique interne et cohérente à partir de laquelle élaborer et justifier une clé de lecture capable de maintenir ensemble les diverses évolutions au sein d'un même horizon de sens. La poursuite de cet objectif nécessite ainsi d'isoler conceptuellement les fondements doctrinaux de l'imaginaire européen, éléments sans lesquels les transformations évoquées ne seraient pas pleinement compréhensibles.

2.1 - La décision fondamentale

Les traités à l'origine du processus d'intégration européenne sont le résultat d'une "décision fondamentale", celle d'attribuer au niveau européen des tâches étroitement liées à la mission d'établir un marché unique et

[1] M. Höpner, *Social pillar is a mith*, dans https://www.socialeurope.eu/author/martin-hopner.
[2] Ibidem.

concurrentiel interprété comme l'instrument principal pour déclencher un processus d'enrichissement mutuel dans des conditions de paix et de sécurité.

Dans une perspective historique plus large que celle concernant le lendemain de la Seconde Guerre mondiale, nous pouvons identifier avec M. Foucault les racines idéologiques de cette décision fondamentale dans la reformulation libérale de la recherche et de la préservation de l'équilibre entre les puissances européennes, pilier indispensable des relations intraeuropéennes depuis le traité de Westphalie. À partir du milieu du XVIIIe siècle, se dessine « une nouvelle raison gouvernementale[1] », fondée sur la conviction « que les effets bénéfiques de la concurrence ne seront pas inégalement et nécessairement répartis entre l'un et l'autre, au profit de l'un aux dépens de l'autre. Mais le jeu légitime de la concurrence naturelle, c'est-à-dire de la concurrence à l'état libre, ne peut amener qu'un profit double[2] ». Autour de cette nouvelle raison gouvernementale, des penseurs libéraux comme A. Smith développent alors « une nouvelle idée de l'Europe [...] une Europe de l'enrichissement collectif [...] une Europe comme sujet économique collectif qui a [...] à travers [...] la concurrence qui s'établit entre les États, à s'avancer dans une voie qui sera celle du progrès économique illimité[3] ». Pour réaliser cet objectif, il est nécessaire de faire de l'espace européen un vaste marché, un marché en expansion constante dans lequel l'Europe se reflète en tant qu'« unité économique[4] » dont le progrès indéfini est garanti par le mécanisme concurrentiel régulant les relations entre ses composantes de manière pacifique. La paix dans les relations entre les hommes et les États devient possible par le respect d'« un certain nombre d'obligations qui sont à la fois pour l'homme des obligations juridiques, mais que la nature [lui] a en quelque sorte dictées en sous-main[5] » et qui concernent la mise en place d'un système international de relations de libre-échange ayant valeur juridique ; la paix perpétuelle « est garantie par la nature et cette garantie est manifestée par le peuplement du monde tout entier et le réseau des relations commerciales qui se tendent à travers tout le monde[6] ».

À l'origine du processus d'intégration européenne, nous retrouvons cette idée : la construction d'une Europe économique, inscrite dans la décision fondamentale, se présente comme « héritière de l'Europe libérale en reprenant à son compte [...] la paix perpétuelle comme fin, le marché comme moyen de la prospérité et [...] la concurrence entre les États

[1] M. Foucault, *La naissance de la biopolitique. Cours au collège de France (1978-1979)*, Gallimard/Seuil, Paris, 2004, 55.
[2] Ibidem.
[3] Ibidem, 56.
[4] Ibidem, 57.
[5] Ibidem, 59.
[6] Ibidem, 60.

[comme] principe même de cette construction[1] ». Les grandes lignes de ce projet sont reprises, retravaillées et soutenues dès avant la guerre par les tenants de la pensée ordo et néolibérale. Déjà en 1937, L. Robbins insiste sur les limites et les risques des nationalismes européens, sources de pauvreté et de guerre[2] : l'exercice de la souveraineté nationale, visant à accroître sa puissance économique et militaire face à d'autres États, constitue un facteur toujours potentiellement susceptible d'entraver le libre développement des échanges marchands au nom de la protection des puissances économiques nationales et de déclencher des conflits en raison de la lutte pour l'accès aux réservoirs de richesses. Afin de répondre à ces problématiques et de garantir les conditions d'un ordre européen de paix et de prospérité, L. Robbins élabore très tôt l'idée d'une fédération européenne d'États, attribuant à cette construction supranationale la tâche fondamentale d'établir et de préserver un marché concurrentiel à l'échelle européenne, garantissant « la liberté des échanges[3] » et de la libre circulation des capitaux, en interdisant les mesures nationales protectionnistes et discriminatoires et en prenant le contrôle de la monnaie et de sa stabilité.

Un autre représentant de la pensée néolibérale, F. A. Hayek, dans son article de 1939 *The Economic Conditions of Interstate Federalism*, identifie également l'État-nation comme la cause principale à la fois de la conflictualité entre les États européens et des problèmes frappant le système capitaliste. À cet égard, l'économiste autrichien affirme que « l'objectif principal de la fédération interétatique est d'assurer la paix[4] » et que poursuivre cet objectif de la meilleure façon possible implique non seulement la création d'un organe politique commun, mais surtout la réalisation d'une « union économique[5] » chargée d'éliminer « les obstacles à la circulation des hommes, des marchandises et des capitaux entre les États[6] », de créer un « système monétaire uniforme[7] » et de fournir « un cadre rationnel permanent dans lequel l'initiative individuelle aura le plus grand champ d'application possible[8] ». Par conséquent, même dans la pensée de F. A. Hayek les possibilités de paix et d'enrichissement mutuel sont coessentielles à la mise en place d'un système économique libéral conçu

[1] P. Dardot, C. Laval, *Ce cauchemar qui n'en finit pas. Comment le néolibéralisme défait la démocratie*, La Découverte, Paris, 2016, 115.
[2] Voir L. Robbins, « Economic Planning and International Order », *The Economic Journal*, vol. 47, n. 187, 1937, 514-516.
[3] L. Robbins, « Aspetti economici della Federazione », 1941, dans H. Brugmans (sous la direction de), *Federazione europea*, La Nuova Italia, Florence, 1948, 232.
[4] F. H. Hayek, « The Economic Conditions of Interstate Federalism », *New Commonwealth Quarterly* 5, Londres, 1939, https://fee.org/articles/the-economic-conditions-of-interstate-federalism/.
[5] Ibidem.
[6] Ibidem.
[7] Ibidem.
[8] Ibidem.

comme « condition nécessaire au succès de toute fédération interétatique[1] ». La réflexion de l'économiste autrichien sur la décision fondamentale de créer un ordre européen de nature essentiellement économique porte également sur d'autres éléments exerçant une grande influence sur le processus intégrationniste et justifiant davantage cette décision. F. A. Hayek souligne dans cet article que l'« unité monétaire [...] dans le cadre d'un *golden standard* rigide[2] » et la libre circulation des personnes, des marchandises, de la monnaie et des capitaux « limitent dans une large mesure le champ d'application de la politique économique des différents États[3] », produisant les effets disciplinaires soulignés dans les paragraphes précédents, comprimant les marges d'action des syndicats, des organisations professionnelles, etc., et rendant nécessaire éviter « toutes sortes d'impôts qui feraient fuir le capital ou la main-d'œuvre ailleurs[4] ». En outre, en soulignant « la diversité des conditions et des stades de développement économique atteints par les différentes parties de la fédération[5] » et le fait que « la planification, ou la direction centrale de l'activité économique présupposent l'existence d'idéaux et de valeurs communs[6] », F. A. Hayek met l'accent sur la fonctionnalisation économiciste des compétences de la future fédération, nécessaire pour créer un marché libre et concurrentiel au niveau européen : seul ce processus serait en mesure de relever harmonieusement les conditions économiques des différentes régions de la fédération tout en limitant le champ d'action du gouvernement européen et ainsi réduire la « résistance des différents groupes qu'il englobe[7] » et immuniser des conflits politiques et sociaux le marché unique et ses règles de fonctionnement. La profondeur de la réflexion hayékienne est donc telle qu'elle anticipe non seulement le dépassement de la conflictualité intraeuropéenne par la création d'une union économique supranationale, mais aussi la dépolitisation et la déconflictualisation à tous les niveaux de l'ordre économique établi du fait de la construction d'un ordre institutionnel aux caractéristiques précises et identifiables.

Même A. Rustow, inventeur du terme "néolibéralisme" lors du célèbre Colloque Lipmann à Paris (1938), réfléchit sur la nécessité de surmonter les problèmes qui affectent le marché capitaliste[8] par la création d'une autorité politique centrale forte chargée d'agir transversalement et rigoureusement afin de faire respecter les règles de la libre concurrence et d'éliminer toute

---

[1] Ibidem.
[2] Ibidem.
[3] Ibidem.
[4] Ibidem.
[5] Ibidem.
[6] Ibidem.
[7] Ibidem.
[8] Voir A. Rustow, *Das versagen des wirtschaftsliberalismus* (1945), Metropolis, Marburg, 2001.

forme de résistance sociale (action collective, syndicats, etc.) ou de distorsion (monopoles, cartels entre entreprises, etc.) à son implémentation.

Le trait d'union de ces élaborations théoriques concernant le déclenchement du processus intégrationniste est donc l'objectif de mettre en place un dispositif gouvernemental supranational, « fondé en droit[1] », isolé du contraste politico-idéologique et chargé « de consolider [...] un modèle économique hautement concurrentiel[2] » de dimensions européennes. Dans cet élément réside la qualité spécifique de la *décision fondamentale* : il s'agit de déterminer le *moment originaire* de la structuration de l'architecture institutionnelle européenne par la primauté des règles de la concurrence sur celles d'autres natures (sociales, morales, etc.). La décision fondamentale peut alors également être interprétée comme une opération de sémantisation du moment originaire selon un registre où prévaut la normativité de la concurrence libre et non faussée. Cette opération signifie, rend intelligible le modèle économique défini par les traités non pas en termes descriptifs, analytiques et prédictifs, c'est-à-dire visant à fournir des exemplifications compréhensibles de l'état de fait du système économique européen et à déterminer ses évolutions possibles, mais à travers un appareil de prescriptions établissant comment la réalité doit être ainsi que l'obligation de poursuivre cette réalité. Par conséquent, un idéal normatif se reflète dans le moment originel, un idéal normatif qui, en tant que tel, impose une discipline établissant « les choses à faire[3] », c'est-à-dire normalisant sur la base de la poursuite d'un « modèle optimal qui est construit en fonction d'un certain résultat[4] » le fonctionnement global des institutions concernées. En d'autres termes, il s'agit d'appréhender ce "modèle optimal" comme *Ordnung der Wirtschaft* ("ordre de l'économie"), concept utilisé par W. Eucken (éminent économiste ordolibéral) dans *Grundlagen der Nationalökonomie* non pas à des fins descriptives ou de classification, mais normatives « dans la mesure où il renvoie à la réalisation et à la défense d'un ordre économique susceptible de surmonter les multiples aspects de la crise de la vie moderne, à savoir l'ordre de concurrence[5] ». De cette manière, la décision fondamentale devient compréhensible comme acte de fondation d'une « véritable machine à fabriquer de normes qui [...] progressivement [...] impose les dispositions fondamentales de la concurrence[6] » dans l'espace économique européen et qui constitue l'émanation technico-gouvernementale d'une logique normative qui s'inscrit et s'enracine dans le

[1] E. Christodoulidis, *The redress of law*, 384.
[2] F. Losurdo, « L'Unione Europea e il declino dell'ordine neoliberale », 3.
[3] M. Foucault, *Sécurité, territoire, population. Cours au Collège de France (1977-1978)*, Seuil, Paris, 2004, 48.
[4] Ibidem, 59.
[5] P. Dardot, C. Laval, *La nouvelle raison du monde. Essai sur la société néolibérale*, 187-188.
[6] P. Dardot, C. Laval, *Ce cauchemar qui n'en finit pas. Comment le néolibéralisme défait la démocratie*, 120.

moment originaire du processus intégrationniste. Cet enracinement originaire identifie la signification profonde, fondamentale, de la décision évoquée, puisque c'est ce qui définit les conditions mêmes de l'émergence de l'ordre européen – l'*événement* – et de son herméneutique. Ce n'est qu'en adoptant cette clé de lecture qu'il est possible de localiser l'espace sémantique fondamental à partir duquel devient possible "tenir ensemble", donner un sens général aux évolutions (des critères, des interprétations, etc.) intervenues pendant le processus d'intégration européenne. La décision fondamentale, à travers la séparation de l'intégration économique supranationale de l'intégration sociale nationale et l'institutionnalisation de la non-discutabilité de l'ordre économique concurrentiel, est ce qui inaugure cet espace sémantique fondamental et qui origine « le déséquilibre initial de la sphère intellectuelle européenne[1] » en faveur des « questions concernant l'efficacité, la concurrence et la libéralisation[2] », déséquilibre qui exerce une influence décisive tout au long du processus d'intégration européenne, à la fois en termes de conséquences matérielles et, surtout, en termes d'interprétations et de configurations conceptuelles.

2.2 - Le concept d'"interventionnisme libéral" à la base de la construction du marché unique

Le traité de Paris et surtout le traité de Rome confèrent une forme institutionnelle à la décision fondamentale : la décision est ici décision d'agir, il faut agir au nom de ce qui a été décidé, c'est-à-dire pour construire à l'échelle européenne « un ordre fondé sur le droit qui s'engage à garantir les libertés économiques et à protéger la concurrence avec des institutions supranationales[3] ».

Les fondements doctrinaux de cette approche peuvent être décelés dans la notion ordolibérale d'*interventionnisme libéral*[4], fruit du profond remaniement théorique des piliers du libéralisme classique qui se produit à partir de la fin des années '30, à la suite de l'échec des régimes libéraux en Europe et de la montée subséquente de régimes antilibéraux. La formulation de cette notion se développe chez d'éminents théoriciens du libéralisme à partir du dépassement de la « sujétion au dogme du laisser-faire[5] », c'est-à-dire l'idée typiquement libérale de l'économie comme « ordre [...] naturel

[1] M. Ferrera, *Rotta di collisione. Euro contro welfare ?*, 55.
[2] Ibidem, 56.
[3] C. Joerges, F. Rödl, « "Social market economy" as Europe's social model ? », dans L. Magnusson, B. Stath (sous la direction de), *A European social citizenship,* P. Lang, Brussels, 2004, 6.
[4] L'utilisation explicite de cette formule remonte à 1934, dans H. Truchy, « Libéralisme économique et économie dirigée », *L'Année politique française et étrangère*.
[5] W. Lippmann, *La Cité libre*, 272.

[et] séparé qui ne serait pas régi par le droit[1] ». Au sein des nombreux et composites (parfois contradictoires) courants libéraux s'interrogeant, au cours de ces années, sur les raisons de la crise du libéralisme classique, la position interprétative identifiant la « responsabilité du déclin du libéralisme dans le libéralisme lui-même[2] » acquiert une plus grande influence. L'arrivée au pouvoir des totalitarismes ainsi que l'affirmation de conceptions dirigistes de l'économie sont alors à imputer à l'inadéquation de l'orthodoxie libérale et de ses modalités de gouvernement, fondées sur la distorsion épistémologique consistant à « confondre des règles de fonctionnement d'un système social avec des lois naturelles intangibles[3] », c'est-à-dire à croire mystiquement que le marché concurrentiel est capable à tout moment de s'autoréguler et de produire par germination spontanée les meilleurs équilibres possibles. Au contraire, s'il est laissé à lui-même, il produit des conséquences négatives, telles que des « déséquilibres économiques [...] distorsions sociales [...] dysharmonie croissante entre intérêts particuliers et intérêts généraux[4] », jusqu'à l'effondrement du système libéral même.

Par conséquent, pour des théoriciens libéraux comme A. Muller-Armack, W. Eucken, W. Röpke, L. Rougier, etc., la réponse à l'égard soit des « tendances endogènes à la dégénérescence des ordres spontanés[5] » que de l'affirmation de régimes antilibéraux et de conceptions antilibérales ne peut résulter que de la reconnaissance du fait que l'établissement, la préservation et le bon fonctionnement du marché concurrentiel ne dépendent pas de la limitation de l'activité gouvernementale comme condition préalable au développement des libertés du marché, mais de la capacité à définir en termes libéraux et à mettre à l'œuvre une « gouvernementalité active[6] » en mesure de surveiller et d'intervenir efficacement et à tout moment au nom des objectifs précités. En d'autres termes, il s'agit de transposer l'interventionnisme du pouvoir politique sur un plan libéral et donc de définir les modalités d'intervention d'« un art de gouverner[7] » dont les actions sont interprétables comme des moments d'effectuation et d'implémentation de l'ensemble des règles formelles du marché concurrentiel. De ce fait, le point n'est pas de libérer le marché concurrentiel de la réglementation gouvernementale, mais d'organiser et d'articuler cette

[1] P. Dardot, C. Laval, *La nouvelle raison du monde. Essai sur la société néolibérale*, 167.
[2] Affirmation de A. Rüstow contenue dans Travaux du Centre international d'études pour la rénovation du libéralisme, *Le Colloque Lippmann*, Librairie de Médicis, Paris, 1939, 15-16.
[3] P. Dardot, C. Laval, *La nouvelle raison du monde. Essai sur la société néolibérale*, 167.
[4] F. Bliger, « La pensée néolibérale française et l'ordo libéralisme allemand », dans P. Commun (sous la direction de), *L'ordolibéralisme allemand. Aux sources de l'Économie sociale de marché*, CIRAC/CICC, Cergy-Pontoise, 2003, 21.
[5] R. Sally, « Ordoliberalism and the Social Market : Classical Political Economy from Germany », dans P. Commun (sous la direction de), *L'ordolibéralisme allemand. Aux sources de l'Économie sociale de marché*, CIRAC/CICC, Cergy-Pontoise, 2003, 33.
[6] M. Foucault, *La naissance de la biopolitique. Cours au collège de France* (1978-1979),125.
[7] Ibidem, 107.

dernière en fonction des « mécanismes de marché indexés sur la concurrence[1] » : séparé des fantasmagories naturalistes, l'ordre du marché devient un ordre artificiel, « un artifice de la civilisation[2] », résultat d'activités conscientes, intentionnées à le faire exister, et donc un ordre non déterministe, mais évolutif et transformable. Dans cette perspective, l'ordre juridico-politique et l'ordre économique ne sont pas abstraitement isolés l'un de l'autre ou pensés de manière marxienne selon le schéma infrastructure-superstructure, mais interagissent, se façonnent mutuellement en composant « un ensemble économico-juridique[3] » complexe et modifiable dont les caractéristiques déterminent l'origine et les qualités spécifiques des processus économiques. Comme le souligne L. Rougier, « la vie économique se déroule dans un cadre juridique qui fixe le régime de la propriété, des contrats [...] de la faillite, le statut des associations professionnelles et des sociétés commerciales, la monnaie et la banque, toutes choses qui ne sont pas des données de la nature [...] mais des créations contingentes du législateur[4] ». Ce dernier, dans un régime libéral, doit ainsi agir pour bâtir, fixer et sauvegarder un cadre juridico-institutionnel[5] ayant comme priorité de garantir à tout moment les conditions favorables au libre développement des forces du marché et du jeu concurrentiel.

Pour les penseurs ordolibéraux, il est donc nécessaire de redéfinir le libéralisme en termes positifs et, de ce fait, d'identifier les actions conformes à l'établissement et au bon fonctionnement de l'ordre concurrentiel. À cet égard, W. Röpke affirme dans *Die Gesellschaftskrisis der Gegenwart* que « la liberté du marché nécessite une politique active et extrêmement vigilante[6] ». L. Rougier, lors du Colloque Lippmann, invente la formule de "libéralisme positif", désignant par là un dispositif gouvernemental de matrice libérale et dans le même temps « constructeur[7] », puisque visant à adapter les éléments clés du système économique (prix, salaires, taux d'intérêt, commerce extérieur, etc.) aux exigences du marché concurrentiel. A. Rüstow, dans des textes tels que *Das versagen des wirtschftsliberalismus als religionsgeschichtliches*[8] et *Die Religion der Marktwirtschaft*[9], associe la

---

[1] Ibidem, 125.

[2] W. Röpke, *Civitas humana ou les Questions fondamentales de la Réforme économique et sociale*, Librairie de Médicis, Paris, 1946, 65.

[3] Ibidem, 169.

[4] Travaux du Centre international d'études pour la rénovation du libéralisme, *Le Colloque Lippmann*, cité par P. Dardot, C. Laval, *La nouvelle raison du monde. Essai sur la société néolibérale*, 161.

[5] L. Rougier définit cette modalité d'agir *interventionnisme juridique*.

[6] W. Ropke, *Die Gesellschaftskrisis der Gegenwart*, cité par M. Foucault, *La naissance de la biopolitique. Cours au collège de France* (1978-1979)139.

[7] P. Dardot, C. Laval, *La nouvelle raison du monde. Essai sur la société néolibérale*, 171.

[8] A. Rüstow, *Das Versagen des Wirtschftsliberalismus als religionsgeschichtliches*, Istanbul, 1945.

[9] A. Rüstow, *Die Religion der Marktwirtschaft*, Lit Verlag, Berlin, 2009.

confiance typiquement libérale dans les capacités providentielles de la main invisible smithienne à garantir le progrès général par des équilibres spontanés et évolutifs entre les intérêts individuels et collectifs à une croyance religieuse, l'homme restant dans un état de minorité kantienne puisque le façonnement de l'ordre social n'est pas le résultat d'une activité libre, rationnelle et intentionnelle, mais le fruit d'une superstition, d'« un défaut d'éclaircissement[1] ». Il faut alors sortir de l'état de minorité et œuvrer à la mise en place et à la préservation des conditions institutionnelles optimales pour le développement de l'ordre concurrentiel. W. Eucken, pour sa part, relie la normativité du marché concurrentiel comme "ordre de l'économie" (voir ci-dessus) à la théorisation d'une forme complexe d'interventionnisme libéral structurée sur deux niveaux. Au premier niveau se situe la *Ordnungspolitik* ou politique de *mise en ordre*[2], agissant sur le cadre institutionnel afin de le conformer intentionnellement – selon « un droit économique conscient[3] » – à l'ordre évoqué, en réaffirmant kantiennement, à la manière d'A. Rüstow, la « foi dans l'intelligence et la connaissance humaines de concevoir ou créer un nouvel ordre, ou *Ordo*, et dans la capacité subséquente de l'État à réglementer un tel ordre[4] ». À partir de la reconnaissance des principes fondamentaux du marché concurrentiel, la *Ordnungspolitik* est une politique de « cadre[5] » car son objectif est global : elle n'intervient pas seulement en imposant « les conditions juridiques d'un ordre concurrentiel fonctionnant sur la base d'un système de prix libres[6] » et en veillant à ce que chacun les respecte, mais aussi en œuvrant sur tous les autres aspects qui, bien que n'affectant pas directement les processus économiques, les influencent de manière significative. En ce sens, la *Ordnungspolitik* intervient par des « actions ordonnatrices[7] » au niveau systémique en "mettant en ordre", en rendant conforme à l'ordre concurrentiel l'ensemble des ressources et des connaissances technologiques, scientifiques, infrastructurelles, humaines, politiques, sociales, éducatives, etc., présentes dans une société. Au deuxième niveau se situent les « actions régulatrices[8] », identifiant des formes d'intervention concernant les processus économiques en cours et visant à les "réguler", les

[1] M. De Carolis, *Il rovescio della libertà. Tramonto del neoliberalismo e disagio della civiltà*, Quodlibet, Macerata, 2017, 36.

[2] Voir W. Eucken, *Das ordnungspolitische Problem, Ordo-Jahrbuch für die Ordnung der Wirtschaft und Gesellschaft*, J. B. C. Mohr, Fribourg, vol. 1. 1948.

[3] M. Foucault, *La naissance de la biopolitique. Cours au collège de France* (1978-1979), 172.

[4] R. Sally, « Ordoliberalism and the Social Market : Classical Political Economy from Germany », dans P. Commun (sous la direction de), *L'ordolibéralisme allemand. Aux sources de l'Économie sociale de marché*, 33.

[5] F. Bilger, *La Pensée économique libérale de l'Allemagne contemporaine*, Librairie Générale de Droit, Paris 1964, 180-181.

[6] P. Dardot, C. Laval, *La nouvelle raison du monde. Essai sur la société néolibérale*, 200.

[7] M. Foucault, *La naissance de la biopolitique. Cours au collège de France* (1978-1979), 143.

[8] Ibidem.

ajuster, les orienter en fonction de paramètres préétablis (niveau de prix, niveau de profit, taux d'inflation, etc.) de l'ordre concurrentiel. Les actions régulatrices interviennent dans le cadre où, pour remédier aux effets distorsifs d'une conjoncture économique défavorable, une « intervention s'impose[1] » pour recentrer les composantes "déformées" du système économique sur le "modèle optimal" évoqué plus haut.

Ainsi, le concept d'interventionnisme libéral éclaire le "fond" du moment originaire constitué par la décision fondamentale de donner vie à une Communauté européenne conçue avant tout comme un espace économique supranational et concurrentiel encadré par un régime juridique dont les composantes fondatrices sont les libertés "libérales" du marché, en faisant ressortir les raisons et les évolutions idéologico-conceptuelles déterminantes de ce choix. Comme nous l'avons vu en analysant les traités, les arrêts, les directives, les chartes, etc., le processus de construction du marché concurrentiel européen présente des évolutions et des transformations considérables, parfois contradictoires, difficilement conciliables si on ne les saisit que dans la contingence de leur réalisation. Dans le même temps, l'interventionnisme libéral est l'élément conceptuel qui permet d'inscrire ces évolutions dans l'espace sémantique inauguré par la décision fondamentale. En effet, malgré le fait que le « projet européen se développe au gré des occasions et des obstacles, avec des accélérations et des extensions non programmées[2] », de la reconstruction effectuée il ressort « un sens très précisément déterminé[3] », repérable dans la primauté de la normativité concurrentielle en tant qu'élément clé du processus intégrationniste. Le concept d'interventionnisme libéral constitue donc un instrument théorique à travers lequel ce sens peut affleurer : il permet de dépister la qualité spécifique – car directement liée à l'élément clé évoqué – de la gamme complexe et composite des interventions de matrice européenne, qu'il s'agisse de traités, d'arrêts, de directives, de procédures de surveillance, etc. Ce concept permet donc de rendre plus intelligibles les raisons structurelles du conflit existant entre l'intégration économique européenne et l'intégration sociale nationale, ainsi que de l'émergence et de l'approfondissement du déficit social et de l'oubli des contenus normatifs identifiés dans le premier chapitre. En effet, il contribue de manière décisive à l'expansion progressive de la normativité concurrentielle également dans le domaine social, et donc à la « généralisation de la raison économique[4] » et à la relativisation (puisqu'ils sont valables non pas en tant que tels, mais en tant que fonctionnels à cette « rationalité systémique unique[5] »), fragilisation et

---

[1] Ibidem, 144.
[2] P. Dardot, C. Laval, *Ce cauchemar qui n'en finit pas. Comment le néolibéralisme défait la démocratie*, 116.
[3] Ibidem.
[4] E. Christodoulidis, *The redress of law*, 306.
[5] Ibidem.

remplacement des contenus mentionnés ci-dessus. Ce processus expansif s'impose comme « valeur sociale *a fortiori*[1] » et reflète l'idée-force intrinsèque à l'interventionnisme libéral : intervenir pour créer des « marchés là où ils n'existent pas encore et pour rendre les marchés existants plus efficaces[2] ».

2.3 - Le concept de "Constitution économique"

Les traités originaux reflètent ainsi la décision fondamentale d'intervenir en faveur d'un ordre juridique contraignant sur lequel fonder un marché unique, ouvert et en libre concurrence à l'échelle européenne ; un ordre *économique*, fonctionnellement séparé du niveau national des activités politiques de redistribution et de protection sociale et dont la légitimité réside dans l'accroissement indéfini des ressources disponibles.

Ce processus de construction peut être mieux compris en introduisant un autre élément conceptuel d'origine ordolibérale. Dans la pensée ordolibérale, l'interventionnisme libéral est indissociable d'un autre concept, celui de *constitution économique* (*Wirtschaftsverfassung*). Intervenir afin d'établir et de consolider un cadre institutionnel et juridique favorable au marché concurrentiel implique d'identifier les « règles constitutionnelles de la concurrence[3] », c'est-à-dire des règles composant un « ordre positif ou légal[4] » de nature économique-concurrentielle, impartiale, stable, dont la force est contraignante et super-primaire puisqu'elle est abstraite des fluctuations de l'affrontement politico-idéologique et préservée par une autorité centrale forte[5]. Déjà dans le Manifeste ordolibéral de 1936, rédigé par F. Böhm, W. Eucken et H. Grobmann-Doerth, la constitution économique apparaît comme un concept normatif, le *Ordnung der Wirtschaft*, concernant l'organisation que le système économique doit adopter et fondé sur l'« exigence que la politique se retire de l'économie afin de rendre possible un système de concurrence économique non faussée[6] » : le système formaliste de règles contraignantes visant à garantir des conditions optimales pour le développement du marché concurrentiel ne peut poursuivre l'objectif susmentionné qu'en se rendant inaccessible à l'hétéro-

---

[1] A. Zhok, *Critica della ragione liberale. Una filosofia della storia corrente*, 154.

[2] Ibidem.

[3] L. Simonin, « Le choix des règles constitutionnelles de la concurrence : ordolibéralisme et théorie contractualiste de l'État », dans P. Commun (sous la direction de), *L'ordolibéralisme allemand. Aux sources de l'Économie sociale de marché*, 67.

[4] F. Bilger, « La pensée néolibérale française et l'ordolibéralisme allemand », dans P. Commun (sous la direction de), *L'ordolibéralisme allemand. Aux sources de l'Économie sociale de marché*, 23.

[5] Ce passage fait référence au concept ordolibéral d'"État fort". Voir H. Rabault, *L'ordolibéralisme, aux origines de l'école de Fribourg-en-Brisgau*, L'Harmattan, Paris, 2016, 51-94.

[6] J. Van der Walt, *The Horizontal Effect Revolution and the Question of Sovereignty*, 250.

déterminabilité politique. Ce « système de règles générales et prédictibles[1] » définit « les modalités ainsi que les limites de l'intervention publique[2] » et trace le terrain de jeu dans lequel l'action des acteurs économiques peut et doit se développer.

Ainsi, l'objectif prioritaire de la *Ordnungspolitik* est « d'institutionnaliser l'économie de marché dans la forme d'une constitution économique [...] de manière à développer la forme de marché la plus complète et la plus cohérente[3] ». La constitution économique encapsule et organise le marché concurrentiel au sein d'une structure juridique qui, à l'instar des constitutions politiques et de leur finalité de rendre compatibles les « droits individuels reconnus aux citoyens avec l'intérêt politique général[4] », se propose de « définir les règles économiques de base permettant de concilier les libertés économiques individuelles avec l'intérêt économique général[5] ». À cette fin, la réflexion ordolibérale fait la distinction entre les principes constitutionnels fondant les libertés économiques individuelles, « notamment [...] la propriété privée [...] la liberté des contrats et [...] la libre concurrence[6] », et les principes concernant la responsabilité du pouvoir public de « garantir la stabilité monétaire, la surveillance des marchés (lutte contre les monopoles) ou l'intégration de chacun dans le processus économique[7] ». L'identification de ces principes est le résultat de l'approche ordolibérale à l'étude des systèmes économiques existants et des appareils juridiques qui les régulent : ces derniers ne dérivent pas "matériellement" des rapports de production mais entretiennent avec l'"infrastructure" un rapport d'interférence réciproque ; comme le souligne M. Foucault, « il faut en réalité parler d'un ordre économico-juridique[8] ». Par conséquent, l'identification des règles constitutionnelles du marché concurrentiel répond à l'objectif de façonner normativement l'ordre économique existant, d'agir sur lui afin de le conformer au modèle formel de référence. C'est en ce sens que l'interventionnisme gouvernemental doit, dans son action, distinguer les interventions compatibles et les interventions incompatibles avec l'ordre décrit.

---

1 E. Christodoulidis, *The redress of law*, 381.

2 L. Simonin, « Le choix des règles constitutionnelles de la concurrence : ordolibéralisme et théorie contractualiste de l'État », dans P. Commun (sous la direction de), *L'ordolibéralisme allemand. Aux sources de l'Économie sociale de marché*, 68.

3 P. Dardot, C. Laval, *La nouvelle raison du monde. Essai sur la société néolibérale*, 198.

4 P. Dardot, C. Laval, *Ce cauchemar qui n'en finit pas. Comment le néolibéralisme défait la démocratie*, 61. Voir W. Eucken, *The foundations of economies*, Hodge, Londres, 1950.

5 Ibidem.

6 É. Dehay, « L'indépendance de la banque centrale en Allemagne. Des principes ordolibéraux à la pratique de la Bundesbank », dans P. Commun (sous la direction de), *L'ordolibéralisme allemand. Aux sources de l'Économie sociale de marché*, 246.

7 Ibidem.

8 M. Foucault, *La naissance de la biopolitique. Cours au collège de France (1978-1979)*, 168.

La reconstruction effectuée du processus d'intégration européenne caractérise tout d'abord ce dernier comme un processus évolutif d'enracinement constitutionnel progressif de l'appareil normatif (traités, directives, arrêts, etc.) concernant le marché concurrentiel. Ayant pour objectif de créer et d'encadrer au sein d'un régime juridique contraignant le marché unique européen, le traité CEE constitue la première formalisation accomplie d'une constitution économique européenne : sa *ratio essendi* réside dans la mise en place d'« un marché institutionnel[1] » dont l'installation et le fonctionnement dépendent des modalités d'intervention que la constitution économique attribue au pouvoir public. Le processus de constitutionnalisation progressive des quatre libertés économiques fondamentales établies par le traité CEE et auxquelles la Cour confère bientôt le statut de droits fondamentaux des citoyens européens relève de la même logique : il s'agit de construire et de maintenir la primauté d'une « norme économique suprême[2] » à travers l'attribution d'une valeur (para)constitutionnelle à ses composantes fondamentales. La citoyenneté européenne est avant tout une « citoyenneté économique[3] » dont les porteurs sont des citoyens considérés au premier chef comme participants au marché commun et dont le contenu est une émanation directe de la constitution économique que les institutions supranationales (en particulier la Commission et la Cour de justice) s'attachent à préserver. En ce sens, la reconnaissance du principe de l'effet direct et du principe de la primauté du droit européen sur les droits nationaux, l'aboutissement à Maastricht de la codification de la structure économique et monétaire européenne et des procédures de contrôle du respect du système formaliste de règles économico-numériques inscrites dans le traité, ainsi que l'extension progressive des compétences et des domaines normatifs européens « en tant que partie d'un élargissement de l'interprétation des compétences économiques[4] », constituent des moments clés dans la construction d'un *ordo* économique immunisé contre l'*agere* politique et visant à enraciner et à ramifier la *ratio* économique du marché concurrentiel.

Ainsi, du travail d'excavation et d'isolement généalogique des éléments conceptuels fondamentaux qui sous-tendent le processus d'intégration européenne émerge une autre notion, celle de constitution économique. Cette notion se révèle coessentielle au concept d'interventionnisme libéral et de décision fondamentale, s'inscrivant dans le même registre sémantique et

---

[1] J. Rueff, « Le marché institutionnel des Communautés européennes », *Revue d'économie politique*, vol. 68, n. 1, 1958, 7-8.
[2] P. Dardot, C. Laval, *La nouvelle raison du monde. Essai sur la société néolibérale*, 336.
[3] K. Tuori, S. Sankari, « The many constitutions of Europe », dans K. Tuori, S. Sankari (sous la direction de), *The many constitutions of Europe*, 16.
[4] I. Sand, « Constitutionalism and the Multi-Coded Treaties of the EU : changing the concepts of Constitutionality », dans K. Tuori, S. Sankari (sous la direction de), *The many constitutions of Europe*, 52.

constituant un complément conceptuel à ceux-ci, apte à "signifier", à rendre plus intelligible l'une des tendances fondamentales du processus d'intégration européenne, celle de la constitutionnalisation d'un ordre communautaire conçu avant tout comme un ordre économico-concurrentiel.

2.4 - La Concurrence comme *eidos* de l'ordre marchand

Dans la pensée ordolibérale, la définition des principes fondamentaux de la constitution économique comme concept normatif se fonde sur l'étude de la composition et du fonctionnement concret des systèmes économiques réels, existants. À cet égard, l'approche méthodologique la plus significative est celle issue de la phénoménologie husserlienne, très influente dans le milieu académique dans les années où les auteurs ordolibéraux commencent à réformer le libéralisme. En effet, la pensée ordolibérale, notamment dans la figure de W. Eucken, récupère de la phénoménologie husserlienne 1) le rejet de l'approche naturaliste, qui dégrade la saisie de la vérité en un fait empirique et relativiste, et 2) l'ambition de "revenir aux choses mêmes", c'est-à-dire de saisir dans la contingence de leur occurrence ce qui est nécessaire, essentiel, permettant ainsi à l'activité de connaissance d'accéder à l'universel.

En particulier, dans des ouvrages tels que *Grundlagen der Nationalökonomie*, *Was leistet die nationalökonomische Theorie*[1] etc., W. Eucken adopte la méthode phénoménologique afin d'isoler les principes constitutifs d'une science économique en mesure de résoudre le problème de la rareté des ressources et de permettre aux individus de mener une vie digne et autonome. Parmi ces principes, la concurrence joue un rôle central : dans la pensée ordolibérale, le principe concurrentiel supplante l'échange et le laisser-faire « comme forme organisatrice du marché[2] ». Il faut abandonner la « naïveté naturaliste[3] » qui conçoit le marché comme un système spontané, qui s'autoproduit naturellement, et le concevoir au contraire comme le résultat d'une activité intentionnelle qui s'organise autour de la saisie de sa structure essentielle et nécessaire, celle concurrentielle. En ce sens, le principe de concurrence est l'*eidos*, l'invariant d'une objectivité spécifique, celle du système marchand ; il ne peut être ni saisi ni « produira ses effets que sous un certain nombre de conditions qui auront été soigneusement et artificiellement aménagées[4] ». Par conséquent, il constitue la norme sur la base de laquelle s'articule la globalité de l'agir gouvernemental, ce dernier étant chargé d'intervenir constamment afin de

---

[1] W. Eucken, « Was leistet die nationalökonomische Theorie », dans *Kapitalteoretische Untersuchungen*, Fischer, Iéna, 1934.
[2] M. Foucault, *La naissance de la biopolitique. Cours au collège de France* (1978-1979), 123.
[3] Ibidem.
[4] Ibidem, 124.

mettre en place et de préserver les conditions optimales – principal objet d'étude de la théorie économique (*Ordnungstheorie*) – du fonctionnement du marché concurrentiel.

Ainsi, dans la pensée ordolibérale, le principe concurrentiel comme *eidos* est la pierre angulaire sur laquelle fonder la légitimité de la constitution économique et des actions destinées à la concrétiser, en premier lieu sur l'accroissement constant de la richesse qu'il est censé produire ; en tant qu'essence du système de marché, l'identification et la mise en place des éléments nécessaires à son fonctionnement est ce qui rend possible de préserver la liberté – et donc la dignité – des individus et de leurs initiatives dans la mesure où il permet d'« accorder les millions de plans économiques spontanés et libres avec les désirs des consommateurs [...] sans commandement et sans contrainte légale[1] » à travers le mécanisme des prix.

En effet, la théorie constitutionnelle ordolibérale se développe à partir de la configuration du sujet comme *consommateur*. Dans cette perspective, où le marché concurrentiel constitue le seul registre sémantique à partir duquel élaborer des opérations de signification, l'intérêt commun que la constitution est censée poursuivre ne peut être défini qu'en considérant les membres de la communauté politique selon le modèle formaliste-abstrait du pur consommateur : en tant que tels, ils partagent des intérêts communs quant au bon fonctionnement du marché concurrentiel, puisque celui-ci agit idéalement comme un multiplicateur des possibilités/libertés de choix disponibles et donc comme un mécanisme par lequel répondre au mieux aux besoins de tous. En revanche, les citoyens, ou groupes de citoyens, s'ils sont considérés comme producteurs, c'est-à-dire dans la matérialité de leur situation concrète, deviennent au contraire porteurs d'intérêts divergents, conflictuels, souvent inconciliables : dans la pensée ordolibérale, intervenir en faveur d'un groupe particulier signifie attribuer des privilèges susceptibles de compromettre le jeu concurrentiel, d'en violer le système formaliste des règles, puisque ces interventions « ne visent pas des règles valant pour tous uniformément[2] ».

Encore une fois, il s'agit de minimiser la possibilité de conflit au sein du marché concurrentiel, de le dépolitiser en inscrivant le principe de concurrence dans la sphère constitutionnelle de l'indécidable, de ce qui est réputé indisponible aux instances tierces. Dans le constitutionnalisme social, la sphère de l'indécidable est la sphère délimitée par les droits fondamentaux

[1] F. Böhm, « Die Idee des Ordo im Denken Walter Euckens », *Ordo : Jahrbuch für die Ordnung der Wirtschaft und Gesellschaft*, vol. 3, 1950, cité par L. Simonin, « Le choix des règles constitutionnelles de la concurrence : ordolibérallsme et théorie contractualiste de l'État », dans P. Commun (sous la direction de), *L'ordolibéralisme allemand. Aux sources de l'Économie sociale de marché*, 71.

[2] L. Simonin, « Le choix des règles constitutionnelles de la concurrence : ordolibéralisme et théorie contractualiste de l'État », dans P. Commun (sous la direction de), *L'ordolibéralisme allemand. Aux sources de l'Économie sociale de marché*, 70.

et fonde la rigidité de la Constitution, et donc le fait que les lois ordinaires qui violent le contenu substantiel des principes et des droits constitutionnels sont jugées invalides. Dans la théorie constitutionnelle ordolibérale, cette rigidité concerne plutôt les principes identifiés comme optimaux pour le bon fonctionnement du marché concurrentiel et fonde la primauté de la normativité concurrentielle : la force de son devoir-être s'enracine dans l'essentialité de la concurrence par rapport à l'ordre marchand et à sa capacité potentielle à se développer comme dispositif principal de progrès en termes de ressources disponibles et de libertés individuelles.

Développer la potentialité du jeu concurrentiel signifie ne pas entraver sa libre dynamique par la favorisation d'intérêts particuliers et de positions dominantes au sein du marché ; l'interventionnisme libéral est tel dans la mesure où il agit pour rétablir les conditions optimales de la concurrence en éliminant les situations de privilège ou d'abus de pouvoir. Par conséquent, un pilier sur lequel repose la primauté de la normativité concurrentielle est la lutte contre les monopoles, les groupes d'intérêts, les acteurs économiques, syndicaux, etc., capables d'exercer des pressions sur les organes politiques pour obtenir des conditions favorables. Ces derniers non seulement faussent le jeu concurrentiel en violant le principe selon lequel les effets optimaux de la concurrence ne se produisent que si son système de règles s'applique uniformément à tous, mais ils sont aussi à l'origine d'« un phénomène perturbateur vis-à-vis du principe de concurrence[1] », celui de l'inflation. En effet, en plus de mettre en péril les fondamentaux économiques d'un État, l'inflation mine le jeu concurrentiel car elle remet en cause l'un de ses postulats fondamentaux, à savoir la certitude des agents économiques présents sur le marché de pouvoir opérer librement en tant qu'agents au sein « d'un cadre non seulement légal, mais aussi budgétaire et monétaire[2] » stable, connu, non susceptible de manipulations de la part d'intérêts organisés. Le bon fonctionnement du jeu concurrentiel est ainsi indissociable de la rigidité disciplinaire du cadre macroéconomique dans lequel il s'inscrit ; seul un ordre concurrentiel pleinement fonctionnant garantit que le système des prix remplit effectivement « sa double fonction d'information et d'allocation des ressources[3] » et que la possibilité d'agir librement se concrétise.

---

[1] É. Dehay, « L'indépendance de la banque centrale en Allemagne. Des principes ordolibéraux à la pratique de la Bundesbank », dans P. Commun (sous la direction de), *L'ordolibéralisme allemand. Aux sources de l'Économie sociale de marché*, 247.

[2] P. Dardot, C. Laval, *La nouvelle raison du monde. Essai sur la société néolibérale,* 300. W. Eucken affirme que « tous les efforts pour réaliser un ordre concurrentiel sont vains tant qu'une certaine stabilité de la valeur de la monnaie n'est pas garantie. C'est pourquoi la politique monétaire possède pour l'ordre concurrentiel un caractère prépondérant ». W. Eucken, *Die Grundsätze der Wirtschaftspolitik* (1952), Mohr Siebeck, Tübingen, 2004, 256.

[3] C. Mongouachon, « Ordolibéralisme et discipline budgétaire européenne : forces et limites de l'analogie », *Politeia*, 5.

En ce sens, les réflexions ordolibérales trouvent un complément idéal dans l'élaboration du principe monétariste par M. Friedman, éminent économiste de l'école de Chicago. Le principe monétariste constitue en effet « le pendant sur le plan strictement économique des règles formelles[1] » élaborées par les théoriciens ordolibéraux : il fait de la stabilité monétaire un pilier indispensable de la solidité, de la fixité et de l'automaticité du cadre et des politiques économiques, et donc de la liberté même des agents économiques. Par conséquent, la stabilité monétaire se voit attribuer le statut de principe fondamental de la constitution économique. Cette dernière reproduit dans la sphère économique la *certitude* que la constitution politique produit dans la sphère juridique et, par rapport au pouvoir économique, elle est « *power-constraining* plutôt que *power-constituting* dans son orientation[2] ». À cet égard, la stabilité monétaire revêt un rôle fondamental car elle rend explicite la nécessité d'agréger la constitution économique avec un autre élément fondamental, à savoir l'indépendance de la banque centrale par rapport au pouvoir exécutif. Les phénomènes inflationnistes étant le résultat de la pression d'intérêts organisés (entreprises, lobbies, syndicats, etc.) sur les organes politiques qui, du fait de ces pressions et disposant d'un pouvoir décisionnel dans le domaine monétaire, accordent des privilèges particuliers, assurer au contraire l'indépendance de la Banque centrale et indexer son action en fonction de paramètres anti-inflationnistes rigoureux signifie briser cette dynamique et garantir une politique monétaire stable, équitable et garante de l'intérêt général. Dans la pensée ordolibérale, cette opération acquiert une portée constitutionnelle car elle reflète le principe démocratique de la séparation des pouvoirs inscrit dans les constitutions politiques : dans un système démocratique, il faut appliquer à la monnaie et au système économique en général l'argument selon lequel « la démocratie interdit par principe que le pouvoir politique soit juge et partie, donc qu'un même organe ait compétence à la fois pour définir le droit et pour l'appliquer[3] ». De ce fait, la stabilité monétaire garantie par l'indépendance de la banque centrale est à la base du droit constitutionnel des citoyens d'être protégés « contre le risque d'arbitraire[4] » qui résulterait de la violation de ce principe démocratique. Il s'agit alors d'organiser une « protection juridique contre l'arbitraire monétaire[5] » : cela ne devient possible que par la formalisation d'une

[1] Ibidem, 301.
[2] K. Tuori, S. Sankari, « The many constitutions of Europe », dans K. Tuori, S. Sankari (sous la direction de), *The many constitutions of Europe*, 15.
[3] P. Dardot, C. Laval, *Ce cauchemar qui n'en finit pas. Comment le néolibéralisme défait la démocratie*, 62.
[4] É. Dehay, « L'indépendance de la banque centrale en Allemagne. Des principes ordolibéraux à la pratique de la Bundesbank », dans P. Commun (sous la direction de), *L'ordolibéralisme allemand. Aux sources de l'Économie sociale de marché*, 247.
[5] O. Veit, « Pecunia in ordine rerum », dans *Ordo : Jahrbuch für die Ordnung der Wirtschaft und Gesellschaft*, Band 6, 1953, cité par É. Dehay, « L'indépendance de la banque centrale en Allemagne. Des principes ordolibéraux à la pratique de la Bundesbank », dans P. Commun

constitution économique garantissant à la banque centrale et à ses politiques monétaires la même indépendance que les constitutions politiques accordent au pouvoir judiciaire. Dans le même temps, la fondamentalité attribuée au principe de stabilité monétaire par la théorie constitutionnelle ordolibérale extrait ce dernier de la sphère de la délibération/choix politico-démocratique : sa primauté s'exprime dans la subordination automatique à son respect d'autres objectifs économico-sociaux, tels que l'augmentation des salaires, la poursuite du plein emploi, l'augmentation des investissements publics, etc. A. Sen parle à cet égard d'une forme d'« extrémisme anti-inflationniste e anti-déficit[1] », en soulignant comment, en Europe, sur la base de théories comme la théorie friedmanienne du "taux naturel de chômage", la lutte contre l'inflation est privilégiée au point de rendre acceptables des taux de chômage et de pauvreté qui, auparavant, auraient posé de sérieux problèmes politiques. Une fois de plus, la normativité concurrentielle et ses principes fondamentaux s'imposent « comme *ultima ratio* de l'ordre politique et social[2] », en fermant l'horizon des alternatives viables.

Ainsi, en tant qu'*eidos* de l'ordre marchand, le principe concurrentiel devient également interprétable comme centre normatif engendrant un double mouvement à la fois d'expansion et d'enracinement de la normativité dont il est l'expression et des principes qui la composent. Penser la concurrence comme dimension essentielle de l'économie établit les bases pour penser son applicabilité de manière transversale, pour légitimer la primauté et la pénétration de sa normativité dans des domaines jusqu'alors régis par des logiques différentes. C'est dans cette perspective que de nombreux théoriciens appartenant aux différents courants du libéralisme théorisent l'extension du principe de concurrence aux différentes branches de l'action publique. Si « le pire danger pour le consommateur, c'est bien le monopole, qu'il soit privé ou gouvernemental[3] », la manière la plus efficace de défendre les individus-consommateurs contre ce danger est de faire de la concurrence un principe régulateur universel : la logique qui s'en dégage est que le principe de concurrence, en vertu de sa capacité à rendre les processus plus efficaces, à multiplier les choix offerts aux consommateurs et donc à accroître leur liberté et leur satisfaction à un moindre coût, doit idéalement exploiter toutes les marges d'applicabilité disponibles. Par conséquent, pour de nombreux théoriciens libéraux, la réponse au système de service public inefficace, coûteux et clientéliste est « d'imposer aux administrations un nouveau mode de rationalisation obéissant aux logiques[4] » concurrentielles :

(sous la direction de), *L'ordolibéralisme allemand. Aux sources de l'Économie sociale de marché*, 247.

[1] A. Sen, *L'économie est une science morale*, La Découverte, Paris, 2003, 104.

[2] P. Dardot, C. Laval, *Ce cauchemar qui n'en finit pas. Comment le néolibéralisme défait la démocratie*, 70.

[3] R. D. Friedman, M. Friedman, *La liberté du choix*, Belfond, Paris, 1980, 217.

[4] P. Dardot, C. Laval, *La nouvelle raison du monde. Essai sur la société néolibérale*, 383.

sur la base de l'unification dé-socialisante de tous les individus dans la figure du consommateur, il s'agit d'intervenir à fin de concurrentialiser également les services publics, en permettant à des entreprises privées plus "performantes" de prendre le relais. Dans cette perspective, l'État n'est plus interprétable comme un acteur dont les actions ne sont pas pleinement intégrables dans la logique du marché ; au contraire, il est désormais conçu « comme un agent économique parmi d'autres dans le système économique[1] ». Son propre ordre juridique doit s'articuler de manière à faire de la mise en concurrence générale une fin en soi, un objectif prioritaire : aux yeux des investisseurs, des entreprises, etc., il doit faire de son propre ordre juridique un terrain fertile pour le libre développement du jeu concurrentiel. À cet égard, A. Supiot, se référant à la pensée hayékienne[2], parle de "darwinisme normatif", soulignant comment l'adaptation des ordres juridiques aux critères fonctionnels du marché concurrentiel induite par les pressions de la concurrence globale donne lieu à un processus de « sélection naturelle des systèmes normatifs[3] » favorisant les systèmes les plus marchandisés[4], c'est-à-dire les systèmes qui, sur le marché des normes, semblent les plus aptes à rentabiliser au mieux le capital[5]. Ainsi, l'expansivité de la concurrence comme *eidos* déclenche un processus de généralisation de sa normativité qui va jusqu'à renverser la perspective : « au lieu que la libre concurrence soit fondée sur le Droit, c'est le Droit qui devrait être fondé sur la libre concurrence[6] ». Ce parcours conduit d'éminents théoriciens de l'ordo et du néolibéralisme, comme F. Böhm e F. A. Hayek[7], à élaborer le concept d'État de droit en tant qu'"État de droit privé", c'est-à-dire en tant que forme d'État dans laquelle la réglementation de l'exercice de la puissance publique repose sur le principe de l'application à l'État en tant que "personne" « des règles générales du droit privé[8] », et donc des règles concernant la juste conduite des individus définies à partir de la conception de l'ordre social comme ordre concurrentiel de marché et de l'individu comme libre participant à cet ordre.

---

[1] Ibidem, 374.

[2] Voir F. A. Hayek, *Droit, législation et liberté. Une nouvelle formulation des principes de justice et d'économie politique*, PUF, Paris, 1981.

[3] A. Supiot, *L'esprit de Philadelphie. La justice sociale face au marché total,* 65. Voir aussi J. Braitwhite, P. Drahos, *Global Business Regulation*, Cambridge University Press, Cambridge, 2000.

[4] C'est-à-dire qu'ils sont devenus des produits achetables (le phénomène du *law shopping*).

[5] Cette dynamique implique une activité constante de l'État visant à accroître son pouvoir d'attraction des capitaux mobiles. Cette activité concerne la mise en place ou le remodelage *market-friendly* des institutions, des systèmes éducatifs, des infrastructures, de la fiscalité, etc.

[6] A. Supiot, *L'esprit de Philadelphie. La justice sociale face au marché total*, 64-65.

[7] Voir F. A. Hayek, *Droit, législation et liberté. Une nouvelle formulation des principes de justice et d'économie politique*, PUF, Paris, 1981 ; F. A. Hayek, *The Constitution of Liberty*, University of Chicago Press, Chicago, 1960.

[8] P. Dardot, C. Laval, *La nouvelle raison du monde. Essai sur la société néolibérale*, 257.

Les éléments ici isolés apportent un surcroît de lisibilité au processus de construction du marché unique et du primat de la normativité concurrentielle reconstruit dans la première partie du chapitre. Comprendre la concurrence comme *eidos* et donc comme principe de progrès matériel indéfini permet de dévoiler le caractère dogmatique qu'elle acquiert dès les traités originaux, qui établissent dès le départ les caractéristiques fondamentales de l'économie concurrentielle européenne ainsi que l'idée-force de l'interventionnisme libéral. En effet, bien que la communauté économique européenne constitue « une communauté parmi d'autres (charbon et acier, atome, agriculture) [...] elle les englobe aussi en les soumettant à un principe général, dont les autres ne seront que des parties ou des exceptions[1] ». Cette suprématie ne peut être comprise dans son caractère dogmatique qu'en la reliant au registre idéologico-conceptuel qui l'interprète comme l'*essence* même du système économique, comme principe régulateur à partir duquel organiser les secteurs ayant un rapport direct ou indirect avec l'économie de marché. L'asymétrie européenne entre les raisons économiques et les raisons sociales qui se produit à travers toute la gamme d'interventions visant à enraciner et à ramifier le respect du principe concurrentiel – de l'utilisation de la notion d'"abus automatique" et de la resémantisation de l'art. 30 CEE par la Cour de justice aux directives concernant la libre circulation des personnes, des biens et des capitaux, de la discipline macroéconomique établie à Maastricht à l'indépendance de la BCE[2] et à la libéralisation progressive des secteurs publics/monopolistiques, etc. – acquiert un statut supérieur d'intelligibilité et de cohérence s'il est mise en relation avec l'*essentialité* de la concurrence et de son registre sémantique. J'attribue au principe de concurrence un caractère dogmatique, comme dans le cas des ressources normatives caractérisant le constitutionnalisme social, car, autrement, la constitution économique européenne tomberait dans un vide de sens, de rationalité. La concurrence constitue le principe fondamental autour duquel s'articule l'intelligibilité et donc l'interprétabilité de la construction juridico-institutionnelle européenne ; il entretient avec cette dernière un rapport consubstantiel, fondateur. En effet, le principe concurrentiel est à la fois axiomatique, dans la mesure où il dispose du caractère de principe premier (*axíōma*) du processus intégrationniste, et hétéronome, c'est-à-dire incontestable dans l'exercice de sa primauté. Par conséquent, malgré le caractère évolutif et contingent des réalisations et des équilibres avec des logiques de nature différente auxquels il donne lieu, ne pas reconnaître son caractère dogmatique reviendrait à ne pas saisir la *ratio essendi* du cadre indérogeable au sein duquel ces réalisations se produisent.

---

[1] Ibidem.

[2] Avant l'Union européenne, le modèle ordolibéral d'indépendance de la banque centrale décrit a d'abord été établi en Allemagne (1957), puis dans d'autres pays très développés (Italie 1982, France 1993, Royaume-Uni 1997, etc.).

C'est à la lumière de cela qu'il faut alors lire le processus de radicalisation de la logique concurrentielle reconstruit dans la première partie du chapitre. En plus de concerner les phénomènes déjà évoqués, ce processus s'étend jusqu'à impliquer « la mise en concurrence des systèmes institutionnels eux-mêmes, qu'il s'agisse de la fiscalité, de la protection sociale[1] », etc. Ces systèmes sont poussés à se réorganiser afin de se rendre attractifs et de catalyser le libre mouvement des capitaux. En ce sens, la radicalisation signifie également ne pas considérer – à la différence de la première phase du processus intégrationniste – le dumping fiscal et social comme un élément déformateur du libre jeu concurrentiel : ce passage permet de réaliser « une harmonisation qui vient non pas d'en haut (de l'activité gouvernementale) mais d'en bas, par le libre jeu des marchés[2] ». De ce fait, le darwinisme normatif semble être un concept de plus en plus applicable au cas européen. À cet égard, nous pouvons citer le développement des pratiques procédurales, réflexives et indexées managérialement selon les critères de la méthode ouverte de coordination[3], censées être en mesure de rendre les systèmes nationaux du marché du travail plus attractifs, efficaces et compétitifs par leur mise en concurrence ; ou l'activité de la Cour qui, en tant que gardienne de l'ordre économico-compétitif, intervient dans les affaires concernant de « profondes divisions sociales[4] », en affaiblissant des éléments fondamentaux pour la préservation, au sein du marché unique, de niveaux acceptables de protection sociale et démarchandisation, tels que les conventions collectives, le respect par les entreprises opérant sur le sol étranger de la législation du pays d'accueil, le droit de grève des travailleurs contre les délocalisations[5], etc. À cet égard, le point central est le renversement précédemment évoqué, c'est-à-dire le passage progressif d'une situation dans laquelle le système concurrentiel se développe à partir du cadre juridique vers une situation dans laquelle ce dernier se développe à partir du système concurrentiel. Comme le soulignent P. Dardot et C. Laval, le concept néolibéral d'État de droit privé « trouve une manière d'aboutissement dans cette proposition de faire du principe de la concurrence le principe de l'harmonisation des législations nationales, donc le principe de l'élaboration de la législation européenne elle-même[6] ».

2.5 - Le langage de la normativité concurrentielle

La radicalisation de la normativité concurrentielle dans le processus d'intégration européenne se reflète dans l'adoption progressive d'un

[1] P. Dardot, C. Laval, *La nouvelle raison du monde. Essai sur la société néolibérale*, 349.
[2] Ibidem, 350.
[3] Voir A. Supiot, *L'esprit de Philadelphie. La justice sociale face au marché total*, 68-69.
[4] J. Van der Walt, *The Horizontal Effect Revolution and the Question of Sovereignty*, 348.
[5] Voir A. Supiot, *L'esprit de Philadelphie. La justice sociale face au marché total*, 69-70.
[6] P. Dardot, C. Laval, *La nouvelle raison du monde. Essai sur la société néolibérale*, 352.

"langage" spécifique, d'une gamme de "signes" sur lesquels se fondent la pénétration et l'approfondissement du principe concurrentiel. Alors que les premiers traités se limitent essentiellement à définir le cadre juridique du marché unique, fondé sur les quatre libertés fondamentales et sur un réseau de règles visant à institutionnaliser les conditions optimales du jeu concurrentiel, le traité de Maastricht structure et codifie la construction du marché unique en libre concurrence et de l'unité monétaire à travers un langage caractérisé par la centralité des composantes économiques/numériques, notamment en ce qui concerne l'encadrement normatif du comportement des participants au marché. L'utilisation de ce langage, bien qu'accompagné par la suite par le renforcement du langage des droits (Charte de Nice, Socle européen des droits sociaux, etc.), s'intensifie et consolide sa primauté à travers le Pacte de stabilité et de croissance, les *policies* adoptées pendant la crise financière, etc., tout en pénétrant et en sémantisant d'autres domaines, comme dans le cas de la méthode ouverte de coordination et donc de la modernisation et de la dynamisation du marché du travail et des systèmes de protection sociale au moyen d'un ensemble d'indicateurs et de procédures chiffrées de suivi, d'étalonnage et de comparaison.

La contribution de ce langage à la radicalisation de la normativité concurrentielle repose sur la transformation du Droit en « un instrument de mise en œuvre du calcul économique[1] » théorisée sur plusieurs niveaux par des courants tels que *Law and economics*[2], *New Public management* etc. Dans la lignée de ce que j'ai développé jusqu'ici, les recherches menées dans ces domaines d'étude présupposent l'existence de règles essentielles au bon fonctionnement du jeu concurrentiel, identifiables et traduisibles dans la mise en place d'un cadre juridico-institutionnel spécifique concernant non seulement la sphère des activités économiques, mais la société en tant que telle. Une fois de plus, ce qui est postulé, c'est l'expansivité indéfinie de l'applicabilité de la rationalité économique du marché concurrentiel, censée être en mesure de soumettre à elle toute autre rationalité au nom de l'universalisabilité de ses normes et de ses critères interprétatifs. La portée normative de ce processus fonde sa force sur le langage spécifique qu'il adopte, entièrement basé sur des indicateurs numériques et le calcul.

Il est donc nécessaire d'approfondir l'analyse de ce langage normatif particulier. Tout d'abord, il s'organise autour de deux opérations fondamentales. Tous deux se basent sur l'épistémologie hayékienne de la

---

[1] A. Supiot, *La Gouvernance par les nombres. Cours au collège de France*, cha. 7, par. 3.

[2] Voir les travaux menés par H. Simon et F. Hayek à l'Université de Chicago à partir des années 1940 et, entre autres, G. S. Becker, *The Economic Approach to Human Behavior*, University of Chicago Press, Chicago, 1976 ; R. Posner, *Economic Analysis of Law*, Wolters Kluwer, Aspen, 1973 ; etc.

compétition en tant que processus de découverte[1]. La complexité de l'économie de la connaissance ne peut pas être hétéro-dirigée par des modalités gouvernementales relevant du "rationalisme constructiviste". Par cette formule, F. A. Hayek fait référence aux courants intellectuels qui se révèlent naïfs parce qu'ils pensent « que toutes les institutions sociales sont le produit d'un dessein délibéré[2] », élaboré par la raison afin de maitriser le réel et de poursuivre des finalités communes (comme, par exemple, la justice sociale[3]). Au contraire, il faut piloter de l'intérieur[4] l'évolution spontanée de cette complexité : les mécanismes du marché compétitif sont ce qui permet de coordonner le plus efficacement possible, c'est-à-dire selon des équilibres performants et mutuellement bénéfiques, les processus économiques, les comportements et les intérêts individuels, les innovations spontanées et imprévisibles etc., à la base de l'émergence des corps institutionnels et, en général, du développement et du progrès de la société. En effet, dans une société caractérisée à la fois par la multiplication et la fragmentation des connaissances, la seule technologie capable de capter, de connecter et de transmettre entre agents les informations nécessaires à l'organisation de leurs actions et stratégies compétitives au sein du jeu concurrentiel est celle de la libre formation des prix. Dès lors, dans cette perspective, le marché concurrentiel s'établit « en tant que forum de véridiction[5] » pour la société de la connaissance, imposant ainsi son propre langage comme langage de vérité.

Sur cette base, la première opération consiste alors à généraliser « la logique de l'équivalence fonctionnelle[6] ». Si le marché concurrentiel est le lieu de la vérité, alors, dans son espace sémantique, des éléments et des réalités hétérogènes deviennent interchangeables lorsqu'ils sont compris et mis en relation par le biais du langage quantificateur et calculateur des indices numériques du marché. Cette perspective considère « la quantification comme critère de factualité ou de reflet d'un réel indépendant des conditions de son enregistrement[7] » : d'où l'objectivité et la neutralité présumées de son application à des réalités différentes. Les opérations basées sur les quantifications présentent ainsi un caractère d'expansivité indéfinie de sorte à reconduire et à lire dans l'espace linguistique (sémiotique) dont

[1] Voir F. A. Hayek, « Competition as a discovery process », *The Quarterly journal of Austrian economics*, 1974.
[2] F. A. Hayek, *Droit, législation et liberté. Une nouvelle formulation des principes de justice et d'économie politique*, vol. 1, *Règles et ordre*, 6.
[3] Voir F. A. Hayek, *Droit, législation et liberté. Une nouvelle formulation des principes de justice et d'économie politique*, vol. 2, *Le mirage de la justice sociale*.
[4] Voir M. De Carolis, *Il rovescio della libertà. Tramonto del neoliberalismo e disagio della civiltà*, Quodlibet, Macerata, 2017.
[5] E. Christodoulidis, *The redress of law*, 328.
[6] Ibidem.
[7] A. Desrosières, *Prouver et gouverner : une analyse politique des statistiques publiques*, La Découverte, Paris, 2014, 219-220.

elles font partie des réalités répondant antérieurement à des ordres de valeur différents, conflictuels, contradictoires, etc. Il devient alors possible de formuler des analyses prétendant fournir des évaluations objectives et neutres de l'état de fait concerné, et d'identifier sur cette base ce qu'il faut faire (les objectifs) pour améliorer le *score* (la performance) des indicateurs numériques qui le signifient.

Tel est le fondement de la deuxième opération, définie par A. Supiot « programmation des comportements[1] » : il s'agit de réorganiser le comportement des différentes entités sociales (individus, institutions, entreprises, États, etc.) à l'aide du réseau d'indices numériques et d'outils d'étalonnage des performances (*scoring, ranking, benchmarking*, etc.) développé dans le monde entrepreneurial afin d'atteindre les objectifs "objectivement" issus des mesures effectuées ("management par objectifs"). En ce sens, le "pilotage de l'intérieur" en tant que modalité gouvernementale implique 1) la perte de centralité de la réglementation hétéronome exercée par le Droit[2], reléguée à l'arrière-plan du fait que l'hétéro-direction des processus sociaux au moyen de règles préétablies, provenant de l'extérieur et exprimant des instances transcendant la spontanéité contingente du développement desdits processus, compromet le libre développement de ces derniers, libre développement considéré comme la principale source de progrès ; 2) l'importance croissante de la "régulation", c'est-à-dire de la mise en place de mécanismes visant à « faire observer les règles nécessaires au fonctionnement homéostatique d'une organisation[3] » et à son adaptation constante et automatique aux objectifs à poursuivre et aux variations des conditions de poursuite de ces objectifs ; la gamme d'indicateurs numériques et des techniques d'étalonnage est ce qui permet de régler constamment ces mécanismes et de réaliser ces réglages de manière "objective".

Il faut alors comprendre en quoi ce langage est "normatif" et pourquoi il contribue de manière décisive à la primauté de la normativité concurrentielle et à l'oubli du contenu substantiel des ressources normatives identifiées dans le premier chapitre. Comme le soulignent des auteurs tels que A. Desrosières[4], A. Supiot[5], E. Christodoulidis, etc., le premier point fondamental à souligner est que l'application de ce langage à des réalités hétérogènes ne conduit pas à une simple vérification d'un état de fait, mais établit de nouvelles réalités qui deviennent équivalentes dans la mesure où il s'agit d'éléments faisant partie d'un même processus général de

---

[1] A. Supiot, *L'esprit de Philadelphie. La justice sociale face au marché total*, 78.

[2] Pour la distinction entre réglementation et régulation, voir A. Supiot, *Homo juridicus. Essai sur la fonction anthropologique du Droit*, 200-201.

[3] Ibidem, 200.

[4] A. Desrosières, *La Politique des grands nombres. Histoire de la raison statistique*, La Découverte, Paris, 1993 ; A. Desrosières, *Pour une sociologie de la quantification*, École des Mines, Paris, 2007.

[5] A. Supiot, *La Gouvernance par les nombres. Cours au collège de France*.

sémantisation basé sur des opérations de quantification et de calcul. Il s'agit de nouvelles réalités dans le même temps équivalentes entre elles dans la mesure où l'ensemble d'indicateurs, de données statistiques, de mesures, etc., qui les caractérisent « est d'essence normative et sert à construire un espace public[1] ». En effet, signifier des réalités différentes au moyen de ces instruments et les rendre ainsi "équivalentes" implique d'introduire « une mesure d'interprétation irréductible, car un accord (souvent latent) est nécessaire pour établir ce qui est équivalent[2] ». L'objectivité évoquée s'établit à la suite d'un accord concernant les instruments à utiliser pour enregistrer la réalité, accord qui ne devient possible qu'à travers un acte interprétatif déterminant la primauté de certains contenus substantiels sur d'autres. Cet acte interprétatif fonde le réseau des conventions d'équivalence et son objectivité est indiscutable, puisqu'il est postulé comme valable en tant que tel, comme admis en préalable. En particulier, le réseau de conventions d'équivalence fondé sur une telle mesure interprétative et capturant les différents niveaux de la réalité sociale – du comportement qu'un travailleur individuel ou un groupe de travail adopte pour atteindre les objectifs établis au comportement d'un État dicté par le respect des paramètres numériques contraignants d'un traité, etc. – agit comme un agent de pénétration, de substitution et d'oubli des valeurs, des contenus éthico-normatifs caractérisant dogmatiquement – en tant que « référence commune qui s'impose absolument à tous[3] » – des réalités hétérogènes, désormais agrégées au sein d'un même espace sémantique et par là même comparables sur la base d'indicateurs communs.

Nous comprenons ainsi un élément supplémentaire du processus de généralisation de la rationalité économico-concurrentielle évoqué à plusieurs reprises. En effet, l'opération décrite permet de simplifier, de réduire des systèmes de valeurs complexes aux unités fondamentales de cette rationalité et donc de mobiliser les réalités dont ces systèmes des valeurs sont le fondement en direction de l'approfondissement de la normativité concurrentielle. Dans le même temps, cette opération est radicale car elle se soustrait à la possibilité d'être discutée, contrebalancée, rejetée. Les instruments par lesquels elle se développe (indicateurs, *benchmarks*, statistiques, *best practices*) sont censés enregistrer la réalité telle qu'elle est, dans sa dimension objective, politiquement neutre et donc indiscutable ; ils permettent de « recodifier tout problème éthico-politique en un problème strictement technique, et donc résoluble de manière exacte et définitive[4] », se posant ainsi comme des instruments inépuisables et a-problématiques de progrès. Ce qui relève de la

[1] A. Supiot, *L'esprit de Philadelphie. La justice sociale face au marché total*, 82.
[2] E. Christodoulidis, *The redress of law*, 344.
[3] A. Supiot, *La Gouvernance par les nombres. Cours au collège de France*, cha. 7, par. 1.
[4] M. De Carolis, *Il rovescio della libertà. Tramonto del neoliberalismo e disagio della civiltà*, 175.

sphère du "discutable" ne concerne que la possibilité d'agencer, de conjuguer, de grouper, etc. les données obtenues ou les méthodes de poursuite, d'intégration, de mise en œuvre des *best practices*, des objectifs, des *scores* attendus, et non pas « le niveau profond de leur constitution[1] ».

Nous franchissons ainsi une étape supplémentaire dans la compréhension de l'enracinement et de la primauté de la normativité concurrentielle et des effets dépolitisants qui en résultent. Son langage s'affirme non seulement en resémantisant les espaces où il pénètre, produisant progressivement la substitution et l'oubli des langages antérieurs et de leurs contenus substantiels ; en effet, il organise aussi son occupation de manière à abstraire ce qui le constitue et ce qui le rend possible de la disponibilité de l'affrontement idéologico-politique. Si le marché concurrentiel est le forum de véridiction de la société de la connaissance, alors seul ce qui peut s'exprimer à travers les termes de son langage apparaît compréhensible, sensé, légitimé à faire partie du débat politique. Ce langage caractérise ce qu'A. Supiot appelle la "Gouvernance par les nombres" et s'impose aujourd'hui comme une sorte de science de la programmation des comportements à validité transversale. Il met au point l'organisation (juridique, temporelle, salariale, etc.) et l'évaluation du travail individuel et collectif en appréciant les performances réalisées par rapport aux objectifs fixés ; le comportement des entreprises, à travers leur réorganisation en unités de production comparables et concurrentes en fonction d'indices de rentabilité financière, ou à travers les thèses de la *corporate governance*[2] concernant l'amélioration constante des indicateurs mesurant la création de valeur et les « performances boursières[3] » ; l'action des États, à travers la restructuration de l'administration publique selon le modèle managérial de l'entreprise privée (*New Public Management*), faisant ainsi des secteurs, des institutions, des établissements publics (du niveau local au niveau national) des entités en compétition avec d'autres entités sur le marché concurrentiel dont l'évaluation dépend de leur capacité à atteindre une gamme préétablie d'objectifs chiffrés et à s'adapter aux exigences évolutives du marché ; la gouvernance européenne, telle que nous l'avons abordée, en particulier en ce qui concerne le système d'indicateurs numériques codifié à Maastricht pour la programmation et le suivi du comportement des États ; la Méthode ouverte de coordination et la Stratégie européenne pour l'emploi (dans laquelle, en plus de ce qui a déjà été indiqué, « l'accent mis sur le taux de retour à l'emploi instantané [...] suppose de tenir pour négligeable l'impact de la précarisation[4] ») ; l'établissement de l'équilibre budgétaire, la

---

[1] E. Christodoulidis, *The redress of law*, 353.
[2] Voir B. Tricker, *Corporate Governance : Principles, Policies and Practices*, Oxford University Press, Oxford, 2009.
[3] A. Supiot, *La Gouvernance par les nombres. Cours au collège de France*, cha. 8, par. 7.
[4] Ibidem, cha. 9, par. 18.

réglementation de la mission et du champ d'action de la Banque centrale qui, en l'empêchant de prêter aux États, oblige ces derniers à se financer sur le marché et donc à adopter un comportement vertueux à son égard.

C'est à ce dernier niveau, le niveau européen, que ce langage normatif a le plus de poids. Comme nous l'avons vu, il configure le processus de constitutionnalisation de l'ordre européen selon le modèle de la constitution économique, il caractérise la gouvernance européenne et les instruments qu'elle mobilise pour répondre au déficit social longuement analysé. Il est désormais clair que la mobilisation de ce langage est fonctionnelle pour l'approfondissement de la primauté de la normativité concurrentielle et le remplacement/l'oubli des contenus éthico-normatifs extraits du constitutionnalisme social européen ; cela se produit via l'installation d'« une grille d'intelligibilité économiste[1] » définissant un régime de vérité au sein duquel « filtrer toute action de la puissance publique en termes de contradiction, en termes de défaut de consistance, en termes de non-sens[2] ». Cette opération aplatit et plie les contenus éthico-normatifs évoqués en les subordonnant au primat de la normativité concurrentielle ; l'*ethos* et la profondeur conceptuelle des droits sociaux dont ces contenus sont les fondements se voient ainsi marginalisés au profit de la restauration ou de la préservation des conditions optimales de fonctionnement du marché concurrentiel, comme en témoigne l'orientation interprétative majoritaire en jurisprudence[3]. Comme le souligne M. Dani, le point fondamental n'est pas seulement celui portant sur l'affaiblissement des systèmes de protection sociale, mais aussi et surtout celui portant sur les effets de dépolitisation des processus sociaux que le cadre décrit ci-dessus produit : marginaliser ainsi le contenu éthico-normatif des droits sociaux en le resémantisant selon les critères de vérité imposés par le « tribunal économique[4] » du marché concurrentiel « signifie également renoncer à leur fonction structurelle de représentation des tensions sociales et de légitimation de réponses politiques alternatives à ces tensions[5] » au nom de la mise au point d'un dispositif gouvernemental anonyme, dont le fonctionnement est efficace en ce qu'il permet de « solliciter et exploiter de l'intérieur les forces du marché afin de diriger les ressources vers le plus fonctionnel de leurs usages possibles[6] ».

[1] M. Foucault, *La naissance de la biopolitique. Cours au collège de France* (1978-1979), 253.
[2] Ibidem.
[3] Voir, par exemple, CJE, 370/12, Thomas Pringle, 27 novembre 2012 ; CJE, 128/12, Sindicato dos Bancários do Norte, do Centro, do Sul e Ilhas, Luís Miguel Rodrigues Teixeira de Melo c. BPN - Banco Português de Negócios SA, 7 mars 2013 ; CJE, 434/11, Corpul Naţional Poliţiştilor, 14 décembre 2011 ; etc.
[4] M. Foucault, *La naissance de la biopolitique. Cours au collège de France* (1978-1979), 253.
[5] M. Dani, « The subjectification of the citizen in European public law », 22.
[6] M. De Carolis, *Il rovescio della libertà. Tramonto del neoliberalismo e disagio della civiltà*, 53.

2.6 - Étude des significations du terme social dans la pensée ordolibérale et influence sur le processus d'intégration européenne

Comme souligné dans le cas de la méthode ouverte de coordination et de la stratégie européenne pour l'emploi, le langage normatif décrit ci-dessus concerne également le domaine des politiques sociales. Dans la première partie de ce chapitre, la reconstruction de la relation entre l'intégration économique et l'intégration sociale révèle comment cette relation est évolutive, hétéroclite, conditionnée par des circonstances historiques changeantes, mais, dans le même temps, spéculativement inscrivable dans une logique d'ensemble, celle de l'enracinement et de l'expansion du principe concurrentiel en tant que *primum principium*. Sur la base de cette position interprétative et de l'étude que nous menons sur les raisons profondes du déficit social européen et de la primauté de la normativité concurrentielle, il s'agit alors d'identifier les éléments idéologico-conceptuels déterminants pour la compréhension de la manière européenne de concevoir la politique sociale et son évolution.

Les traités originaires institutionnalisent le compromis initial définissant la répartition des compétences entre la Communauté et les États membres. La *ratio essendi* de la Communauté naissante est l'organisation et la préservation d'un ordre concurrentiel supranational, juridifié via la définition d'une constitution économique. La légitimité de la Communauté est originairement coessentielle à ces objectifs ; les questions relatives à l'enracinement social du marché et à sa mise en balance avec des valeurs autres que celles déductibles de la rationalité économico-concurrentielle relèvent du niveau national. Par conséquent, au niveau européen, ce qui concerne la politique sociale est dès le départ pensé sur la base du principe concurrentiel : la division entre intégration économique européenne et intégration sociale nationale détermine d'emblée l'espace économique commun comme espace de la primauté du principe concurrentiel, espace à l'intérieur duquel tout élément doit être repensé à la lumière de cette primauté. Dans la première phase du processus intégrationniste, cette *forma mentis* de forte ascendance ordolibérale se traduit en la conviction que le bon fonctionnement du marché concurrentiel engendrerait automatiquement un processus vertueux de convergence vers le haut des *welfare* nationaux. Les dispositions sociales du traité CEE, ainsi que, par exemple, le règlement 3/58/CEE, ne justifient leur existence que dans le cadre défini par leur fonctionnalité par rapport à la normativité concurrentielle, essence même du système économique.

Bien qu'opacifiée par l'idée, très forte au niveau national dans ce passage historique, de la convergence vers le haut des *welfare states* comme extension et renforcement progressif de la protection sociale, nous retrouvons à l'origine de ce processus la conviction ordolibérale que le principe concurrentiel, dûment autonomisé au travers de la séparation fonctionnelle, constitue une source première et transversale de progrès[1], un élément concernant également l'intégration sociale des citoyens. Il est ainsi nécessaire de s'interroger sur la signification ordolibérale du terme "social" afin de comprendre en quoi elle constitue un élément susceptible d'éclairer davantage certaines étapes du mouvement expansif de la normativité concurrentielle au cours du processus d'intégration européenne, mouvement à l'origine de l'émergence du déficit social.

Tout d'abord, dans la pensée ordolibérale, le terme "social" est interprétable comme un terme indiquant une « réalité construite par l'action politique[2] » (voir interventionnisme libéral) et organisée autour du principe de la concurrence libre et non faussée. Cette première acception est repérable dans le contenu même de la "décision fondamentale" d'établir une communauté européenne fondée sur le droit et « engagée à garantir les libertés économiques et à protéger la concurrence[3] » par l'action des institutions supranationales. À cette première acception s'en rattache une autre, selon laquelle le progrès "social" désigne pour les ordolibéraux le progrès que le principe de concurrence produit aux niveaux de la société auxquels il s'applique sur la base de son extensibilité indéfinie : les services publics, la sphère scientifique, la protection sociale, l'éducation, etc. Dans le processus intégrationniste, outre la conviction initiale mentionnée concernant l'effet de convergence vers le haut des systèmes de protection sociale qu'un marché concurrentiel efficient produirait, cette signification du progrès social peut être également associée à la jurisprudence que la Cour de justice développe afin de faire dépendre la réglementation du niveau optimal de protection sociale davantage de la rationalité du marché concurrentiel que des engagements normatifs des États-providence. Voir, par exemple, les arrêts *Cassis de Dijon*, *Dassonville*, *Commission vs France*, etc., et la resémantisation de l'art. 30 CEE et de l'art. 90 CEE, analysée dans la première partie de ce chapitre.

Dans la doctrine ordolibérale, le terme "social" peut être interprété en troisième lieu comme "sociétal". Contrairement au libéralisme classique, de nombreux théoriciens ordolibéraux (A. Müller-Armack, A. von Rüstow, W. Röpke, etc.) soulignent dans leurs analyses les effets destructeurs que le marché concurrentiel génère en l'absence des structures juridiques, institutionnelles, sociales, environnementales, etc., nécessaires à son bon fonctionnement. La politique "ordonnatrice" dont parle W. Eucken ou la *Gesellschaftpolitik* théorisée par A. Müller-Armack reposent en effet sur le principe de l'*Interdependenz der Ordnungen*[4] : chaque niveau faisant partie

[1] Voir L. Erhard, *La Prospérité pour tous*, Plon, Paris, 1959.

[2] P. Dardot, C. Laval, *La nouvelle raison du monde. Essai sur la société néolibérale*, 207.

[3] E. Christodoulidis, *The redress of law*, 382.

[4] Voir W. Eucken, « Das ordnungspolitische Problem », *Ordo : Jahrbuch für die Ordnung der Wirtschaft und Gesellschaft*, 1948.

de l'ordre global de la société est interconnecté avec tous les autres niveaux ; l'interventionnisme libéral doit s'exercer sur ce réseau d'interconnexions puisqu'il en va du bon fonctionnement du marché concurrentiel et donc de la "prospérité" de tous. Il s'agit alors de mettre en place une politique sociale entendue comme politique "sociétale" ou "de société", faisant de la société dans son ensemble « l'objet et la cible de l'action gouvernementale[1] » : tout niveau, du comportement quotidien des citoyens aux activités des grandes entreprises en passant par le cadre macroéconomique, etc., doit être organisé de manière à concourir au bon fonctionnement du marché concurrentiel. À cette fin, le modèle à adopter est le modèle entrepreneurial : l'entreprise est le complément fondamental d'une société organisée autour du marché concurrentiel, l'idéal-type généralisable en ce qu'il condense en lui les valeurs (esprit de sacrifice, de compétition, éthique du travail, liberté d'entreprendre, etc.) et les avantages matériels (production accrue de richesses, élargissement des possibilités de choix, accélération des processus technologiques, etc.) nécessaires à l'exploitation optimale des potentialités de l'ordre concurrentiel. L'influence de cette conception dans le processus d'intégration européenne est claire : l'élargissement de la portée applicative de la notion d'entreprise à toute activité concernant directement ou indirectement la sphère économique réalisé au fil des arrêts de la jurisprudence européenne en est l'exemple le plus évident. Comme nous l'avons vu dans le cas des arrêts *Hofner*, *INAIL*, *Albany International BV*, etc., ce processus transversal d'"entrepreneurisation" intéresse également certains secteurs des systèmes de sécurité sociale, désormais appelés par la jurisprudence européenne à se réorganiser sur la base des critères du marché concurrentiel. Cette approche, interdisciplinaire et agissant à plusieurs niveaux, présente un cadre théorique qui concerne non seulement l'ordre économique, mais qui englobe également la question qui nous intéresse le plus, celle de l'intégration sociale des citoyens.

Je peux alors introduire la quatrième déclinaison ordolibérale du terme social, à savoir le social entendu comme sociologique. En cohérence avec le concept d'interventionnisme libéral, plusieurs théoriciens ordolibéraux réfléchissent sur la nécessité de situer le marché concurrentiel au sein d'un « cadre sociologique et anthropologique[2] » solide, stable. Le marché, en tant qu'ordre placé dans une relation d'interdépendance avec d'autres ordres, doit, pour bien fonctionner, s'enraciner socialement de manière durable, c'est-à-dire dans des conditions sociales permettant aux individus de mener une vie digne. À titre d'exemple, W. Röpke[3] identifie le collectivisme

---

[1] P. Dardot, C. Laval, *La nouvelle raison du monde. Essai sur la société néolibérale*, 209.
[2] W. Röpke, *Civitas humana ou les Questions fondamentales de la Réforme économique et sociale*, 74.
[3] Ibidem.

comme le danger principal pour les sociétés européennes et le considère comme le résultat de la prolétarisation et de la paupérisation (entendues surtout comme l'impossibilité d'accéder à la propriété privée, et donc comme des conditions de dépendance) produites par le développement du capitalisme industriel en l'absence d'une intégration sociale suffisante, c'est-à-dire en mesure d'encadrer le processus de marchandisation générale sur la base de la préservation de sphères existentielles répondant à des valeurs et à des logiques différentes de celles marchandes (la famille, la "chose publique", la solidarité professionnelle, les communautés, etc.), mais qui sont fondamentales pour assurer aux individus les niveaux minimaux de sécurité nécessaires pour participer librement au jeu concurrentiel. Pour ce faire, il est nécessaire d'intervenir "socialement" en garantissant l'accès à la propriété privée, le soutien aux petites et moyennes entreprises ainsi qu'à la libre initiative individuelle contre le gigantisme économique et monopolistique, la protection des communautés contre l'urbanisation excessive, etc. A. Müller-Armack, pour sa part, s'interrogeant sur la manière de réaliser le nécessaire encadrement social du marché, énumère une série de mesures législatives visant à sécuriser la participation des travailleurs au jeu concurrentiel, en garantissant leur implication dans les processus décisionnels des entreprises, les minima sociaux à travers la protection assurée par les salaires minimums et par les assurances, l'amélioration du "capital humain", etc. A. Rüstow, quant à lui, théorise l'intégration sociale à travers le concept de *Vitalpolitik*, concept indiquant un effort sociopolitique visant à organiser un environnement social (*die soziale Umwelt*) anthropologiquement favorable au marché concurrentiel car composé d'« unités de base [ayant] la forme de l'entreprise[1] » ; un concept proche de celui de *Gesellschaftpolitik* puisque la quête du résultat évoqué doit s'organiser autour de la reconnaissance de « l'importance supérieure du vital et de l'anthropologique, même au sein de l'économie[2] ». Sur la base du principe de l'interdépendance des ordres, ces positions ordolibérales réfléchissent sur la manière d'encadrer socialement le marché à partir du niveau micro de l'individu : l'intégration sociale des individus apparaît comme une condition nécessaire au bon fonctionnement de l'ordre marchand. Cette position reflète une conception de la politique sociale qui ressort à plusieurs reprises au cours de nos analyses sur les rapports entre intégration économique et intégration sociale au niveau européen, c'est-à-dire une conception dans laquelle la politique sociale, subordonnée au marché concurrentiel, est conçue comme un élément nécessaire au bon

[1] M. Foucault, *La naissance de la biopolitique. Cours au collège de France* (1978-1979), 154.
[2] A. Rüstow, « Kritik des technischen Fortschritts », *Ordo : Jahrbuch für die Ordnung der Wirtschaft und Gesellschaft*, n. 4, 1951, 373–407, cité par R. Ptak, « Neoliberalism in Germany : Revisiting the Ordoliberal Foundations of the Social Market Economy », dans P. Mirowski, D. Plehw (sous la direction de), *The road from mont pèlerin. The Making of the Neoliberal Thought Collective*, 105.

fonctionnement de ce dernier et « non comme un filet de sécurité sociale ou un geste compensatoire pour les coûts sociaux subis en raison du fonctionnement de l'activité économique[1] ».

La cinquième déclinaison ordolibérale du terme "social" concerne la formule "économie sociale de marché". La Constitution européenne (échouée) et le traité de Lisbonne adoptent cette formule pour indiquer tant la nature fondamentale de l'économie européenne que l'objectif à poursuivre[2]. Cependant, le concept que cette formule indique reste opaque, car il se prête à des interprétations différentes et contradictoires. Dans la lecture de personnalités telles que J. Delors et J. Chirac[3], il s'apparente à la notion de "modèle social européen", c'est-à-dire un modèle qui diffère du modèle américain en ce sens que les forces du marché sont ici contenues et équilibrées par des systèmes sociaux solides et solidaires, soutenus par une intervention publique étendue. Dans le même temps, les analyses effectuées dans la première partie de ce chapitre révèlent la proximité entre l'économie sociale de marché et le projet d'une "Europe libérale", présenté sous ses aspects fondamentaux (libertés du marché, flexibilisation du marché du travail, esprit d'entreprise, etc.[4]) par F. Bolkestein en sa qualité de responsable du marché intérieur et de la fiscalité de la Commission européenne lors d'une conférence le 10/07/2000 à Fribourg. À cette occasion, F. Bolkestein associe ouvertement le projet unioniste à la doctrine ordolibérale, en le définissant dans ce qui concerne la construction du marché unique "un pur produit de la pensée ordolibérale".

En effet, la formule "économie sociale de marché" apparaît pour la première fois dans les travaux d'A. Müller-Armack[5] et de A. Rüstow[6] comme projet de réorganisation du système économique dans l'immédiat après-guerre. L'opacité évoquée plus haut est également liée à ce dernier élément : dès le départ, l'économie sociale de marché apparaît « avant tout un outil pour atteindre un certain objectif politique, plutôt qu'une théorie scientifique en soi[7] ». Par conséquent, le caractère politico-stratégique de la formule ordolibérale rend son contenu moins rigoureux sur le plan scientifique et plus élastique, adaptable, partiellement transformable en

---

[1] E. Christodoulidis, *The redress of law*, 384.

[2] Mettre en place « une économie sociale de marché hautement compétitive ». Tr. Lisb., art. 3.

[3] Voir le discours de J. Chirac du 26/10/2005, la veille du sommet européen de la Cour d'Hamtpon, et l'interview de J. Delors à Nord-Éclair le 14/05/2005.

[4] Voir P. Dardot, C. Laval, *La nouvelle raison du monde. Essai sur la société néolibérale*, 330-332.

[5] Notamment dans l'œuvre de 1946 *Wirtschaftslenkung und Marktwirtschaft*.

[6] Voir A. Rüstow, « Die geschichtliche Bedeutung der Sozialen Marktwirtschaft », dans E. von Beckerath, F. W. Meyer, A. Müller-Armack (sous la direction de), *Festschrift für Ludwig Erhard, Wirtschaftsfragen der Freien Welt*, Knapp, Frankfurt am Main, 1957, 73–77.

[7] R. Ptak, « Neoliberalism in Germany : Revisiting the Ordoliberal Foundations of the Social Market Economy », dans P. Mirowski, D. Plehw (sous la direction de), *The road from mont pèlerin. The Making of the Neoliberal Thought Collective*, 124.

fonction des exigences économiques, sociales, politiques, etc., qui prévalent de temps à autre. À cet égard, J. Starbatty[1] associe l'économie sociale de marché à une méthodologie précise composée de deux principes fondamentaux : le principe évolutionnaire et le principe irénique[2]. Le premier principe renvoie à la flexibilité que doit avoir le concept d'économie sociale de marché pour s'imposer graduellement et demeurer un modèle hégémonique. Le second principe est organiquement lié à un élément clé de la doctrine ordolibérale fréquemment évoquée et très influente au niveau européen : il est nécessaire d'intervenir constamment afin d'anesthésier les conflits sociaux actuels et potentiels et isoler ainsi le système économique de marché d'éventuels bouleversements ; il est nécessaire de pacifier l'environnement social afin de garantir le dynamisme et la stabilité du marché concurrentiel, éléments dont dépend la croissance économique.

Dans ce cadre théorique, à quoi correspond exactement le terme "social" ? Suivant la théorisation d'A. Müller-Armack, le "social" de l'économie de marché ne peut être défini qu'à partir de la figure déjà évoquée de l'individu-consommateur : un marché concurrentiel qui fonctionne bien acquiert un caractère "social" car il constitue le meilleur dispositif pour répondre efficacement aux préférences des consommateurs, puisqu'il agit comme un alimentateur constant de l'augmentation de la productivité et des performances recherchées par les acteurs économiques pour rester compétitifs. De ce fait, en plus de postuler la croissance économique comme « source de progrès en soi[3] », A. Müller-Armack interprète la capacité à satisfaire continuellement les besoins des consommateurs comme la « prestation sociale de l'économie de marché[4] ». Cette orientation consumériste de la conception du "social" se reflète dans la promotion au niveau européen de la privatisation des services publics et des prestations sociales. Dans une perspective essentiellement ordolibérale, cette opération permettrait d'élargir l'offre, de stimuler la compétitivité des prestataires, et donc de diminuer les coûts et de répondre plus adéquatement aux divers besoins des citoyens. De cette manière, « un marché des services sociaux émerge[5] » : la marchandisation du *welfare* implique de repenser les

[1] J. Starbatty, « Die Soziale Marktwirtschaft aus historisch-theoretischer Sicht », dans H. Pohl (sous la direction), *Entstehung und Entwicklung der Sozialen Marktwirtschaft. Beiheft 45 der Zeitschrift für Unternehmensgeschichte*, Franz Steiner Verlag, Stuttgart, 1986, 7–26, cité par R. Ptak, « Neoliberalism in Germany : Revisiting the Ordoliberal Foundations of the Social Market Economy », dans P. Mirowski, D. Plehw (sous la direction de), *The road from mont pèlerin. The Making of the Neoliberal Thought Collective*, 124-126.

[2] Voir R. Ptak, « Neoliberalism in Germany : Revisiting the Ordoliberal Foundations of the Social Market Economy », dans P. Mirowski, D. Plehw (sous la direction de), *The road from mont pèlerin. The Making of the Neoliberal Thought Collective*, 124-126.

[3] A. Müller-Armack, *Wirtschaftslenkung und Marktwirtschaft*, cité par P. Dardot, C. Laval, *La nouvelle raison du monde. Essai sur la société néolibérale*, 206.

[4] Ibidem.

[5] M. Dani, « The subjectification of the citizen in European public law », 14.

prestations sociales comme des services économiques offerts à des individus-consommateurs qui choisissent sur le marché en fonction de leurs besoins particuliers et des performances promises.

Une autre interprétation attribuable au terme "social" figurant dans la formule découle de la centralité du jeu concurrentiel et de la considération conséquente des individus comme des unités économiques de base dont le bien-être dépend avant tout de leur intégration dans le marché concurrentiel. Si la "prospérité pour tous" ne peut être produite que par le bon fonctionnement du marché concurrentiel[1], l'encadrement sociologique des individus théorisé par de nombreux ordolibéraux a pour objectif premier d'assurer des conditions de vie susceptibles de permettre aux individus d'y participer et de s'adapter à ses évolutions : c'est d'abord à travers la formation d'un patrimoine personnel que les individus peuvent construire leur sécurité et leur stabilité matérielle et sociale.

Ces deux éléments ne trouvent pas, comme dans le cas du constitutionnalisme social, leur moment d'*inveramento* dans le concept de propriété sociale, dans la construction d'un réseau solide de protections sociales et de services fondamentaux afin de garantir à tous des conditions de vie semblables, au nom de valeurs autres que celles marchandes. Au contraire, dans la pensée ordolibérale, la politique sociale doit « se limiter à une législation minimale protectrice des travailleurs et à une redistribution fiscale très modérée devant permettre à chacun de continuer à participer au jeu de marché[2] ». Par conséquent, l'objectif prioritaire de la politique sociale n'est pas de réduire les inégalités, mais d'éliminer les niveaux de pauvreté et d'exclusion susceptibles de compromettre la participation des individus au marché concurrentiel ; un excès de protection sociale, d'autre part, présente toujours le risque de réduire le dynamisme et les initiatives des acteurs économiques et de désinciter l'effort et l'autoresponsabilité des individus socialement assistés, éléments nécessaires pour que le jeu de la concurrence soit efficace.

D'après la reconstruction effectuée dans la première partie du chapitre, cette façon d'interpréter les objectifs de la politique sociale devient prédominante dans le processus intégrationniste à partir de l'Acte unique européen, moment clé où le modèle d'harmonisation vers le haut des systèmes sociaux est définitivement abandonné au profit d'une stratégie dont l'objectif principal est de favoriser la diffusion de standards sociaux assurant une protection de base, mais ne menaçant en aucun cas la compétitivité. Dans ma lecture, cette approche est idéologiquement homogène avec celle qui peut être dérivée des deux plus importants documents sociaux européens, la Charte de Nice et le Socle européen des droits sociaux. Dans la Charte de

---

[1] L. Erhard, dans son livre *La Prospérité pour tous*, établit l'équivalence entre « la prospérité pour tous et la prospérité par la concurrence », 3.

[2] P. Dardot, C. Laval, *La nouvelle raison du monde. Essai sur la société néolibérale*, 207.

Nice, l'homogénéité évoquée réside dans la grande attention portée à la lutte contre l'exclusion sociale et la pauvreté et dans l'absence de l'objectif de réduction significative des inégalités. En ce qui concerne le Socle, dans la centralité attribuée à la conception de la justice comme équité d'accès au marché, au détriment de la conception redistributive, et donc dans la conception du *welfare* comme dispositif dont la priorité est de multiplier les chances individuelles de participation au marché et de ne pas saper les incitations à l'intégration marchande par des aides sociales élevées.

La portée limitée de la politique sociale d'influence ordolibérale ne se comprend qu'à la lumière de ce que la pensée ordolibérale présuppose comme indiscutable, à savoir la primauté du principe concurrentiel comme source universelle de progrès. En ce sens, la récupération de la conception euckienne de la politique sociale comme *Spezielle Sozialpolitik* est particulièrement significative, car cette formulation met l'accent sur les caractères secondaire et auxiliaire de la politique sociale, qui n'est mise en œuvre que pour « atténuer les malheurs sociaux et les tragédies économiques qui ne peuvent être compensés par l'assurance privée ou le patrimoine individuel[1] ». Comme le souligne J. Van der Walt, dans *Grundsätze der Wirtschaftspolitik* W. Eucken « attribue les problèmes de sécurité sociale à la formation de monopoles et à la distorsion de la libre concurrence par de puissants acteurs privés, et n'accorde que peu d'attention à la nécessité d'une politique sociale plus large[2] ». En cohérence avec le concept de constitution économique analysé, il s'agit à nouveau de garantir les conditions fondamentales du bon fonctionnement du marché concurrentiel, conçues comme droits fondamentaux des citoyens, et de fonctionnaliser les politiques sociales en vue de cet objectif ; elles ne disposent pas d'un contenu éthico-normatif indépendant, revendiquant une légitimité propre, mais répondent à un autre contenu éthico-normatif, celui identifiable au sein du principe concurrentiel. La formulation euckienne permet donc de résumer et de comprendre adéquatement le *status* attribué par la doctrine ordolibérale aux politiques sociales : leur caractère auxiliaire par rapport au principe de concurrence les rend "spéciales" dans la mesure où, selon cette dernière déclinaison, elles interviennent afin de rétablir la capacité de participer au jeu concurrentiel compromis par les effets d'une "tragédie économique", c'est-à-dire par les effets antisociaux d'une situation extraordinaire « qu'il faut simplement contenir[3] ». L'objectif de la réduction significative des inégalités est ici remplacé par l'objectif de garantir à chacun les minima sociaux et les compétences/conditions nécessaires pour s'intégrer dans le

---

[1] J. Van der Walt, « Irresponsible Ordoliberalism and the imperialistic fantasy that we all might become good germans one day », *New Perspectives*, vol. 25, n. 2, Institute of International Relations, 2017, 153.
[2] Ibidem.
[3] J. Van der Walt, « When One Religious Extremism Unmasks Another », *New Perspectives*, vol. 24, n. 1, Institute of International Relations, 2016, 87.

marché concurrentiel. La centralité, dans le processus intégrationniste, du modèle de la flexicurité reflète l'épine dorsale de cette approche (déduction faite des différences évoquées dans sa concrétisation) : à travers l'adaptabilité, la flexibilité, l'employabilité, etc., des travailleurs, il faut d'abord s'assurer que la politique sociale se conforme de manière auxiliaire aux besoins oscillatoires du marché et intervienne dans les cas exceptionnels de non-intégration dans le marché, en garantissant une protection sociale de base accompagnée d'incitations, de parcours d'acquisition de compétences, etc., afin de réaliser des transitions chômage-emploi rapides et efficaces.

Cette substitution et, en général, toute la structure théorique ordolibérale en matière de politique sociale, reposent sur un élément idéologico-conceptuel fondamental qu'il convient de dévoiler. En effet, l'incompatibilité entre la politique sociale ordolibérale et la réduction des inégalités au nom de la poursuite de l'égalité substantielle devient pleinement intelligible si nous saisissons le fait que « la régulation économique, c'est-à-dire le mécanisme des prix, s'obtient non pas du tout par des phénomènes d'égalisation, mais par un jeu de différenciations qui est propre à tout mécanisme de concurrence[1] ». En faisant du principe de concurrence l'*eidos* du système économique, la doctrine ordolibérale érige par conséquent l'inégalité en composante nécessaire du mécanisme régulateur du marché : ce dernier ne peut être efficace et dynamique qu'à travers la production continue et évolutive de différences (de salaires, de prix, etc.). Dans cette perspective, mener des politiques sociales ambitieuses de réduction des inégalités (transferts de revenus importants, protection sociale étendue, etc.) implique de compromettre l'exploitation des potentialités du marché concurrentiel[2], ce dernier étant essentiellement conçu « comme relation d'inégalité entre différentes unités de production ou entreprises[3] ». L'inégalité doit être alimentée ; la politique sociale doit avoir pour objectif principal de garantir à tous les individus l'accès à un « espace économique à l'intérieur duquel ils peuvent assumer et affronter les risques[4] » par l'accumulation de capital et de biens, la souscription d'assurances individuelles, etc. Encore une fois, « de politique sociale il n'y en a qu'une qui soit vraie et fondamentale, c'est-à-dire la croissance économique[5] » produite par le bon fonctionnement du marché concurrentiel.

La reconstruction des significations que le terme "social" revêt dans la doctrine ordolibérale confirme que cette doctrine n'est pas réductible à une simple « idéologie du marché social comme économie capitaliste en libre

---

[1] M. Foucault, *La naissance de la biopolitique. Cours au collège de France* (1978-1979), 148.
[2] Elles décourageraient les investissements, l'initiative économique, la production de richesses, etc. (en raison d'une fiscalité élevée), favoriseraient le maintien dans un *status* d'assisté au détriment de la mise à disposition de la force de travail, etc.
[3] P. Dardot, C. Laval, *La nouvelle raison du monde. Essai sur la société néolibérale*, 457.
[4] M. Foucault, *La naissance de la biopolitique. Cours au collège de France* (1978-1979), 150.
[5] Ibidem.

concurrence[1] » ; au contraire, elle présente une certaine ambiguïté. En cohérence avec les concepts d'interventionnisme libéral et d'"interdépendance des ordres", les théoriciens ordolibéraux envisagent des formes d'intervention portant sur l'intégration sociale des individus, entendue à la fois comme encadrement sociologique des individus dans des sphères de vie "humaines", c'est-à-dire non soumises à des phénomènes de prolétarisation ou de désagrégation[2], et comme politiques de protection sociale visant à garantir des minima sociaux. Des auteurs tels que W. Röpke, A. Rüstow, A. Müller-Armack, etc., théorisent « une politique d'économicisation du champ social tout entier, de virage à l'économie du champ social tout entier[3] » qui est « dans le même temps une politique qui se présente ou se veut comme une *Vitalpolitik* qui aura pour fonction de compenser ce qu'il y a de froid, d'impassible, de calculateur, de rationnel, de mécanique dans le jeu de la concurrence proprement économique[4] ». Dans le même temps, dans la doctrine ordolibérale la politique sociale n'est pas pensée, contrairement à ce qui a lieu dans le constitutionnalisme social, comme un instrument ayant sa propre *ratio essendi* dans la mesure où elle est placée au même niveau d'autonomie existentielle que le système de marché, précondition fondamentale pour atteindre un équilibre acceptable entre les instances du marché et celles qui répondent aux valeurs de démarchandisation. Dans la doctrine ordolibérale, la politique sociale apparaît plutôt comme un instrument s'organisant à partir et comme conséquence adaptative d'un principe premier, le principe concurrentiel, qui semble ainsi exercer une primauté qui n'empêche pas la possibilité d'une politique sociale, mais qui la rend structurellement exposée et subordonnée à la logique concurrentielle. L'objectif de la politique sociale ordolibérale est de fournir « une base organique au marché, compris comme un mécanisme de socialisation anti-collectiviste[5] » et anti-conflictuel ; étant fondamentalement destinée à doter les individus des supports et du cadre sociologico-social nécessaires à leur libre participation au jeu concurrentiel, elle constitue ainsi un instrument auxiliaire, ayant sa propre *ratio essendi* en dehors d'elle-même, dans la normativité concurrentielle, dans l'objectif « d'organiser une société [...] qui soit telle que [...] ces fragiles mécanismes concurrentiels [...] puissent jouer à plein et selon leur structure propre[6] ».

---

[1] M. Glasman, *Unnecessary suffering : managing market utiopia*, Verso, Londres et New York, 1996, 51, cité par E. Christodoulidis, *The redress of law*, 382.
[2] Voir notamment W. Röpke, *Die Gesellschaftskrisis der Gegenwart*, Erlenbach-Zurich, E. Rentsch, 1942.
[3] M. Foucault, *La naissance de la biopolitique. Cours au collège de France* (1978-1979), 248.
[4] Ibidem.
[5] G. Preterossi, « L'Europa tra ideologia globalista, spoliticizzazione e populismi », *Noesis*, n. 35-36, 2020, 90.
[6] M. Foucault, *La naissance de la biopolitique. Cours au collège de France* (1978-1979),

Comprendre la manière ordolibérale d'interpréter la politique sociale permet donc d'introduire une autre pièce dans l'opération d'étude et d'excavation des éléments conceptuels déterminant, au sein du processus d'intégration européenne, le primat de la normativité concurrentielle ainsi que la resémantisation du "social". L'architecture théorique reconstruite ici, dans laquelle le "social", dans ses différentes formulations, apparaît comme fondamentalement réindexé à la mise en place et au maintien des conditions optimales du marché concurrentiel, s'avère intrinsèquement exposée aux processus d'extension et d'approfondissement de la normativité concurrentielle, processus à la base de l'émergence du "déficit social" européen et de ce que de nombreux auteurs définissent depuis la fin des années 1970 "néolibéralisation de la société". Cette formule indique une phase de transformation dans laquelle la Communauté et l'Union jouent un rôle important (en vertu du cadre conceptuel reconstruit ici) dans la poursuite de l'objectif, entre autres, de réformer profondément les États-providence au nom de l'augmentation constante des niveaux de compétitivité des économies nationales. En résumant les points clés de cette section, l'influence de l'action européenne dans la phase de transformation évoquée peut être repérée :

- dans la différenciation originaire entre le niveau de l'intégration économique et le niveau de l'intégration sociale. Cette opération permet d'institutionnaliser l'« autonomie[1] » du niveau économique et de protéger ainsi le marché concurrentiel contre les interventions de nature sociale qui ne sont pas compatibles avec son bon fonctionnement. La mise en place d'un cadre économico-monétaire disciplinaire (UEM), dont les objectifs de contrôle et de réduction des déficits et de la dette restreignent les dépenses et l'extension du *welfare*, constitue le point culminant de ce processus ;
- dans la promotion des libertés économiques également dans le domaine social à travers l'ouverture des services sociaux au marché concurrentiel, ayant comme effet une modification substantielle « de la structure des *welfare states*[2] ». Cette transformation se connecte à la théorie constitutionnelle ordolibérale, selon laquelle les intérêts susceptibles d'être défendus constitutionnellement sont ceux qui concernent le bon fonctionnement du marché concurrentiel, puisque de ce dernier dépendent les possibilités/libertés de choix disponibles et donc la satisfaction efficace des besoins de chacun. L'extension de cette construction théorique à la sphère de la protection sociale fait du sujet un « consommateur de *welfare*[3] » recherchant son bien-être personnel au sein d'un marché du "social" ;
- dans la redéfinition progressive du rôle et des objectifs des droits sociaux, notamment en ce qui concerne le droit du travail et la négociation

[1] E. Christodoulidis, *The redress of law*, 383.
[2] M. Dani, « The subjectification of the citizen in European public law », 14.
[3] Ibidem.

collective. Partant de l'exigence de neutraliser les conflits sociaux potentiellement nuisibles au bon fonctionnement du marché concurrentiel, la manière de concevoir la *ratio essendi* des droits sociaux entre dans un processus de transformation : si, dans le cadre du constitutionnalisme social et du développement des États-providence de l'après-guerre, ils constituent des instruments d'encadrement du marché en instaurant une logique de redistribution des ressources matérielles, culturelles, etc., et en étant à la fois « garanties et résultats du conflit social[1] », maintenant « ils sont censés contribuer à la compétitivité et à la performance économique[2] ». Ainsi, leur caractère démarchandisant se fissure, évoluant progressivement vers son contraire ;

- dans la réinterprétation de la lutte contre l'exclusion sociale, également marquée par la pénétration de la logique marchande dans la sphère des politiques sociales à travers lesquelles mener le combat évoqué. Si ces dernières se développent comme les bras opérationnels des systèmes de protection sociale destinés à concrétiser des contenus éthico-normatifs susceptibles de limiter et de corriger le marché, les politiques sociales promues par l'UE visent plutôt à « réintégrer les personnes marginalisées dans le marché [...] à resituer les individus dans cet environnement, tout en laissant inchangée la situation compétitive[3] » ;
- dans la mise en place d'un cadre favorable à une vision entrepreneuriale du sujet. De la transformation des systèmes de protection sociale promue au niveau européen, il est possible d'extraire une conception du sujet différente de celle décrite dans le premier chapitre, une conception non plus centrée sur les prérogatives de l'homme situé mais sur l'accroissement de ses possibilités de participation au marché concurrentiel. Il s'agit maintenant de restructurer les États-providence et les politiques sociales connexes afin d'« assister l'individu lors d'un travail incessant de formation et de requalification, d'amélioration de ses compétences professionnelles et de capitalisation économique continue du soi[4] ».

Il s'agit maintenant d'approfondir la manière d'interpréter le sujet émergeant de la relation entre l'intégration économique et l'intégration sociale dans le processus intégrationniste.

---

[1] Ibidem, 15.
[2] Ibidem. Comme le souligne l'auteur, même « les mesures antidiscriminatoires ne sont pas conçues uniquement pour contrer des comportements en soi méprisables, mais pour purifier le marché des mesures étatiques ou des comportements privés susceptibles d'affecter négativement le capital humain ».
[3] Ibidem.
[4] Ibidem.

2.7 - Le sujet en tant qu'"homme entrepreneurial" : immatérialité et mobilisation totale

Dans la première phase du processus d'intégration, caractérisée par une distinction nette entre la sphère économique supranationale et la sphère sociale nationale, les dispositions sociales européennes se limitent principalement à rendre possibles les conditions nécessaires à la réalisation du marché unique. Le "sujet européen" se compose principalement des libertés économiques de participer au marché unique : il est un *market citizen*, sa source de subjectivation est le marché unique, les qualités qui le définissent sont des qualités économiques, connectées à l'utilisation des libertés économiques fondamentales inscrites dans les traités. Cette configuration subjective est cohérente avec le compromis originaire et la répartition des compétences qu'il établit. À ce stade, le rôle principal dans la reconstitution du sujet et de sa centralité est joué par l'ensemble des ressources normatives, des droits fondamentaux et des canaux d'identification collective caractérisant la nouvelle saison du constitutionnalisme européen, par rapport à laquelle l'intégration économique supranationale est fonctionnellement complémentaire. Par conséquent, à ce stade « la subjectivité économique [...] complète le "sujet constitutionnel" sans obscurcir sa prévalence symbolique[1] ».

Le processus progressif d'approfondissement et de pénétration de la normativité concurrentielle correspond également à l'expansion progressive de l'action européenne dans le domaine social ; dans cette expansion, le « point focal est [...] gouverner à travers l'entrepreneurialité des individus[2] ». Il s'agit d'analyser ce « tournant anthropologique[3] » coessentiel au tournant interprétatif évoqué, d'en saisir les racines conceptuelles à fin de compléter le travail d'excavation et de reconstruction.

Tout d'abord, il faut se demander ce que signifie gouverner à travers l'entrepreneurialité des individus et pourquoi cette formule est applicable aux politiques promues au niveau européen. La formalisation progressive de la constitution économique européenne en tant qu'infrastructure juridico-normative de la construction du marché unique repose sur le principe concurrentiel en tant qu'*eidos* du système économique, c'est-à-dire en tant que principe sur la base duquel les facteurs nécessaires à son fonctionnement optimal doivent être agencés. Ces facteurs incluent les individus, leurs tendances comportementales, leurs valeurs, leurs choix et, plus généralement, la manière dont ils conçoivent et organisent leur existence. Quelle configuration subjective faut-il donc supposer la plus adaptée au fonctionnement efficace du jeu concurrentiel ?

---

[1] Ibidem, 10.
[2] Ibidem, 13-14.
[3] Ibidem, 14.

Dans la section consacrée au principe de concurrence, nous avons vu comment, dans la pensée ordolibérale, le sujet se configure essentiellement comme un consommateur. Bien que significative, cette formulation montre des limites dans la mesure où elle considère le sujet comme un sujet dont la satisfaction de besoins et d'intérêts dépend en premier lieu de la possibilité d'accéder et de pouvoir choisir efficacement parmi les possibilités toujours croissantes offertes par les marchés concurrentiels. Par conséquent, elle se concentre principalement sur ce qui concerne la mise en place des conditions systémiques nécessaires pour que le sujet puisse participer au marché concurrentiel et exercer cette faculté fondamentale, celle de choisir (des services, des métiers, des activités économiques, etc.), délaissant le terrain relatif à la constitution globale du sujet, c'est-à-dire le processus par lequel le sujet émerge comme doté d'une configuration reconnaissable, caractérisée par des qualités spécifiques identifiables. Au contraire, ce dernier élément devient central dans les théorisations des auteurs du courant austro-américain du néolibéralisme. À l'instar des ordolibéraux, parmi les objectifs fondamentaux que ces auteurs se fixent figure celui de « produire une description réaliste[1] » du système économique et de son fonctionnement, d'en appréhender concrètement les composantes fondamentales, afin de comprendre comment elles doivent se structurer et (inter)agir pour que le jeu concurrentiel se développe correctement. La poursuite de cet objectif conduit les austro-américains à identifier dans la « dimension agonistique[2] » de la lutte compétitive des sujets un élément clé « de la vie économique[3] » et de son fonctionnement optimal, et donc à approfondir l'étude du sujet et de ses comportements. Ainsi, il ne s'agit pas seulement de fixer les clauses indérogeables pour l'organisation et l'implémentation d'un système concurrentiel favorable au sujet-consommateur, mais de capturer et de décrire les qualités subjectives susceptibles de stimuler la lutte concurrentielle évoquée et sur lesquelles doit désormais se structurer l'idée même de sujet.

À cette fin, ils identifient l'*entrepreneurialité* comme la qualité subjective spécifique du sujet néolibéral ; sa théorisation émerge dans le contexte théorique décrit ci-dessus, dont il est maintenant nécessaire de spécifier les éléments essentiellement interconnectés à cette théorisation. Pour ce faire, il faut d'abord récupérer la conception hayékienne de la compétition économique. Pour F. A. Hayek, penser adéquatement le marché concurrentiel comme une économie de la connaissance[4] signifie le penser et

---

[1] P. Dardot, C. Laval, *La nouvelle raison du monde. Essai sur la société néolibérale*, 220.

[2] Ibidem, 221.

[3] Ibidem, 222.

[4] Les termes *knowledge economy, knowledge society, société de la connaissance, capitalisme cognitif, wissensgesellschaft* etc. nous permettent également de situer le discours dans le cadre qui a émergé à la suite de la transformation, dans les sociétés les plus développées, du capitalisme "moderne" ou "fordiste", centré sur le travail de production matériel, en un

l'appréhender à partir de la complexité des équilibres spontanés, évolutifs et contingents produits par les myriades d'échanges socioéconomiques, d'informations, d'initiatives et de préférences individuelles, d'innovations technologiques, etc., indéfiniment stimulées par la mise en concurrence du système économique. Le principe de concurrence agit comme un multiplicateur de connaissances et d'informations. La division et la dispersion de ces dernières sont telles qu'elles rendent impossible toute direction centralisée du marché : les seules interventions à effectuer concernent la mise en place du marché concurrentiel qui, une fois réalisée, permet au système de se reproduire en permanence. Dans ce contexte, le système des prix, en fournissant en temps réel aux agents économiques les informations nécessaires pour "découvrir" les changements qui interviennent dans les préférences, les besoins, les comportements, etc., présents sur le marché, leur permet de poursuivre plus efficacement leurs objectifs et de garantir ainsi une plus grande production de richesses, une meilleure allocation des ressources et un développement économique et technologique accru. C'est donc en ce sens que la compétitivité élevée du marché concurrentiel fait de la participation à celui-ci un "processus de découverte" continu au cours duquel chaque participant recherche et découvre sans cesse les informations nécessaires à l'accomplissement de ses objectifs.

C'est à partir de ce contexte que l'entrepreneurialité devient compréhensible comme « principe de conduite potentiellement universel[1] ». La conception du marché décrite ci-dessus, plaçant la mise en concurrence généralisée à la fois comme saisie concrète des mécanismes essentiels du marché et comme modèle socioéconomique constamment à actualiser, ne peut se structurer qu'à partir d'unités fondamentales pensées comme des "entreprises" en concurrence les unes avec les autres ; elle ne devient rationnelle et intelligible qu'en reconstruisant l'ensemble du tissu social par la généralisation aux entités qui le composent du *pattern* comportemental de l'entreprise, puisque seul ce dernier peut garantir le fonctionnement optimal du marché concurrentiel. De ce cadre, le sujet constitue le support anthropologique indispensable à l'extension transversale du processus économico-concurrentiel et donc, comme tel, l'unité épistémologique minimale-fondamentale à partir de laquelle "lire" les mécanismes du système économique ; comme le souligne M. Foucault, dans la pensée néolibérale « il y a [...] un retour à cette idée d'un *homo œconomicus* comme étant la grille d'analyse de l'activité économique[2] », s'agissant cependant d'un *homo œconomicus* différent, dont les qualités ne sont pas celles classiquement

---

capitalisme "post-moderne" ou "post-fordiste", dont la principale force productive est plutôt le travail immatériel, c'est-à-dire le travail (et la valeur qu'il produit) issu des connaissances, des informations, des nouveaux développements technologiques, de la créativité et de l'imagination, des aptitudes relationnelles, etc.

[1] P. Dardot, C. Laval, *La nouvelle raison du monde. Essai sur la société néolibérale*, 221.

[2] M. Foucault, *La naissance de la biopolitique. Cours au collège de France* (1978-1979), 232.

associées au sujet participant à l'échange afin de satisfaire ses besoins et de poursuivre ses intérêts.

L'une des premières formulations importantes de cette évolution entrepreneuriale de l'*homo œconomicus* se trouve dans la pensée de l'auteur austro-américain L. von Mises, exerçant une forte influence sur l'œuvre de F. A. Hayek. Dans le texte *L'action humaine*[1], le marché concurrentiel et le sujet entrepreneurial entretiennent une relation de co-implication, au point que l'un est impensable sans l'autre : le marché se présente comme un processus qui, une fois déclenché, crée, façonne, éduque et discipline son propre sujet, dont les conduites sont fondamentales pour son bon fonctionnement. Dans le même temps, en participant au marché concurrentiel pour atteindre ses propres objectifs et augmenter son propre bien-être, le sujet se positionne comme centre d'action dont l'efficacité dépend de sa capacité à adopter le modèle économico-entrepreneurial comme « modèle des rapports sociaux, un modèle de l'existence même, une forme de rapport de l'individu à lui-même, au temps, à son entourage, à l'avenir[2] », contribuant ainsi de manière décisive à la subsistance et à la reproduction du système. Le sujet de *L'action humaine* est "entrepreneurial" car il agit au sein du marché concurrentiel pour poursuivre son épanouissement non pas à travers l'échange, mais en entreprenant ; par le biais de ces entreprises « il va apprendre [...] il va dresser un plan individuel d'action et se lancer dans des entreprises, il va choisir des buts et leur affecter des moyens [...] en fonction de ses propres aspirations[3] ». Compte tenu de la multiplication des situations concurrentielles[4] que le marché est censé produire dans les différentes sphères de la vie en société[5], cette ligne de conduite devient de fait la qualité spécifique du sujet néolibéral : ce dernier n'est plus appelé à adopter simplement une conduite qui maximise ses avantages à partir des ressources dont il dispose, mais à apprendre progressivement à choisir quelle initiative entreprendre en fonction des informations qu'il possède et de ses propres intérêts[6]. Dans le système théorique de L. von Mises, F. A. Hayek, I. Kirzner, etc., cette dynamique est ce qui fonde l'étude scientifique de l'économie et de son fonctionnement : elle doit se développer librement, sans être compromise par une intervention extérieure qui ne viserait pas à créer ou rétablir des situations concurrentielles et à garantir et accroître la circulation d'informations

---

[1] L. von Mises, *L'action humaine*, PUF, Paris, 1985.

[2] M. Foucault, *La naissance de la biopolitique. Cours au collège de France* (1978-1979), 247.

[3] P. Dardot, C. Laval, *La nouvelle raison du monde. Essai sur la société néolibérale,* 226.

[4] Par le biais d'instruments tels que la privatisation, la marchandisation, la managérialisation des services publics, etc.

[5] Éducation, santé, travail, services, biens, modèles de vie, etc.

[6] L. von Mises fait de la théorie du choix « la science de tous les genres de l'agir humain », qu'il dénomme *praxéologie*. Pour plus de détails, voir L. von Mises, *L'action humaine*, PUF, Paris, 1985.

structurellement dispersées afin d'améliorer les choix et décisions rationnels individuels. En ce sens, l'entrepreneurialité signifie développer les capacités à détecter activement, au sein d'un marché extrêmement concurrentiel et évolutif, les informations utiles pour saisir les « changements des circonstances, précédemment inaperçus[1] », les situations potentiellement avantageuses en termes de profits futurs, les moyens pour prendre le dessus sur les autres dans le jeu compétitif, etc. Par conséquent, le marché est un "processus de découverte" dans la mesure où le développement de la faculté entrepreneuriale « comporte également une dimension extra-économique d'activité de découverte, de détection des bonnes occasions. La liberté d'action est la possibilité de faire l'expérience de ses facultés, d'apprendre, de se corriger, de s'adapter[2] ». De ce fait, nous pouvons approfondir notre compréhension de la relation entre le marché concurrentiel et le sujet entrepreneurial : si la mise en concurrence généralisée est interprétable comme une anthropotechnique[3] car elle adapte progressivement le sujet à ses exigences et objectifs, dans le même temps, elle est telle dans la mesure où elle permet au sujet de se former, de se construire, de se découvrir ; elle est à tous égards « un processus de formation du soi [...] mode de gouvernement de soi [...] d'apprentissage continu et d'adaptation permanente[4] ».

Ce "processus de formation du soi" est inscrit dans un « imaginaire entrepreneurial[5] » et mobilise inévitablement des éléments éthico-normatifs caractérisant spécifiquement cette configuration. Les conditions de vie du sujet, placé dans un milieu socioéconomique de plus en plus compétitif, fluctuant et incertain, et dans lequel l'entreprise constitue le « modèle social universellement généralisé[6] », dépendent de plus en plus de sa capacité à augmenter progressivement son taux de compétitivité, et donc de la valorisation marchande continue de l'ensemble de ses compétences professionnelles, sociales, communicatives, créatives, etc., censées permettre d'identifier, de construire et d'exploiter des situations potentiellement favorables. En d'autres termes, à la suite de l'annihilation de « la différence entre le sujet et l'entreprise [...] la personne doit devenir en elle-même, en tant que force de travail, un capital fixe qui demande à être continuellement reproduit, modernisé, agrandi, valorisé [...] se forçant à [...] assurer la vitalité

---

[1] I. Kirzner, *Concurrence et esprit d'entreprise*, Economica, Paris, 2005, 12.

[2] P. Dardot, C. Laval, *La nouvelle raison du monde. Essai sur la société néolibérale*, 232.

[3] Comme l'écrit P. Sloterdijk, « l'expression anthropotechnique explique ce qui est un simple théorème de l'anthropologie historique, selon lequel "l'homme" est un produit de la tête aux pieds et, dans les limites des connaissances actuelles, ne peut être compris qu'en suivant analytiquement son processus de production et ses rapports de production ». P. Sloterdijk, *Non siamo ancora stati salvati. Saggi dopo Heidegger*, Bompiani, Milano, 2004, 121.

[4] P. Dardot, C. Laval, *La nouvelle raison du monde. Essai sur la société néolibérale*, 232-233.

[5] P. Dardot, C. Laval, *Ce cauchemar qui n'en finit pas. Comment le néolibéralisme défait la démocratie*, 94.

[6] M. Foucault, *La naissance de la biopolitique. Cours au collège de France* (1978-1979), 247.

et la compétitivité de l'entreprise qu'elle est [...][1] ». L'éthique du sujet entrepreneurial peut en effet être définie comme un « *ethos* de l'autovalorisation[2] », ainsi décomposable en ses éléments de base :

- le postulat fondamental est que le sujet, en tant qu'acteur rationnel et libre, est continuellement exposé « à des choix, des possibilités, des opportunités de plus en plus nombreux, de plus en plus rapides[3] » grâce à la dynamisation[4] continue des relations sociales produites par le marché concurrentiel, et a constamment la possibilité « d'avoir prise sur sa vie : la conduire, la gérer, la maîtriser en fonction de ses désirs et de ses besoins en élaborant des stratégies adéquates[5] ». Le fait de pouvoir disposer de *status* sociaux et de ressources économiques considérables dépend exclusivement des initiatives et des réalisations individuelles ;

- de ce postulat découle l'injonction cardinale du registre éthique précité, celle de l'auto-responsabilité. Introduit dans le jeu compétitif de marché, le sujet est systématiquement ramené à lui-même, (re)devenant le point premier d'imputation de la responsabilité : il doit d'abord se prendre en charge, se rendre autonome, donc capable de répondre de lui-même dans les différentes sphères de son existence sociale. Mais, contrairement au libéralisme des origines, dans lequel l'auto-responsabilisation avait un caractère moral, dans le contexte ici exposé, caractérisé par la « correspondance serrée entre le gouvernement de soi et le gouvernement des sociétés[6] », le principe de l'auto-responsabilisation acquiert un caractère politique en ce qu'il s'affirme comme une véritable modalité de gouvernance ;

- devenir responsable de soi dans le contexte décrit, c'est d'abord devenir responsable de son "capital humain", c'est-à-dire de l'ensemble des compétences innées, acquises et potentiellement acquérables dont l'individu dispose. Le rapport d'homogénéité entre individu et entreprise implique « la subsomption totale de la production de soi de la part du capital[7] » et, de ce fait, sa dépolitisation : être auto-responsable, signifie répondre à l'exigence récurrente d'auto-valorisation marchande, afin de construire l'autonomie et le bien-être personnel par l'extension indéfinie et continue du *soi* au champ toujours grandissant des possibilités e des occasions de profit ;

- transposé sur le plan des relations avec les autres, le registre éthique de l'homme entrepreneurial peut être interprété comme une réactualisation[8] de

---

[1] A. Gorz, *L'immateriale. Conoscenza, valore e capitale*, 18-19.

[2] P. Dardot, C. Laval, *La nouvelle raison du monde. Essai sur la société néolibérale*, 414.

[3] B. Aubrey, « L'entreprise de soi, un nouvel âge », 99.

[4] Voir M. De Carolis, *Il rovescio della libertà. Tramonto del neoliberalismo e disagio della civiltà*, Quodlibet, Macerata, 2017.

[5] B. Aubrey, *L'entreprise de soi*, Flammarion, Paris, 2011, 11.

[6] P. Dardot, C. Laval, *La nouvelle raison du monde. Essai sur la société néolibérale*, 413.

[7] A. Gorz, *L'immateriale. Conoscenza, valore e capitale*, 18.

[8] M. De Carolis, *Il rovescio della libertà. Tramonto del neoliberalismo e disagio della civiltà*, 97-98.

l'insociable sociabilité kantienne[1]. Kant identifie dans la nature humaine deux tendances fondamentales et divergentes :

1) d'une part, l'homme, en tant qu'animal politique, a la tendance naturelle à s'associer, à vivre dans une dimension de socialité. Il ne se réalise non seulement biologiquement, mais aussi moralement qu'à travers les relations avec les autres : ces dernières ne sont pas exclusivement destinées à la satisfaction d'intérêts égoïstes, mais permettent également l'accomplissement des dispositions du sujet à l'amitié, à l'empathie, à la justice, au partage, etc. ;

2) d'autre part, l'homme est mû par une insociabilité naturelle, c'est-à-dire qu'il tend à se séparer des autres et à entrer en conflit avec eux, poussé par des appétits égoïstes (ambitions personnelles, honneurs, pouvoir, richesse, etc.). Dans la lecture kantienne, c'est cette tendance fondamentale qui mobilise les forces et les qualités subjectives, leur permettant de se développer et de se perfectionner dans le conflit et la compétition avec les autres.

Dans la lecture kantienne, la dialectique qui s'établit entre ces deux tendances agit comme dispositif de civilisation et de progrès, dispositif qui permet à la société d'évoluer, de progresser vers des niveaux de civilisation plus élevés.

La pensée néolibérale recalibre cette intuition kantienne dans le cadre plus étroit défini par le marché concurrentiel et les coordonnées dictées par la réduction économiciste de l'homme à entité entrepreneuriale. La dialectique inscrite dans l'insociable sociabilité kantienne devient ainsi interprétable comme « coopération compétitive[2] ». Dans le cadre du jeu de marché, où la prédominance sur les autres constitue le *primum movens* des entités entrepreneuriales, les sujets sont poussés à s'associer et à contracter entre eux afin de poursuivre stratégiquement des intérêts et de produire sur le marché des résultats prévus, c'est-à-dire que la coopération est censée réaliser. En poursuivant ainsi leurs objectifs, ils coopèrent dans le même temps à la définition de l'ordre concurrentiel, d'un dispositif gouvernemental conçu pour stimuler le développement des potentialités subjectives et de transformer la lutte concurrentielle en un principe de progrès indéfini.

La conception de la subjectivité acquiert une importance particulière lorsqu'elle est mise en relation avec le cadre juridique, économique et social émergeant en Europe au cours des dernières décennies. Pour des raisons d'espace et de cohérence argumentative, je me limite à indiquer et à résumer les éléments les plus étroitement liés aux analyses développées jusqu'à présent. Tout d'abord, les transformations sociales et économiques

---

[1] I. Kant, *Idée d'une histoire universelle au point de vue cosmopoliti*que, Gallimard, Paris, 2009.

[2] M. De Carolis, *Il rovescio della libertà. Tramonto del neoliberalismo e disagio della civiltà*, 98.

intervenues au sein des sociétés européennes au cours des dernières décennies – dissolution des catégories sociologiques et interprétatives caractérisant la société industrielle, telles que "classe sociale", "conscience et solidarité de classe", identification collective dans un destin commun, statut individuel lié au genre sexuel, chômage de masse, conception traditionnelle de la famille, etc. ; augmentation de la mobilité individuelle et de la flexibilité au travail comme réponse à la globalisation des marchés et à l'augmentation de la compétitivité qui en résulte ; fragmentation et précarisation des parcours professionnels, etc. – déstructurent les formes différentes d'appartenance collective caractérisant la société industrielle traditionnelle, multiplient les risques et les incertitudes auxquels les individus doivent faire face individuellement et agissent ainsi comme des facteurs d'individualisation des existences, se situant à l'origine de « l'émergence de formes et de conditions d'existence individualisées qui contraignent les hommes, dans l'intérêt de leur survie matérielle, à faire d'eux-mêmes le centre de leurs propres projets et de leur propre conduite de vie[1] ». Ainsi, le sujet dans son individualité s'affirme progressivement comme « unité reproductive du monde de la vie sociale[2] ». En conséquence, la grille d'analyse des problèmes sociaux se modifie profondément : elle ne concerne plus la compréhension et le traitement de populations-cibles, de groupes sociaux homogènes, etc., mais se reformule à partir de la particularité des parcours existentiels individuels et des éléments spécifiques (âge, éducation, condition familiale, profil psychologique, parcours professionnels, etc.). Ce contexte épistémologique établit ainsi « une nouvelle immédiateté entre l'individu et la société[3] » : la survenue de crises sociales dues à des dysfonctionnements systémiques n'est intelligible qu'à partir de la lecture des comportements, des parcours, des choix individuels, se reformulant ainsi selon la grammaire de l'événement-individuel. De ce fait, les crises sociales (chômage, perte d'emploi, pauvreté, exclusion sociale, accroissement des inégalités, etc.) s'individualisent : ce qui se produit dans ce contexte épistémologique est « un transfert du risque vers[4] » le sujet, ayant pour corollaire la « transformation des causes externes en culpabilité personnelle, des problèmes systémiques en échec individuel[5] ».

Le risque, l'incertitude et la capacité à y faire face se transforment ainsi de question sociale en question existentielle[6]. La compatibilité entre ce contexte épistémologique et l'éthique de l'autovalorisation du soi centrée sur le principe de l'auto-responsabilisation personnelle du sujet entrepreneurial est alors aisément compréhensible. Ce dernier devient l'auteur et l'acteur

---

[1] U. Beck, *La società del rischio. Verso una seconda modernità*, 113.
[2] Ibidem, 115.
[3] Ibidem, 114.
[4] P. Dardot, C. Laval, *La nouvelle raison du monde. Essai sur la société néolibérale*, 430.
[5] U. Beck, *La società del rischio. Verso una seconda modernità*, 144.
[6] Voir « Entretien avec François Ewald », *Nouveaux Regards*, n. 21, 2003.

unique de son propre parcours biographique, de ses succès comme de ses échecs ; l'éthique de l'autovalorisation lui fournit ainsi un cadre au sein duquel puiser des principes de conduite, des ressources de sens et des outils pour "signifier" les moments différents de ce parcours personnel. Dans le même temps, l'« individualisation des destins[1] » révèle ses affinités avec l'éthique de l'autovalorisation dans un autre sens, car, en déconnectant les individus de leurs appartenances collectives[2], elle rend leur existence directement « médiée par le marché ainsi que par l'organisation et la programmation de la vie[3] » sur la base des exigences fonctionnelles de ce dernier. Nous retrouvons ici une condition à partir de laquelle la participation au marché concurrentiel devient un modèle existentiel à part entière, ainsi que l'effet de dépolitisation du marché recherché dans le champ théorique reconstruit dans les sections précédentes et dont le sujet entrepreneurial constitue la prémisse anthropologique de référence.

Parmi les objectifs idéaux du champ théorique en question, il y a donc aussi celui d'identifier et de mettre en œuvre les politiques censées produire des « figures sociales concrètes[4] », pouvant se résumer dans la figure du sujet entrepreneurial, mais formulable, selon la littérature actuelle, de différentes manières (l'*homo neoliberalus*[5], l'homme entrepreneur[6], l'homme flexible[7], l'homme *freelance*[8], l'homme efficace[9], etc.). En ce sens, l'objectif de ces politiques est également celui de favoriser et d'intensifier les « processus de transformation sociale[10] » déjà présents dans la société (comme les processus d'individualisation évoqués) et estimés aptes à constituer « les vecteurs d'un [...] progrès civil[11] » identifié à la mise en place d'un ordre concurrentiel de marché bien fonctionnant. Le caractère

---

[1] Ibidem.

[2] U. Beck souligne que c'est par l'appartenance collective, par le partage d'une condition sociale, d'un destin, etc. que les individus peuvent formuler et/ou accéder non seulement à des formes de protection et de soutien, mais aussi à des contre-interprétations du système visant à le questionner, à l'amender, à le transformer, etc. Voir U. Beck, *La società del rischio. Verso una seconda modernità*, 117-198.

[3] Ibidem, 114.

[4] M. De Carolis, *Il rovescio della libertà. Tramonto del neoliberalismo e disagio della civiltà*, 166.

[5] Voir T. Teo, « Homo neoliberalus : from personality to forms of subjectivity », *Theory & Psychology*, vol. 28, n. 5, 2018, 1-19.

[6] Voir I. Kirzner, *Concurrence et esprit d'entreprise*, Economica, Paris, 2005.

[7] Voir R. Sennet, *The corrosion of character. The personal consequences of work in the new Capitalism*, Norton & Company, New York-Londres, 1998.

[8] M. De Carolis, *Il rovescio della libertà. Tramonto del neoliberalismo e disagio della civiltà*, 169.

[9] P. Dardot, C. Laval, *La nouvelle raison du monde. Essai sur la société néolibérale*, 407.

[10] M. De Carolis, *Il rovescio della libertà. Tramonto del neoliberalismo e disagio della civiltà*, 166.

[11] Ibidem.

apolitique des configurations anthropologiques évoquées concourt à la réalisation de cet objectif.

Comme nous l'avons vu, le développement et l'élargissement du champ d'application et des effets du droit européen conduisent à la mise en place d'« un cadre institutionnel qui [...] permet la représentation, la confrontation et la médiation des revendications normatives sous-jacentes au sujet constitutionnel et à sa transformation. La tension qui en résulte remplace la coexistence pacifique enregistrée entre le sujet constitutionnel et la subjectivité économique à l'époque de l'État social[1] ». La pénétration progressive du droit européen dans des domaines sensibles des systèmes de protection sociale ainsi que son impact dans la modernisation de ces derniers constituent des vecteurs fondamentaux de la réorientation entrepreneuriale de l'individu et de la manière de concevoir la prise en charge de l'incertitude de son existence. En ce sens, favoriser les prestations privées dans des secteurs tels que l'épargne, la protection sociale, etc., s'inscrit dans une logique d'individualisation progressive et de marchandisation des risques sociaux visant à produire « des individus qui pourront de moins en moins compter sur des formes d'entraide de leurs milieux d'appartenance comme sur les mécanismes publics de solidarité[2] », et qui devront donc développer les aptitudes (capacité de choix, de conduite, de prévoyance, etc.) nécessaires à la gestion individuelle des risques de l'existence.

Est particulièrement significative aussi l'adoption par les institutions européennes (Commission *in primis*) de l'appareil épistémologique élaboré autour du concept de flexicurité. Le concept de flexicurité introduit un nouvel ordre épistémologique à partir duquel qualifier les problèmes sociaux et organiser la répartition des responsabilités de manière à recalibrer le rapport entre flexibilité et sécurité, longtemps interprété comme antinomique. Le discours sur la flexicurité présente cette dernière comme une stratégie socioéconomique pouvant à la fois stimuler la flexibilisation du marché du travail et accroître la sécurité sociale des travailleurs, conduisant ainsi le traditionnel conflit capital-travail à une synthèse capable de "synchroniser" les intérêts divergents de l'employeur et de l'employé. Cette nouvelle synthèse modifie profondément la signification du terme "sécurité" « minimisant ses dimensions collectives et protectrices et préconisant des stratégies individualisées de maîtrise des risques[3] » : dans le langage adopté au niveau européen, puis au niveau national, la notion de sécurité ne s'articule plus autour du sujet situé constitutionnellement protégé, mais autour d'un sujet constamment engagé à accroître son adaptabilité, son

[1] M. Dani, « The subjectification of the citizen in European public law », 18.

[2] P. Dardot, C. Laval, *La nouvelle raison du monde. Essai sur la société néolibérale*, 429.

[3] M. Keune, A. Serrano, « The power to name and struggles over meaning : the concept of Flexicurity », dans M. Keune, A. Serrano (sous la direction de), *Deconstructing flexicurity and developing Alternative approaches. Towards new concepts and approaches for employment and social policy*, 7.

employabilité, l'éventail des compétences et des connaissances dont il dispose pour réaliser des transitions satisfaisantes d'un emploi à l'autre. Se sécuriser signifie se rendre adaptable, employable : la transformation de la notion de sécurité se situe dans le passage d'un état de contiguïté avec la sémantique de la protection sociale/collective à un état de contiguïté avec la sémantique de la « *self-insurance*[1] », c'est-à-dire l'individu responsable de sa propre sécurité. La flexibilisation et la déréglementation du marché du travail, supposées nécessaires au dynamisme et à la compétitivité du système économique, agissent donc comme des facteurs de refondation du rapport entre l'individu et le *welfare*. En ce sens, dans le cadre défini par les réformes de la protection sociale promues au niveau européen et « visant à renforcer la compétitivité des économies nationales[2] », les législations (allocations chômage, revenu minimum garanti, etc.) mises en place pour protéger le sujet deviennent des rigidités potentiellement nuisibles à l'efficacité économique et susceptibles d'établir des relations de dépendance à même de passiviser le sujet, c'est-à-dire de le déresponsabiliser, de l'inciter à adopter des comportements et des attitudes qui s'écartent des exigences du marché concurrentiel et qui constituent un "coût inacceptable" pour la collectivité. Il est donc nécessaire de fluidifier ces rigidités, non seulement par la déréglementation du marché du travail et la restructuration des systèmes de protection sociale sur la base de critères d'accès et de conditionnalité des prestations plus stricts, mais aussi en agissant sur les individus de manière à les rendre responsables au premier chef de leur sécurité sociale ; il faut agir sur les dispositions comportementales subjectives par des systèmes d'incitation, de contrôle et de pénalisation[3], etc., afin de les adapter au nouveau modèle de la *self-insurance*. Il s'agit d'activer les sujets, de promouvoir des « techniques d'assurance (d'autogestion) qui visent à prévenir la dépendance à l'égard de l'aide sociale en produisant des sujets actifs, employables et adaptés aux nouvelles conditions économiques[4] ». Comme dans le cas de l'éthique de l'autovalorisation, le centre de la responsabilité se concentre ainsi dans la dimension individuelle : « le sujet individuel devient le lieu principal vers lequel les mesures politiques sont orientées, et il est donc considéré comme faisant partie du problème[5] » ; par le soutien actif de ces mesures, il est

---

[1] Ibidem, 1-26.

[2] M. Dani, « The subjectification of the citizen in European public law », 10.

[3] Voir, par exemple, la mise en place de « systèmes de retour à l'emploi beaucoup plus contraignant » pour les chômeurs et, en général, le paradigme du *Welfare to work*. Voir M. Considine, *Enterprising States. The Public management of Welfare-to-Work*, Cambridge University Press, Cambridge, 2001.

[4] M. Keune, A. Serrano, « The power to name and struggles over meaning: the concept of Flexicurity », dans M. Keune, A. Serrano (sous la direction de), *Deconstructing flexicurity and developing Alternative approaches. Towards new concepts and approaches for employment and social policy*, 8.

[5] Ibidem.

appelé à modeler l'ensemble de ses comportements, compétences, choix, etc., en fonction des qualités spécifiques du marché concurrentiel, puisque c'est de cette adaptation que dépend son statut social. Ce recentrage de la responsabilité sur l'individu entraîne un effet ultérieur de dépolitisation du marché concurrentiel et des problèmes économico-sociaux que ce dernier produit : l'adoption du paradigme de la flexicurité implique l'adoption d'une nouvelle clé de lecture, centrée sur la primauté de la responsabilité individuelle et sur l'individualisation tendancielle de l'appréhension des problèmes sociaux et économiques. De ce fait, « le caractère sociopolitique de l'exclusion sociale ne peut émerger, le nouvel objet de l'intervention politique étant le sujet "inactif" (sémantiquement converti en élément passif), et le nouveau problème à traiter étant le risque de dépendance[1] » à l'égard d'un système de protection sociale censé être plutôt un instrument d'incitation à la compétitivité économique.

L'analyse menée permet ainsi d'inclure un autre élément explicatif de la primauté de la normativité concurrentielle dans le processus intégrationniste, saisissable dans la spécularité entre le modèle anthropologique du sujet entrepreneurial proposé par la pensée néolibérale et la subjectivité économique caractérisant le processus intégrationniste.

3 - Normativités conflictuelles : héritage, *translatio*, oubli

Dans le premier chapitre, la reconstruction du paradigme du constitutionnalisme social conduit à l'identification de trois ressources dogmatico-normatives : la dignité matérielle, l'égalité substantielle et la solidarité. Introduisant une dimension substantielle dans le développement du constitutionnalisme européen, c'est-à-dire des contenus moraux identifiables car déterminant des attentes normatives stables et récurrentes, ces ressources sont ce qui permet de définir "social" le paradigme mentionné : elles s'affirment comme les points clés du cadre herméneutico-interprétatif qui rend le paradigme du constitutionnalisme social intelligible, compréhensible, doté de sens. Elles sont ce qui permet d'organiser l'interconnexion entre le droit et l'environnement extérieur dans lequel il se situe : elles permettent de signifier les phénomènes du monde environnant en les ramenant à un cadre de valeurs, de règles de jugement, de prescriptions, d'interdictions, etc., cohérent et contraignant en tant qu'incarnation d'un engagement normatif fondamental, celui de type constitutionnel.

Ces ressources composent ainsi l'imaginaire normatif à partir duquel pénétrer herméneutiquement la réalité sociohistorique, la modifier, la corriger : les informations qui peuvent être obtenues dans la connexion entre la gamme d'outils herméneutiques dont l'imaginaire évoqué dispose et le tissu d'événements et de faits historico-concrets dans lesquels ces outils

[1] Ibidem, 9.

opèrent sont pertinentes dans la mesure où elles sont constitutivement « en corrélation avec ce qui pourrait être pensé comme possibilités d'intervention, étant donné le cadre macrosocial de référence[1] ». Dans le même temps, elles constituent des ressources de sens qui ne sont jamais entièrement épuisables dans les limites d'une interprétation donnée et conclue, mais présentent un excédent, un surplus, une marge de déterminabilité qui leur permet de s'adapter et de répondre aux circonstances historico-concrètes dans lesquelles elles opèrent en cohérence avec l'imaginaire normatif dans lequel elles s'inscrivent. L'imaginaire normatif composé de la dignité matérielle, de l'égalité substantielle et de la solidarité, ainsi que de l'architectonique catégorielle et lexicale qui les caractérise, définissent l'héritage auquel les sociétés européennes, à travers la sanction de la valeur constitutionnelle, décident de se contraindre, ainsi que ce qui structure conceptuellement l'exceptionnalisme de leur modèle social. Dès lors, excéder les marges de déterminabilité de ces ressources, et donc compromettre leur caractère dogmatique, implique l'effondrement du discours constitutionnel dont elles sont porteuses, sa chute dans un vide de sens et d'intelligibilité.

Tout imaginaire normatif de référence est le résultat d'un acte créatif, intentionnel, historiquement situé, qui établit ses références fondatrices ainsi que l'indérogeabilité de l'espace qu'elles délimitent. La connectivité interne et constitutive entre cet espace et le contexte historique dans lequel il est immergé est à l'origine du développement et de l'évolution des outils (catégories, codes, indices, vocabulaires, etc.) permettant d'effectuer des opérations de signification cohérentes avec l'imaginaire normatif de référence. Dans le cas du processus d'intégration européenne, cet acte de création peut être associé à la "décision fondamentale" de faire de la construction d'un marché unique et concurrentiel la tâche prioritaire des institutions supranationales naissantes. L'imaginaire normatif découlant de cet acte de création repose d'emblée sur la primauté du principe concurrentiel ; la normativité dont il est porteur est donc une normativité de type concurrentiel. Le principe de concurrence, en tant qu'*eidos* du système de marché, s'organise selon un langage spécifique, à travers lequel signifier, comprendre, rendre intelligible et cohérent avec l'espace sémantique que ce langage délimite des réalités différentes. Ces opérations permettent de mettre en relation ce qui est – la réalité ainsi enregistrée – avec ce qui doit être – le modèle optimal du marché concurrentiel – et donc de saisir cognitivement ce qu'il faut faire pour que les deux pôles se rapprochent le plus possible. C'est là que réside le caractère normatif du principe de concurrence : il impose d'identifier les règles – la "constitution économique" – et les interventions – le concept d'"interventionnisme libéral" – nécessaires pour façonner normativement l'ordre existant, de le façonner sur la base d'un devoir-être précis et reconnaissable. Il est également "dogmatique" dans la mesure où il

[1] E. Christodoulidis, *The redress of law*, 392-393.

constitue le premier principe, dont la primauté est incontestable, qui « soutient l'espace discursif en mettant en place les piliers non-négociables[1] » de ce dernier, les points clés établissant les conditions mêmes de la compréhension et de l'interprétation de ce discours. Ces deux ordres normatifs différents entrent en relation dans la première phase du processus intégrationniste selon le modèle de la « séparation fonctionnelle[2] », opérant une différenciation entre le niveau européen de la constitution économique et le niveau national des constitutions sociales, différenciation ayant comme « principe de connexion qui maintient les parties ensemble significativement[3] » la complémentarité entre le surplus économique produit par la mise en place du marché unique et concurrentiel et l'extension des dépenses sociales et redistributives internes. La Communauté européenne fonde sa légitimité sur la construction d'un marché unique et concurrentiel. Dans le même temps, l'impact généré par la différenciation et la logique d'ouverture guidant le processus intégrationniste ne remet pas en cause l'autonomie sociale des États membres ; leurs appareils constitutionnels conservent la capacité d'organiser la lecture et la compréhension du monde extérieur ainsi que les modalités d'intervention sur celui-ci – encadrement de l'ouverture transnationale des marchés européens, *embedded liberalism* – en cohérence avec les ressources normatives précédemment identifiées.

La crise de cette configuration initiale est le résultat de l'interaction de plusieurs éléments, dont l'effet peut être reconstitué de manière spéculative dans sa nature combinatoire :

- le premier élément est lié à la primauté du principe concurrentiel dans l'imaginaire normatif européen. Les analyses menées conduisent à associer la nature de la puissance publique européenne au modèle de la "fonction" : elle est telle dans la mesure où elle remplit la fonction d'établir un marché unique et concurrentiel à l'échelle européenne et d'adapter son fonctionnement aux circonstances changeantes du cadre macroéconomique général. Est coessentiel à la puissance comme fonction le concept de *spillover*, à savoir l'idée que l'approfondissement de l'intégration économique selon les coordonnées du marché concurrentiel dans un contexte d'"interdépendance croissante des ordres" conduit nécessairement à l'extension de cette logique intégrative à des domaines non prévus initialement. Si le concept d'"imaginaire normatif" renvoie à des carences, à des insuffisances qu'il faut sans cesse combler pour que l'ordre existant se rapproche le plus possible de l'ordre imaginé, dans le cadre européen défini par le constitutionnalisme de marché l'expansivité inscrite dans le concept de *spillover* s'avère fonctionnelle à l'accomplissement de cette opération dans la mesure où elle permet de procéder dans la direction dictée par le

[1] Ibidem, 234.
[2] F. Losurdo, « L'Unione Europea e il declino dell'ordine neoliberale », 6.
[3] E. Christodoulidis, *The redress of law*, 306.

centre normatif concurrentiel, celle de resignifier tout domaine ayant une influence directe ou indirecte sur le bon fonctionnement du marché concurrentiel afin de l'adapter aux besoins de ce dernier ;

- la force expansive de ce processus d'harmonisation juridique progressive dicté par l'objectif inscrit dans la nature de la puissance publique européenne d'étendre et de consolider la portée du marché concurrentiel repose sur l'enracinement juridique de l'ordre communautaire réalisé par la reconnaissance de la primauté et de l'effet direct du droit européen par la Cour de justice européenne. Cette opération (deuxième élément) s'avère fondamentale dans la mesure où elle établit les bases juridiques à partir desquelles constitutionnaliser les règles qui composent la "constitution économique" européenne, et donc les modalités par lesquelles organiser l'ouverture du marché et les conditions de cette ouverture, interpréter les rapports entre les instances de marché et les instances de nature différente, sélectionner les informations pertinentes et déterminer sur cette base les interventions nécessaires, etc. ;

- un élément supplémentaire peut être décelé dans la modification des stratégies et des critères régissant le processus d'intégration à la suite de la succession de crises et de changements structurels affectant le système capitaliste au cours des années soixante-dix. Face à l'affaiblissement et à l'inefficacité des modèles jusqu'alors adoptés et à la nécessité de redynamiser les économies européennes, les institutions européennes réorganisent le processus intégrationniste en abandonnant la logique propre au compromis initial. Conformément à la fonction déterminant sa nature, c'est-à-dire agir afin d'instaurer un marché unique concurrentiel et de l'adapter aux changements intervenant dans le système capitaliste, la puissance publique européenne étend progressivement l'impact normatif du principe concurrentiel par les moyens réglementaires dont elle dispose, établissant ainsi les conditions d'une mise en concurrence généralisée des systèmes nationaux et faisant du marché l'institution sociale exerçant la plus grande influence en ce qui concerne les normes, les mesures, les réformes et les équilibres à réaliser. Ce processus débouche sur l'émergence et l'aggravation du déficit social européen, dont les éléments fondamentaux résident dans l'asymétrie entre la dimension supranationale de l'intégration des marchés et la « fragmentation des systèmes nationaux de protection sociale[1] » (et donc de leur pouvoir d'encadrement et de réglementation) et dans l'application à ces derniers du principe de la *regulatory competition*, signe éloquent de la primauté du registre économico-concurrentiel du constitutionnalisme de marché de la gouvernance européenne sur celui caractérisant le constitutionnalisme social.

Grâce à ces éléments et à leur combinaison, la vulnérabilité constitutive de l'équilibre originaire basé sur la séparation fonctionnelle devient

[1] Ibidem, 307.

compréhensible : l'expansion vertigineuse des marchés, l'élévation conséquente des niveaux compétitifs en l'absence de dispositifs réglementaires en mesure de combler la différence d'échelle entre la dimension territoriale de l'intégration économique supranationale et celle de l'intégration sociale nationale, dans un contexte où la mission fondamentale du pouvoir européen est de sauvegarder le bon fonctionnement du marché concurrentiel face aux changements, déterminent une situation de fait dans laquelle l'équilibre évoqué ne dispose pas des instruments nécessaires pour faire face à l'exposition croissante à la normativité concurrentielle. Les processus de pénétration de la normativité concurrentielle décrits conduisent à un « découplage radical[1] » subordonnant les engagements normatifs et les attentes récurrentes caractérisant le constitutionnalisme social à « l'ordre normatif[2] » issu de la généralisation[3] de la rationalité du marché concurrentiel. Dans cette subordination, les contenus normatifs constitutionnellement ancrés dans le concept de citoyenneté sociale perdent progressivement leur capacité à évoluer sémantiquement en fonction des développements et des transformations des structures socioéconomiques d'une manière qui soit dans le même temps cohérente avec ce qui est en eux indérogeable, *doveroso*.

Le point culminant auquel ce processus conduit est ce que j'appelle la *production de l'oubli*. La généralisation de la normativité concurrentielle fait de l'espace sémantique de cette dernière le lieu de la vérité de la société de marché, le lieu définissant les conditions d'intelligibilité, l'horizon des possibles, les limites entre la compréhensibilité et le non-sens, entre l'acceptabilité et l'inacceptabilité. Ce qui peut être pensé ne l'est qu'à partir et à l'intérieur de cet espace sémantique : l'achèvement de la généralisation en tant que subordination progressive peut être interprété comme translation dans l'espace sémantique de la normativité concurrentielle d'ordres de valeurs différents, hétérogènes, conflictuels, etc., avec l'ordre marchand, comme dans le cas des ressources dogmatico-normatives identifiées dans le premier chapitre.

Le mot latin *translatio* est particulièrement approprié pour décrire cette opération car il contient deux significations, à savoir « action de transporter, de transférer » et « traduction, transposition[4] ». Tout d'abord, la *translatio* comme transfert compromet le caractère dogmatique de ces ressources. Une ressource est dogmatique dans la mesure où elle établit les conditions du cadre interprétatif et de l'intelligibilité d'un système. En ce sens, elle est dogmatico-axiomatique dans la mesure où rien ne la précède et dogmatico-hétéronome dans la mesure où sa remise en cause reviendrait à

[1] Ibidem, 358.
[2] A. Supiot, *Homo juridicus. Essai sur la fonction anthropologique du Droit*, 272.
[3] E. Christodoulidis, *The redress of law*, voir la partie III.
[4] Centre national de ressources textuelles et lexicales. https://www.cnrtl.fr/.

compromettre les ressources de sens à partir desquelles le système devient intelligible ainsi que leur partage, nécessaire à l'organisation de la vie associée dans un univers de sens commun. La *translatio* comme transfert agit sur le caractère dogmatique de ces ressources : elle les transfère dans un espace sémantique, celui de la normativité concurrentielle, dont elles ne constituent pas les conditions axiomatiques de l'intelligibilité et de l'interprétation. Par cette opération, leur contenu perd le caractère de dogmaticité en ce qu'il se trouve exposé à un autre *primum principium* à caractère axiomatique et hétéronome, celui de la concurrence. La condition d'exposition, et non, par exemple, de confrontation, d'équilibre, etc., tient au fait que le contenu de ces ressources n'intervient plus comme un contenu contraignant à respecter et à réaliser en tant que tel, mais comme un contenu dont la signification est déterminée au cas par cas par l'évaluation de sa fonctionnalité à préserver, à améliorer ou à étendre une situation concurrentielle. De ce fait, la *translatio* en tant que transfert entraîne la marchandisation de ces contenus normatifs puisque ces derniers ne constituent plus des ordres de valeurs aptes à contrebalancer les instances du marché, mais deviennent « coextensifs[1] » à celui-ci dans la mesure où ils participent à l'extension de la normativité concurrentielle et de sa « dogmatique[2] ».

L'autre aspect du terme *translatio*, c'est-à-dire la *translatio* comme traduction, est complémentaire à la *translatio* comme transfert et agit sur le caractère normatif des ressources évoquées. Une ressource est normative en ce que son contenu implique un engagement pratique visant à la fois 1) sa réalisation et 2) à faire en sorte que sa réalisation s'inscrive de manière cohérente dans les limites de l'imaginaire normatif dont cette ressource est au fondement. La *translatio* comme traduction compromet le caractère normatif de ces ressources, puisqu'elle intervient en resémantisant les ressources identifiées à partir de l'espace sémantique dans lequel elles ont été transférées, celui de la normativité concurrentielle. Dans ma lecture, cette opération de traduction n'agit pas sur le surplus de sens présent dans les ressources identifiées et qui rend possible leur réinterprétation/adaptation continue aux évolutions des structures socioéconomiques. La *translatio* comme traduction agit plutôt comme traduction du contenu des ressources identifiées dans le langage de la normativité concurrentielle et donc comme déconnexion conséquente du langage du constitutionnalisme social. De cette manière, l'opération de traduction a lieu en dehors des limites de l'imaginaire normatif des ressources identifiées, imaginaire qui devient ainsi muet, coupé de la sphère de ce qui peut être pensé, communiqué, proposé, réalisé concrètement.

---

[1] E. Christodoulidis, *The redress of law*, 417.

[2] A. Supiot, *L'esprit de Philadelphie. La justice sociale face au marché total*, 64.

Par conséquent, 1) quels effets cette opération complexe de *translatio* produit-elle sur les ressources dogmatico-normatives de la dignité matérielle, de l'égalité substantielle et de la solidarité ? 2) Comment l'épuisement des ressources dogmatico-normatives caractérisant le concept de citoyenneté affecte-t-il la conception du droit social ?

Tout d'abord, la *translatio* de la ressource dogmatico-normative de la dignité implique l'oubli de la qualité spécifique qui lui est associée par la sémantique du constitutionnalisme social, à savoir la *matérialité*. Le sujet autour duquel elle se réorganise désormais n'est plus le sujet situé et relationnel, mais le sujet dans la singularité désocialisée du *market citizen*, selon ses différentes déclinaisons (homme-consommateur, homme-entrepreneur, etc.). Dans tous ces modèles, « le sujet-type pertinent du point de vue théorique[1] » est l'individu agissant sur le marché au nom de ses propres intérêts. Les individus qui peuplent l'imaginaire normatif du marché concurrentiel sont des sujets « dépouillés du caractère socialisé avec lequel ils entrent sur le marché du travail, caractère qui leur fournit des relations sociales antérieures et persistantes, des compétences et des connaissances accumulées, des inclinations culturelles préformées, des univers symboliques et de valeurs[2] » hétérogènes et contrastant par rapport au marché ; ce sont des sujets abstraits du contexte social et relationnel auquel ils appartiennent et tous également amalgamés aux modèles formels évoqués et aux *patterns* éthico-pratiques qui les caractérisent. De ce fait, la dignité matérielle perd « ses bases historiques, se dématérialise, se plaçant sur un plan éthique purement individuel et non plus social[3] ».

Dans ce cadre *individual-based* et désocialisé, la dignité réside alors dans la capacité du sujet à se rendre autonome, indépendant, autosuffisant par son propre agir libre ; le sujet digne, le sujet qui vit dignement est le sujet dont la liberté et le bien-être se fondent exclusivement sur son « habileté à agir par soi-même, sans ingérence extérieure ni subordination à une autorité extérieure[4] ». L'élision de la dimension matérielle, relationnelle, historique et située du sujet implique inévitablement l'élision de la normativité et de la conflictualité politico-idéologique découlant de cette dimension et la marchandisation de la dignité. Si, dans le constitutionnalisme social, la démarchandisation intrinsèque de la dignité matérielle découle de l'impératif

[1] I. S. Straume, « The Political Imaginary of Global Capitalism », dans I. S. Straume, J. F. Humphrey (sous la direction de), *Depoliticization. The Political Imaginary of Global Capitalism*, 34.

[2] L. Pennacchi, *La moralità del welfare. Contro il neoliberismo populista*, 89.

[3] G. Azzariti, *Contro il revisionismo costituzionale. Tornare ai fondamentali* (éd. dig.), Laterza, Rome-Bari, 2016, cha. 8, par. 18.

[4] C. Taylor, *Human Agency and Language. Philosophical Papers* (vol. 1), Cambridge University Press, Cambridge, 1985, cité par I. S. Straume, « The Political Imaginary of Global Capitalism », dans I. S. Straume, J. F. Humphrey (sous la direction de), *Depoliticization. The Political Imaginary of Global Capitalism*, 36.

catégorique de garantir au sujet, en tant que fin en soi, des conditions de vie matérielles décentes et la liberté concrète, réelle de s'autodéterminer, le transfert et la traduction de la dignité dans le contexte défini par la primauté du principe concurrentiel impliquent la subordination de la garantie de conditions de vie décentes à la seule condition que les sujets doivent désormais partager, celle de la *disponibilité*[1] au marché, et donc sa marchandisation : c'est par une participation réussie au marché que le sujet se dignifie. L'oubli de la dimension dogmatico-normative et la marchandisation de la dignité réduisent cette dernière de valeur intangible et axiomatique à valeur quantifiable, comparable, susceptible d'« être mise en balance avec d'autres intérêts[2] ». La concrétisation de la dignité ne se justifie plus sur la base de sa valeur intrinsèque, mais à la suite d'opérations d'équilibrage, de proportionnalité, d'optimisation dont la finalité essentielle est la préservation et l'extension de situations concurrentielles. Un exemple emblématique est fourni par l'activité de la Cour de justice européenne qui, dans l'arrêt *Viking*, relativise la valeur de la dignité en affirmant que son respect doit « être *concilié* avec la libre concurrence, la libre circulation des marchandises et des capitaux et la libre prestation de services, conformément au principe de proportionnalité[3] ». Cette approche est confirmée par la torsion interprétative concernant la notion de plein emploi et la notion de droit au travail. Dans le processus intégrationniste, l'objectif du plein emploi est remplacé par l'objectif d'atteindre des niveaux d'emploi élevés, mais pas au point de porter atteinte à la compétitivité du système. Dans le même temps, la Charte de Nice, bien que sa première section soit consacrée à la dignité, en cohérence avec l'approche individualiste dominante au niveau européen traduit le droit au travail en droit de travailler, en associant au noyau axiologique « générique et indéterminé[4] » des libertés économiques du marché un droit qui, dans le constitutionnalisme social, constitue un pilier fondamental de la dimension matérielle de la dignité. De ce fait, la profondeur normative de la dignité comme *Interdit* est oubliée au profit de sa traduction en un élément abstrait – en tant qu'associé « au genre humain indistinct [...] perdant ainsi son caractère concret et se réduisant à qualité de l'individu isolé[5] » – et quantifiable – car circulant sur le marché et donc susceptible d'être mesuré, calculé, comparé, proportionné. La connotation axiologiquement positive de la dignité ainsi redéfinie est identifiable dans sa connexion intrinsèque avec la préservation et la promotion des libertés individuelles de participer et d'agir sur le marché au nom de ses propres intérêts. C'est la mise en œuvre du principe concurrentiel qui permet cette

---

[1] K. Bales parle à ce propos de *disposable people*. Voir K. Bales, *Disposable People : new slavery in the global economy*, University of California Press, Berkeley, 2000.
[2] A. Supiot, *La Gouvernance par les nombres*, cha. 7, par. 33.
[3] Ibidem.
[4] G. Azzariti, *Contro il revisionismo costituzionale. Tornare ai fondamentali*, cha. 8, par. 19.
[5] Ibidem.

opération de préservation et de promotion : la dignité acquiert ainsi un caractère dérivé, secondaire, susceptible d'être commensuré et relativisé.

Deuxièmement, la *translatio* de la ressource dogmatico-normative de l'égalité implique l'oubli de son caractère substantiel. Celui-ci s'enracine, en s'imbriquant de manière logico-axiologique avec le principe de dignité, dans la matérialité des conditions de vie du sujet et condense son contenu normatif dans la réduction significative des inégalités socioéconomiques et dans la réalisation d'une "société de semblables". La dématérialisation du sujet et son absorption économiciste dans les multiples versions du *market citizen* en tant que présupposé anthropologique de la normativité concurrentielle redéfinissent la relation entre le principe d'égalité et ce à quoi ce dernier devrait se référer dans le monde réel. Dans le registre sémantique de la normativité concurrentielle, garantir l'égalité des citoyens définis de manière marchande signifie « égaliser [...] les positions de départ des individus face aux exigences du marché[1] », c'est-à-dire garantir l'égalisation de leurs possibilités d'accès et de participation au marché. En d'autres termes, il s'agit d'affirmer l'égalité comme égalité de chances : la cohérence et la justification de cette déclinaison de l'égalité résident dans l'idée fondamentale selon laquelle, une fois l'égale répartition des chances assurée en dépit des différences économiques, sociales, culturelles, etc., alors « les inégalités de revenus et de conditions de vie [...] cesseraient d'être injustes[2] », car elles résulteraient exclusivement de l'effort et du mérite individuels. Au contraire, ces inégalités stimuleraient le "jeu de différentiations", mécanisme fondamental pour le bon fonctionnement du marché concurrentiel et, plus généralement, pour le dynamisme et le progrès de la société. Par conséquent, la substantialité, comprise comme engagement normatif constitutionnel et institutionnel visant à la similarisation des conditions de vie et comme innervation éthico-normative indispensable à la stabilité des liens sociaux et à la cohésion de la société, est oubliée : les marges de pensabilité du principe d'égalité dans le contexte de la primauté de la normativité concurrentielle se restreignent aux différentes modalités (interdiction de la discrimination, politiques positives ciblées sur les groupes défavorisés, lutte contre l'exclusion sociale, activation, employabilité, etc.) à travers lesquelles assurer que personne ne soit exclu[3] du jeu compétitif, que

---

[1] W. Streeck, « Competitive solidarity : rethinking the European social model », *MPIfG Working Paper*, n. 99, 8, Max Planck Institute for the Study of Societies, Cologne, 1999, http://www.mpifg.de/pu/workpap/wp99-8/wp99-8.html.

[2] F. Dubet, *Les places et les chances. Repenser la justice sociale* (éd. dig.), Éditions du Seuil et La République des Idées, Paris, 2010, cha. 3, par. 3.

[3] P. Rosanvallon dénonce la réduction de la question sociale à l'exclusion sociale. « La question sociale s'est [...] déplacée : on est passé d'une analyse globale du système (en termes d'exploitation, de répartition, etc.) à une approche focalisée sur le segment le plus vulnérable de la population [...] notre compréhension de la société est biaisée par la polarisation de toutes les attentions sur les phénomènes d'exclusion ». P. Rosanvallon, *La nouvelle question sociale. Repenser l'État-providence,* 88.

tous aient les mêmes possibilités de concourir et que soit établi un système impartial de valorisation du mérite qui récompense les individus « en proportion exacte à la valeur effective des prestations individuelles[1] » et ainsi de justifier les inégalités résultant d'une meilleure utilisation des chances individuelles. L'objectif n'est plus d'assurer la subsistance d'une "société de semblables" par des politiques redistributives *ex post* (susceptibles d'affaiblir l'engagement individuel dans la dynamique du marché), mais celui « moins ambitieux[2] » de préserver « un niveau d'inégalité qui reste compatible avec la cohésion sociale[3] », mais qui soit dans le même temps fonctionnel à la stimulation des dynamiques susmentionnées.

Donc, l'opération de *translatio* appliquée au principe d'égalité relie ce dernier au registre éthique de l'auto-responsabilité et de l'auto-valorisation : dans un cadre caractérisé par l'égalité des points de départ et des possibilités disponibles, le point d'application sur lequel s'exerce l'injonction morale fondamentale est l'individu, « tenu d'être actif et de se mobiliser afin[4] » d'accéder aux chances présentes et d'en tirer le meilleur parti. La *translatio* du principe d'égalité participe ainsi au processus d'individualisation des destins précédemment évoqué, par lequel le régime de responsabilité concernant le sort des individus et leur capacité à faire face aux risques de l'existence se déplace progressivement « des institutions vers les individus[5] » : les premières ne sont appelées à agir que sur l'« inégalité initiale[6] » de ces derniers et de leur apporter des formes de soutien personnalisées visant à préserver et à accroître leurs capacités compétitives et leurs chances de réussite sur le marché.

Cette conception de l'égalité alimente dès le départ les processus d'intégration liés à la construction du marché unique européen. Dans la phase initiale du processus intégrationniste, les formes d'égalité envisagées (égalité de rémunération entre hommes et femmes, principe de non-discrimination, mise en place pour les travailleurs migrants d'un mécanisme d'égalité d'accès aux droits sociaux et aux opportunités sur les marchés composant l'espace économique européen, etc.) concernent les citoyens des États membres en tant que *market citizens* et sont fonctionnelles à la facilitation et à l'intensification de la libre circulation de ces derniers sur les marchés européens ; les arrêts de la Cour de justice analysés vont dans ce sens. Le processus d'intégration marchande crée ainsi un nouvel « agrégat

---

[1] M. De Carolis, *Il rovescio della libertà. Tramonto del neoliberalismo e disagio della civiltà*, 198.

[2] W. Streeck, « Competitive solidarity : rethinking the European social model », http://www.mpifg.de/pu/workpap/wp99-8/wp99-8.html.

[3] Ibidem.

[4] F. Dubet, *Les places et les chances. Repenser la justice sociale*, cha. 3, par. 13.

[5] Ibidem.

[6] Ibidem, cha. 3, par 15.

social dans lequel les citoyens sont [...] "égaux" en ce qui concerne les transactions économiques[1] » et l'« expansion des options et des choix individuels[2] » sur le marché. L'élaboration du paradigme de l'activation dans la stratégie européenne pour l'emploi va dans le sens de cette approche. L'adoption par les pays européens de ce paradigme, dont l'objectif principal est la lutte contre la pauvreté et l'exclusion sociale au moyen d'instruments garantissant des niveaux élevés d'employabilité et de réintégration sur le marché, rend manifeste un déplacement fondamental dans la manière de concevoir les politiques sociales : de la recherche de niveaux substantiels d'égalité à la recherche d'une inclusion sociale principalement réduite à l'inclusion dans le marché. L'approfondissement "social" du processus intégrationniste via l'acquisition de la même valeur juridique que les traités par la Charte de Nice et la promulgation du Socle européen des droits sociaux ne modifie pas substantiellement cet état de fait. La Charte de Nice se limite à énoncer la dimension formelle de l'égalité, oubliant la profondeur normative de la dimension substantielle liée à l'engagement constitutionnel des pouvoirs publics en direction non seulement de la lutte contre la discrimination, l'exclusion sociale et la pauvreté, mais aussi de la réduction significative des inégalités. Par ailleurs, l'approche individualiste de la Charte mine la connexion épistémologique entre le sujet et le contexte matériel-relationnel dans lequel il se situe, et donc la pertinence épistémique des asymétries et des déséquilibres sur lesquels se fonde la théorisation de la dimension substantielle de l'égalité, dénonçant ainsi la vulnérabilité de cette dernière notion au regard des processus de marchandisation. Le Socle, quant à lui, en plus d'être juridiquement non contraignant, adopte comme critère d'orientation de l'intégration sociale le principe d'*access justice*, censé optimiser les opportunités individuelles d'accès et de participation au marché.

La connotation axiologique du principe d'égalité trouve ainsi ses conditions d'intelligibilité dans la normativité concurrentielle, perdant l'autonomie normative dont elle jouit dans le constitutionnalisme social ainsi que son caractère politico-contestataire du *statu quo*. Dans ce cadre, la tâche des pouvoirs politiques est « d'améliorer et d'égaliser la *marketability* des individus et leur capacité à être compétitifs, au lieu de les protéger du marché[3] ». Comme dans le cas du principe de dignité, la *translatio* de l'égalité en égalité de chances implique alors sa marchandisation : elle n'est plus interprétable « en termes de démarchandisation des individus, mais au

---

[1] M. Ferrera, « Amici o nemici ? Integrazione europea e modelli sociali nazionali », *Rivista Italiana di Scienza Politica*, 5.

[2] Ibidem.

[3] W. Streeck, « Competitive solidarity : rethinking the European social model », http://www.mpifg.de/pu/workpap/wp99-8/wp99-8.html.

contraire en termes de création d'opportunités égales pour la marchandisation[1] ».

La *translatio* achève son opération de transformation et d'oubli du noyau axiologique fondamental de la citoyenneté sociale en agissant sur l'autre élément en interconnexion synergique avec les principes de dignité matérielle et d'égalité substantielle, à savoir le principe de solidarité. La reconstruction des racines conceptuelles et du contenu dogmatique et normatif de ce principe, effectuée dans le premier chapitre, débouche sur un concept de solidarité en tant que "devoir de responsabilité" collectif et partagé, fondé sur l'appartenance des individus en tant que tels à la collectivité de référence et sur l'obligation inconditionnelle de leur garantir des niveaux acceptables de dignité matérielle, des conditions de vie similaires et une protection répandue contre les risques impondérables de l'existence en société. La solidarité en tant que principe constitutionnel peut être interprétée « comme une construction collective inconditionnellement garantie par l'État sous forme de droits[2] » et impliquant la mise en place d'un réseau de pratiques institutionnelles visant à concrétiser son contenu.

Le transfert et la traduction de la solidarité dans le registre sémantique de la normativité concurrentielle oublient son caractère dogmatico-normatif puisqu'ils éradiquent de sa conception la logique de l'*inconditionnalité* : elle est remplacée par « une logique de la contrepartie[3] » qui connecte l'activation du lien solidaire entre les citoyens à la mobilisation des individus ayant besoin d'aide. Cette torsion interprétative produite par la primauté de la normativité concurrentielle relie la solidarité au paradigme de l'activation. Ce paradigme s'affirme à travers la stratégie européenne pour l'emploi en tant que principe de réorganisation des systèmes de protection sociale et des politiques sociales agissant dans trois domaines principaux, à savoir « la réglementation du marché du travail (y compris les conditions contextuelles de la participation au marché du travail), les politiques actives de l'emploi et les systèmes de maintien des revenus[4] ». Il s'agit donc d'un paradigme porteur d'une ambition de réforme globale ; l'activation concernée est à la fois « activation des personnes, des prestations et des systèmes[5] ».

Les modalités de mise en œuvre de ce paradigme varient d'un pays à l'autre, notamment en ce qui concerne les politiques d'intégration sociale et leurs critères de fonctionnement, à savoir la durée et la générosité de l'aide sociale, les acteurs impliqués, la qualité du contenu et les objectifs des

---

[1] Ibidem.
[2] R. Castel, N. Duvoux, *L'avenir de la solidarité*, PUF, Paris, 2013, 5.
[3] Ibidem.
[4] S. Bothfeld, S. Betzelt, « How do activation policies affect social citizenship ? The issue of autonomy », dans G. Ramia, K. Farnsworth, Z. Irving (sous la direction de), *Social Policy Review 25 : Analysis and debate in social policy*, Policy Press, Bristol, 2013, 268.
[5] R. Castel, N. Duvoux, *L'avenir de la solidarité*, 50.

parcours d'employabilité envisagés, les conditions d'éligibilité, etc.[1]. Par conséquent, ce paradigme présente d'un point de vue théorique une ouverture normative importante. L'activation peut être réalisée selon différents critères ; elle peut être interprétée comme une stratégie de marchandisation visant à réintégrer rapidement les individus sur le marché du travail et à « réduire le nombre de dossiers et de dépenses publiques[2] » ; dans cette perspective, l'étroitesse des aides sociales reflète la logique selon laquelle la mobilisation des individus vers le marché et leur responsabilisation priment nettement sur « la liberté réelle de choisir la vie et le travail qu'ils ont des raisons de valoriser[3] ». D'autre part, l'activation peut également être considérée comme une stratégie de réforme sociale axée principalement sur la requalification professionnelle, le soutien collectif (étatique, sectoriel, syndical, etc.) à la réintégration sociale basée sur le renforcement de l'autonomie et les choix du sujet, etc. Dans ce cas, la générosité, la durée et la qualité de l'aide sociale, la conditionnalité non contraignante du maintien de l'aide, etc., reflètent la primauté du sujet et de sa liberté concrète de déterminer le cours de sa vie sur la simple intégration marchande ; la responsabilité individuelle est sollicitée dans le cadre d'un réseau solide de responsabilités collectives. De ce fait, du choix des critères normatifs dépend la répartition des responsabilités, le taux de (dé)marchandisation et l'ordre des valeurs de l'activation concernée.

Dans tous les cas, les différentes manières d'interpréter et de mettre en œuvre le paradigme de l'activation reposent toutes sur la nécessité de réorganiser les États-providence selon une logique profondément différente. Cette logique relègue au second plan la fonction redistributive et correctrice des effets du marché qui caractérise les États-providence traditionnels au profit d'une logique "préventive" : il s'agit de prévenir l'exclusion sociale, la pauvreté, le chômage, etc., par des investissements sociaux permettant de fournir aux individus les « ressources et les services[4] » nécessaires pour construire, préserver et développer leur capacité à déterminer leur trajectoire personnelle de manière autonome.

Toutefois, sauf dans de rares cas concernant principalement les pays scandinaves, l'adoption du paradigme de l'activation comme « nouvel

[1] Voir J.M. Bonvin, « Reframing the issue of responsibility in labour market activation policies », dans R. Rogoswki, R. Salais, N. Whiteside (sous la direction de), *Transforming european employment policy : labour market transitions and the promotion of capability*, 138-154.
[2] Ibidem, 143.
[3] Ibidem, 138.
[4] A. Evers, A. M. Guillemard, « Introduction : Marshall's concept Of citizenship and contemporary welfare reconfiguration », dans A. Evers, A. M. Guillemard (sous la direction de), *Social policy and citizenship : the changing landscape*, 13.

agenda[1] » commun, « malgré les différences [...] entre les pays[2] » (voir les réformes Harz en Allemagne, le RMI et le RSA en France, le revenu d'insertion et le revenu de citoyenneté en Italie, etc.), implique un glissement normatif vers une conception réductrice et coercitive de la responsabilité, centrée sur l'individu, et vers une redéfinition marchande des politiques sociales, dont l'objectif principal est plutôt celui d'accroître la participation au marché et de réintégrer le plus rapidement possible ceux qui en sont exclus que d'en favoriser les libertés concrètes de poursuivre l'épanouissement personnel. Ce qui prévaut, ce sont des visions de l'activation *market-based* centrées sur la nécessité de répondre aux besoins du marché par une mobilisation fondée sur la conditionnalité (plus ou moins stricte) de l'aide sociale, sur la nature obligatoire de l'engagement dans les parcours d'employabilité proposés et idéalement capables de fournir aux sujets les outils pour se constituer en tant que sujets-entrepreneurs auto-responsables. Comme indiqué dans la stratégie européenne pour l'emploi, il est avant tout nécessaire de « promouvoir des régimes de protection sociale plus favorables à l'emploi et "rendre le travail payant" en veillant à ce que les conditions, le niveau et la durée des prestations ne créent pas de désincitations au travail[3] ».

Dans ce cadre, le taux de démarchandisation introduit par les systèmes de protection sociale à travers un ordre de responsabilité relationnelle et solidaire s'affaiblit : le repli individuel de la responsabilité appelle le sujet à sortir de sa passivité de simple bénéficiaire d'aides sociales, mais seulement pour le remarchandiser, c'est-à-dire pour le réintégrer dans le marché et rendre ainsi les dépenses sociales économiquement efficaces et productives. De ce fait, « les bénéficiaires de prestations doivent être incités (par exemple, par le biais d'incitations financières dans le cadre de programmes visant à "rendre le travail payant") ou contraints (par le biais de programmes de *workfare*) à réintégrer rapidement le marché du travail[4] », comme en témoignent la restriction de la générosité et de la durée des prestations sociales en faveur des personnes exclues du marché ou sous-employées, ainsi que leur inadéquation par rapport aux risques liés aux fluctuations du marché.

---

[1] A. Evers, A. M. Guillemard, « Reconfiguring Welfare and Reshaping Citizenship », dans A. Evers, A. M. Guillemard (sous la direction de), *Social policy and citizenship : the changing landscape*, 364.
[2] Ibidem.
[3] H. Johansson, B. Hvinden, « Towards a Post-Marshallian framework for the analysis of social citizenship », dans A. Evers, A. M. Guillemard (sous la direction de), *Social policy and citizenship : the changing landscape*, 39.
[4] J. M. Bonvin, « Reframing the issue of responsibility in labour market activation policies », dans R. Rogoswski, R. Salais, N. Whiteside (sous la direction de), *Transforming european employment policy : labour market transitions and the promotion of capability*, 138-139.

Ainsi, dans ce paradigme fondé sur la responsabilisation individuelle à s'activer pour "mériter" l'intervention "solidaire" et connecté au paradigme de la flexicurité[1], la solidarité en tant que substance circulante dans les liens sociaux se transforme en une aide conditionnelle visant à inciter à l'adaptabilité du sujet aux dynamiques du marché concurrentiel. La primauté exercée par ce dernier vide le principe de solidarité de la profondeur éthique caractérisant la dimension collective du "devoir de responsabilité" inconditionnel attaché à l'action des pouvoirs publics ; ces derniers agissent désormais sous forme d'« interpellation[2] » individuelle, déterminant donc « une exigence de responsabilisation personnelle qui reporte sur l'individu une part croissante de la charge de se tirer d'affaire[3] ».

L'activation individuelle contribue ainsi à la dépolitisation/dé-conflictualisation du marché et à l'oubli de la sémantique constitutionnelle de la citoyenneté sociale. D'une part, en s'imposant au niveau individuel comme nécessité d'adaptation à une réalité – la réalité concurrentielle – immuable, elle oublie « les ressources collectives (à la fois conceptuelles et politiques)[4] » composant la structure fondamentale du principe de solidarité et à partir desquelles sauvegarder le "devoir de responsabilité et de réciprocité" que le principe de solidarité inscrit dans l'organisation des relations sociales. D'autre part, l'activation sémantisée par la logique concurrentielle ne peut pas être associée à un processus d'insertion démarchandisant visant à réintégrer l'individu dans la société par la valorisation de ses qualités, le renforcement de son autonomie personnelle, le développement de ses dispositions subjectives, etc., en échange de « comportements coopératifs et responsables, eux-mêmes expression du lien de solidarité[5] » ; dans ce cadre, l'activation n'a pas pour objectif ultime l'individu en tant que tel, mais la préservation d'un système économique concurrentiel efficace et compétitif à travers la mobilisation de « toute la force de travail disponible[6] », la mise à disposition intégrale des destinataires des aides sociales, l'augmentation de leur niveau de participation et de compétitivité sur le marché. Ainsi, « alors que le type de politique préconisé vise à restaurer la capacité d'autogouverner et le pouvoir de l'*agency*, ce qui

[1] Bien qu'il faille faire une distinction entre l'activation et la flexibilisation, car « il existe [...] des pays [...] qui flexibilisent leur marché du travail tout en n'activant pas leur protection sociale ». R. Castel, N. Duvoux, *L'avenir de la solidarité*, 50.
[2] Ibidem, 8.
[3] Ibidem.
[4] M. Keune, A. Serrano, « The power to name and struggles over meaning : the concept of Flexicurity », dans M. Keune, A. Serrano (sous la direction de), *Deconstructing flexicurity and developing Alternative approaches. Towards new concepts and approaches for employment and social policy*, 9.
[5] S. Giubboni, « Solidarietà », 551.
[6] R. Castel, N. Duvoux, *L'avenir de la solidarité*, 9.

est en fait promu, c'est l'adaptation à une situation imposée de l'extérieur[1] », celle du marché concurrentiel. Par conséquent, la déclinaison de la solidarité selon le paradigme de l'activation traduit cette dernière en un vecteur de marchandisation fonctionnel à la préservation et à l'extension de la normativité concurrentielle : malgré les différences dans la réalisation concrète de ce paradigme dans les différents pays, « il s'agit d'une transformation idéologique profonde[2] » du principe de solidarité, dépouillé de l'autonomie normative issue de l'inconditionnalité – avec pour conséquence l'affaiblissement des droits qui y sont attachés – et subordonné à la logique économiciste de l'intégration marchande. Cette transformation idéologique permet ainsi de comprendre le durcissement progressif des « politiques d'assistance et d'insertion, à l'origine conçues comme des instruments de lutte contre la pauvreté[3] », un durcissement visant « à faire du retour à l'emploi l'alpha et l'oméga de l'action sociale, sans prise en considération des emplois proposés, voire imposés[4] ». Elle va de pair avec la propagation du registre moral individualiste et culpabilisant déjà évoqué, conduisant à la stigmatisation et au mépris de ceux qui ne se mobilisent pas suffisamment pour trouver un emploi ; un registre moral qui individualise la responsabilité du statut social individuel, marginalisant ainsi les causes systémiques du chômage, de la pauvreté, des inégalités, etc., ainsi que la responsabilité des pouvoirs publics, minant ainsi les fondements de la solidarité "institutionnalisée". De cette manière, « le sentiment de solidarité s'éteint devant la rigueur du soupçon méritocratique [...] Depuis les années '70, les enquêtes [...] indiquent que le pourcentage de ceux qui expliquent la pauvreté par les conduites et la culture des pauvres ne cesse d'augmenter. La tendance consistant à blâmer les victimes s'installe : les sondages montrent que bien de citoyens ne souhaitent pas payer pour ceux qui, selon eux, ne le méritent pas[5] ».

La reconstruction du registre sémantique du principe de solidarité à la suite de l'opération de *translatio* autour de termes tels qu'activation, « mobilisation, investissement personnel, individualisation [...] contrepartie[6] », etc., répond donc à la logique fondamentale de la mise en concurrence généralisée, une logique requérant la disponibilité la plus large possible – à réaliser par la mise en place de mécanismes d'incitation, de

---

[1] M. Keune, A. Serrano, « The power to name and struggles over meaning : the concept of Flexicurity », dans M. Keune, A. Serrano (sous la direction de), *Deconstructing flexicurity and developing Alternative approaches. Towards new concepts and approaches for employment and social policy*, 9.

[2] R. Castel, N. Duvoux, *L'avenir de la solidarité*, 55-56.

[3] B. Gazier, B. Palier, H. Périvier, *Refonder le système de protection sociale. Pour une nouvelle génération de droits sociaux*, Presse de Science Po, Paris, 2014, 54.

[4] Ibidem, 54-55.

[5] F. Dubet, *La préférence pour l'inégalité. Comprendre la crise des solidarités*, Éditions du Seuil et la République des idées, Paris, 2014, 34.

[6] R. Castel, N. Duvoux, *L'avenir de la solidarité*, 8.

contrôle, de punition – à l'intégration dans le marché et à l'entretien et à l'amélioration des capacités compétitives des participants au marché ainsi que des systèmes de protection sociale eux-mêmes. Ainsi, cette logique oublie la solidarité redistributive enracinée dans le constitutionnalisme social et « incarnée dans les formes historiques du *welfare state* européen[1] » en faveur de sa redéfinition en termes compétitifs, concernant non seulement la reformulation des formes de la protection sociale des individus « considéré[s] comme des asset[s] productifs[s] de la communauté[2] », mais la *ratio essendi* des systèmes sociaux, désormais appelés à « favoriser les marchés plutôt que les modifier[3] », à se restructurer de manière à renforcer les niveaux de compétitivité du système économique. Dans le cadre marqué par la primauté de la normativité concurrentielle et la diminution progressive des ressources disponibles pour les activités redistributives des États-providence en raison de l'intensification de la concurrence internationale, la solidarité se manifeste concrètement dans le surplus de compétitivité obtenu à travers des réformes et des stratégies de marché appropriées : avoir le dessus dans la compétition signifie augmenter la production de la richesse interne et donc la possibilité pour les membres de la société concernée d'y avoir accès de manière équitable[4].

Dans le cadre du processus d'intégration européenne, les différentes modalités de mise en place de mesures de nature solidaire sont cohérentes avec cette conception du principe de solidarité. Dans la phase initiale du processus intégrationniste, la "séparation fonctionnelle" explique l'absence de références au principe de solidarité dans les traités originaux. La création du Fonds social européen entraîne dans le même temps un transfert de ressources des régions les plus prospères vers les régions les plus défavorisées afin de rapprocher les niveaux de compétitivité et de richesse des pays participants au marché unique et d'implémenter la mobilité des travailleurs et leur accès équitable au marché du travail des pays étrangers, établissant ainsi une forme de solidarité dérivée, corollaire des exigences de compétitivité liées à la construction de l'ordre concurrentiel européen. Le processus d'extension et de maximisation de la normativité concurrentielle par le biais du tournant interprétatif caractérisant l'activité de la Cour et soutenu par les politiques européennes de libéralisation des marchés et par l'Acte unique réduit considérablement les marges de pensabilité d'une solidarité *autre* que celle fonctionnelle à l'intensification de la concurrence. Le traité de Maastricht, en ne compensant pas l'unification monétaire par

[1] S. Giubboni, « Solidarietà », *Politica del Diritto*, n. 4, 2012, 553.
[2] W. Streeck, « Competitive solidarity : rethinking the European social model », http://www.mpifg.de/pu/workpap/wp99-8/wp99-8.html.
[3] Ibidem.
[4] W. Streeck parle à cet égard de la poursuite de la solidarité comme « succès compétitif et productif ». W. Streeck, « Il modello sociale europeo : dalla redistribuzione alla solidarietà competitiva », 13.

une extension adéquate au niveau européen des compétences d'harmonisation visant à la mise en place d'interventions d'intégration positive, approfondit « la dissociation entre le champ d'application des libertés économiques et celui des compétences législatives de l'Union européenne[1] », minant de cette manière « l'autonomie [...] des États membres dans le domaine des politiques fiscales et sociales[2] », et donc leur capacité à remplir les missions de redistribution sur lesquelles repose leur solidarité interne. Dans ce cadre, le seul lien solidaire entre les États membres réside dans l'effort mutuel pour respecter les paramètres économiques établis par le traité et nécessaires pour assurer la stabilité de la monnaie commune et donc du marché unique. Les limites applicatives de la Charte de Nice ainsi que l'absence de bases juridiques en mesure de reformuler la solidarité transnationale et sa portée en termes redistributifs ne permettent pas d'avancées significatives malgré l'entrée de la Charte dans le droit primaire européen accompagnée de nombreuses références au principe de solidarité dans le traité de Lisbonne. Par la suite, les mesures européennes de réponse à la crise de la dette souveraine et à la longue période de difficultés économiques ne font que renforcer la subordination de la solidarité à la préservation des niveaux de compétitivité des pays concernés : en liant la solidarité – sous forme de soutien financier – à la réalisation de réformes structurelles visant à flexibiliser le marché du travail et à l'alléger de coûts sociaux "trop" élevés, ces mesures approfondissent la conditionnalité des liens solidaires européens à la compétitivité exigée par le marché concurrentiel.

En général, au niveau européen, le principe de solidarité ne devient pensable que dans la mesure où la logique de la conditionnalité le rend compatible avec un système de gouvernance dont l'objectif fondamental est de préserver le fonctionnement optimal du marché concurrentiel et qui parle le langage de l'austérité, des réformes structurelles, des indicateurs chiffrés concernant le déficit, la dette, etc. Dans ce cadre, « l'espace des politiques de solidarité des États membres – dans la dimension classique de la justice sociale distributive complémentaire à la réalisation du principe de l'égalité substantielle – se réduit [...] drastiquement[3] », puisque « les systèmes de protection sociale sont soumis à une contrainte de "recalibrage" permanent en parallèle avec les politiques de flexibilisation du marché du travail[4] » en vue de leur adaptation continue aux exigences de compétitivité. Ainsi, au sein de la gouvernance européenne, le principe de solidarité reçoit sa signification à partir du primat de la normativité concurrentielle : la reconstruction compétitive du principe de solidarité se réalise en fonction du

[1] S. Giubboni, « Solidarietà », *Politica del Diritto*, note 93, 545.
[2] Ibidem, 546.
[3] Ibidem, 550-551.
[4] Ibidem, 551.

paradigme de l'activation (auquel les documents européens se réfèrent à plusieurs reprises dans le cadre des politiques de flexicurité) et, plus généralement, de l'amélioration de la compétitivité des systèmes économiques et sociaux nationaux, appelés dans le contexte de la mise en concurrence généralisée à concrétiser le contenu de la solidarité *traduite* par des performances économico-compétitives capables de protéger et d'améliorer le bien-être de la communauté ou du territoire de référence.

La resémantisation de l'imaginaire normatif de la citoyenneté sociale transforme ainsi la modalité de concevoir le droit social et ses fonctions. Cette transformation est interprétable comme un processus – plus ou moins avancé selon les cas – de « marchandisation[1] » des systèmes sociaux nationaux, à travers lequel « les droits sociaux visent moins à permettre aux individus d'exister indépendamment du marché qu'à les obliger à participer aux marchés, y compris aux "quasi-marchés" du secteur public[2] ». La marchandisation des droits de la citoyenneté sociale comme tendance fondamentale, également témoignée en Europe par la « réduction générale de la générosité des programmes des États-providence[3] » et par la « réduction des différences entre les États-providence[4] », transforme progressivement la question sociale « en une affaire de choix individuel, par conséquent marchandisable et contractualisable[5] », en remplaçant la substantialité de la dimension normative du droit social par un réseau de procédures et de « règles de négociation[6] » destiné à transférer entièrement sur le plan de la rationalité économique décrite la manière de concevoir la protection et la promotion sociale du sujet, jusque dans ses aspects "incalculables". Les droits sociaux sont ainsi déconnectés de ce qui, dans le cadre du constitutionnalisme social, définit leur contenu normatif, à savoir la protection et « l'émancipation sociale[7] » de l'individu en tant que fin en soi ; à la suite du processus de marchandisation, leur dimension protectrice se réduit « au rôle de simples amortisseurs des chocs causés par l'instabilité et le dysfonctionnement des marchés[8] ».

Dans cette perspective, « la réorganisation des services de *welfare* sur des bases contractuelles, associée à des formes d'externalisation ou de privatisation des biens et des prestations correspondantes[9] » et au paradigme de l'activation, et donc la transformation de droits sociaux en droits

[1] H. Dean, *Social rights and Human Welfare*, Routledge, New York, 2015, 13.
[2] Ibidem.
[3] J. Beckfield, « The end of equality in Europe ? », *Current History*, vol. 112, 2013, 98.
[4] Ibidem.
[5] L. Pennacchi, *La moralità del welfare. Contro il neoliberismo populista*, 90.
[6] A. Supiot, *Homo juridicus. Essai sur la fonction anthropologique du Droit*, 167.
[7] Voir M. Dani, A. J. Menéndez, « È ancora possibile riconciliare costituzionalismo democratico-sociale e integrazione europea ? », 318.
[8] Ibidem.
[9] S. Rossi, « Il mercato e i diritti sociali », *Gruppo di Pisa*, n. 3, 2012, 2-3.

« d'accès à des marchés permettant un choix au sein d'une pluralité de fournisseurs[1] », constituent la conséquence la plus évidente d'un « glissement normatif[2] » synthétisable dans le réalignement idéologique entre les raisons du marché et les raisons de l'intégration sociale. En vertu de ce réalignement, la modernisation des États-providence dans le contexte de la concurrence internationale croissante ne peut que se baser sur l'extension de la logique du marché également à des « processus et à des rapports sociaux auparavant par définition étrangers à cette possibilité[3] ». Par exemple, c'est dans ce sens qu'il faut interpréter la contraction de la couverture sociale de nature publique et la progression de la commercialisation en ce qui concerne « les régimes de retraite, les services de l'emploi, l'assurance chômage et l'assurance maladie, les soins de santé, l'éducation, le logement, les services de soins, etc.[4] » ; la concession de la fourniture de services publics à des entreprises privées au moyen de règlements déontologiques concernant les standards de ces fournitures ; la réorganisation des services publics selon la doctrine déjà mentionnée du *New Public Managerialism* ; la logique d'autoprotection et d'auto-responsabilité liée à la forte conditionnalité des allocations de chômage visant une réintégration rapide sur le marché, une logique qui se défait de ce que dans le « capital humain transcende l'objectif de l'employabilité[5] » ; la dépolitisation de « la réglementation des contrats de travail[6] » en la transformant en une « affaire essentiellement privée[7] » à travers la prolifération de formes contractuelles « façonnées par [...] les caprices stratégiques du management visant à réduire les coûts et à augmenter les profits[8] », déconnectées ainsi des statuts collectifs fondés sur l'objectif de protéger les travailleurs des fluctuations du marché. En synthèse, l'affaiblissement « des politiques de protection sociale conçues pour démarchandiser le travail en fournissant des prestations conférant des moyens de subsistance en dehors du marché en

---

[1] A. Cantaro, *Il secolo lungo. Lavoro e diritti sociali nella storia europea*, 137.
[2] N. Gilbert, « Citizenship in the Enabling State : The Changing Balance of Rights and Obligations », dans A. Evers, A. M. Guillemard (sous la direction de), *Social policy and citizenship : the changing landscape*, 89. Le texte fournit de nombreux exemples concrets de cette convergence normative entre les pays européens.
[3] L. Pennacchi, *La moralità del welfare. Contro il neoliberismo populista*, 88.
[4] H. Dean, *Social rights and Human Welfare*, 14-15.
[5] M. Cinelli, S. Giubboni, *Cittadinanza, lavoro, diritti sociali. Percorsi nazionali ed europei*, 78.
[6] R. Dukes, W. Streeck, *Democracy at work : Contract, Status and Post-Industrial Justice*, Polity Press, Cambridge-New York, 2023, 60.
[7] Ibidem.
[8] Ibidem, 61.

faveur de mesures axées sur le travail visant à réintégrer les personnes sur le marché[1] ».

À travers ces transformations, l'autonomie du champ de significations associé au droit social apparaît compromise dans la mesure où elle apparaît de plus en plus superposable au champ sémantique du marché et à la manière dont ce dernier signifie des termes tels que "risque", "responsabilité", "mérite", "intégration", "sécurité", "*empowerment*", etc. La direction ainsi tracée semble conduire à un renversement de perspective, résidant dans la déconnexion progressive de la normativité du social de la *freedom from want* et dans son transfert/aplatissement dans le champ des libertés économiques, processus au cœur de la production de l'oubli et de la dépolitisation de l'ordre marchand. Le processus intégrationniste constitue un vecteur fondamental de ce processus de transformation du droit social, comme déductible des analyses de l'activité jurisprudentielle de la Cour prise en considération, de la typologie de politiques sociales promue, de la « logique opérationnelle des mécanismes de gouvernance économique et financière de l'euro-zone[2] ». Le droit social européen même, dont la « fonction fondamentale [...] devrait être [...] d'assurer la coexistence et l'interdépendance des constitutions sociales nationales dans l'espace commun[3] », s'avère en réalité un instrument plus fonctionnel à la propagation des pressions concurrentielles du marché qu'à la sauvegarde de l'autonomie sociale des systèmes nationaux. En plus du déclin rapide du modèle d'harmonisation vers le haut et de la négociation collective européenne, le passage décisif à la Méthode ouverte de coordination « substantifie le processus plus général [...] de dislocation normative et fonctionnelle des sources traditionnelles de l'Europe sociale[4] ». Cet instrument, en plus de procéduraliser l'épaisseur substantielle des principes constitutionnels afin de la comprimer au point de l'adapter à la diffusion de la normativité concurrentielle, pendant la crise et dans les années suivantes se transforme en « l'un des nombreux canaux de transmission des directives[5] » visant à réformer structurellement et rigidement les systèmes sociaux nationaux, avec la « réduction des droits au nom des contraintes de marché, au moins pour les États les plus faibles de la zone euro[6] ».

La transformation du droit social est désormais évidente. D'un point de vue spéculatif, la comprendre en profondeur signifie saisir la redéfinition des

---

[1] N. Gilbert, « Citizenship in the Enabling State : The Changing Balance of Rights and Obligations », dans A. Evers, A. M. Guillemard (sous la direction de), *Social policy and citizenship: the changing landscape*, 87.

[2] S. Giubboni, « Il diritto sociale europeo alla ricerca dell'autonomia perduta », *Politiche sociali*, 505.

[3] Ibidem, 508.

[4] Ibidem, 506.

[5] Ibidem, 507.

[6] Ibidem.

éléments clés – dignité matérielle, égalité substantielle, solidarité – qui composent l'imaginaire normatif de la citoyenneté sociale. Les analyses menées pour identifier les effets produits par la *translatio* des ressources dogmatico-normatives du constitutionnalisme social sur le plan de la normativité concurrentielle révèlent l'oubli de l'imaginaire normatif identifié dans le premier chapitre. C'est à partir de cet oubli que la citoyenneté sociale est à la recherche d'un nouvel imaginaire normatif.

Chapitre 3 Rendre l'oubli visible : réactualiser le contenu normatif de la citoyenneté sociale comme projet critique

1 - L'intolérabilité de l'oubli : proposition d'une stratégie conceptuelle visant à réactiver/réactualiser le contenu normatif de la citoyenneté sociale

Comme le montrent les analyses menées dans le deuxième chapitre, le processus d'intégration européenne véhicule des « transformations post-constitutionnelles[1] », concernant notamment le « *welfare*, le travail, le rapport état-marché et celui public-privé[2] », qui marginalisent l'axe matériel, relationnel et axiologique du constitutionnalisme social : en fonctionnalisant « l'état constitutionnel à la logique économiciste de la gouvernance[3] », il neutralise les capacités de "capture" de l'ordre économique caractérisant le constitutionnalisme social en inversant le rapport de force et en stérilisant les forces émancipatrices de ce dernier. Ainsi, l'oubli de l'imaginaire normatif de la citoyenneté sociale peut également être interprété comme un processus de déconstitutionnalisation factuelle conduisant à la chute dans un vide de sens de la prescriptivité sociale ancrée constitutionnellement. L'oubli dont je parle est alors "produit" puisqu'il s'agit du résultat intentionnel du processus susmentionné, dont les évolutions peuvent être reconstruites et inscrites dans un cadre normatif cohérent. Au cours de ce processus, « l'ordre supranational s'approprie[4] » des contenus normatifs identifiés « sans modifier profondément son identité et en les fonctionnalisant à sa raison d'être originaire[5] », poussé par « un sens de nécessité non transcendable[6] ».

La réflexion sur l'oubli traverse l'histoire de la pensée occidentale. Bien qu'il s'agisse d'un concept aux interprétations diverses, il indique toujours que quelque chose a été perdu, que quelque chose est devenu indisponible ; il « est la scission la plus fondamentale de soi à soi [...] la perte d'un de ses membres[7] ». L'objet de l'oubli échappe à la saisie, se situe en dehors de ce qui est accessible, récupérable, pensable, rompant ainsi une unité de sens préalablement existante et cohérente. C'est ainsi que je caractérise en premier lieu l'oubli des contenus normatifs caractérisant le

[1] G. Preterossi, « Cosa resta della costituzione materiale », 102.
[2] Ibidem.
[3] G. Preterossi, « Senza freni. La de-costituzionalizzazione neoliberale », *Teoria Politica*, n. 9, 2019, 41.
[4] B. Brancati, *Tra diritti sociali e crisi economica. Un equilibrio difficile per le corti costituzionali*, Pisa University Press, Pisa, 2018, 65.
[5] Ibidem.
[6] G. Preterossi, « Cosa resta della costituzione materiale », 105.
[7] R. E. Renaud, *La pharmacie de l'oubli. Essai sur l'existence, la latence, et la passivité*, Philosophie, ffdumas-01428207f, 2016, 82.

constitutionnalisme social, l'oubli d'un imaginaire enfermant dans ses limites un héritage partagé, contraignant, fondant le caractère social de la citoyenneté.

Dans le même temps, l'interprétation de l'oubli ne conduit pas nécessairement à la constatation d'une perte absolue et définitive. Au contraire, cette dernière apparaît pour de nombreuses doctrines philosophiques comme étant « quelque chose d'intolérable[1] », d'inacceptable ; elles soulignent comment l'oubli peut également être interprété comme une latence, comme oubli de quelque chose qui, en tant qu'oublié, devient latent. Ces positions philosophiques renvoient à la pensée d'auteurs tels que H. Bergson, P. Ricœur, M. Heidegger, etc., et théorisent de différentes manières l'imbrication de l'oubli et de la mémoire, ou « l'oubli comme forme de la mémoire[2] » : ce qui est latent est « ce qui est couvert, caché[3] », et qui est donc susceptible d'être réactivé, retrouvé, redécouvert. Cette ligne interprétative constitue la seconde acception du concept d'oubli que je mobilise : l'oubli ainsi défini n'est pas l'oubli absolu, l'oubli de l'oubli, mais il est l'oubli « qui ne s'oublie pas[4] », puisqu'il s'agit d'un oubli qui se connaît comme tel, et qui se connaît comme tel en vertu du travail de reconstruction opéré dans le premier chapitre.

Aux fins du présent ouvrage, j'adopte donc cette deuxième façon de signifier l'oubli pour de multiples raisons. Tout d'abord, pour des raisons d'ordre théorico-critique. En s'organisant dans le cadre de mon travail de reconstruction des contenus éthico-normatifs fondamentaux du constitutionnalisme social, elle se propose comme instrument euristique[5] en mesure d'enregistrer les transformations produites sur les contenus évoqués par la primauté de la constitution économique européenne. Ces transformations mettent en évidence l'incompatibilité entre les engagements constitutionnels contraignants (égalitaires, solidaires, redistributifs, etc.) que ces contenus déterminent et la normativité uniformisante selon le principe concurrentiel de l'ordre supranational, conduisant à la compromission de la « capacité du droit constitutionnel à jouer son rôle d'intégration politique et sociale[6] » et à la réduction marchande de cette dernière.

Deuxièmement, en tant que "forme de mémoire", elle offre la possibilité de récupérer « la portée et la pertinence émancipatrices [...] du

---

[1] J. Chrétien, *L'inoubliable et l'inespéré* (éd. dig.), Desclée de Brouwer, Paris, 2011, Préface à la seconde édition, par. 5.

[2] R. E. Renaud, *La pharmacie de l'oubli. Essai sur l'existence, la latence, et la passivité*, Philosophie, ffdumas-01428207f, 2016, 44.

[3] Ibidem, 5.

[4] J. Chrétien, *L'inoubliable et l'inespéré*, cha. 1, par. 2.

[5] Je reprends cette formulation utilisée par G. Preterossi en référence au concept de constitution matérielle dans l'article précité « Cosa resta della costituzione materiale ».

[6] A J Menéndez, « ¿ Constitución o camisa de fuerza ? De las nuevas reglas fiscales al estado amortizador », *Teoria Política*, n. 5, 2015, 189, cité par M. Dani, A. J. Menéndez, « È ancora possibile riconciliare costituzionalismo democratico-sociale e integrazione europea ? », 322.

constitutionnalisme social[1] » et de ses contenus normatifs, de jeter les bases pour la recherche de ses « valeurs latentes dans les arrangements sociaux existants qui, dans des conditions adéquates, pourraient se développer et être aidés à se développer précisément dans cette direction[2] ».

Objet de l'analyse de ce chapitre conclusif, cette opération ne peut être réalisée en répliquant statiquement la structure conceptuelle caractérisant l'affirmation du constitutionnalisme social dans un contexte historico-concret profondément différent ; agir de la sorte reviendrait à réitérer la déconnexion entre celle-ci et la réalité vivante, à l'immobiliser dans une position théorique devenue incapable de signifier. En effet, la sauvegarde de la capacité des concepts juridiques à pénétrer et à signifier la réalité implique la prise en compte de leur historicité, de leur caractère évolutif, du surplus de sens qu'ils contiennent en tant que réserves inextinguibles, jamais définitivement déterminées et, précisément pour cette raison, capables « d'ouvrir de nouvelles perspectives[3] » sur « ce qui est apparu [...] ou qui est en train d'apparaître[4] ». Dans le même temps, il ne s'agit pas de les adapter de manière subalterne à ce que les changements actuels exigent, car cette démarche impliquerait d'annihiler non seulement leur capacité à agir en tant qu'instruments critiques de l'ordre existant, mais aussi à « assurer la continuité [...] et [...] l'intégrité du système juridique[5] » et de ce qui est contraignant en son sein.

C'est à partir de cette perspective que j'essaierai de « surmonter l'oubli[6] » en identifiant, dans l'espace défini par la relation entre l'héritage du constitutionnalisme social et l'approfondissement du constitutionnalisme économique européen, des développements, propositions et instruments à même de réactiver les contenus normatifs oubliés conformément aux nouvelles circonstances, une réactivation qui est dans le même temps telle dans la mesure où elle n'implique pas leur altération. J'identifierai ainsi les points clés d'une stratégie conceptuelle capable de fournir des indications pour la redéfinition d'un imaginaire normatif de la citoyenneté sociale qui ne soit pas aplati par les arguments du marché concurrentiel et leur sémantique uniformisante et dé-substantialisante ; une opération dont la légitimité réside dans le principe selon lequel « la nécessité d'un ordre normatif juste n'est pas invalidée si elle ne peut être dérivée de la nécessité[7] » de préserver le

[1] G. Preterossi, « L'Europa tra ideologia globalista, spoliticizzazione e populismi », 86.
[2] R. Dukes, W. Streeck, *Democracy at work. Contract, Status and Post-Industrial Justice*, 22.
[3] Ibidem, 4.
[4] Ibidem.
[5] Ibidem, 29.
[6] J. Chrétien, *L'inoubliable et l'inespéré*, cha. 1, par. 2.
[7] R. Dukes, W. Streeck, *Democracy at work. Contract, Status and Post-Industrial Justice*, 130.

fonctionnement optimal du marché concurrentiel ; « au contraire, il précède cette nécessité, la conditionne et la contient[1] ».

Cette proposition est cohérente avec l'approche théorique et méthodologique adoptée jusqu'à présent. Développer une argumentation normative ne signifie pas seulement identifier et creuser conceptuellement les instances normatives présentes dans les concepts constitutionnels concernés ; développer cette opération signifie également tenter de saisir le dynamisme de l'imaginaire normatif analysé, c'est-à-dire les évolutions que ce dernier pourrait adopter en fonction de circonstances historiques changeantes, mais d'une manière pertinente au regard de ses contenus fondamentaux.

1.1 - De l'individualisation émancipatrice

La crise de l'imaginaire normatif de la citoyenneté sociale et de son sujet, ainsi que l'affirmation de l'éthique de l'auto-valorisation et de l'auto-responsabilisation du sujet entrepreneurial en réponse à cette crise, participent d'un processus général plus large de déconstruction des appartenances collectives existant dans la société industrielle et d'individualisation des existences sociales. Une compréhension adéquate de ce processus et de ses possibles interrelations émancipatrices avec la question de la citoyenneté sociale exige de considérer ce processus selon l'ampleur de la perspective historique dans laquelle il s'inscrit. Une vaste littérature interprète le processus d'individualisation comme le processus historique par lequel le sujet et ses droits s'affirment en tant que marque de la modernisation occidentale et en tant que « substrat de valeurs et culturel sur lequel reposent les développements de l'État de droit et de l'État social en Europe[2] ». Il est alors nécessaire de clarifier le sens que je donne à ce processus afin de mettre en évidence sa compatibilité avec ce qui a été développé jusqu'à présent et justifier ainsi la première composante de notre stratégie conceptuelle.

Encadrement philosophique de l'individualisation

La découverte de la singularité et de l'autonomie du sujet par la réflexion philosophique – au-delà des différentes interprétations, du "Je" souverain de Descartes à l'individu propriétaire de Locke, des monades de Leibniz à l'individu calculateur et utilitariste de Bentham, du sujet rationnel de Kant à la libre subjectivité hégélienne comme « principe du monde moderne[3] », des multiples déclinaisons de l'*homo economicus* à l'individualisme

[1] Ibidem.
[2] M. Paci, *Nuovi lavori, nuovo welfare. Sicurezza e libertà nella società attiva*, 22.
[3] G. W. F. Hegel, *Lineamenti di filosofia del diritto*, 361.

démocratique du solidarisme[1], etc. – et sa formalisation dans la Déclaration des droits de l'homme et du citoyen constituent l'événement fondamental par lequel l'individualisme et le processus d'individualisation qui lui est associé font « irruption[2] » dans l'histoire. En d'autres termes, cet événement déclenche dans le monde occidental un processus d'émancipation progressive des sujets fondé sur le respect et l'extension des droits fondamentaux et des espaces de liberté à travers lesquels ils peuvent poursuivre leur autodétermination et leur indépendance. Le terme "sujet" désigne ici à la fois « l'individu en lui-même et le fondement universaliste qu'il exprime[3] ».

La richesse polysémique de ce cadre historico-théorique oblige dans le même temps à définir plus précisément la signification que j'associe au terme "individualisation". Le terme "individualisation" indique la centralité que la singularité individuelle acquiert dans le contexte de la modernisation occidentale. Dans ses résultats les plus aboutis, le sujet est considéré à la fois comme faisant partie de et déterminé par un corps social plus complexe, préexistant et téléologique (la corporation, la classe sociale, la nation, etc.), et comme « une unité singulière (ipséité)[4] » irréductiblement distincte des autres et capable d'établir de manière autonome le sens de ses actes, de ses intérêts, de ses objectifs, de ses pensées et, plus généralement, de son existence. L'élément normatif fondamental à partir duquel j'organise ma façon d'interpréter le sujet est la reconnaissance de cette « potentialité originelle intérieure que chacun doit pouvoir actualiser[5] » et qui fonde les libertés des individus (tant individuelles que collectives), en devenant « le vecteur d'une éthique universelle des droits de l'homme[6] » et légitimant la mise en place d'une organisation sociétale visant à élargir et à renforcer les possibilités concrètes dont les sujets disposent pour s'autodéterminer, pour façonner leur existence, construire leur autonomie, coopérer avec les autres et, de cette manière, vivre "dignement". Cette faculté d'autodétermination réside en *interiore homine* et de sa concrétisation dépend le respect de la dignité individuelle ; le processus d'individualisation peut alors être interprété comme le « développement de la liberté [...] pour l'individu de se choisir (autonomie) et d'agir en conséquence dans la société et par rapport aux autres (indépendance)[7] », et donc comme le développement des possibilités de concrétiser la faculté susmentionnée.

Dans le cadre de cette interprétation, la reconnaissance de la centralité du sujet, de ses droits et de ses libertés n'implique pas la réduction de la société

[1] Voir C. Bouglé, *Le solidarisme*, V. Giard & E. Brière, Libraires-Éditeurs, Paris, 1907.
[2] M. Paci, *Nuovi lavori, nuovo welfare. Sicurezza e libertà nella società attiva*, 13.
[3] S. Rodotà, *Il diritto di avere diritti*, 142.
[4] A. Laurent, *Histoire de l'individualisme*, PUF, Paris, 1993, 4.
[5] Ibidem, 5.
[6] Ibidem, 9.
[7] Ibidem, 119.

à une agrégation atomistique d'individus auto-intéressés et utilitaristes, qui agissent dans un espace abstrait, a-historique et négatif (dans la mesure où il se définit par la privation d'interférence) et en relation avec les autres uniquement dans le but de réaliser des intérêts égoïstes. Au contraire, penser l'individualisation émancipatrice, c'est aussi penser « l'inscription empirique[1] » des sujets « dans un habitat culturel[2] » et social historiquement déterminé « qui leur est antérieur et les imprègne originellement, ainsi que leur interdépendance ultérieure au sein du réseau des relations obligées et désirées avec les autres[3] ». Penser l'individualisation émancipatrice ne signifie pas seulement rejeter l'idée d'une détermination sociale intégrale des sujets, mais aussi assumer leur socialité intrinsèque, ainsi que la fondamentalité de leurs relations d'interdépendance. La poursuite de la volonté individuelle au moyen des libertés disponibles ne s'épuise pas dans l'axiomatique solipsiste de l'intérêt individuel, mais devient génératrice de relations, de significations partagées, d'imaginaires communs ancrés historiquement, acquérant des fondements juridiques et basés à la fois sur l'émergence de subjectivités particulières et sur la stabilité des liens sociaux qui les tiennent ensemble au nom de sphères de valeurs constituant le tissu substantiel de l'être-en-société.

L'agir des sujets fait par conséquent émerger une « attitude normative[4] » intrinsèquement liée à « leur sociabilité[5] ». Renouant avec le premier chapitre, dans ce processus d'émancipation progressive des sujets la notion de liberté évolue ainsi en acquérant « une dimension de valeur positive [concernant] les conditions de réalisation de l'action humaine et des projets qui l'animent[6] », tant individuels que collectifs. Au cours de ce processus, la liberté négative, abstraite et formelle, « vide [car] exempte de compromis avec toute idée de valeur positive[7] », est englobée et dépassée par une notion plus complexe de liberté, inscrite dans un réseau de « relations positives et réelles avec d'autres individus[8] », avec des appareils institutionnels, avec des groupes sociaux, etc., qui font partie d'une réalité historico-concrète donnée et qui sont porteurs de valeurs identifiables et inextricablement liées au contenu de ladite liberté.

---

[1] Ibidem, 7
[2] Ibidem.
[3] Ibidem.
[4] L. Pennacchi, *La moralità del welfare. Contro il neoliberismo populista*, 232-233.
[5] Ibidem, 233.
[6] A. Zhok, *Critica della ragione liberale. Una filosofia della storia corrente*, 69.
[7] Ibidem.
[8] Ibidem.

J'ai ainsi précisé mon interprétation historico-philosophique du concept d'individualisation. Il constitue l'horizon théorique dans lequel s'inscrit la succession de déclarations, de chartes constitutionnelles, de conventions internationales, etc., vouées à l'extension progressive des droits humains ; une succession qui permet « la récupération intégrale de l'individualité[1] » ainsi que la détermination sur la base de celle-ci « de valeurs fondatrices[2] » des systèmes juridiques et de leur mission d'améliorer les conditions « du développement de la personnalité[3] ». Dans le même temps, elle constitue aussi l'horizon théorique dans lequel s'inscrit la succession de constructions, d'organisations, d'institutions sociales à travers laquelle ce processus d'émancipation individuelle se réalise. De ce point de vue, concernant la dimension sociologique du processus d'individualisation, ce dernier indique un processus caractérisant la modernité de « décrochage des formes et des contraintes sociales historiquement préconstituées, au sens de contextes traditionnels de domination et de soutien (dimension de "l'affranchissement"), de perte des sécurités traditionnelles en matière de connaissances pratiques [...] et de normes-guide (dimension du "désenchantement"), et » d'émergence d'« un nouveau type de lien social (dimension [...] de la réintégration)[4] » ; un processus de transformation des conditions et des modes de vie du sujet, caractérisé par la « tendance [du sujet] à se détacher de la collectivité d'appartenance obligatoire ou non-élective[5] » et de ses ordres de valeurs et conduisant, à l'époque post-moderne, à faire de ce dernier « l'unité sociale de référence[6] ». Ainsi, dans les sociétés occidentales économiquement très développées, le processus d'individualisation franchit un nouveau seuil, faisant du sujet affranchi des appartenances collectives de la société industrielle, de sa trajectoire biographique spécifique et de ses valeurs le centre de la vie sociale et le filtre épistémologique à travers lequel déchiffrer les phénomènes qui la caractérisent. Cette transition, qui s'effectue en étroite corrélation avec des transformations profondes du système économique (« la flexibilisation du marché du travail [...] l'émergence et [...] la généralisation des formes d'emploi atypique[7] », etc.), marque un moment de remarchandisation plus ou

---

[1] S. Rodotà, *Il diritto di avere diritti*, 153.
[2] Ibidem.
[3] Ibidem, 157.
[4] U. Beck, *La società del rischio. Verso una seconda modernità*, 186.
[5] M. Paci, « Le ragioni per un nuovo assetto del welfare in Europa », *La Rivista delle Politiche Sociali*, 2004, 1.
[6] U. Beck, *La società del rischio. Verso una seconda modernità*, 188.
[7] M. Vultur, « Le concept de précarité : quelle adéquation aux transformations actuelles du monde du travail ? », dans D. Mercure, M. Vultur, *Dix concepts pour penser le nouveau monde du travail*, 29.

moins intense des existences individuelles et un réalignement sur la logique concurrentielle du marché des structures institutionnelles dans lesquelles elles se déroulent.

Individualisation et welfare : limites et potentialités émancipatrices

La manière dont l'État social agit pour rendre opérationnels les contenus normatifs enracinés constitutionnellement « renforce ou réduit l'autonomie des citoyens[1] ». L'affirmation et le développement des États-providence européens constituent un progrès de l'autonomie individuelle et collective : la diffusion de la stabilité économique et sociale, la garantie des droits fondamentaux, l'amélioration générale des perspectives de vie par des mécanismes redistributifs, le développement « d'identités et de structures collectives fortes[2] » capables de donner un poids politique à des intérêts communs améliorent sensiblement les conditions concrètes d'exercice de l'autonomie individuelle et de réalisation de projets de vie personnels, permettant ainsi à de larges pans de la population de gagner des marges considérables de liberté substantielle. L'appareil institutionnel et normatif par lequel l'individualisation est ainsi promue s'organise donc à partir de la relation fondamentale des individus, sur la base de laquelle le champ de la considération personnelle s'étend aux besoins et aux intérêts d'autrui. En ce sens, individualisation et relationnalité se rejoignent puisque « l'État-providence est plus qu'un mécanisme de redistribution, il s'agit d'un mécanisme qui favorise des *patterns* de [...] solidarité et de cohésion sociale[3] ».

Dans le même temps, les États-providence assurantiels et redistributifs comportent aussi des « éléments de non-liberté[4] » qui limitent la portée émancipatrice du processus d'individualisation. La logique par laquelle ils agissent contient certainement un aspect promotionnel lié aux éléments évoqués. Toutefois, elle a un caractère « centralisé et catégoriel[5] » : la prise en charge des individus se fait selon « une approche à la population de nature statistique qui élimine la donnée individuelle, afin de fondre les individus dans des catégories démographiques et statistiques générales[6] » ayant les mêmes besoins et sur lesquelles agir "socialement" de

---

[1] S. Bothfeld, S. Betzelt, « How do activation policies affect social citizenship ? The issue of autonomy », dans G. Ramia, K. Farnsworth, Z. Irving (sous la direction de), *Social Policy Review 25 : Analysis and debate in social policy*, 251.
[2] M. Paci, *Nuovi lavori, nuovo welfare. Sicurezza e libertà nella società attiva*, 48.
[3] S. Bothfeld, S. Betzelt, « How do activation policies affect social citizenship ? The issue of autonomy », dans G. Ramia, K. Farnsworth, Z. Irving (sous la direction de), *Social Policy Review 25 : Analysis and debate in social policy*, 257.
[4] M. Paci, *Nuovi lavori, nuovo welfare. Sicurezza e libertà nella società attiva*, 24.
[5] Ibidem, 42.
[6] Ibidem, 76.

manière homogène. Par ailleurs, les droits sociaux sont principalement calibrés sur l'organisation fordiste du travail : sa structure rigide et hiérarchique, ainsi que les marges étroites accordées à l'individu pour déterminer le contenu de son travail, non seulement propagent une « approche instrumentale envers le travail[1] » et compriment la liberté individuelle d'organiser et de gérer sa carrière au nom de parcours professionnels rigides et obligatoires, mais limitent considérablement « l'opérabilité des droits sociaux[2] » en plaçant leur contrôle dans les procédures standardisées de l'échelon administratif. Ce cadre introduit donc des éléments de "passivisation" du sujet qui apparaissent en contradiction avec les instances d'autodétermination du processus d'individualisation.

Comme le décrit une abondante littérature, les systèmes de protection sociale, « confrontés à une sorte de révolution sociologique[3] » et à des problèmes de plus en plus pressants de viabilité économique, se réorganisent en adoptant comme paradigme approprié pour relever le défi celui de l'activation, dans ses différentes variantes. Le paradigme de l'activation possède une portée réformatrice potentiellement globale, touchant de nombreux domaines concernant les systèmes sociaux[4] et établissant un ordre moral spécifique. Ce paradigme se propose de réorganiser les États sociaux ainsi que l'ordre des responsabilités en centrant progressivement la protection sociale sur le sujet "mobilisé", c'est-à-dire sur le sujet qui, par l'activation des politiques et des prestations sociales ainsi que par les dispositifs d'incitation et de conditionnalité qui y sont liés, augmente et maintient constamment son employabilité, s'auto-responsabilisant ainsi. Dans cette perspective, où le bien-être individuel et l'inclusion sociale dépendent de plus en plus des « revenus du marché[5] », les politiques promues au niveau européen se concentrent sur le concept d'"investissement social", qui permet de mobiliser et d'augmenter le « capital humain et social[6] » des individus et, de cette manière, le taux de participation au marché et la valeur qu'ils produisent dans un système économique de plus en plus complexe et *knowledge-based*.

---

[1] J. H. Goldthorpe, D. Lockwood, *Classe operaia e società opulenta*, Angeli, Milan, 1973, 20.
[2] M. Paci, *Nuovi lavori, nuovo welfare. Sicurezza e libertà nella società attiva*, 77.
[3] P. Rosanvallon, *La nouvelle question sociale. Repenser l'État-providence*, 197.
[4] R. Castel et N. Duvoux, décrivant le paradigme de l'activation comme « une logique institutionnelle commune » aux pays européens malgré les différences, soulignent que son application concerne désormais « l'indemnisation du chômage, les politiques de l'emploi, les prestations d'assistance et de solidarité […] les pré-retraites et le retraites […] le financement de la protection sociale et l'articulation impôts-cotisations ». R. Castel, N. Duvoux, *L'avenir de la solidarité*, 49-58.
[5] J. Jenson, « Changing perspectives on social citizenship : a cross-time comparison », dans A. Evers, A. M. Guillemard (sous la direction de), *Social policy and citizenship: the changing landscape*, 68.
[6] Ibidem, 67.

De cette manière, la protection sociale, confrontée aux changements structurels des modes de production, assume l'individualisation comme élément-charnière, organisant sa propre restructuration davantage sur la « sécurisation des parcours professionnels[1] » que sur l'appartenance à un *status* identifiant des formes de protection collective standardisées sur le système industriel des trente glorieuses. La fragmentation des trajectoires linéaires (en termes familiaux, professionnels, sociaux, etc.) caractérisant de larges groupes sociaux devient ainsi le vecteur d'un processus dans lequel la sécurisation ne se réalise pas passivement, mais implique des espaces d'autodétermination par le biais desquels le sujet est appelé à la construire (que ce soit en termes de formation, de réorientation professionnelle, de projets personnels, etc.). Le champ sémantique associé au terme de sécurité passe ainsi de la défense contre les effets de marchandisation des conditions de vie au développement de stratégies préventives visant à doter les individus de niveaux d'employabilité leur permettant de faire face aux évolutions rapides du marché.

Ce processus de restructuration ne concerne pas seulement l'émergence de nouvelles exigences dans l'organisation de la protection sociale et du travail à la suite des profondes transformations économiques et techniques déjà évoquées. En adoptant le processus d'individualisation comme clé de lecture, et en inscrivant ainsi les évolutions évoquées dans la profondeur et la continuité historique de ce processus, il est nécessaire de considérer les changements qui se produisent « sur le plan socioculturel[2] » non pas comme des « effets reflétés du changement économique plus général[3] », mais comme faisant partie des « facteurs [...] des transformations en cours[4] ». Ces facteurs concernent la recherche par le sujet d'espaces d'autonomie et d'autodétermination plus larges que ceux qui caractérisent la société industrielle et son *welfare*, une plus grande appréciation de « la valorisation de la quête de réalisation de soi et d'épanouissement personnel[5] » ; ils sont l'expression de la volonté subjective de définir de manière autonome le sens de ses activités, de ses libertés et, plus généralement, de son existence. Le paradigme de l'activation peut alors être interprété comme un vecteur potentiel de cet approfondissement du processus d'individualisation. Il semble fournir un principe permettant au sujet de conquérir de nouveaux espaces de liberté : dans la déstructuration de la standardisation fordiste du travail et des droits qui y sont attachés, le paradigme de l'activation, en

---

[1] E. Verdier, M. Vultur, « L'actualité et la pertinence du concept d'insertion professionnelle », 196.
[2] M. Paci, *Nuovi lavori, nuovo welfare. Sicurezza e libertà nella società attiva*, 20.
[3] Ibidem, 21.
[4] Ibidem.
[5] D. Mercure, « Genèse et horizons heuristiques du concept de rapport au travail », dans D. Mercure et M. Vultur (sous la direction de), *Dix concepts pour penser le nouveau monde du travail,* 157.

dotant les individus d'outils visant à entretenir, enrichir et réorienter leur formation et leur employabilité, leur ouvre de nouveaux espaces de liberté à travers lesquels ils peuvent déterminer de manière plus autonome le contenu de leur travail, les trajectoires de leur carrière professionnelle, l'usage de leurs droits et la gestion de leurs temps de vie. En bref, le paradigme de l'activation « impliquerait une conception plus positive des bénéficiaires en tant qu'individus autonomes et responsables d'eux-mêmes[1] », il augmenterait les possibilités d'expression des « aptitudes et [...] des talents personnels[2] », il valoriserait ainsi « la dimension participative de la citoyenneté sociale[3] ».

Dans le même temps, la restructuration des *welfare states* sur la base de ce paradigme, en plus de décevoir les attentes quant aux résultats escomptés en termes de réduction de l'exclusion sociale, de la pauvreté, des inégalités, n'apporte pas actuellement de réponses efficaces quant à la diffusion de la précarité structurelle, de l'insécurité sociale[4] et de l'*in-work poverty*[5] liées à la dépendance accrue des individus à l'égard de la participation au marché concurrentiel. C'est dans cette dépendance accrue que s'inscrit la quête d'autonomie et d'épanouissement personnel. En effet, l'*empowerment* de l'individu par le biais de stratégies d'investissement social se réalise principalement selon une logique économiciste répondant à la nécessité de produire des rendements économiques, réduisant ainsi l'aspiration individuelle à l'autonomie à la capacité du sujet à garantir des gains économiques.

Ainsi, en ce qui concerne la relation avec le processus d'individualisation, le fonctionnement concret du paradigme de l'activation ne semble pas réaliser les potentialités émancipatrices évoquées. Comme le soulignent S. Bothfeld et S. Betzelt, « les mécanismes invitant les citoyens à participer [...] peuvent avoir [...] deux effets, soit les encourager et renforcer ainsi leur engagement envers l'autorité publique, soit les contraindre en fixant des conditions étroites et des choix limités[6] ». Dans ce cadre, le renforcement de l'autonomie subjective est inextricablement connecté au

[1] A. Evers, A. M. Guillemard, « Reconfiguring Welfare and reshaping citizenship », dans A. Evers, A. M. Guillemard (sous la direction de), *Social policy and citizenship : the changing landscape*, 364

[2] M. Paci, *Nuovi lavori, nuovo welfare. Sicurezza e libertà nella società attiva*, 24.

[3] H. Johansson, B. Hvinden, « Towards a Post-Marshallian framework for the analysis of social citizenship », dans A. Evers, A. M. Guillemard (sous la direction de), *Social policy and citizenship : the changing landscape*, 48.

[4] Comme le montrent de nombreuses enquêtes d'Eurofound. Voir www.eurofound.eu.

[5] L. Ratti (sous la direction de), *In-work Poverty in Europe : Vulnerable and Under-Represented Persons in a Comparative Perspective*, Wolters Kluwer, Alphen aan den Rijn, 2022.

[6] S. Bothfeld, S. Betzelt, « How do activation policies affect social citizenship ? The issue of autonomy », dans G. Ramia, K. Farnsworth, Z. Irving (sous la direction de), *Social Policy Review 25 : Analysis and debate in social policy*, 266-267.

lien entre le processus d'activation et la manière dont les sujets concernés s'y impliquent. En ce sens, un niveau élevé d'autonomie se traduirait en une adhésion subjective aux valeurs individuelles et collectives qui organisent et motivent le processus d'activation. Au contraire, une implication hétéro-directe et contraignante répondant principalement à des finalités autres que l'implémentation de la liberté concrète du sujet conduirait à un affaiblissement de son autonomie. Dans la plupart des pays européens, l'activation se concrétise par un réseau dense de règles contraignantes, de conditionnalités et de sanctions, visant à favoriser « le développement de caractéristiques individuelles marchandes[1] » et augmenter le taux de participation au marché ; les politiques sociales se défaussent de leur pouvoir d'émancipation du sujet et deviennent des outils permettant de façonner de manière entrepreneuriale les subjectivités.

Selon ma lecture, ces conséquences sont intrinsèquement connectées « à un déplacement [...] dans la dimension normative[2] » conduisant à la reconceptualisation de la raison d'être, de la justification éthico-normative et du *telos* de la protection et, plus généralement, de la citoyenneté sociale, et que j'ai décrit à travers la théorisation de l'opération de *translatio* et son effet de désubstantialisation des contenus normatifs fondamentaux de la dignité matérielle, de l'égalité substantielle et de la solidarité. Il s'agit donc de comprendre si et comment il est possible de réactiver le contenu normatif de ces ressources fondamentales et de fournir ainsi de nouvelles références à partir desquelles commencer à redéfinir un imaginaire normatif de la citoyenneté sociale qui soit à la hauteur des défis émancipateurs d'aujourd'hui.

1.2 - Indications fondamentales pour la reformulation des fondements théoriques de la citoyenneté sociale

Centralité de la question normative et méthode

Conformément à la démarche adoptée dans ce travail, s'interroger sur la redéfinition de l'imaginaire de la citoyenneté sociale signifie avant tout placer au centre de notre réflexion « la question normative, c'est-à-dire la question des principes de valeur sur lesquels doit se fonder[3] » cette redéfinition et par conséquent la réorganisation de l'appareil institutionnel qui l'incarne, l'État-providence. Dans nos analyses, ce dernier apparaît comme la concrétisation partielle et historiquement déterminée d'« un idéal

[1] Ibidem, 264.
[2] Ibidem, 249.
[3] M. Paci, *Nuovi lavori, nuovo welfare. Sicurezza e libertà nella società attiva*, 21.

de bien-être universel [d'un] projet d'émancipation[1] » ancré dans la modernité européenne et visant à accroître l'autonomie et les libertés individuelles et collectives de sujets "semblables" et soudés par des liens de solidarité. Ce processus de « constitutionnalisation de la personne[2] » apparaît aujourd'hui fragilisé non seulement du fait des profondes mutations structurelles et sociétales évoquées, mais aussi du fait du « retour du marché[3] » et de la resémantisation des ressources normatives sur lesquelles ce processus se fonde. Face à cette situation, répondre à la question normative en cohérence avec l'approche adoptée ici et avec l'héritage du constitutionnalisme social européen signifie d'abord proposer une actualisation possible des ressources normatives évoquées. Cette opération doit tenir compte à la fois du caractère historiquement déterminé des interprétations contingentes et des limites tracées par les éléments fondateurs de ces ressources, limites au-delà desquelles elles perdent leur sens. De ce fait, il faut alors « reconnaître ce qui est passé, ce qui est "fini" [...] ce que le présent nous permet de penser et ce que nous pourrions [...] concevoir comme un avenir pour l'idée de *welfare*[4] » et de citoyenneté sociale dans une perspective à la fois évolutive et cohérente avec le noyau substantiel identifié dans le premier chapitre.

Dans ce cadre, il devient nécessaire d'identifier les propositions et les réalisations concernant les droits sociaux et les politiques sociales susceptibles de réactiver les contenus éthico-normatifs oubliés. Le choix d'organiser l'opération mentionnée de cette manière repose sur 1) l'approche selon laquelle toute manière d'interpréter les droits ou de mettre en œuvre des politiques n'est pas réductible à la dimension technico-fonctionnelle mais est toujours en rapport avec un *framework* normatif ; 2) la reconnaissance de l'historicité des solutions possibles comme condition incontournable de la reformulation de contenus cohérents avec eux-mêmes et en phase avec la conjoncture temporelle dans laquelle ils sont immergés.

Récupération de la fondamentalité des droits sociaux

Pour jeter les bases de cette opération, il faut d'abord récupérer l'innovation la plus significative introduite par le constitutionnalisme social, à savoir l'attribution aux droits sociaux du caractère de la fondamentalité et la configuration des prestations qui en découlent « comme objets de droit superordonnés à la législation[5] ». Les droits sociaux « structurent la

[1] P. Leonard, *Postmodern Welfare : reconstructing an emancipatory project*, SAGE Publications Ltd, Londres, 2013, cha. 1, 25, https://sk.sagepub.com/books/postmodern-welfare.
[2] S. Rodotà, *Il diritto di avere diritti*, 10.
[3] M. Paci, *Nuovi lavori, nuovo welfare. Sicurezza e libertà nella società attiva*, 20.
[4] P. Leonard, *Postmodern Welfare : reconstructing an emancipatory project*, chap. 1, 25.
[5] L. Ferrajoli, *Costituzionalismo oltre lo Stato*, Mucchi Editore, Modène, 2017, 30.

personnalité de l'individu moderne occidental[1] » ; en tant que droits fondamentaux, ils doivent être protégés de la pénétration de logiques autres que celle dont ils sont porteurs. En ce sens, il apparaît théoriquement nécessaire de s'opposer à l'une des tendances fondamentales enregistrées dans mes analyses, à savoir « leur réduction à de simples titres à échanger sur le marché, qui les ramène précisément à une logique propriétaire en conflit avec la dimension constitutionnelle acquise par la personne[2] », en récupérant et en réactualisant leur inconditionnalité, c'est-à-dire ce qui les distingue d'un service de marché. La relation entre les bénéficiaires d'une intervention sociale et cette dernière ne doit pas être interprétée selon la logique marchande de la contrepartie ou de l'échange ; bien au contraire, il faut interpréter « les interventions sociales [...] comme l'exercice d'un droit[3] » dont les bénéficiaires disposent en tant que « sujets de droits, ayant droit à un traitement qui s'efforce de restaurer leur citoyenneté sociale[4] ».

Dans le même temps, cette opération de récupération doit être dynamique, c'est-à-dire qu'elle doit permettre de « repenser la logique des droits sociaux[5] » et des interventions sociales sur la base des changements en cours. En particulier, à la lumière du processus d'individualisation comme encadrement historico-rationnel dans lequel inscrire l'affirmation de la citoyenneté sociale et en rapport avec l'exigence susmentionnée de ne pas subordonner ou fonctionnaliser les droits sociaux à la logique du marché concurrentiel, je structure alors l'opération de récupération sur la base de trois critères principaux :

1 - le caractère inconditionnel de la garantie de niveaux de vie dignes, et donc de l'engagement à satisfaire de manière « de plus en plus efficace [...] les besoins humains communs et particuliers[6] » ayant leur fondement dans l'héritage constitutionnel européen ;

2 - la promotion de l'autonomie individuelle entendue comme renforcement des libertés substantielles et de la « *moral agency*[7] » de l'individu en tant que valeur et exigence éthiques ;

3 - la récupération de la dimension collective inscrite dans la sémantique des droits sociaux et entendue comme un "devoir de responsabilité et de réciprocité" basé sur la « reconnaissance que l'interdépendance mutuelle est au cœur de la subjectivité et qu'elle constitue donc le fondement de toute

---

[1] R. Castel, *La montée des incertitudes. Travail, protections, statut de l'individu*, Avant-propos, par. 71.
[2] S. Rodotà, *Il diritto di avere diritti*, 9.
[3] R. Castel, *La montée des incertitudes. Travail, protections, statut de l'individu*, cha. 7, par. 37.
[4] Ibidem.
[5] B. Gazier, B. Palier, H. Périvier, *Refonder le système de protection sociale. Pour une nouvelle génération de droits sociaux*, 20.
[6] P. Leonard, *Postmodern Welfare : reconstructing an emancipatory project*, chap. 7, 7.
[7] Ibidem.

reconstruction d'un projet de *welfare state*[1] » et de citoyenneté sociale. Cette reconnaissance de l'interdépendance comme fait social fondamental permet la légitimation et le renforcement de liens de solidarité contraignants, aptes à réduire les inégalités, à préserver l'intégrité morale et matérielle du sujet contre des formes éventuelles d'instrumentalisation et de subordination.

Le sujet contemporain comme sujet vulnérable

Dans le même temps, ces trois critères présupposent un sujet autre que le sujet entrepreneurial, un sujet auquel se référer et à travers lequel acquérir du sens. Afin de répondre à cette exigence herméneutique, de nombreuses études[2] caractérisent le sujet contemporain par le concept de précarité, concept qui renvoie à la fragilisation des conditions de vie d'une partie croissante de la population en ce qui concerne leurs revenus ainsi que l'accès aux services de santé, d'éducation, de formation, etc., du fait des processus de flexibilisation et de segmentation du marché du travail, d'affaiblissement du droit du travail et de la protection sociale dû à la diffusion d'emplois atypiques et donc à la déstabilisation du statut salarial et des sécurités qui y sont associées.

Dans le même temps, le concept de précarité, désignant ce qui se situe en dehors de l'emploi classique à temps plein et à durée indéterminée, apparaît trop générique pour englober dans une seule catégorie « l'hétérogénéité des caractéristiques[3] » et des conditions de vie des personnes usuellement identifiées comme précaires. Peuvent en effet être considérés comme précaires des individus disposant de ressources et de perspectives de vie très différentes, et, dans certains cas, même plus favorables que le *status* garanti par l'emploi classique : les professionnels indépendants hautement qualifiés et à hauts revenus, mais aussi l'individu peu qualifié qui alterne emplois occasionnels et périodes de chômage, le jeune à la recherche d'un emploi satisfaisant et la personne âgée qui, après un licenciement, peine à retrouver un emploi permanent, etc.

L'application généralisée du concept de précarité présente également une autre limite particulièrement pertinente pour mes analyses : elle ne prend pas en compte des aspects qui sont aujourd'hui centraux pour la compréhension de la relation entre le sujet, le travail et la vie personnelle, tels que la qualité du « contexte et du contenu du travail [...] l'aménagement du temps du

---

[1] Ibidem, 6.

[2] Voir, par exemple, D. Bertaux, C. Delcroix, R. Pfefferkorn, (sous la direction de), *Précarités : contraintes et résistances*, L'Harmattan, Paris, 2014 ; P. Cingolani, *La précarité*, PUF, Paris, 2011 ; etc.

[3] M. Vultur, « Le concept de précarité : quelle adéquation aux transformations actuelles du monde du travail ? », dans D. Mercure, M. Vultur, *Dix concepts pour penser le nouveau monde du travail*, 34.

travail[1] » et du temps libre, l'importance croissante accordée par les individus à la possibilité de modifier leur trajectoire personnelle au nom de la poursuite de leur propre épanouissement et de l'expression de leurs préférences et de leurs aptitudes, etc.

En d'autres termes, la caractérisation du sujet comme sujet précaire, tout en remplissant la fonction importante de dénoncer des formes d'insécurité sociale de plus en plus répandues, apparaît cependant excessivement imprécise et incapable de saisir le potentiel émancipatoire présent dans les transformations en cours. À cet égard, le concept de précarité « renvoie à un schéma holiste dans lequel l'individu est la victime des structures et n'a pas la capacité d'infléchir le fonctionnement économique et social[2] », subissant passivement les effets régressifs de la réorganisation post-industrielle de l'ordre capitaliste. Au contraire, il est nécessaire de formuler une idée du sujet qui prenne en compte à la fois les nouvelles fragilités et souffrances sociales et les nouvelles possibilités que le système socioéconomique actuel offre pour réaliser les capacités subjectives d'autodétermination et d'autonomie dans le cadre de nouvelles formes de sécurisation sociale. Pour ce faire, je formule l'idée du sujet en me référant aux nombreuses études[3] concernant le concept de vulnérabilité, qui semble cohérent avec mes analyses et heuristiquement efficace pour caractériser la condition historico-concrète du sujet sur la base des critères indiqués.

La généralisation de la vulnérabilité comme qualité spécifique du sujet contemporain se justifie avant tout comme « donnée originaire[4] », car relevant de la dimension sociale et relationnelle de l'existence du sujet. La socialité de l'individu situé comme dimension « constitutive [...] de toute vie incarnée[5] » implique une condition d'exposition constante à une multiplicité de facteurs (économiques, sociaux, culturels, etc.) placés hors de son contrôle et exerçant un pouvoir sur lui ; la relationnalité implique une condition d'intersubjectivité et donc d'interdépendance, c'est-à-dire une condition dans laquelle la construction et l'affirmation de l'individualité dépendent constitutivement des relations avec autrui.

Cette caractérisation du sujet contemporain comme sujet vulnérable se justifie en second lieu par l'affirmation progressive de « l'incertitude comme

---

[1] Ibidem, 37-38.

[2] Ibidem, 41.

[3] Voir l'étude de M. Vultur mainte fois citée, ou A. Brodiez-Dolino, « La montée des vulnérabilités », *Sciences Humaines*, n. 289, 2017, 30-32 ; M. H. Soulet (sous la direction de), *Vulnérabilité : de la fragilité sociale à l'éthique de la sollicitude*, Academic Press Fribourg, Fribourg, 2014 ; etc.

[4] E. Pulcini, *La cura del mondo. Paura e responsabilità nell'età globale*, Bollati Boringhieri, Turin, 2009, 245.

[5] J. Butler, *Vite precarie. Contro l'uso della violenza come risposta al lutto collettivo*, Meltemi, Rome, 2004, 43.

trait structurel du monde [...] contemporain[1] » ayant des effets déstabilisants sur l'intégration économique et sociale des individus. La vulnérabilité renvoie à un ensemble de « méta-fragilisations sociales[2] » concernant l'être-en-société en tant que tel, au-delà du *status* individuel, et lié à la propagation de dangers à la fois diffus et individualisés et dus à « l'affaiblissement du réseau protecteur-relationnel[3] » des individus.

Sur la base de ce qui précède, j'interprète alors la vulnérabilité comme une « ressource éthique[4] » et normative : sa mobilisation répond aux objectifs de cet ouvrage puisqu'elle permet de repositionner le sujet dans une condition d'exposition constitutive aux autres et au monde, et donc dans une condition de fragilité, de relationnalité et de dépendance. Dès lors, la vulnérabilité agit comme une ressource éthique et normative dans la mesure où elle rend visible cette condition, impose la reconnaissance de celle-ci ainsi que de l'instance qui en émerge normativement, à savoir la nécessité de réactiver et d'approfondir les liens de solidarité.

Ainsi, le concept de vulnérabilité permet de 1) modifier la répartition actuelle des responsabilités ayant « la propension à chercher dans l'individu lui-même tant les raisons qui rendent compte de la situation où il se trouve que les ressources à mobiliser pour qu'il puisse s'en sortir[5] », en repositionnant au centre de l'attention la nécessité de garantir à chacun les outils nécessaires ("la propriété sociale") à l'exercice des libertés substantielles ; 2) ne pas stigmatiser et blâmer les membres des couches sociales les plus défavorisées, car « toute personne, indépendamment de son statut, est vulnérable[6] ».

Le concept de vulnérabilité semble également particulièrement adapté pour faire évoluer l'approche dominante à l'égard du paradigme de l'activation et de l'*empowerment*. Lus sous l'angle de la vulnérabilité comme condition individuelle partagée et comme ressource éthique et normative, l'activation et l'*empowerment* apparaissent tout d'abord élargissables et applicables à l'intégralité de l'individu concerné et de ses besoins et orientés

[1] M. Vultur, « Le concept de précarité : quelle adéquation aux transformations actuelles du monde du travail ? », dans D. Mercure, M. Vultur, *Dix concepts pour penser le nouveau monde du travail*, 43.

[2] A. Brodiez-Dolino, « La montée des vulnérabilités », *Sciences Humaines*, n. 289, 2017, 30-32, cité par M. Vultur, « Le concept de précarité : quelle adéquation aux transformations actuelles du monde du travail ? », dans D. Mercure, M. Vultur, *Dix concepts pour penser le nouveau monde du travail*, 43.

[3] C. Giaccardi, M. Magatti, *L'Io globale. Dinamiche della società contemporanea*, Laterza, Rome-Bari, 2003, 149.

[4] J. Butler, *Critica della violenza etica*, Feltrinelli, Milan, 2006, 116.

[5] R. Castel, *La montée des incertitudes. Travail, protections, statut de l'individu*, cha. 7, par. 34.

[6] M. Vultur, « Le concept de précarité : quelle adéquation aux transformations actuelles du monde du travail ? », dans D. Mercure, M. Vultur, *Dix concepts pour penser le nouveau monde du travail*, 43.

vers le renforcement des « supports[1] » nécessaires à sa protection et à sa promotion dans les différentes sphères de l'existence sociale. Dans ce contexte, il ne s'agit plus d'agir sur les aspects spécifiques du sujet concerné dont dépend sa capacité à se réinsérer dans le marché, mais plutôt d'agir sur le fondement de son existence sociale, afin de répondre à la négativité qui le caractérise – dans la mesure où il est constitutivement caractérisé par la fragilité et la dépendance – en fournissant au sujet les outils pour répondre à ses besoins spécifiques et lui permettre de rechercher librement son propre bien-être. Dans cette perspective, l'activation en tant qu'adaptation au marché se reconvertit en activation en tant que développement des libertés substantielles du sujet.

Ainsi, la vulnérabilité apparaît comme une notion cohérente avec le cadre théorique et les objectifs de ce travail. Le sujet vulnérable n'est pas un sujet abstrait et auto-intéressé comme le sujet du libéralisme classique, ni solipsiste et auto-responsable comme le sujet entrepreneur, mais un sujet réel, immergé dans le concret de son existence sociale et donc vulnérable, « manquant, constitutivement en relation avec l'autre[2] », mais précisément pour cette raison capable de solidarité et de responsabilité pour autrui.

Recalibrer la logique de la protection et de la promotion sociales à partir de la diffusion et de l'individualisation de l'incertitude

J'ai ainsi posé quelques jalons théoriques pour une redéfinition possible de l'imaginaire normatif de la citoyenneté sociale qui soit cohérente avec mon travail. Cette reconstruction théorique ne peut faire l'économie de la prise en compte des spécificités du processus d'individualisation dans sa forme actuelle ; l'imaginaire normatif de la citoyenneté sociale doit être recalibré sur les situations particulières des individus et sur une grille de « besoins sociaux qui ne peuvent plus être satisfaits par des services généraux et standardisés, mais qui nécessitent [...] des interventions et [...] des services ciblés et individualisés[3] ». Ainsi, afin de rétablir la connexion avec les fondements normatifs identifiés dans le premier chapitre, la logique des droits sociaux ne doit plus être seulement compensatoire et protectrice contre les effets négatifs du marché et agir de manière statique sur la base de risques prévisibles et homogènes ; elle doit au contraire se dynamiser pour faire face à l'imprévisibilité, à l'extension et à la personnalisation de l'incertitude ; elle doit permettre de moderniser le contenu des « garanties

---

[1] Voir R. Castel, *La montée des incertitudes. Travail, protections, statut de l'individu*, Seuil, Paris, 2010.

[2] E. Pulcini, *La cura del mondo. Paura e responsabilità nell'età globale*, 243.

[3] M. Paci, *Nuovi lavori, nuovo welfare. Sicurezza e libertà nella società attiva*, 82.

apportées par la première génération de droits[1] » sociaux en articulant le renforcement de la protection sociale avec la promotion des libertés substantielles du sujet de choisir, de modifier, de changer, etc., son parcours/projet personnel dans les différentes phases et transitions de sa vie. « L'instance égalitaire[2] » et solidaire, dont les droits sociaux sont porteurs et qui approfondit le contenu dogmatico-normatif de la dignité selon la grammaire du constitutionnalisme social, doit aujourd'hui inclure la mise en place d'un réseau de droits opposables et d'interventions sociales visant à garantir concrètement « l'accès de chacun et chacune à l'autonomie et à la réalisation de soi, en interaction avec les autres[3] ».

Ainsi, il s'agit de réfléchir à un concept de citoyenneté sociale capable de récupérer et d'actualiser, sur la base des conditions existantes, la connexion intrinsèque entre la dignité matérielle et la capacité du sujet à "s'autodéterminer, se former et agir concrètement dans le monde qui l'entoure" ; il s'agit de renouveler la "fonction promotionnelle du droit" non seulement en réaffirmant l'engagement constitutionnel de poursuivre des niveaux acceptables d'égalité substantielle, mais aussi en faisant en sorte que les liens de solidarité soient en mesure de soutenir concrètement la quête d'autonomie de l'individu et l'« authenticité[4] » de son projet de vie en tant que condition indispensable d'une "société de semblables". Cette opération ne peut pas être réduite à une logique marchande et moralisatrice ; le plein développement des subjectivités « s'impose indépendamment de toute appréciation sur la valeur économique et professionnelle de telle ou telle séquence de vie, pour devenir une composante nécessaire de la citoyenneté et de la solidarité[5] ».

Élargissement du concept de travail et "garantie de l'être" du sujet

Dans cette perspective, la reconnaissance de la primauté du sujet et de son épanouissement comme critère éthico-normatif à partir duquel repenser la citoyenneté sociale ne peut pas ne pas inclure la valorisation des activités qui se situent en dehors de la logique économique du marché. Elle requiert un élargissement du concept de travail et de droit social y afférent à des activités qui ne relèvent pas de « l'horizon du travail productif et du marché[6] », mais qui constituent néanmoins des ressources de sens auxquelles

---

[1] B. Gazier, B. Palier, H. Périvier, *Refonder le système de protection sociale. Pour une nouvelle génération de droits sociaux*, 103.
[2] M. Paci, *Nuovi lavori, nuovo welfare. Sicurezza e libertà nella società attiva*, 15.
[3] B. Gazier, B. Palier, H. Périvier, *Refonder le système de protection sociale. Pour une nouvelle génération de droits sociaux*, 173.
[4] Ibidem, 175.
[5] Ibidem, 176.
[6] M. Tiraboschi, *Persona e lavoro fra tutele e mercato. Per una nuova ontologia del lavoro nel discorso giuslavoristico*, ADAPT University Press, Rome, 2019, 160.

les individus attribuent une valeur pertinente pour la réalisation de leur subjectivité et qui remplissent des fonctions fondamentales pour la société sans pour autant être assimilables à la logique de la valeur d'échange. Réintégrer et/ou renforcer les instances de démarchandisation de la citoyenneté sociale implique ainsi d'élargir, d'enrichir les fondements philosophiques du travail, l'ensemble des significations attribuables à ce terme, afin de rendre pertinentes et justifiables les revendications qui peuvent leur être rattachées.

Une voie prometteuse pour y parvenir consiste à considérer le travail non pas comme l'une des activités par lesquelles le sujet fait l'expérience de son existence dans un domaine spécifique, mais comme une modalité d'être fondamentale du sujet à l'origine de l'ensemble des activités par lesquelles il affirme son existence. En ce sens, la caractérisation hégélienne du travail apparaît particulièrement cohérente aux fins de cette étude. Dans la pensée du philosophe allemand, « le concept de travail apparaît […] comme un événement fondamental [*Grundgeschehen*] de l'existence humaine, comme un événement permanent qui embrasse constamment et continuellement l'ensemble de l'être humain et qui, dans le même temps, concerne même le "monde" de l'homme[1] ». Le travail en tant qu'événement existentiel fondamental est celui par lequel la subjectivité se révèle à elle-même, par lequel elle se substantialise, faisant en sorte que le sujet « devienne "pour lui-même" ce qu'il est [...] acquiert la forme de son être-là[2] ». Le travail relève constitutivement de l'existence du sujet en tant que tel, il indique un processus par lequel le sujet, agissant dans le monde qui l'entoure, émerge en s'historicisant, c'est-à-dire en acquérant une forme historico-concrète spécifique (l'être-situé), prise dans le devenir de son historicité et donc en constante évolution. Le sujet "travaille" pour s'approprier et se réapproprier, pour produire et reproduire sa propre existence dans un horizon de sens posé et consciemment voulu. De ce fait, le travail peut être caractérisé en tant que « phénomène qui répond à un besoin primaire et profond de la personne [qui] ne s'épuise pas [...] dans la recherche de moyens matériels de subsistance[3] », mais qui concerne un projet de vie visant à l'autoréalisation subjective, à la concrétisation de la faculté humaine de définir de manière autonome le sens de sa propre existence à partir des conditions et des possibilités historiquement déterminées disponibles. Par conséquent, le travail renvoie constamment à quelque chose d'extérieur au travail et que le sujet, par le biais du travail, s'efforce de créer et d'atteindre, à savoir « l'accomplissement réel de l'existence humaine[4] ». Dans cette perspective,

---

[1] H. Marcuse, « On the philosophical foundation of the concept of labour in economics », *Telos*, n. 16, 13.
[2] Ibidem.
[3] M. Tiraboschi, *Persona e lavoro fra tutele e mercato. Per una nuova ontologia del lavoro nel discorso giuslavoristico*, 195.
[4] H. Marcuse, « On the philosophical foundation of the concept of labour in economics », 29.

l'élargissement du concept de travail au-delà de la sphère de la production économique se justifie par le fait que « toute théorie économique authentique se rattache [...] à une ontologie de l'homme qui la transcende[1] » et dans laquelle le travail indique un mode d'être impliquant la totalité de l'existence historico-concrète du sujet et dont dépendent son bien-être et son développement.

Récupérer ces fondements philosophiques du concept de travail permet de repenser et de redéfinir certaines notions clés liées au concept mentionné et d'une grande importance pour la reconstruction de l'imaginaire normatif de la citoyenneté sociale. En effet, le travail ainsi compris peut être interprété comme un « besoin[2] » non seulement dans la perspective limitée de source principale de subsistance matérielle, mais aussi comme besoin d'« expression[3] » du sujet et de ses qualités, et donc comme « source de richesse intérieure non quantifiable[4] ».

En outre, la refondation philosophique du travail peut permettre d'approfondir l'opération introduite par l'affirmation et le développement du droit du travail, à savoir « la reconnaissance juridique [...] de la personne du travailleur[5] » et donc de « valeurs non marchandes[6] » comme contrepoids à la marchandisation du travail humain par le biais du "travail abstrait". En particulier, dans le contexte actuel, le véhicule de cet approfondissement peut être la relecture de la notion de "liberté du travail". Cette notion a surtout une connotation à la fois négative, puisqu'elle indique la garantie d'espaces de non-interférence extérieure[7], et « réductrice, en ce sens que le seul travail visé à travers elle est le travail abstrait, celui qui est réduit à la qualité de valeur d'échange par le contrat de travail[8] ». Au contraire, conférer une valeur positive à la liberté du travail – en particulier en ce qui concerne la possibilité pour le travailleur de choisir et de déterminer concrètement le contenu de son travail à la fois dans et en dehors de la logique du marché – pourrait ouvrir des perspectives au-delà de « l'ontologie économiciste du travail[9] » et d'un droit du travail de plus en plus réduit à l'obligation de travailler, c'est-à-dire qu'il pourrait participer au processus

[1] Ibidem, 32.

[2] H. Dean, « Life-First Welfare and the Scope for a "Eudemonic Ethic" of Social Security », dans M. Keune, A. Serrano (sous la direction de), *Deconstructing flexicurity and developing Alternative approaches. Towards new concepts and approaches for employment and social policy*, 156.

[3] A. Supiot, *Critique du droit du travail*, Conclusions, par. 1.

[4] Ibidem.

[5] Ibidem.

[6] Ibidem.

[7] Comme le souligne A. Supiot, « droit de ne pas faire grève, droit de ne pas se syndiquer [...] le droit de démission et l'interdiction du travail forcé », etc. Ibidem, par. 3.

[8] Ibidem.

[9] M. Tiraboschi, *Persona e lavoro fra tutele e mercato. Per una nuova ontologia del lavoro nel discorso giuslavoristico*, 188.

d'individualisation émancipatrice en élargissant les espaces d'autodétermination subjective. Les transformations affectant la sphère de la production économique et du droit du travail conduisent à une diversification et à une individualisation des statuts juridiques des travailleurs, liées à la multiplication de marchés du travail différenciés et à l'augmentation générale de la vulnérabilité sociale et de la remarchandisation du travail. Ces transformations conduisent à la raréfaction du schéma classique du droit du travail, fondé sur « l'unité de lieu-travail (travail dans les locaux de l'entreprise), de temps-travail (travail dans une séquence temporelle unique), et d'action-travail (activité mono-professionnelle)[1] ». Dans le même temps, ces transformations présentent des traits susceptibles d'enrichir la sphère des libertés du travail et dans le travail par rapport à l'homogénéité (perdue) du droit du travail "classique". Dans le contexte du développement technologique actuel et de la réorganisation du travail qui en découle, « la subordination [...] ne fournit plus [...] un critère juridique propre à embrasser la diversité des situations de travail[2] », diminuant ainsi son emprise sur le contenu du travail du sujet et sur la manière de l'effectuer ; la valorisation du travail passe de plus en plus par l'implication des qualités et aptitudes spécifiques de l'individu, et donc potentiellement par des espaces plus larges de liberté dans le travail et d'initiative personnelle.

Deuxièmement, en exigeant une mise à jour et un enrichissement constants des compétences individuelles, le travail dans l'économie de la connaissance reflète la nécessité de ne pas réduire « l'exécution du contrat [...] à l'accomplissement du travail[3] » mais d'intégrer dans le premier les droits à la "formation tout au long de la vie" et dans le second un aménagement du temps susceptible de "concrétiser" ces droits de manière adéquate et en harmonie avec les autres temps de vie (famille, loisirs, etc.). Encadrés de manière adéquate dans un réseau de protection sociale capable de les "prendre au sérieux", ces éléments permettent potentiellement d'accroître la capacité et la liberté concrète de l'individu à déterminer son propre parcours professionnel et de vie, notamment en ce qui concerne le contenu de ses activités, lié au développement d'un large droit à la formation et à la reconversion professionnelle, ainsi qu'en ce qui concerne la gestion des temps de vie, liée au nécessaire rééquilibrage entre travail et formation/développement personnel qu'impliquerait un tel droit pris au sérieux.

---

[1] B. Veneziani, « Le nuove forme di lavoro », dans M. Biagi, R. Blanpain (sous la direction de), *Diritto del lavoro e relazioni industriali nei paesi industrializzati ad economia di mercato. Profili comparati.* I. Diritto del lavoro, Maggioli, Rimini, 1991, 108, cité par M. Tiraboschi, *Persona e lavoro fra tutele e mercato. Per una nuova ontologia del lavoro nel discorso giuslavoristico*, 126.

[2] A. Supiot, *Critique du droit du travail*, Conclusions, par. 5.

[3] Ibidem, par. 6.

Troisièmement, l'extension des droits relatifs à la liberté dans le travail pourrait permettre de répondre à « l'augmentation des besoins non satisfaits dans le domaine de la culture, de l'éducation, du soin des personnes et du tissu social, et de la préservation de l'environnement et de la nature[1] » caractérisant les sociétés européennes actuelles. Dans ces secteurs à haute intensité relationnelle et solidaire, un tel élargissement devient possible à travers la reconnaissance et la valorisation juridique d'activités non marchandes concernant les secteurs indiqués, c'est-à-dire à travers la mise à disposition pour les individus d'un éventail plus large de choix possibles pour composer et réaliser leur projet de vie de manière digne et répondant à d'autres logiques que celle du profit économique. Cette opération de rattachement normatif à la catégorie du travail d'activités placées en dehors de la sphère productive du marché permettrait de « récupérer [...] sur le plan juridique [et anthropologique] la valeur – la protection et la promotion – du *work itself*, [...] du travail en soi[2] », c'est-à-dire d'un concept de travail qui englobe les différentes activités à travers lesquelles le sujet construit le sens de sa propre existence. Le découplage du travail de son encadrement économiciste permettrait également de requalifier dans un sens émancipateur la figure du travailleur lui-même et la manière dont il est interprété selon la grammaire de la citoyenneté sociale : la protection contre le pouvoir du marché due au travailleur en tant que personne porteuse d'instances éthico-normatives irrépressibles ne trouve plus son centre justificatif dans la participation de ce dernier au cycle de la production économique, mais dans une perspective plus large, concernant sa participation libre et solidariste à la construction et à la valorisation du lien social.

En plus de répondre à des exigences sociales et à la théorisation proposée ci-dessus d'un concept élargi du travail, cette opération de reconnaissance juridique de « droits à la liberté du travail[3] » pourrait permettre au droit du travail d'aller au-delà d'« un devoir être juridique d'être régi par le type imposé et exclusif de la subordination, incapable [...] de rendre compte [...] de la réalité multiforme du travail post-fordiste[4] ». Elle pourrait également permettre d'actualiser le droit du travail dans un sens émancipateur en réorganisant son objet d'étude à partir de la recomposition sur un plan unitaire des activités – productives et reproductives, économiques et sociales, etc. – à travers lesquelles les individus poursuivent leur propre épanouissement et de réintroduire dans la citoyenneté sociale des vecteurs de démarchandisation centraux pour la réactivation du noyau substantiel identifié dans le premier chapitre.

---

[1] G. Lunghini, *L'età dello spreco. Disoccupazione e bisogni sociali*, Bollati Boringhieri, Turin, 1995, 15.
[2] M. Tiraboschi, *Persona e lavoro fra tutele e mercato. Per una nuova ontologia del lavoro nel discorso giuslavoristico*, 167.
[3] Ibidem, 188.
[4] Ibidem, 182.

Ainsi, le renforcement de la liberté du travail dans les directions indiquées peut se situer à l'origine d'un recentrage fondamental du droit au travail. Ce dernier se concrétise historiquement sur la base d'un modèle de production et « d'organisation du travail rigide, uniforme[1] » et stable. Par conséquent, il se formalise et s'homogénéise historiquement selon la typologie du contrat à temps plein et à durée indéterminée auquel sont associés des droits et des garanties qui consolident le *status* du travailleur en fonction de la rigidité du système de production. De ce fait, le droit au travail traditionnellement compris se caractérise par « une forte orientation vers l'avoir[2] » : le sujet a droit et, en travaillant, entre en possession d'une « garantie de stabilité [...] qui peut également être exprimée en termes de *property jobs*[3] ». Au contraire, repenser le droit dans le travail et du travail en renforçant les libertés de l'individu en ce qui concerne les temps, l'exécution et le contenu du travail, ainsi qu'en élargissant la sémantique du travail juridiquement reconnaissable et en développant des formes de protection et de promotion sociales centrées sur l'autonomie individuelle, signifie « déplacer [...] sa valeur axiologique et prescriptive vers l'être, c'est-à-dire vers les personnes[4] ». Une transition à forte portée émancipatrice se réaliserait : le droit au travail renouvellerait ainsi sa fonction constitutionnelle dans le passage de la "*property in job*" à la « garantie de l'être[5] » du sujet.

Dans le même temps, le dépassement de la fiction théorique du travail comme activité intelligible seulement à partir de la logique économique de l'échange marchand et sa réinscription dans la totalité de l'existence du sujet comme activité à travers laquelle construire dans le monde environnant et dans la relation avec les autres « un projet de vie concret et global[6] » pourrait remplir la fonction émancipatrice mentionnée, et donc augmenter les libertés substantielles du sujet, seulement au sein d'un réseau de sécurité sociale capable de « fournir des réponses à la composante de nécessité matérielle et à la condition d'exploitation caractérisant plusieurs expériences du rapport entre la personne et le travail pour lesquelles la vieille *ratio* du droit du travail montre encore, dans son noyau essentiel [...] toute sa vitalité[7] ».

---

[1] M. D'Antona, « Il diritto al lavoro nella Costituzione e nell'ordinamento comunitario », *Rivista giuridica del lavoro*, n. 3, 1999, 22.
[2] A. Cantaro, *Il diritto dimenticato. Il lavoro nella costituzione europea*, 90.
[3] M. D'Antona, « Il diritto al lavoro nella Costituzione e nell'ordinamento comunitario », *Rivista giuridica del lavoro*, 22.
[4] Ibidem.
[5] Ibidem.
[6] M. Tiraboschi, *Persona e lavoro fra tutele e mercato. Per una nuova ontologia del lavoro nel discorso giuslavoristico*, 215.
[7] Ibidem, 190-191.

1.3 - Redéfinition du lien entre dignité matérielle, égalité substantielle et solidarité

L'opération de *translatio* conduisant à l'oubli du contenu substantiel des ressources normatives identifiées dans le premier chapitre demeure à l'origine du « vide culturel[1] » dans lequel se produit la « crise du paradigme[2] » du constitutionnalisme social. Dans le même temps, prendre ce paradigme "au sérieux" signifie essayer de ne pas se limiter à constater de manière critique son épuisement, mais aussi essayer « de [...] se mesurer à l'ouverture du possible, c'est-à-dire à la possibilité d'identifier les potentialités émancipatrices cachées dans les plis du présent afin d'identifier des scénarios alternatifs[3] », ce qui, dans notre cas, signifie repenser le lien constitutif entre la dignité matérielle, l'égalité substantielle et la solidarité. Dans cette perspective, l'élargissement du concept de travail et le développement conséquent des "droits à la liberté du travail" peuvent tout d'abord permettre de rétablir dans le sillage de l'individualisation émancipatrice le lien entre la dignité du sujet et la dimension matérielle de son existence. En effet, la réaffirmation de la primauté du sujet dont dépend le respect kantien de sa dignité n'apparaît aujourd'hui concevable que dans le cadre défini par le développement d'un réseau de protection sociale agissant non seulement sur le marché, mais aussi en dehors de celui-ci et en mesure de recomposer la « fracture entre l'objet-travail et le sujet-travail, de [...] mettre concrètement chaque personne en mesure de déterminer librement […] son propre projet de vie[4] ». D'un point de vue conceptuel, la dimension de la matérialité isolée comme qualité spécifique de la dignité selon la grammaire du constitutionnalisme social actualise son champ sémantique en intégrant une manière de signifier le sujet et le travail « qui ne s'arrête pas au fait matériel de l'exister dans le travail salarié et productif autant que [...] dans le travail pour l'économie civile[5] », mais qui se définit également à partir de l'éventail des possibilités concrètes dont dispose le sujet concerné pour réaliser ses projets.

Cette intégration conduit à une redéfinition du lien entre dignité matérielle, égalité substantielle et solidarité. L'opération de redéfinition de l'égalité substantielle doit d'abord se baser sur la récupération de la fondamentalité de son « projet normatif[6] ». La revitalisation du paradigme du constitutionnalisme social ne peut pas ne pas inclure « la réaffirmation et le renforcement [...] des fonctions et des techniques de garantie des droits

[1] L. Ferrajoli, *Costituzionalismo oltre lo Stato*, 15.

[2] Ibidem.

[3] E. Pulcini, *La cura del mondo. Paura e responsabilità nell'età globale*, 17.

[4] M. Tiraboschi, *Persona e lavoro fra tutele e mercato. Per una nuova ontologia del lavoro nel discorso giuslavoristico*, 189-190.

[5] Ibidem.

[6] L. Ferrajoli, *Manifesto per l'uguaglianza*, Laterza, Rome-Bari, 2018, 100.

sociaux[1] » puisque de la mise en œuvre de ces derniers dépend la réalisation d'une "société de semblables", à savoir une société dans laquelle l'égalisation relative des conditions matérielles de vie constitue une exigence incontournable de justice car c'est sur elle que repose la possibilité pour les individus de donner un caractère concret à l'exercice des droits et des libertés fondamentaux. Dans le même temps, le principe d'égalité substantielle constitue « un principe dynamique et directeur[2] » : directeur dans la mesure où il oriente normativement l'action des pouvoirs publics ; dynamique dans la mesure où il agit dans un contexte historiquement déterminé et donc en constante évolution. Dans la continuité de son contenu normatif fondamental, le principe d'égalité substantielle doit ainsi être remodelé en fonction des spécificités et des criticités du contexte historique, social et institutionnel de référence et de son changement dans le temps. Dans cette perspective, repenser l'égalité substantielle aujourd'hui implique de reformuler son contenu normatif à partir de « la pluralisation des facteurs de risque et des caractéristiques individuelles ou collectives qui atténuent/amplifient leur impact[3] » ; la réélaboration conceptuelle dont dépend sa réactivation ne peut plus adopter comme canal de lecture du réel l'homogénéisation des risques, des conditions et des cycles de vie dictée par l'appartenance à une même classe ou à un même groupe social, mais doit considérer comme élément saillant les « situations dans lesquelles les personnes se trouvent au cas par cas : la situation familiale et professionnelle […] ; le profil économique, social et institutionnel du territoire de résidence ; [...] l'étape du cycle de vie ; les conditions de santé, la présence et la qualité des services publics locaux, etc.[4] ». Dans ce nouveau contexte, l'égalisation relative des conditions de vie matérielles des individus, dont dépend la substantialité de l'égalité, doit désormais inclure l'égalisation relative des possibilités concrètes dont les individus disposent dans leur situation particulière pour poursuivre leur épanouissement. En d'autres termes, il est nécessaire d'identifier le potentiel émancipateur de l'égalité en tant qu'égalité des chances, non pas en la réduisant à la logique marchande de la normativité concurrentielle, mais en la rendant participante et porteuse de la dimension substantielle.

En ce sens, M. Ferrera parle d'« égalité substantielle des chances[5] ». Dans les domaines cruciaux pour la réalisation des individus (éducation, travail, formation, etc.), il faut garantir aux individus « une sorte de méta-opportunité : la possibilité d'avoir des opportunités et de pouvoir en profiter concrètement[6] », c'est-à-dire à partir de la condition particulière dans

[1] Ibidem, 101.
[2] Ibidem, 5.
[3] M. Ferrera, *La società del quinto stato*, 96.
[4] Ibidem, 102-103.
[5] Ibidem.
[6] Ibidem.

laquelle les individus se trouvent. Cette conception de l'égalité des chances ne s'inscrit pas, comme dans la version *market-based*, dans une vision de la citoyenneté sociale où la protection contre les risques de l'existence doit être fonctionnelle au jeu concurrentiel. Dans cette version de l'égalité des chances, ces dernières apparaissent comme essentiellement formelles – en tant qu'égalité des chances de participer au marché concurrentiel conçu comme un incubateur inépuisable d'opportunités pour tous et dans un contexte où l'accès aux positions sociales souhaitées est ouvert et dépendant du mérite individuel – car elles ne prennent pas suffisamment en compte le lien entre les chances de vie et les conditions matérielles et sociales dans lesquelles les individus se trouvent concrètement.

Au contraire, la substantialisation de l'égalité des chances implique la combinaison de « politiques redistributives (transferts) et de politiques capacitantes (services de qualité)[1] » : elle repose sur le principe selon lequel la diffusion et l'accès à un éventail "égal" d'opportunités concrètes permettant à chacun de poursuivre sa propre réalisation dépendent non seulement de la possibilité d'accéder à des services améliorant l'employabilité ou de l'activation individuelle, mais aussi de l'« égalité des places[2] », c'est-à-dire du fait d'appartenir à une "société de semblables" qui est telle parce qu'elle repose sur une redistribution de ressources et de "propriété sociale" suffisamment avancée pour permettre à chacun d'organiser son propre projet de vie dans une condition de sécurité matérielle et de relative indépendance à l'égard du marché. En plus de jeter les bases d'une reconnaissance plus équitable des mérites individuels, ces deux derniers éléments contribuent de manière décisive à la construction de l'autonomie du sujet et à sa démarchandisation partielle – éléments clés de l'héritage du constitutionnalisme social – puisqu'ils permettent l'ouverture d'espaces de liberté, d'expression et de choix effectifs, non opprimés par le chantage du besoin.

En outre, dans le cadre de la reconceptualisation proposée des droits sociaux et du travail, l'égalité des chances repensée d'un point de vue substantiel devrait également concerner les « sphères d'activité et les "positions" reconnues comme génératrices de valeur, même si celle-ci n'est pas monétaire[3] ». Cet élargissement des opportunités au-delà du marché contribuerait non seulement à étendre le champ de l'égalité substantielle, renforçant ainsi sa portée démarchandisante, mais pourrait également être soutenu au nom de l'élargissement des libertés individuelles, participant de cette manière à l'avancée du processus d'individualisation émancipatrice.

La récupération et la réactualisation de l'héritage du constitutionnalisme social exigent donc la complexification du contenu normatif de l'égalité

[1] Ibidem.
[2] F. Dubet, *Les places et les chances. Repenser la justice sociale*, cha. 5.
[3] M. Ferrera, *La società del quinto stato*, 121.

substantielle, en lien étroit avec l'approfondissement du concept de dignité matérielle et en phase avec les ambitions radicales du processus d'individualisation émancipatrice. Conformément aux indications données jusqu'à présent sur la reconstruction de l'imaginaire normatif de la citoyenneté sociale, il faut essayer d'entrevoir le potentiel émancipatoire dissimulé dans les manières actuelles de concevoir la solidarité, principalement indexées sur la logique de la concurrence et ses bénéfices. En particulier, il est nécessaire de repenser à partir du cadre théorique esquissé ici ce qui caractérise le plus la façon dont nous concevons aujourd'hui le lien de solidarité, c'est-à-dire la logique de la conditionnalité, de la contrepartie, inscrite dans le paradigme de l'activation.

La diffusion de ce paradigme coïncide dans la plupart des cas avec la subordination du contenu normatif de la solidarité en tant que telle et des prestations qui y sont associées à des formes plus ou moins intenses d'activation personnelle *market-oriented* et impliquant un transfert des responsabilités de la société vers l'individu. L'élément problématique identifié réside dans la relativisation d'une ressource fondamentale du constitutionnalisme social et dans sa resémantisation selon la normativité concurrentielle, transformant la solidarité en tant que substance structurante des liens sociaux en un instrument corollaire de réintégration dans le marché dont l'activation dépend du respect d'une logique comportementale disciplinaire.

Dans le même temps, le paradigme de l'activation peut également être interprété à la lumière de l'égalité substantielle des chances comme dépassant à la fois la logique d'indemnisation et de compensation de l'État-providence "passif" et l'approche essentiellement *market-based* de l'État-providence "actif" au profit d'une logique d'« insertion[1] » sociale basée sur la centralité de l'individu et de sa liberté d'orienter et de déterminer son parcours de vie. L'activation en tant qu'insertion sociale du sujet met avant tout l'accent sur l'importance d'une « solidarité *ex ante* au sens d'une redistribution périodique des ressources tout au long de la vie en faveur de l'égalité des chances[2] », compte tenu de la disparité structurelle caractérisant la répartition des chances entre les individus. Ce réseau redistributif ne doit donc pas se limiter aux ressources concernant la subsistance matérielle, mais doit également concerner celles relevant du renforcement de l'agentivité du sujet à travers le développement d'une « infrastructure économique, sociale

[1] Pour une formulation intéressante de cette proposition, voir P. Rosanvallon, *La nouvelle question sociale. Repenser l'État-providence*, notamment les chapitres IV, VI, VII.

[2] G. Schmid, « Transitional labour markets and flexicurity : managing social risks over the life course », dans R. Rogoswki, R. Salais, N. Whiteside (sous la direction de), *Transforming european employment policy : labour market transitions and the promotion of capability*, 55.

et politique de soutien[1] » qui puisse lui permettre d'exercer concrètement ses droits. Dans cette perspective, la sollicitation de la responsabilité individuelle n'est concevable qu'en présence de « soutiens collectifs[2] » adéquats. Ces derniers ne constituent pas des « facteurs produisant dépendance et irresponsabilité[3] », mais des vecteurs de solidarité fondamentaux, qui structurent la sémantique des droits sociaux et qui permettent de répondre aux besoins concrets du sujet et de soutenir ses projets. C'est à partir de ce cadre que la notion d'"investissement social" devient pensable et compatible au regard des fondements éthico-normatifs de ma stratégie théorique. Largement débattue dans les milieux académiques et institutionnels, cette typologie des politiques sociales concerne « l'éducation et la protection de la petite enfance, l'éducation et la formation, l'apprentissage tout au long de la vie, les politiques actives du marché du travail, le congé parental, d'autres politiques de conciliation entre vie professionnelle et vie privée, les soins de longue durée[4] », etc. Selon la logique théorique de ma stratégie, le développement et la mise en œuvre de ces politiques peuvent être interprétés comme un élargissement de la logique redistributive en direction de « politiques sociales capacitantes susceptibles de produire des bénéfices sociaux à long terme au-delà de la redistribution[5] » *ex post* de ressources économiques. Complémentairement aux politiques de protection sociale garantissant des niveaux suffisants de sécurité matérielle, dans le scénario de l'économie post-industrielle et de la connaissance, les politiques liées à la notion d'investissement social augmentent et renforcent les chances et les capacités des personnes tout au long de leur vie à faire face aux différentes phases transitionnelles caractérisant à la fois le marché du travail et les cycles de vie par la mise en place de soutiens collectifs et solidaires visant à consolider l'autonomie individuelle. La logique redistributive ancrée dans la solidarité et corrélée à l'égalité substantielle approfondit et complexifie ainsi son noyau éthico-normatif « en termes [...] d'une *agency* accrue et d'une sécurisation des capacités individuelles à réaliser les aspirations du parcours de vie[6] » entrepris, à l'intérieur comme à l'extérieur du marché.

[1] G. Schmid, « Transitional labour markets and flexicurity : managing social risks over the life course », dans R. Rogoswski, R. Salais, N. Whiteside (sous la direction de), *Transforming european employment policy : labour market transitions and the promotion of capability*, 55.
[2] J. M. Bonvin, « Reframing the issue of responsibility in labour market activation policies », dans R. Rogoswski, R. Salais, N. Whiteside (sous la direction de), *Transforming european employment policy : labour market transitions and the promotion of capability*, 153.
[3] Ibidem.
[4] A. Hemerijck, S. Ronchi, I. Plavgo, « Social investment as a conceptual framework for analysing well-being returns and reforms in 21st century welfare states », *Socio-Economic Review*, vol. 21, n. 1, 2023, 483.
[5] Ibidem, 481.
[6] Ibidem, 488.

Deuxièmement, la notion d'insertion sociale peut permettre d'approfondir le contenu éthico-normatif du droit social d'une manière qui soit à la fois cohérente avec sa dimension dogmatique et avec le processus d'individualisation émancipatrice. En effet, « le droit à l'insertion va plus loin d'un droit social classique [...] : au-delà du droit à la subsistance, il cherche à donner forme au droit à l'utilité sociale[1] » et de le faire en renforçant la dimension de l'autonomie individuelle, c'est-à-dire la liberté de déterminer son propre projet de vie en tant que sujet actif et à partir d'une condition existentielle située et relationnelle. Dans cette perspective, l'activation que le « droit (social) à l'insertion[2] » pourrait mobiliser ne concernerait plus seulement la mise en place de stratégies visant à valoriser et à accroître les capacités marchandes du sujet, mais aussi des activités placées hors marché et constituant une source de sens pour le sujet et sa relation aux autres. De cette manière, les prestations sociales de nature solidaire pourraient maintenir le caractère inconditionnel du droit du sujet à vivre dignement et intégrer un élément activant à travers lequel redéfinir la relation de réciprocité entre le sujet et la société en élargissant et en renforçant à la fois l'*agency* du sujet et les sphères d'activité non marchandes : l'activation constituerait « un moment de la construction du social[3] » et de l'autonomie subjective, de concrétisation du lien social et des droits sociaux adaptés aux besoins et aux projets particuliers de l'individu concerné. La solidarité retrouverait les dimensions dogmatiques et démarchandisantes qui caractérisent son statut de ressource normative fondamentale du constitutionnalisme social ; elle pourrait ainsi soutenir une autre conception de l'activation que celle véhiculée par la pensée managériale, une conception moins disciplinaire et plus centrée sur l'*empowerment* des libertés individuelles et sur une notion de responsabilité individuelle qui nécessite, pour être effective, la présence « de ressources suffisantes, d'opportunités adéquates et de définitions larges de l'activation[4] » et du travail.

La reconceptualisation proposée de l'égalité substantielle et de la solidarité vise donc à récupérer et à redéfinir un imaginaire normatif de la citoyenneté sociale dans lequel vivre dans la dignité signifie étendre progressivement les marges de la liberté substantielle du sujet de déterminer son propre parcours de vie et ses relations avec les autres. Cette reconceptualisation des fondements éthico-normatifs de la citoyenneté sociale permet de valoriser et d'actualiser comme exigence historico-concrète la déclinaison des droits sociaux en tant que « ressources de

---

[1] P. Rosanvallon, *La nouvelle question sociale. Repenser l'État-providence*, 178.
[2] Ibidem.
[3] Ibidem, 181.
[4] J. M. Bonvin, « Reframing the issue of responsibility in labour market activation policies », dans R. Rogoswski, R. Salais, N. Whiteside (sous la direction de), *Transforming european employment policy : labour market transitions and the promotion of capability*, 154.

pouvoir[1] ». Approfondie par M. Ferrera dans de nombreux articles et fondée sur la conception wébérienne des droits subjectifs comme *Machtquellen*, cette lecture des droits sociaux s'avère particulièrement féconde à la lumière de nos analyses, car elle « se concentre moins sur les acteurs collectifs (comme chez Polanyi) ou sur la nation (comme chez Marshall), mais plutôt sur l'*empowerment* de l'individu en tant que tel, placé dans un ordre institutionnel stable, quelles que soient ses conditions socioéconomiques[2] ». Détenir le pouvoir signifie détenir la capacité de faire en sorte que les autres se comportent conformément à nos attentes. Par conséquent, mettre en avant l'interprétation des droits sociaux en tant que "ressources de pouvoir" signifie souligner les capacités réelles des individus à revendiquer et à obtenir, dans leurs relations avec les autres et avec la puissance publique, l'accès et la jouissance concrète des droits légalement reconnus, relevant de la sphère de la protection et de la promotion sociales et améliorant concrètement les possibilités d'autoréalisation du sujet ; signifie donc ramener le focus sur la dimension concrète de la relationnalité du sujet ainsi que sur la matérialité de ses conditions socioéconomiques et des processus par lesquels il peut concrètement aspirer à réaliser ses projets de vie. En développant et en approfondissant cette conception, M. Ferrera s'intéresse tout particulièrement à la manière dont les individus peuvent « transformer les ressources de pouvoir obtenues collectivement (droits sociaux) en une garantie individuelle [...] de "rencontrer" effectivement les résultats qui leur sont dus, en corrigeant au niveau microéconomique l'asymétrie des chances de vie[3] ». À cette fin, M. Ferrera, souligne 1) le caractère normatif des droits sociaux en tant que prescriptions « codifiées dans un cadre constitutionnel et/ou législatif[4] », et donc en tant que ressources de pouvoir « normatives déontiques[5] » s'il s'agit de ressources à caractère constitutionnel ou faisant partie de traités et « normatives légales[6] » s'il s'agit de ressources mises à disposition par l'activité législative ; 2) identifie comme ressources de pouvoir individuelles fondamentales pour la réalisation concrète du contenu du droit social et pour le renforcement des libertés substantielles du sujet les ressources "instrumentales" et "d'exécution" ou "d'application" (*enforcement*). Les ressources instrumentales sont les ressources qui rendent

[1] M. Ferrera, I. Madama, F. Corti, « I diritti sociali come risorse di potere nell'assetto multi-livello dell'UE : una proposta di concettualizzazione a partire da Garanzia giovani », *Politiche sociali*, n. 1, 2021, 9.
[2] Ibidem.
[3] M. Ferrera, F. Corti, « Social citizenship as a marble cake : The changing pattern of right production and the role of the EU », *Journal of European Social Policy*, vol. 33, n. 5, 2023, 496.
[4] M. Ferrera, I. Madama, F. Corti, « I diritti sociali come risorse di potere nell'assetto multi-livello dell'UE : una proposta di concettualizzazione a partire da Garanzia giovani », *Politiche sociali*, 11.
[5] Ibidem.
[6] Ibidem, 12.

possible « la rencontre directe entre le titulaire d'un droit et l'administration qui le fournit[1] », rencontre à travers laquelle « les titulaires de droits obtiennent ce qui leur est dû : un transfert d'argent ou un service[2] ». Elles visent donc à minimiser les obstacles qui empêchent les titulaires d'un droit d'en faire usage : outils et procédures d'information et de sensibilisation permettant aux personnes concernées d'en prendre connaissance, simplification et réduction des coûts des procédures, activités de conseil et facilitation des contacts avec les administrations concernées, etc. Les ressources d'exécution, quant à elles, sont les ressources qui permettent aux individus d'agir en justice au nom du respect de leurs droits et donc « de se protéger contre les violations de leurs droits et de contraindre le pouvoir exécutif, y compris l'administration publique, à rendre des comptes[3] ». Dans la reconceptualisation des droits sociaux proposée par M. Ferrera, c'est la présence de ces ressources qui permet à un droit formellement reconnu de se matérialiser et qui permet de « distinguer une prestation fondée sur le droit d'une prestation fondée sur le marché (par exemple, par le biais d'une assurance privée)[4] » : l'épaisseur normative reconnue aux droits sociaux justifie la mobilisation de soutiens et de ressources collectives permettant de conférer et de garantir – en garantissant l'accès et la jouissance concrète du contenu des droits – à l'individu le pouvoir concret d'« extraire des droits sociaux à la fois des biens matériels et un pouvoir relationnel[5] » par lesquels accroître son autonomie et ses chances de réaliser ses projets. La conception des droits sociaux comme "ressources de pouvoir" permet ainsi de se concentrer non seulement sur la détention formelle d'un droit, mais aussi sur son exercice concret en fonction des conditions spécifiques dans lesquelles se trouvent les individus concernés, et donc d'individualiser le contenu du droit sur la base de leurs besoins. Cette conception semble ainsi cohérente avec le travail de réactualisation des fondements normatifs de la citoyenneté sociale effectué dans ce chapitre.

Sur la base du cadre théorique esquissé dans cette section, je vais donc identifier les propositions, les initiatives ou les avancées déjà réalisées qui vont dans ce sens, sachant que la liste proposée ici ne peut être exhaustive. L'objectif principal est de fournir quelques indications pour la mise en œuvre concrète de ma stratégie théorique.

---

[1] M. Ferrera, F. Corti, « Social citizenship as a marble cake : The changing pattern of right production and the role of the EU », *Journal of European Social Policy*, 498.
[2] Ibidem.
[3] Ibidem, 499.
[4] F. Vandenbroucke, M. Keune, M. Ferrera, F. Corti, « The nature and rationale for European social rights », *EuSocialCit Working Paper*, 2021, 12.
[5] Ibidem, 14.

Le concept d'"état professionnel"

La flexibilisation exigée par les systèmes de production pour être compétitifs contribue non seulement à l'obsolescence de nombreuses modalités établies de concevoir et de mettre en œuvre la protection sociale et à l'augmentation de la précarité et de l'instabilité économique et sociale. Du point de vue de l'individualisation émancipatrice, elle présente des potentialités de dé-rigidification des contenus, des temps et des pratiques de travail susceptibles d'étendre les espaces d'autonomie et de réalisation du sujet, à l'intérieur comme à l'extérieur du marché, et de repenser « la valeur de la stabilité[1] » et de la sécurité sociale au-delà de la possession d'un emploi permanent.

Dans cette perspective, une proposition particulièrement pertinente pour redéfinir la citoyenneté sociale aujourd'hui est celle centrée sur « la construction d'un nouveau droit [...] de la condition professionnelle et non professionnelle des individus[2] ». Cette proposition, dont la formulation principale est celle élaborée par A. Supiot dans *Au-delà de l'emploi : les voies d'une vraie réforme du droit du travail*, se révèle particulièrement cohérente avec notre stratégie théorique, puisqu'elle propose de réorganiser le réseau des droits et services sociaux en partant non plus de l'emploi mais de la centralité de la personne. Structurée autour d'une logique préventive, axée sur les spécificités individuelles et sur la mise en place d'une gamme de dispositifs visant à soutenir sans discontinuité le sujet et le développement de ses capacités dans les différentes étapes du processus d'insertion sociale ainsi que dans les phases de transition d'une condition à l'autre (école-travail, emploi-chômage, chômage-formation, etc.), cette proposition fonde l'"état professionnel" des personnes et la redéfinition de la protection et de la promotion sociales qui y sont associées sur un concept de travail englobant non seulement les activités exercées sur le marché, mais aussi « l'activité de soins aux personnes, l'activité de formation et de recherche d'emploi, ainsi que les activités bénévoles d'intérêt collectif[3] ». Comme le souligne A. Supiot, la logique préventive évoquée « vise à créer des continuités et non [...] à gérer après coup des ruptures [...] ; au lieu d'être activée après l'aléa et de gérer ses conséquences (avec les risques [...] de pérenniser la situation en stigmatisant l'individu et en le mettant dans un état de dépendance), la dépense sociale prend comme fondement l'insertion et le maintien dans la sphère du travail[4] » élargie à des activités non marchandes ; elle ne peut être

[1] M. Tiraboschi, *Persona e lavoro fra tutele e mercato. Per una nuova ontologia del lavoro nel discorso giuslavoristico*, 97.

[2] M. Paci, *Nuovi lavori, nuovo welfare. Sicurezza e libertà nella società attiva*, 193.

[3] A. Supiot, *Il futuro del lavoro. Trasformazioni dell'occupazione e prospettive della regolazione del lavoro*, Carocci, Rome, 2003, 90.

[4] Voir A. Supiot, *Au-delà de l'emploi. Transformations du travail et devenir du droit du travail en Europe*, cha. 7, par. 35.

réalisée concrètement « qu'au sein de dispositifs collectifs[1] » et solidaires en mesure de sécuriser et de soutenir les parcours individuels depuis les premières étapes de la scolarité jusqu'au développement et aux évolutions de la carrière professionnelle en permettant « à chacun d'acquérir les capacités cognitives, c'est-à-dire les compétences et les motivations, et non cognitives, telles que la possibilité de se déplacer et de dégager du temps libre, indispensables pour augmenter le taux de participation sur le marché de travail[2] », pour entreprendre, valoriser et modifier des projets de vie librement choisis et pour « mieux articuler les relations entre sphère économique et sphère reproductive [...] tout en répondant aux nouveaux besoins sociaux[3] ». En renforçant l'intervention en amont des inégalités, cette logique vise à réduire plus efficacement les « inégalités héritées[4] » et à ouvrir de ce fait un éventail plus large de possibilités concrètes, en particulier pour les groupes sociaux les plus défavorisés. Cette approche permet ainsi de ne pas « opposer les deux concepts d'employabilité et de vulnérabilité, mais de bien comprendre que ces deux phénomènes sont dynamiquement liés et qu'une bonne employabilité repose sur la réduction de la vulnérabilité individuelle et collective à l'aléa[5] ».

Ainsi, face au développement et à la diffusion de marchés du travail et d'emplois atypiques et de plus en plus normativement différenciés, elle pose non seulement les bases pour le développement « d'un *welfare* de la personne dont l'étendue de la protection peut faire abstraction non seulement des types de contrats sous lesquels on travaille, mais [...] aussi de la participation au marché du travail[6] », mais elle réaffirme aussi au sein de la citoyenneté sociale des ordres de valeurs relevant de la sphère des libertés effectives, de l'égalité et de la solidarité, en cohérence avec le noyau substantiel identifié dans ce travail.

Des droits sociaux nouveaux

Les propositions théoriques allant dans ce sens visent, de différentes manières, à soutenir « une solution unitaire, capable de souder le plan des protections traditionnelles des travailleurs avec celui des nouvelles protections du citoyen actif[7] » basées sur la formulation de nouveaux droits

---

[1] Ibidem, par. 47.
[2] B. Gazier, B. Palier, H. Périvier, *Refonder le système de protection sociale. Pour une nouvelle génération de droits sociaux*, 90-91.
[3] Ibidem, 91.
[4] Ibidem, 90.
[5] A. Supiot, *Au-delà de l'emploi. Transformations du travail et devenir du droit du travail en Europe*, cha. 7, par. 42.
[6] M. Tiraboschi, *Persona e lavoro fra tutele e mercato. Per una nuova ontologia del lavoro nel discorso giuslavoristico*, 101.
[7] M. Paci, *Nuovi lavori, nuovo welfare. Sicurezza e libertà nella società attiva*, 194.

sociaux. Dans sa proposition d'un "état professionnel", A. Supiot élabore des droits sociaux individuels – les "droits de tirage sociaux" – « attachés non à l'emploi, mais à la personne du travailleur[1] » et liés au concept de travail décrit ci-dessus. Point particulièrement important pour ma stratégie théorique, ces droits seraient générés non seulement dans le cadre de l'exercice du travail salarié, mais aussi par des activités d'une autre nature, concernant le « travail indépendant, bénévole, d'utilité publique [le] temps de formation continue[2] », etc., et leur utilisation dépendrait du libre choix du sujet de les utiliser à certains moments de sa vie. De ce fait, ces droits « sont des droits de *tirage* car leur réalisation dépend d'une double condition : la constitution d'une provision suffisante et la décision de leur titulaire d'user de cette provision. Et ce sont des droits sociaux, aussi bien dans leur mode de constitution […] que dans leurs objectifs – utilité sociale de l'activité rendue possible par l'exercice du droit[3] ». Exercer une activité incluse dans le champ sémantique ainsi élargi du "travail" permettrait au sujet d'acquérir sans discontinuité des droits-créances d'un genre nouveau, exigibles « à la fois sous forme monétaire et sous forme de droits (par exemple à exercer une activité bénévole, à suivre une formation, tout en disposant pendant ce temps des ressources nécessaires pour vivre)[4] » et ouvrant des espaces concrets de liberté à l'intérieur desquels le sujet accède à des marges croissantes d'autonomie dans la gestion et l'orientation de son parcours de vie et de ses temps.

Face à la mobilité professionnelle croissante et à la différenciation continue des compétences requises par les marchés du travail actuels, il est nécessaire d'insister sur « l'urgence [...] de mettre en place des systèmes réglementaires adéquats et adaptables en fonction des particularités de chaque marché du travail, puis de les relier entre eux afin de faciliter sur le plan normatif – par le biais des systèmes de sécurité sociale, de l'interaction avec le système de formation et des mécanismes de reconnaissance et de validation des compétences – les transitions professionnelles de plus en plus fréquentes[5] ». Dans cette perspective, nous pouvons mentionner la théorisation de B. Gazier, B. Palier et H. Périvier de « droits aux transitions[6] » formulée dans le texte *Refonder le système de protection sociale. Pour une nouvelle génération de droits sociaux*. La logique inscrite

---

[1] A. Supiot, *La Gouvernance par les nombres. Cours au collège de France*, cha. 13, par. 37.
[2] A. Supiot, *Au-delà de l'emploi. Transformations du travail et devenir du droit du travail en Europe*, cha. 7, par. 48.
[3] A. Supiot, *La Gouvernance par les nombres. Cours au collège de France*, cha. 13, par. 37.
[4] A. Supiot, *Au-delà de l'emploi. Transformations du travail et devenir du droit du travail en Europe*, cha. 7, par. 48.
[5] M. Tiraboschi, *Persona e lavoro fra tutele e mercato. Per una nuova ontologia del lavoro nel discorso giuslavoristico*, 125.
[6] B. Gazier, B. Palier, H. Périvier, *Refonder le système de protection sociale. Pour une nouvelle génération de droits sociaux*, 87.

dans ce type de droits sociaux vise avant tout à éviter que l'origine sociale d'un individu ne détermine de manière quasi-déterministe son parcours et son *status*. En effet, la proposition de ces auteurs « repose sur une idée forte, celle de l'égalité et de la liberté face à un éventail aussi large que possible de projets de vie réalisables[1] ». En mobilisant le concept de "transition" comme élément clé pour signifier certaines étapes cruciales – passage de l'école au monde du travail, d'un emploi à un autre, du chômage à une forme d'activité, etc. – du parcours personnel d'un individu, ces auteurs affirment la nécessité de renforcer la "fonction promotionnelle du droit", dont dépendent la préservation et l'accroissement de la liberté concrète des individus de déterminer leur propre trajectoire, par la reconnaissance de droits sociaux visant à organiser les transitions de manière à « préserver, construire et élargir les possibilités de choix[2] » individuel à l'intérieur et à l'extérieur des marchés du travail. En se connectant avec le développement des droits des individus à des formations continues et de qualité, à « des revenus et des conditions de vie qui leur assurent une autonomie décente[3] » lors des différentes transitions et à « la continuité et portabilité des droits sociaux[4] » d'une transition à l'autre, cette proposition théorique contient une portée émancipatrice importante, puisqu'elle renverse le principe selon lequel « tout emploi, si mal payé et déqualifié soit-il, vaut mieux que la situation d'assisté[5] ». Comme dans le cas de la proposition d'A. Supiot, il ne s'agit plus d'affirmer comme critère contraignant l'intégration dans le marché (dont il « résulte une pression à la baisse des prestations versées aux chômeurs, de manière à les pousser vers l'emploi, quel qu'il soit[6] »), mais de mettre en adéquation les instances de cette dernière avec le respect des droits de protection et de promotion sociales visant à garantir de plus grands espaces de liberté et de recherche individuelles dans un contexte de préservation et d'enrichissement de la "propriété sociale" dont bénéficient les individus, c'est-à-dire du socle commun « de ressources, de moyens, de droits nécessaires pour entrer dans les relations d'interdépendance avec les autres semblables, parce qu'égaux dans les domaines essentiels[7] ». Dans cette construction, les "droits aux transitions" contribuent alors à réaffirmer la centralité du sujet et de ses libertés par rapport à des injonctions de nature différente, puisqu'ils permettent d'« assurer la progression et la fluidité de toutes ses trajectoires professionnelles[8] » tout en sécurisant ses conditions matérielles de vie.

---

[1] Ibidem, 82.
[2] Ibidem, 85.
[3] Ibidem. 85.
[4] Ibidem, 129.
[5] Ibidem, 84.
[6] Ibidem.
[7] Ibidem, 88.
[8] Ibidem, 124.

Une autre proposition intéressante est celle avancée par M. Ferrera, dans le texte *La società del Quinto Stato*, d'une "garantie sociale" destinée à surmonter les limites et à compléter les modalités de mise en œuvre du contenu des droits sociaux caractérisant l'État-providence du vingtième siècle. Comme le souligne cet auteur, ces limites concernent l'individualisation et « la diversification des risques et des besoins[1] », des phénomènes qui remettent en question la manière uniforme et automatique dont le *welfare* traditionnel répond aux attentes sociales des citoyens ainsi que la dimension essentiellement protectrice de ses interventions, rendue inadéquate par la dynamique des sociétés contemporaines, d'où émerge la nécessité d'intervenir également à des fins capacitantes et d'opportunité. Dans ce contexte, la protection et la promotion sociales d'un individu ne requièrent pas seulement la reconnaissance et la justiciabilité d'une liste de droits sociaux, mais « aussi des ressources, des structures et des programmes spécifiques [...] qui permettent l'exercice effectif du droit[2] » dans les conditions spécifiques dans lesquelles se trouve l'individu concerné. À cette fin, l'auteur souligne l'importance d'intégrer dans les systèmes actuels l'instrument de la "garantie sociale", entendu « comme un ensemble de normes juridiques, de procédures administratives et de pratiques opérationnelles qui fournissent des ressources et permettent le "fonctionnement" des citoyens dans certains domaines, en combinant les dimensions de la protection et de la promotion sociale[3] ». Dans la lecture de M. Ferrera, la garantie sociale apparaît alors comme une notion plus complexe que celle associée au droit social : elle ne contient pas seulement l'indication que le sujet détient un titre juridique d'où découle la revendication légitime à l'égard de l'État d'une prestation, mais aussi « la prévision d'instruments spécifiques qui doivent être déployés pour l'exercice concret du droit et pour la réalisation la plus complète possible de ses objectifs de sécurité et de capacitation[4] » (infrastructures, ressources financières, niveaux minimaux de qualité et de quantité à atteindre, systèmes de contrôle et d'évaluation du respect de ces niveaux, etc.). Ainsi, en intégrant dans l'évaluation de la jouissance d'un droit la nécessité d'intervenir sur la base de la situation et des possibilités concrètes des individus, la garantie sociale, par rapport au modèle traditionnel des droits sociaux, apparaît mieux à même non seulement d'assurer le respect du contenu de ces derniers, mais aussi de moduler leur concrétisation en fonction de la spécificité des situations individuelles.

[1] M. Ferrera, *La società del quinto stato*, 125.
[2] Ibidem.
[3] Ibidem.
[4] Ibidem.

D'autres auteurs importants[1] formulent des propositions qui s'inscrivent dans le sillage du travail des auteurs mentionnés, des propositions concernant la conception de nouveaux types de droits sociaux, solidaristes puisque « déconnectés [...] d'une forme spécifique de contrat de travail, garantis à tous, mutualisés dans des caisses communes[2] », capables de faire évoluer les systèmes de protection sociale vers un "état professionnel" conçu comme émancipateur dans la mesure où il est capable de rétablir et de renforcer la centralité de la personne et sa liberté concrète de façonner sa propre existence. Comme le souligne M. Tiraboschi, dans cette perspective, le concept largement analysé d'"employabilité" ne se réduit pas à l'acquisition de compétences exploitables sur le marché, mais indique « un parcours de croissance et de développement intégral de la personne [...] qui aide à mûrir la conscience de ce que nous sommes et de ce que nous voulons, de nos potentialités et de nos talents ainsi que de nos limites [...] dans les relations avec les autres[3] ». À cet égard, il convient de mentionner la proposition d'une assurance employabilité, c'est-à-dire une assurance visant à la fois à protéger les individus contre toute diminution ou perte de revenu pendant une transition et à les reconvertir par le biais de formations, de stages qualifiants, etc., librement choisis. Par exemple, selon G. Schmid, ce genre d'assurance « augmenterait la volonté des travailleurs d'accepter des emplois moins bien rémunérés [...] lorsqu'elle est associée à des bons de formation destinés à rendre les nouveaux emplois durables et à améliorer leurs chances de gravir à nouveau les échelons de la carrière[4] ».

Sur la base de ces propositions, l'imaginaire normatif de la citoyenneté sociale pourrait actualiser ses contenus fondamentaux en se réorganisant autour de modèles de protection et de promotion sociales à même d'accompagner l'individu dans ses différentes activités, que ce soit à l'intérieur ou à l'extérieur du marché, afin de ne pas faire de la participation à ce dernier le critère premier et contraignant de niveaux de vie dignes et de tutelles décentes.

---

[1] Voir P. Osterman, *Securing prosperity. The american labor market : how it has changed and what to do about it*, Princeton University Press, Princeton, 1999 ; G. Schmid, "Il lavoro non-standard. Riflessioni nell'ottica dei mercati transizionali del lavoro", *Diritto delle Relazioni Industriali*, vol. 3, 2011, 1-36; etc.

[2] B. Gazier, B. Palier, H. Périvier, *Refonder le système de protection sociale. Pour une nouvelle génération de droits sociaux*, 123.

[3] M. Tiraboschi, *Persona e lavoro fra tutele e mercato. Per una nuova ontologia del lavoro nel discorso giuslavoristico*, 200.

[4] G. Schmid, « Transitional labour markets and flexicurity : managing social risks over the life course », dans R. Rogoswki, R. Salais, N. Whiteside (sous la direction de), *Transforming european employment policy : labour market transitions and the promotion of capability*, 63.

Les potentialités d'un revenu de base garanti

Les effets, actuels et potentiels, du développement technologique sur l'emploi[1], l'installation dans les sociétés européennes d'un taux de chômage structurel, ainsi que l'extension de l'*in-work poverty* et l'obsolescence de la conception "industrialiste" du travail, alimentent depuis plusieurs décennies le débat sur les différentes manières de concevoir l'instauration, l'accessibilité et la durabilité d'un revenu minimum pour tous. Le débat est très vaste et concerne de nombreuses disciplines (économie, sociologie, droit, etc.) ; je me limite ici à indiquer pourquoi et comment cet instrument pourrait s'inscrire dans la redéfinition d'un imaginaire normatif de la citoyenneté sociale cohérent avec mon travail.

La plupart des pays européens adoptent des mesures de revenu minimum garanti régies par des formes de conditionnalité, généralement liées à l'état de besoin et à l'activation des bénéficiaires. Il s'agit d'une subvention plus ou moins temporaire destinée à atténuer les conditions de pauvreté grave et à réintégrer les bénéficiaires sur le marché du travail, ce qui l'inscrit (bien qu'avec des différences d'un pays à l'autre) dans le groupe des mesures partageant la logique *market-based* isolée et analysée dans le chapitre précédent.

Dans le cadre de mon travail, j'estime plus intéressantes les propositions axées sur l'intégration dans les systèmes sociaux actuels[2] d'un revenu de base universellement accessible, « financé par la fiscalité générale et indépendant du travail [...], comme réponse à la crise d'un modèle de protection sociale conçu pour des sociétés industrialistes et à l'échec des politiques actives de l'emploi[3] ». Tout d'abord, dans un contexte d'instabilité professionnelle et économique croissante, le revenu de base constituerait un dispositif efficace de sauvegarde de conditions de vie décentes et de renforcement de la liberté de choix de l'individu, qui ne serait plus poussé ou contraint d'accepter des offres d'emploi au rabais et disqualifiantes pour assurer sa subsistance. Deuxièmement, surtout dans les versions où le revenu de base comprend non seulement un aspect monétaire, mais aussi des moyens d'accès à une éducation, à des logements et à des soins de qualité, ainsi qu'à des formations qualifiantes, ce dispositif accroîtrait la liberté concrète de l'individu non seulement en lui garantissant une protection

---

[1] Voir A. McAfee, E. Brynjolfsson, *La nuova rivoluzione delle macchine. Lavoro e prosperità nell'era della tecnologia trionfante*, Feltrinelli, Milan, 2015.

[2] Je partage les positions théoriques qui proposent un revenu de base en complément et non en remplacement des systèmes de sécurité sociale existants. Par exemple, dans les propositions d'auteurs tels que P. Van Parjis et M. Ferrera, « les systèmes publics d'éducation et de santé efficaces et obligatoires seraient maintenus, de même que les régimes d'assurance contributifs pour la maladie, le chômage et la vieillesse ». M. Ferrera, *La società del quinto stato*, 87.

[3] M. Tiraboschi, *Persona e lavoro fra tutele e mercato. Per una nuova ontologia del lavoro nel discorso giuslavoristico*, 140.

matérielle suffisante contre le chantage des dynamiques de marché, mais aussi en lui fournissant des outils fondamentaux pour choisir et poursuivre son propre projet tout au long de sa vie.

Dans la perspective de la récupération et de la redéfinition de l'imaginaire normatif de la citoyenneté sociale, la garantie d'un revenu de base reposerait ainsi sur un noyau axiologique apparenté à celui isolé dans ce travail, caractérisé par la matérialité de la dignité et par la liberté concrète d'agir qui lui est liée. En outre, elle permettrait d'actualiser, sur la base des défis sociaux actuels – volatilité de l'emploi et des revenus, augmentation de la vulnérabilité et des inégalités sociales, écarts importants en termes d'opportunités de réalisation personnelle, etc. – le principe redistributif analysé dans le premier chapitre, lié à la substantialité de l'égalité et à la préservation des obligations solidaristes. En plus d'exiger un système fiscal hautement progressif et efficace, le revenu de base resignifierait le principe redistributif en approfondissant au sein du système redistributif la dimension de la « "liberté réelle" [...] la capacité réelle de faire ce que nous souhaitons faire[1] ». En effet, face à l'impossibilité structurelle du plein emploi et à la fragilisation du lien entre travail, citoyenneté et subsistance, un revenu de base inconditionnel, découplé du travail et visant à garantir la « sécurité économique mais aussi existentielle de la personne et de sa dignité[2] », redessinerait l'imaginaire normatif de la citoyenneté sociale en valorisant davantage « la personne, sa liberté et sa capacité[3] » à déterminer de manière autonome son propre parcours professionnel et de vie, à l'intérieur comme à l'extérieur du marché du travail. Ainsi, la proposition de revenu de base serait cohérente avec un autre des points clés de notre stratégie théorique de redéfinition de l'imaginaire normatif de la citoyenneté sociale, c'est-à-dire le dépassement de la « connotation économiciste du concept de travail[4] » et de celui d'"employabilité" ; en élargissant l'éventail des choix disponibles et durables pour tous au-delà de la sphère de la production économique, le revenu de base constituerait une mesure fondamentale pour soutenir le processus d'extension du concept de travail et des droits qui y sont attachés à « toute activité socialement reconnue, même si non formalisée dans un contrat et donc non rémunérée[5] », et pour soutenir ainsi la réorganisation des systèmes de protection sociale et du travail autour du concept d'"état professionnel" de la personne.

---

[1] P. Van Parijs, Y. Vanderborght, *Basic income. A radical proposal for a free society and a sane economy*, Harvard University Press, Cambridge, Londres, 2017, 104.
[2] M. Tiraboschi, *Persona e lavoro fra tutele e mercato. Per una nuova ontologia del lavoro nel discorso giuslavoristico*, 141.
[3] Ibidem.
[4] Ibidem.
[5] Ibidem, 147.

Exemples concrets

Je conclus cette section par quelques exemples des politiques sociales déjà existantes dans les pays européens et en ligne avec la direction tracée par ma stratégie théorique. En ce qui concerne la gestion des effets sur le chômage d'un marché du travail plus instable et l'organisation efficace des transitions d'un emploi à l'autre, nous pouvons nous tourner vers « les fondations autrichiennes du travail (*Arbeitsstiftungen*) et la [...] mesure finlandaise "*Change Security*" (*Muutosturva*)[1] ». Dans le cas autrichien, ces agences travaillent dans le cadre d'un financement mixte, impliquant les entreprises, les travailleurs licenciés, les travailleurs ayant conservé leur emploi et, dans une large mesure, les services publics de l'emploi, et afin de réaliser des transitions de qualité d'un emploi à l'autre. Le financement permet d'« organiser un large éventail de services individualisés[2] » destinés à soutenir le parcours personnel des personnes exclues du marché à travers des activités de formation, de reconversion professionnelle, etc., auxquelles elles choisissent volontairement de participer. En tenant dûment compte de l'élément solidariste-collectif, la nature combinatoire du financement garantit une répartition équitable et efficace des responsabilités en matière de réintégration des personnes qui, en plus de conserver leur liberté de choix quant à la participation à ces activités, disposent ainsi dès le départ d'instruments leur permettant d'absorber le licenciement et de poursuivre la construction de leur propre parcours personnel.

Dans le cas finlandais, le programme mentionné a les mêmes objectifs que les agences autrichiennes et est particulièrement intéressant car « il inclut le droit des employés à des programmes individuels de réemploi ou de rééducation, à du temps libre pour la recherche d'emploi et à des conseils pendant qu'ils sont encore en poste et à des niveaux de prestations élevés pendant la période de transition[3] », ainsi que « l'obligation pour les employeurs [...] d'élaborer des plans de réemploi en collaboration avec les employés et l'agence publique locale pour l'emploi[4] ». Dans ce cas également, la coopération entre les différents acteurs s'organise selon une logique à la fois de protection et de promotion sociale dans laquelle l'augmentation des marges de liberté et de choix du sujet est soutenue en grande partie par la collectivité.

Du point de vue de ma stratégie théorique, notamment en ce qui concerne l'accès volontaire à la formation, la valorisation des activités hors marché et

[1] G. Schmid, « Transitional labour markets and flexicurity : managing social risks over the life course », dans R. Rogoswki, R. Salais, N. Whiteside (sous la direction de), *Transforming european employment policy : labour market transitions and the promotion of capability*, 61-62.

[2] Ibidem, 62.

[3] Ibidem.

[4] Ibidem.

la libéralisation et la gestion plus autonome du temps, il est pertinent de mentionner trois instruments sociaux introduits en France au cours des dernières années. Comme le résume M. Ferrera, « le *compte personnel de formation*, qui concerne la population active, crédite chaque année un certain montant pour suivre des initiatives de son choix, dispensées par des centres agréés et certifiés. Le *compte d'engagement citoyen* concerne toute personne exerçant des activités d'utilité sociale [...] En règle générale, huit heures d'engagement certifiées et "déposées" sur le compte individuel donnent droit à vingt heures de formation gratuite. Enfin, le *compte professionnel de prévention* permet d'acquérir des crédits de temps en cas de travail pénible ; ces crédits peuvent être "dépensés" pour la formation ou l'accès anticipé à la retraite[1] ». Ces trois comptes personnels sont intéressants dans la mesure où ils établissent des droits sociaux qui peuvent accroître la capacité d'autodétermination des sujets en intégrant parmi les éléments constitutifs de ce que le droit protège une disposition plus libre du temps et en permettant d'utiliser cette dernière pour des activités d'intérêt collectif, désormais reconnues et valorisées.

Les différentes formes de congé en vue de remplir d'autres engagements (familiaux, personnels, de formation, de soins, etc.) adoptées aux Pays-Bas, en Belgique, en Suède, au Danemark, en Allemagne, etc., vont dans le même sens, de même que le développement (notamment au Danemark et aux Pays-Bas) d'emplois transitionnels qui garantissent à la fois un niveau plus adéquat de protection sociale et une plus grande autonomie personnelle.

Ces exemples constituent de mon point de vue des avancées ; dans le même temps, ils restent dans la plupart des cas des réalisations partielles, non intégrées dans une reconfiguration plus générale des modèles sociaux.

Une individualisation non désocialisante

Comme le souligne E. Christodoulidis, « la pensée stratégique s'appuie sur [...] les mouvements théoriques qui visent à répartir ce qui est rationnel et ce qui est irrationnel dans le domaine constitutionnel[2] », dans le cas de cet ouvrage le domaine constitutionnel concernant la dimension sociale de la citoyenneté. La stratégie proposée, basée sur la perspective de l'individualisation émancipatrice, vise donc à réactiver les potentialités transformatrices inscrites dans les droits sociaux. Tout en soutenant et justifiant l'exigence actuelle de recalibrer la logique des droits sociaux sur la condition spécifique des individus concernés, la stratégie élaborée ne vide pas la logique évoquée des contenus normatifs identifiés dans le premier chapitre ; son objectif est plutôt de réactiver sur la base de la spécificité du contexte historico-concret actuel la normativité sociale extraite de l'étude du

[1] M. Ferrera, *La società del quinto stato*, 92.
[2] E. Christodoulidis, *The redress of law*, 455.

constitutionnalisme européen et constituant ce que j'ai appelé l'héritage oublié. En particulier, l'individualisation des droits sociaux proposée ici n'implique pas leur désocialisation, c'est-à-dire la fragilisation de leurs dimensions collectives et redistributives, dimensions dont dépend l'enracinement de leur contenu dogmatique. Elle vise plutôt à mobiliser des éléments conceptuels qui font partie du registre sémantique dominant du constitutionnalisme de marché et à les resémantiser en « connexion avec [...] l'imaginaire[1] » du constitutionnalisme social. En ce sens, cette opération est menée sur la base des surplus de sens que les ressources normatives identifiées contiennent en vertu de leur caractère historique et évolutif ; elle vise donc à montrer comment le contenu de ces ressources peut encore exercer son emprise normative sur ce qui apparaît, condition fondamentale pour la récupération de l'héritage oublié.

Il s'agit donc d'une tentative de penser cet héritage constitutionnel « en termes stratégiques[2] » et, selon l'approche théorique adoptée, celle de la pensée normative ; une tentative de faire émerger face aux « fermetures qui fixent les certitudes actuelles[3] » les potentialités émancipatrices inexploitées et oubliées du constitutionnalisme social et le mode sémantique et normatif par lequel il "signifie" la réalité, de manière autonome et non en tant qu'adaptation à la logique du marché. De la préservation de cette autonomie découle la possibilité de sortir de l'oubli.

2 - Stratégie conceptuelle et dimension européenne : analyse des interrelations possibles

2.1 - Pourquoi et comment justifier une Union plus "sociale"

Dans cette section, je vais réfléchir aux moyens possibles d'établir un lien entre ma stratégie conceptuelle et la dimension européenne et d'identifier les potentialités qui peuvent être inhérentes à cette relation. Ces opérations ne peuvent que s'appuyer sur la reconstruction effectuée dans le chapitre deux de la relation entre l'intégration économique et l'intégration sociale dans le processus d'intégration européenne, ainsi que des fondements normatifs de ce dernier.

Tout en évitant des perspectives trop déterministes, l'analyse généalogique de la structure normative fondamentale du processus intégrationniste et du cadre philosophique dans lequel il s'inscrit permet d'accéder à une compréhension plus profonde de la direction et de l'évolution de la relation entre intégration économique et intégration sociale, caractérisée par l'émergence et la persistance de la primauté de la logique

---

[1] Ibidem, 456.
[2] Ibidem, 443.
[3] Ibidem, 457.

concurrentielle de marché depuis le moment originaire de la division initiale des compétences. Cette primauté conduit « les institutions européennes à une sorte de *path dependence* : elle ne peut être que partiellement pliée pour servir des logiques différentes [...], avec un déficit dans l'efficacité de ce qui est effectivement mis en place en suivant ces logiques nouvelles ou différentes[1] » ; déficit résultant, dans notre lecture, de la resémantisation selon le principe concurrentiel des logiques qui lui sont différentes.

En effet, « l'implémentation juridiquement fondée de l'intégration marchande[2] » étend progressivement ses effets à des sphères concernant l'autonomie sociale des États membres, produisant ce qu'une large littérature relève et définit comme un « déséquilibre entre le marché intérieur au niveau de l'UE et les pouvoirs de contrôle des forces du marché qui subsistent au niveau national[3] ». Dans ce contexte, la pénétration progressive de la logique concurrentielle et l'extension des compétences européennes à des domaines concernant directement et indirectement les politiques de protection sociale conduisent au développement d'« un discours sur le "social" [...] reformulé d'une manière compatible avec[4] » la primauté de la normativité concurrentielle, et ainsi à « l'expansion de la capacité de l'UE à imposer directement sa vision particulière du "social" dans les processus de réforme nationaux[5] ». La primauté du droit supranational « établit un périmètre juridique de validité qui couvre également le niveau le plus "intime" des droits sociaux nationaux[6] », qui doivent désormais se conformer – ainsi que leurs fondements éthico-normatifs – « non seulement à la lutte contre la discrimination et à l'égalité de traitement, mais aussi […] au droit de la concurrence[7] ». Le projet d'intégration européenne n'apporte pas en soi une « vision substantielle de la justice[8] » sociale ; celle-ci semble rester l'apanage des États-nations, qui « excluent structurellement les relations transfrontalières de toute considération[9] », ne se reformulant et ne se resémantisant au niveau européen que comme corollaire de l'intégration économique.

---

[1] E. Mostacci, « Forum : verso un futuro (più) sociale dell'Europa ? », *Gruppo di Pisa*, n. 3, 2021, 244.
[2] D. Schiek, « Re-embedding economic and social constitutionalism : Normative perspectives for the EU », 36.
[3] Ibidem, 41.
[4] O. Parker, R. Pye, « Mobilising social rights in EU economic governance : a pragmatic challenge to neoliberal Europe », *Comp. Eur. Polit*, n. 16, 2018, 812.
[5] Ibidem.
[6] F. Vandenbroucke, M. Keune, M. Ferrera, F. Corti, « The nature and rationale for European social rights », *EuSocialCit Working Paper*, 11.
[7] Ibidem.
[8] F. De Witte, « EU Citizenship, Free Movement and Emancipation : A Rejoinder », dans R. Bauböck (sous la direction de), *Debating European Citizenship*, Springer Open, Florence, 2018, 177.
[9] Ibidem.

Ce processus de resémantisation s'enracine et se renforce en liaison avec l'avancement du processus de constitutionnalisation de l'ordre européen. La succession des arrêts et des documents fondamentaux qui composent cet ordre constitutionnel de marché inédit établit ainsi un cadre juridique dont la raison d'être réside dans la consolidation et la priorisation de la logique concurrentielle du marché. Ces objectifs sont poursuivis par la mise en place progressive d'une architecture macroéconomique et par la promotion d'une gamme de *policies* conçues de manière à dé-conflictualiser l'ordre du marché ainsi qu'à subordonner à sa logique l'action des gouvernements européens. Ces derniers sont désormais appelés « à [...] stabiliser le climat d'investissement en Europe [...] à créer une "culture entrepreneuriale" au sein de l'État par l'application de nouveaux systèmes d'incitation et de surveillance fondés sur le marché, ainsi que de discipline financière[1] », et à contribuer de manière significative à la sécurisation juridique du marché concurrentiel et à la diffusion dans la sphère sociale de manières d'être, de valeurs, d'attitudes et de comportements répondant à sa logique.

Dans ce contexte, la dimension sociale de l'intégration européenne est produite « de manière parasitaire[2] » en tant que corollaire de l'intégration économique, « sans droits soutenus par des ressources dédiées, mais seulement par des régulations[3] » visant à garantir non pas « une sécurité sociale paneuropéenne, mais la liberté de mouvement et l'accès aux systèmes de protection sociale nationaux[4] ». Au cours de ce processus, elle devient un véhicule de retraduction de l'héritage du constitutionnalisme social en fonction des prérogatives de la normativité concurrentielle, produisant ainsi son oubli.

Dans le même temps, « ces attributs de l'UE soulèvent des questions [...] normatives : aucun attribut de l'UE ne peut être postulé comme un point fixe, au-delà de toute justification[5] ». Le caractère "ouvert" du processus intégrationniste permet de questionner normativement ce dernier sur la base d'arguments de nature différente ayant leur fondement dans le processus intégrationniste lui-même ; en d'autres termes, ces arguments peuvent être développés et justifiés de manière cohérente par rapport à ce qui "existe" du processus intégrationniste tout en exerçant une fonction de critique et d'interprétation/proposition alternative à l'égard de celui-ci.

---

[1] S. Gill, « European Governance and New Constitutionalism : Economic and Monetary Union and Alternatives to Disciplinary Neoliberalism in Europe », *New Political Economy*, vol. 3, n. 1, 1998, 8.

[2] M. Ferrera, *Rotta di collisione. Euro contro welfare ?*, 143.

[3] Ibidem.

[4] Ibidem.

[5] F. Vandenbroucke, « Solidarity through redistribution and insurance of incomes : the EU as Support, Guide, Guarantor or Provider ? », *The Amsterdam Centre for European Studies*, n. 1, 2020, 14.

Aux fins du présent ouvrage, il est alors nécessaire d'identifier et de développer des arguments normatifs cohérents avec ma stratégie théorique et ancrés dans la *legacy* du processus intégrationniste, compte tenu de l'implication progressive des institutions européennes dans les domaines concernant la citoyenneté sociale. Le fait que cette implication progressive se réalise à partir d'un « déséquilibre constitutionnel entre le "marché" et le "social" dans l'ordre juridique de l'UE[1] » est ce qui m'amène à m'interroger sur les possibilités, au sein de l'ordre européen existant, de redresser partiellement ce déséquilibre en renforçant le rôle social de l'UE d'une manière qui soit normativement cohérente avec ma stratégie théorique. Ainsi, en s'appuyant sur la perspective d'une "Union Sociale Européenne" indiquée et théorisée par F. Vandenbroucke, il faut d'abord se demander pourquoi l'UE devrait « soutenir les États-providence nationaux à un niveau systémique dans certaines de leurs fonctions clés et guider leur développement substantiel [...] sur la base d'une définition opérationnelle du modèle social européen[2] », un modèle qui, dans notre cas, peut être ramené aux contenus fondamentaux constituant "l'héritage oublié" et à la stratégie proposée pour le récupérer.

Pour répondre à cette question, il faut tout d'abord aborder la difficulté initiale évoquée, due à la "séparation fonctionnelle" entre les compétences économiques européennes et les compétences sociales nationales. Tout en introduisant cette répartition des compétences, dans la perspective des pères fondateurs l'intégration économique et le surplus de ressources qu'elle produit, ainsi que la mise en œuvre des quatre libertés fondamentales, ne doivent pas seulement créer plus de prospérité, mais doivent soutenir et favoriser la convergence vers le haut des systèmes sociaux nationaux. Selon une logique fonctionnaliste, cette convergence apparaît nécessaire à la construction et au bon fonctionnement du marché unique. Tout en tenant compte des différents degrés de développement et des différentes modalités d'organisation et de fonctionnement des États-providence européens, cette perspective « présuppose alors une convergence sociale dans certains domaines, ce qui nécessite ensuite de fixer des repères communs comme objectifs pour organiser cette convergence[3] ». Dans ce cadre, les droits sociaux « devraient garantir un certain degré de convergence des modèles sociaux des États membres afin de réduire la diversité ou le mauvais

[1] F. Vandenbroucke, M. Keune, M. Ferrera, F. Corti, « The nature and rationale for European social rights », *EuSocialCit Working Paper*, 24.
[2] F. Vandenbroucke, « The idea of a European Social Union : a normative introduction », dans F. Vandenbroucke, C. Barnard et G. De Baere (sous la direction de), *A European Social Union after the Crisis,* 4-5.
[3] F. Vandenbroucke, « Why we need a European Social Union », *Reflets et perspectives de la vie économique*, n. 52, 2013, 102. DOI : 10.3917/rpve.522.0097. URL : https://www.cairn.info/revue-reflets-et-perspectives-de-la-vie-economique-2013-2-page-97.htm.

fonctionnement des marchés du travail et des systèmes de protection sociale nationaux[1] ».

Ainsi, en premier lieu, il est possible de justifier l'évolution de la dimension sociale du processus intégrationniste au-delà de l'acquis social existant et dans le sens de notre stratégie théorique en raison des divergences sociales croissantes largement constatées entre les pays européens et, en deuxième lieu, en raison de l'écrasement du contenu social de la convergence souhaitée sur la primauté de la normativité concurrentielle.

En ce qui concerne le premier point, l'accroissement des divergences sociales, l'échec concomitant du projet initial de convergence vers le haut et l'affaiblissement (plus ou moins accentué selon les pays considérés) des capacités régulatrices des *welfare states* pour y faire face déplacent « le débat sur l'avenir de nos modèles sociaux [...] au niveau européen pour des raisons fonctionnelles[2] ». Ces raisons sont évidemment connectées au « flux constant d'externalités transnationales[3] » produites par l'intensification de l'intégration économique et, plus généralement, par la mondialisation de l'économie. La poursuite de l'objectif de convergence vers le haut et donc d'une plus grande cohésion sociale entre et au sein des États membres comme condition nécessaire au bon fonctionnement du marché unique implique aujourd'hui le renforcement des politiques sociales européennes. Selon la logique fonctionnaliste, « dans un marché intégré qui favorise la mobilité des capitaux et des personnes[4] », le soutien du niveau supranational apparaît nécessaire pour sauvegarder et accroître l'efficacité de l'action redistributive nationale, tant en termes de ressources économiques que de chances de vie. Dans le même temps, une réponse basée uniquement sur une logique fonctionnaliste semble insuffisante car cette dernière réduit les droits sociaux « à des moyens pour une fin[5] », l'intégration des marchés. Du point de vue de ma stratégie théorique, la poursuite d'une plus grande cohésion sociale, et donc d'une réduction des niveaux d'inégalité entre et au sein des pays membres, « exige un sens plus aigu des valeurs [...] communes entre les États membres[6] », nécessite une vision substantielle de la justice sociale partagée.

---

[1] F. Vandenbroucke, M. Keune, M. Ferrera, F. Corti, « The nature and rationale for European social rights », *EuSocialCit Working Paper*, 25.
[2] F. Vandenbroucke, « The idea of a European Social Union : a normative introduction », dans F. Vandenbroucke, C. Barnard et G. De Baere (sous la direction de), *A European Social Union after the Crisis,* 6.
[3] M. Ferrera, « The European Social Union : a missing but necessary "political good" », dans F. Vandenbroucke, C. Barnard et G. De Baere (sous la direction de), *A European Social Union after the Crisis,* 52.
[4] F. Vandenbroucke, M. Keune, M. Ferrera, F. Corti, « The nature and rationale for European social rights », *EuSocialCit Working Paper*, 28.
[5] Ibidem, 29.
[6] Ibidem, 28.

Cette réflexion nous conduit donc au deuxième point, à savoir la possibilité de penser autrement que selon le primat de la normativité concurrentielle le contenu social de la convergence souhaitée. Je soutiens que l'architecture institutionnelle et normative de l'UE, bien qu'ayant une forte ascendance ordo et neolibérale, ne doit pas aboutir systématiquement et dans tous les cas à l'oubli de l'héritage du constitutionnalisme social, mais qu'elle présente des potentialités émancipatrices insuffisamment développées et qui peuvent s'inscrire dans la sémantique de l'héritage oublié que ma stratégie se propose de réactiver. De cette manière, la défense d'une Europe plus sociale peut dépasser la logique fonctionnaliste et se fonder sur les contenus éthico-normatifs constituant le noyau axiologique partagé de la dimension sociale de la citoyenneté : du point de vue de ma stratégie, « la dimension sociale de la citoyenneté européenne doit être fondée sur des valeurs[1] ». Ces deux arguments constituent donc la justification principale de ma position.

Enfin, le déficit social européen actuel appelle également une réponse d'ordre politique. La gouvernance européenne se caractérise par sa nature essentiellement "régulatrice", axée sur la mise en place des dispositifs et des mécanismes nécessaires au bon fonctionnement du marché concurrentiel et donc à la production de plus de richesse et de liberté. Rappelant les positions habermassiennes, l'UE en tant qu'entité politique précise ne peut fonder sa légitimité sur les seuls bénéfices apportés par l'intégration économique ; elle doit au contraire contribuer à la préservation et au développement de ce qui constitue la spécificité des sociétés européennes, à savoir « le côté protecteur[2] » de leur action politique, leurs modèles de protection et de promotion sociales et leurs traditions constitutionnelles. Par conséquent, cette perspective reflète « l'idée que, compte tenu de la subsidiarité, il est légitime de lutter pour une certaine conception de la justice sociale au niveau de l'UE[3] », c'est-à-dire une conception ayant des références normatives et des objectifs clairs et communs, qui font l'objet d'un consensus de base malgré les différences et que j'ai isolés dans le premier chapitre. En ce sens, pour le processus d'intégration, une UE plus sociale constitue un « bien politique nécessaire[4] » et « crucial pour la légitimité, la survie à long terme et la prospérité de l'UE, ainsi que pour le renforcement des liens entre ses

---

[1] D. Kostakopoulou, « Imagine : European Union Social Citizenship and Post-Marshallian Rights and Duties », dans R. Bauböck (sous la direction de), *Debating European Citizenship*, Springer Open, Florence, 2018, 279.

[2] M. Ferrera, *Rotta di collisione. Euro contro welfare ?*, 142.

[3] F. Vandenbroucke, « The idea of a European Social Union : a normative introduction », dans F. Vandenbroucke, C. Barnard et G. De Baere (sous la direction de), *A European Social Union after the Crisis,* 34.

[4] M. Ferrera, « The European Social Union : a missing but necessary "political good" », dans F. Vandenbroucke, C. Barnard et G. De Baere (sous la direction de), *A European Social Union after the Crisis*, 47.

citoyens et sa stabilisation en tant qu'association/communauté collective[1] ». Cette base fournit ainsi une justification supplémentaire pour étudier les interrelations possibles entre l'ordre européen existant et notre stratégie théorique, conçue précisément dans le but de récupérer et de réactualiser ladite conception.

Ainsi, sur la base de l'appareil conceptuel de ma stratégie théorique, l'argument normatif que je défends est qu'une UE plus sociale doit avant tout signifier une UE qui « soutient activement la convergence vers le haut dans les dimensions importantes du bien-être entre les États membres et la convergence vers moins d'inégalités dans les mêmes dimensions du bien-être au sein des États membres[2] ». Dans mon argumentation, l'UE doit contribuer à la substantialisation de l'égalité des chances au niveau européen en intégrant à sa conception formelle de l'égalité, entendue avant tout comme « structure des opportunités pour les personnes mobiles[3] », des initiatives et des mesures visant à soutenir le rééquilibrage des disparités structurelles entre les individus (tant d'un même pays que de pays différents) quant à l'accès aux opportunités et aux ressources nécessaires (éducatives, économiques, sociales, de formation, etc.) pour choisir et poursuivre concrètement son projet de vie (dont dépend le fait de vivre dignement). Ces objectifs ne peuvent être poursuivis sans l'évolution, au niveau européen, des formes de solidarité existantes vers des formes ayant une dimension redistributive plus prononcée, tant entre les pays qu'à l'intérieur de ceux-ci ; une forme de solidarité impliquant donc un plus grand « partage des ressources, dans le but de compenser les individus pour des circonstances (désavantageuses) dont nous ne les tenons pas pour responsables[4] » et qui compromettent leurs chances de réaliser leurs projets de vie. Par conséquent, du mon point de vue il est essentiel de fonder l'élaboration et l'implémentation d'initiatives et de mesures européennes de soutien aux États-providence nationaux sur ce que A. Hemerijck, dans *Changing Welfare States*[5], définit comme un "*holding environment*", c'est-à-dire sur « une zone de résilience fondée sur des valeurs partagées et des objectifs communs, associés à des institutions compétentes [...] qui préserve l'intégrité des États-providence nationaux [et qui] contraste fortement avec la notion de

[1] F. Vandenbroucke, M. Keune, M. Ferrera, F. Corti, « The nature and rationale for European social rights », *EuSocialCit Working Paper*, 27.

[2] F. Vandenbroucke, D. Rinaldi, *Inégalités sociales en Europe le défi de la convergence et de la cohésion*, Institut Jacques Delors, Paris, 2015, 7. Je reprends ici la définition de l'auteur d'une Europe "triple A sociale" en tant que proposition théorique qui inspire le plus cette section.

[3] Ibidem, 8.

[4] F. Vandenbroucke, « The idea of a European Social Union : a normative introduction », dans F. Vandenbroucke, C. Barnard et G. De Baere (sous la direction de), *A European Social Union after the Crisis*, 21.

[5] A. Hemerijck, *Changing Welfare States*, Oxford University Press, Oxford, 2013.

marché unique et de monnaie unique en tant que "dispositifs disciplinaires" intrusifs de l'État-providence[1] ».

Comment proposer et défendre cet argument ? Un argument, même s'il présente un haut degré d'idéalité, n'est soutenable et n'acquiert de la crédibilité que s'il est posé dans le contexte spécifique dans lequel il est censé agir. Dans cette optique, je vais développer mon argumentation à partir de l'identification de « réalités constitutionnelles immanentes mais largement inexploitées de l'UE[2] » qui présentent des marges interprétatives susceptibles d'extraire et de valoriser le potentiel normatif caractérisant « les fragments existants d'Union sociale et les normes juridiques correspondantes[3] ». En d'autres termes, il s'agit de « mobiliser de manière créative les ressources supranationales afin de compléter et de renforcer [...] la sécurité sociale et les chances de vie de tous les citoyens et de surmonter les inégalités existantes[4] ». L'objectif n'est pas de proposer des changements profonds du système de l'UE, mais de proposer à partir de l'ordre existant des développements qui renforceraient le rôle de l'UE dans la réalisation des droits sociaux d'une manière cohérente avec ma stratégie théorique. En effet, « l'UE ne peut pas apporter son soutien aux régimes nationaux de protection sociale [...] sans un accord sur les idéaux normatifs qui sous-tendent de telles politiques[5] », accord que j'ai construit au cours de ce travail par l'identification d'un héritage social commun.

Récapitulation et reconfiguration de l'acquis social européen

Pour ce faire, il est tout d'abord nécessaire de récapituler l'état actuel de l'"UE sociale" dans sa dimension multiniveau, en reconstruisant et en organisant analytiquement l'acquis social qui ressort des analyses effectuées au chapitre 2, en le complétant par les éléments manquants et en le reconfigurant selon le cadre théorico-normatif esquissé dans ce chapitre. Partant de l'existant, il s'agit donc non seulement de mettre en évidence l'état actuel de la notion largement débattue de "citoyenneté sociale européenne", mais aussi de saisir dans les interrelations entre les niveaux nationaux et le niveau européen qui fondent cette notion et dans les avancées

---

[1] A. Hemerijck, « Towards a 'Holding Environment' for Europe's (Diverse) Social Citizenship Regimes », dans R. Bauböck (sous la direction de), *Debating European Citizenship*, Springer Open, Florence, 2018, 272-273.

[2] O. Parker, R. Pye, « Mobilising social rights in EU economic governance : a pragmatic challenge to neoliberal Europe », 820.

[3] K. Möller, « From the Ventotene Manifesto to post-democratic integration. A reconstructive approach to Europe's social dimension », dans H. Brunkhorts, C. Gaitanides, G. Grözinger (sous la direction de), *Europe at a Crossroad. From Currency Union to Political and Economic Governance ?*, 241.

[4] F. Vandenbroucke, M. Keune, M. Ferrera, F. Corti, « The nature and rationale for European social rights », *EuSocialCit Working Paper*, 21.

[5] Ibidem, 47.

réalisées des potentialités normatives cohérentes avec ma stratégie. Les analyses menées dans le chapitre deux nous démontrent comment « la nature *market-making* de l'intégration et l'"asymétrie institutionnelle" des traités[1] », la structure économique et monétaire de l'UE ainsi que l'étroitesse des ressources économiques et infrastructurelles qui peuvent être mobilisées dans la sphère sociale s'inscrivent dans un mouvement de retraduction et de resémantisation des contenus éthico-normatifs qui fondent la dimension sociale de la citoyenneté. Dans le même temps, ce mouvement, structurant la formation de l'acquis social européen, est également un mouvement de déconnexion des « droits sociaux de leurs fondements nationaux exclusifs[2] ». La différence avec la logique polanyenne décrite dans le premier chapitre est évidente : la citoyenneté sociale européenne n'émerge pas « comme le résultat d'un contre-mouvement politique à l'intégration des marchés au niveau européen[3] », mais comme réseau juridico-réglementaire de soutien au mouvement intégrationniste des marchés. Dans le même temps, ce mouvement de déconnexion, accroissant le rôle européen « dans le façonnement et le fonctionnement concret des droits sociaux[4] », en tant que fait historique *in fieri* ouvre également de nouveaux espaces interprétatifs concernant le rôle susmentionné et qui ne peuvent pas être reconduits de manière déterministe à la logique normative décrite dans le chapitre deux. C'est dans cette perspective que je vais élaborer une reconceptualisation des interrelations de plus en plus complexes entre les niveaux européen et national concernant les piliers de l'acquis social existant, conformément à ma stratégie théorico-normative et, en particulier, à la conception décrite ci-dessus des droits sociaux en tant que "ressources de pouvoir normatives déontiques, légales, instrumentales et d'exécution".

Comme le propose M. Ferrera dans son texte *Rotta di collisione. Euro contro welfare ?*, nous pouvons tout d'abord identifier comme base fondamentale de l'UE sociale « l'ensemble des systèmes de protection sociale des pays membres[5] », configurés institutionnellement et fonctionnant de manière différente. Ils exercent une fonction irremplaçable dans la concrétisation des droits de la citoyenneté sociale ; dans le même temps, ces derniers font partie d'un cadre juridique multiniveau dans lequel ils doivent se conformer à ce qui est établi par la primauté du droit supranational. Comme nous le verrons, « l'UE contribue [...] de manière significative à la

[1] M. Ferrera, F. Corti, « Social citizenship as a marble cake : The changing pattern of right production and the role of the EU », *Journal of European Social Policy*, 494.
[2] Ibidem.
[3] Ibidem.
[4] Ibidem.
[5] M. Ferrera, *Rotta di collisione. Euro contro welfare ?*, 105.

production de droits sociaux dans les arènes nationales[1] », ainsi qu'à leur respect et à leur évolution.

Deuxièmement, nous pouvons souligner la dimension sociale de la citoyenneté européenne, qui repose en grande partie sur le droit des Européens, en tant que citoyens de l'Union, de circuler librement dans l'espace européen et « d'accéder aux avantages et aux services du pays dans lequel ils choisissent librement de s'installer, conformément aux règles de ce pays[2] ». La citoyenneté sociale de l'UE se fonde sur la libre circulation des personnes (art. 21 TFEU) et sur le principe de non-discrimination (art. 18 TFEU, auquel nous pouvons associer le principe de l'égalité de rémunération entre les hommes et les femmes, art. 157 TFEU). Dans ce contexte, l'UE fournit donc des "ressources normatives déontiques", basées sur les traités et les chartes des droits, destinées à fonder le pouvoir du sujet de se déplacer au sein de l'espace européen et de choisir où s'installer, travailler, etc. Dans la lecture fournie dans le deuxième chapitre, cette liberté/pouvoir se configure comme liberté/pouvoir du *market citizen*, basée sur une « lecture minimaliste de la liberté de mouvement[3] » en tant que facteur essentiel d'optimisation de l'allocation des ressources au sein du marché unique. Dans ce cadre, la liberté de mouvement ne constitue un élément saillant de citoyenneté que pour ceux qui participent activement à la mobilité économique au sein du marché et pour ceux qui "ne constituent pas une charge déraisonnable pour le système d'assistance sociale de l'État membre d'accueil[4]", c'est-à-dire pour les citoyens qui disposent des ressources (matérielles, culturelles, etc.) nécessaires à « exercer leur droit à la liberté de circulation[5] ». La reconceptualisation de la liberté de mouvement à partir de ma stratégie théorique doit avant tout se baser sur la redéfinition de cette liberté du point de vue des potentialités émancipatrices insuffisamment exploitées. Dans la perspective de l'individualisation émancipatrice, la liberté de mouvement doit d'abord être conçue comme un accroissement des chances du sujet de poursuivre et de réaliser ses projets de vie (économiques et non économiques) par la possibilité de se déplacer librement au sein de l'état de préférence. Traduire cette reconceptualisation en une augmentation des ressources de pouvoir pour chaque citoyen en tant que tel signifie donc disposer dans l'interrelation entre le niveau européen et le niveau national de

[1] M. Keune, M. Ferrera, F. Corti, « Introduction : Marshall in Brussels ? A new perspective on social citizenship and the European Union », *Journal of European Social Policy*, vol. 33, n. 5, 2023, 488.
[2] Ibidem, 106.
[3] D. Thym, « The Failure of Union Citizenship Beyond the Single Market », dans R. Bauböck (sous la direction de), *Debating European Citizenship*, 106.
[4] CJE, 333/13, *Elisabeta Dano and Florin Dano v Jobcenter Leipzig*, 11 novembre 2014.
[5] A. Sangiovanni, « Feed them First, Then Ask Virtue of Them : Broadening and Deepening Freedom of Movement » dans R. Bauböck (sous la direction de), *Debating European Citizenship*, 223.

mesures sociales capables d'élargir équitablement les possibilités matérielles d'accès à cette liberté. Comme nous le verrons plus clairement par la suite, cette opération permettrait d'enrichir la liberté de mouvement de valeurs non économiques, liées à la promotion de l'égalité substantielle des chances, et de « manières plus inclusives de penser ce que la liberté, la justice, l'égalité et la participation devraient signifier dans l'UE[1] ».

Par la suite, la citoyenneté sociale de l'UE s'articule depuis les années 1950 à travers une série d'interventions législatives et d'instruments juridiques (règlements, directives, recommandations, etc.) constituant, selon la catégorisation de M. Ferrera, un autre type de "ressources normatives" destinées à accroître le pouvoir individuel, les « ressources normatives légales[2] ». Ces ressources forment « un cadre juridique complexe visant à coordonner les systèmes de sécurité sociale des États membres[3] » et à orienter leur action. Ce cadre englobe de multiples domaines, concernant les "licenciements collectifs", le "transfert d'entreprises", le "dialogue social", les "emplois atypiques" et les "travailleurs détachés", le "congé parental", le "télétravail", etc. Il faut ajouter à ce système articulé de normes la directive 2019/1158 du Parlement européen et du Conseil du 20 juin 2019 concernant l'équilibre entre vie professionnelle et vie privée des parents et des aidants, directive qui, afin de réaliser les objectifs du point 9 du Socle, accorde une série de droits concernant le travail de *care* au sein de la famille et des « conditions de travail plus flexibles pour concilier vie professionnelle et vie familiale[4] » ; la directive 2019/1152 du Parlement européen et du Conseil relative à la transparence et à la prévisibilité des conditions de travail dans l'UE, qui « impose aux États membres d'adopter des mesures visant à prévenir l'utilisation abusive des contrats à la demande, intermittents ou à temps zéro ou des contrats zéro heure[5] » et qui accorde à tous les travailleurs des droits en matière de formation gratuite et obligatoire, d'information complète sur les conditions de travail, de périodes d'essai limitées dans le temps, etc. ; la recommandation 2019/C 387/01, qui invite les États membres à mieux protéger les travailleurs indépendants et salariés contre le risque de pauvreté en facilitant leur accès à la protection sociale ; la "Résolution du Parlement européen du 10 février 2021 sur la réduction des inégalités, avec

[1] F. De Witte, « Freedom of Movement Needs to Be Defended as the Core of EU Citizenship », dans R. Bauböck (sous la direction de), *Debating European Citizenship*, 95.

[2] M. Ferrera, I. Madama, F. Corti, « I diritti sociali come risorse di potere nell'assetto multilivello dell'UE : una proposta di concettualizzazione a partire da Garanzia giovani », *Politiche sociali*, 16.

[3] M. Ferrera, « The European Social Union : a missing but necessary "political good" », dans F. Vandenbroucke, C. Barnard et G. De Baere (sous la direction de), *A European Social Union after the Crisis*, 49.

[4] F. Vandenbroucke, M. Keune, M. Ferrera, F. Corti, « The nature and rationale for European social rights », *EuSocialCit Working Paper*, 42.

[5] L. Ratti, « La proposta di direttiva sui salari minimi adeguati nella prospettiva di contrasto all'*in-work poverty* », *Diritto delle relazioni industriali*, n. 1, 2021, 74.

une attention particulière à la pauvreté des travailleurs", qui présente comme tâche pour les États membres et la Commission la poursuite d'objectifs conformes à la notion d'"égalité substantielle des chances" évoquée dans ma stratégie théorique ; la directive 2022/2041 du 19 octobre 2022 sur les salaires minimaux adéquats, qui vise à « augmenter les taux de couverture de la négociation collective, à améliorer la transparence et l'efficacité du salaire minimum légal et à réduire les niveaux de pauvreté au travail[1] » en garantissant, également dans le cas d'emplois atypiques, l'accès à des salaires minimaux adéquats et leur protection. Cette directive est particulièrement importante : elle souligne l'importance d'un salaire minimum adéquat en ce qui concerne le problème de l'*in-work poverty*, en se concentrant également sur la propagation de ce phénomène et de ses effets négatifs, et en ce qui concerne le soutien des systèmes de protection sociale axés sur « la prévention et la réduction des inégalités salariales, la promotion du progrès économique et social[2] » et la défense des travailleurs les plus vulnérables en cas de crise économique ; elle souligne l'existence d'une « certaine corrélation entre la propagation des contrats de travail non standard et l'augmentation des inégalités et de la pauvreté au travail[3] », rendant ainsi explicite un changement d'orientation important par rapport aux « directives sur le travail non standard, axées en premier lieu sur la promotion de ces formes de contrat et sur le principe de l'égalité de traitement comme seule limite à l'extension du travail flexible[4] ». Par conséquent, ces initiatives récentes, bien que de valeur juridique différente, présentent des potentialités de reconceptualisation de l'acquis social européen compatibles avec mon appareil théorico-normatif. En effet, elles mobilisent des "ressources légales" (diversement efficaces) et indirectement aussi "d'exécution" (car les individus peuvent s'adresser aux tribunaux nationaux à défaut de respect de la législation) pour augmenter le pouvoir individuel face aux incertitudes du marché et fournissent des éléments significatifs (bien que partiels et limités) pour la construction d'une vision substantielle de la citoyenneté sociale européenne susceptible de s'affranchir de sa condition de corollaire de l'intégration économique et de se structurer dans l'interaction entre le niveau national et le niveau européen.

Étroitement lié à la dimension sociale de la citoyenneté européenne est « l'ensemble des politiques supranationales ayant un objectif social explicite, qu'elles soient de nature (re)distributive ou réglementaire, directement financées par le budget de l'UE [...] et sur la base de normes européennes[5] ». En plus de contribuer à la structuration de la citoyenneté sociale de l'UE par

---

[1] L. Ratti, « La riduzione della povertà lavorativa nella direttiva sui salari minimi adeguati », *Variazioni su Temi di Diritto del Lavoro*, 2022, 40-41.
[2] Ibidem, 41.
[3] Ibidem, 42.
[4] Ibidem, 42-43.
[5] M. Ferrera, *Rotta di collisione. Euro contro welfare ?*, 106.

le biais d'interventions juridiques de différentes natures (comme nous venons de le voir), les analyses du deuxième chapitre montrent les institutions européennes actives dans la promotion du dialogue social et des politiques de l'emploi, domaine dans lequel elles sont habilitées à agir sur la base des compétences introduites depuis le protocole social de Maastricht et du titre sur l'emploi du traité d'Amsterdam. C'est dans ce domaine que l'action européenne en matière de *social policy* se caractérise le plus, notamment par le lancement de stratégies pour l'emploi et surtout de la méthode ouverte de coordination. À la suite de la longue crise économique et à l'affaiblissement progressif de la méthode ouverte de coordination, les initiatives européennes les plus significatives dans ce domaine et conjointes à la promulgation du Socle européen des droits sociaux sont : 1) l'inclusion dans le semestre européen d'indicateurs sociaux visant à saisir les problèmes sociaux du pays concerné et à élaborer des réponses appropriées ; 2) le Plan d'action pour l'économie sociale présenté par la Commission en septembre 2021, un document complémentaire au plan de mise en œuvre du Socle et visant à orienter les politiques sociales des États membres vers la réalisation des objectifs du Socle. Dans ces cas, afin de réaliser les objectifs sociaux fixés et de concrétiser les droits sociaux reconnus, l'Union fournit des ressources cognitives immatérielles, comme « analyses comparatives, indicateurs quantitatifs, mise en place de réseaux d'experts[1] », etc. Les analyses menées dans le deuxième chapitre nous montrent comment ces outils cognitifs, qui caractérisent la mise en place de la méthode ouverte de coordination et de la stratégie pour l'emploi, agissent comme des vecteurs de désubstantialisation des contenus normatifs fondamentaux de la citoyenneté sociale. Dans le même temps, cela n'épuise pas leur potentiel de contribution à l'implémentation des droits sociaux dans les États membres. En effet, ces instruments peuvent être compatibles avec ma stratégie théorique s'ils sont conçus non pas comme des instruments permettant d'aligner les politiques sociales sur les exigences du marché concurrentiel, mais comme des instruments de soutien à la réalisation d'une vision substantielle et émancipatrice de la citoyenneté sociale. En ce sens, les initiatives européennes de "*guidance*" cognitive concernant l'implémentation des objectifs sociaux du Socle permettraient de soutenir les initiatives déjà entreprises et surtout d'orienter plus fortement la citoyenneté sociale européenne et les mesures d'activation individuelle qui y sont liées dans le sens de la substantialisation de l'égalité des chances. En outre, il convient de souligner aussi les initiatives européennes telles que SOLVIT, EURES, ELA (Autorité européenne du travail) et EB (*Equality Bodies*), qui visent à fournir aux citoyens des ressources instrumentales de nature cognitive (conseils, assistance, information, etc.), destinées à faciliter l'accès et la jouissance de

[1] F. Vandenbroucke, M. Keune, M. Ferrera, F. Corti, « The nature and rationale for European social rights », *EuSocialCit Working Paper*, 32.

bénéfices et de droits sociaux en matière d'emploi transfrontalier, de non-discrimination, de résidence, etc. L'UE soutient donc la liberté de circulation et l'accès coordonné aux droits sociaux qui en découle non seulement par des ressources normatives déontiques et légales, mais aussi par des ressources instrumentales.

En ce qui concerne les politiques sociales financées directement par des ressources européennes, depuis la création du Fonds social européen elles se caractérisent par leur étroitesse financière. Cependant, l'élément intéressant dans ce domaine est son élargissement progressif des politiques agricoles – le premier secteur dans lequel les institutions européennes agissent de manière "redistributive" – aux politiques sociales tout court. Dans cette perspective, il convient de mentionner le Fonds européen d'aide aux plus démunis (FEAD), qui "soutient les actions menées par les pays de l'UE pour apporter une aide alimentaire et/ou une assistance matérielle de base aux plus démunis", financé à hauteur de 3,8 milliards d'euros pour la période 2014-2020, et les instruments mobilisés pour répondre à la crise pandémique et à ses effets négatifs sur les systèmes économiques et sociaux nationaux. Le plus important de ces instruments est le *Next Generation EU.* Parallèlement à la suspension du pacte de stabilité et de croissance, l'UE s'engage à lever d'importantes ressources – 750 milliards d'euros – sur le marché par l'émission de dette commune. Distribuées en partie – 360 milliards – sous forme de prêts à des conditions favorables et en partie – 390 milliards – sous forme de subventions à fond perdu (dont le financement dépend toutefois de la participation au budget de l'UE) et en fonction de l'état des besoins des pays, ces ressources suivent la présentation des "plans nationaux de relance et de résilience" évalués positivement par la Commission et visent à soutenir la réalisation d'objectifs, y compris lorsqu'ils sont de nature sociale, tels que "c) la croissance intelligente, durable et inclusive [...] la cohésion économique, l'emploi [...] ; d) la cohésion sociale et territoriale ; e) la santé et la résilience économique, sociale et institutionnelle [...] ; f) les politiques pour la prochaine génération, les enfants et les jeunes, telles que l'éducation et les compétences[1]", ainsi que les objectifs fixés par le Socle européen des droits sociaux. Il est certes important de souligner la présence significative d'objectifs sociaux à réaliser dans le cadre de la concrétisation (suivie périodiquement par la Commission et le Conseil) des plans nationaux, présence qui témoigne de la centralité – réitérée par les références au Socle – des questions sociales dans la relance économique de l'Europe ; toutefois, l'élément le plus novateur de cet instrument réside « dans le mécanisme de financement[2] » qu'il introduit. L'instrument *Next Generation EU* ne mobilise pas seulement une forme de

---

[1] Règlement (UE) 2021/241 du Parlement européen et du Conseil du 12 février 2021 établissant la facilité pour la reprise et la résilience.

[2] S. Marinai, « Forum : verso un futuro (più) sociale dell'Europa ? », *Gruppo di Pisa*, 242.

solidarité européenne analogue à celle isolée dans les analyses du chapitre deux, c'est-à-dire une solidarité "conditionnée" par laquelle les pays accèdent à des subventions, prêts, etc., financiers en échange de mesures visant à sauvegarder ou à implémenter le fonctionnement du marché concurrentiel, améliorer la compétitivité de leurs systèmes économiques[1] et dont la mise en œuvre progressive fait l'objet d'un suivi dont dépend la continuation de l'aide économique fournie périodiquement. La « mutualisation (au moins partielle) des risques[2] » par le biais d'une dette commune garantie par le budget européen et la répartition en fonction des besoins des ressources ainsi obtenues approfondissent une forme de solidarité, la solidarité redistributive, jouant au niveau européen un rôle tout à fait marginal. La mobilisation et l'allocation des ressources selon une logique redistributive permettent de reconfigurer le rôle social de l'UE en tant que structure de support matériel visant à soutenir et à renforcer des fonctions spécifiques des *welfare* nationaux, comme le montrent les données recueillies jusqu'à présent[3] sur les réformes sociales menées dans le cadre des "plans nationaux de relance et de résilience". Ces réformes « introduisent de nouveaux droits ou de nouvelles ressources instrumentales qui facilitent l'accès à des droits déjà existants[4] » et qui augmentent ainsi les ressources individuelles de pouvoir. Dans ce cas, les conditionnalités prévues dans les accords entre la Commission et les États membres et concernant « les objectifs et le contenu des droits sociaux, la production effective de ressources juridiques, ainsi que le calendrier et la qualité de [...] la production de résultats[5] », semblent agir comme des vecteurs d'« expansion plutôt que de régression des droits sociaux[6] », confirmant ainsi le potentiel transformateur inscrit dans cette possible reconfiguration du rôle social de l'UE. Dans le même temps, malgré le progrès considérable en termes de ressources mobilisées, cette forme de solidarité a néanmoins des limites importantes du fait que 1) « la dette contractée par l'Union pour se procurer les liquidités nécessaires sur les marchés financiers [...] devra [...] être remboursée par une augmentation des sources de prélèvements existantes [...] ou par de nouvelles taxes à l'étude [...] ou [...] par une augmentation de la part des transferts provenant des budgets des États[7] » ; 2) elle repose sur « la base juridique [...] constituée par la norme relative à l'état d'urgence en

---

[1] Voir l'art. 10, l'art. 17 et l'arg. ex art. 20, par. 5 du Règlement UE 2021/241.

[2] S. Giubboni, « Crisi pandemica e solidarietà europea », *Quaderni costituzionali*, n. 1, 2021, 218.

[3] Voir RRF Monitor (ceps.eu) ; F. Corti, P. Vesan, « From austerity-conditionality towards a new investment-led growth strategy : social Europe after the Recovery and Resilience Facility », *Social Policy and Administration*, vol. 57, n. 4, 2023, 513-548.

[4] M. Ferrera, F. Corti, « Social citizenship as a marble cake : The changing pattern of right production and the role of the EU », *Journal of European Social Policy*, 506.

[5] Ibidem.

[6] Ibidem, 505.

[7] C. Panzera, « Forum : verso un futuro (più) sociale dell'Europa ? », *Gruppo di Pisa*, 245.

vertu de l'art. 122 du TFUE, dans laquelle l'intervention solidariste des États est formellement destinée à faire face à des événements exceptionnels affectant un État membre[1] ». Elle s'inscrit donc dans le registre de l'exception ; en ce sens, l'interprétation du *Next Generation EU* comme changement de cap substantiel présente des faiblesses importantes.

Toujours dans le contexte de la crise pandémique, le *SURE*[2] (*Support to mitigate Unemployment Risks in an Emergency*) constitue également « un instrument temporaire[3] » de support matériel basé sur l'art. 122 du TFUE et donc dépendant de la présence de conditions exceptionnelles et urgentes. Cet instrument, qui mobilise environ 100 milliards d'euros levés de la même manière par le biais d'une dette commune et sous réserve de garanties appropriées, fournit aux États membres un soutien financier sous forme de prêts afin de préserver l'emploi et de protéger en particulier les travailleurs à court terme et les travailleurs indépendants contre la perte de revenus. Ainsi, comme dans le cas du *Next Generation EU*, cet instrument présente à la fois un potentiel inexploité et des limites importantes en ce qui concerne la reconfiguration du rôle social de l'UE.

Dans ce cadre, il faut également mentionner le Fonds social européen+ (FSE+), à travers lequel l'UE, en disposant "de 99,3 milliards d'euros pour la période 2021-2027", entend fournir "une contribution importante aux politiques de l'UE en matière sociale, d'emploi, d'éducation et de compétences et aux réformes structurelles dans ces domaines".

Enfin, M. Ferrera indique comme « cadre général guidant et liant les autres composantes [...] la constitution sociale européenne[45] », c'est-à-dire « l'ensemble des normes et objectifs sociaux fixés par les traités[6] » et mis en corrélation avec une grille de valeurs consacrée par ces derniers. À cet égard, le traité de Lisbonne constitue la réalisation la plus significative : malgré les limites importantes mises en évidence par les analyses effectuées au chapitre deux, il confère une épaisseur normative majeure à la dimension de valeur de l'Union et aux objectifs sociaux qui y sont associés. En ce sens, il fournit des ressources normatives déontiques aux citoyens de l'UE « en établissant une obligation implicite pour les autorités politiques de mettre en place les conditions formelles et pratiques nécessaires à la mise en œuvre des droits[7] »

---

[1] A. Guazzarotti, « Forum : verso un futuro (più) sociale dell'Europa ? », *Gruppo di Pisa*, 237.

[2] Règlement UE 2020/672.

[3] S. Giubboni, « Crisi pandemica e solidarietà europea », *Quaderni costituzionali*, 219.

[4] M. Ferrera, *Rotta di collisione. Euro contro welfare ?*, 107.

[5] Parmi les composantes de l'Europe sociale, M. Ferrera inclut aussi « les espaces sociaux subnationaux, ce que l'on appelle le *welfare* territorial ou local », également soutenu par des initiatives politiques et financières des institutions européennes elles-mêmes. M. Ferrera, *Rotta di collisione. Euro contro welfare ?*, 106.

[6] M. Ferrera, *Rotta di collisione. Euro contro welfare ?*, 107.

[7] M. Ferrera, F. Corti, « Social citizenship as a marble cake : The changing pattern of right production and the role of the EU », *Journal of European Social Policy*, 498.

et des principes énoncés dans les traités et les obligeant à ne pas violer le contenu de ces derniers dans leur activité législative. Comme nous le verrons plus loin, les propositions de développements susceptibles de renforcer la dimension sociale de l'UE et basées sur cette opération de reconfiguration de l'acquis social ne peuvent que nécessiter la vérification de la possibilité d'exploiter « le potentiel transformatif des [...] normes[1] » européennes d'une manière cohérente avec ma stratégie théorique, en utilisant également comme clés de lecture l'activité de la Cour et les documents européens portant sur la sphère sociale, mais n'ayant pas la même valeur juridique que les traités.

Nous avons ainsi saisi analytiquement ce qui est "social" dans l'ordre européen multiniveaux. La "citoyenneté sociale européenne" indique donc une structure complexe, composée d'éléments interdépendants ; son renforcement, à la fois normatif et fonctionnel, implique des mesures concernant tous les niveaux indiqués. Comme le souligne M. Ferrera, elle apparaît comme « un *marble cake* dans lequel la présence de ressources de pouvoir produites par l'UE est de plus en plus observable[2] », bien que toujours subordonnée à la primauté de la normativité concurrentielle. Il s'agit alors d'identifier quelques propositions réalisables basées sur l'ordre factuel existant et compatibles avec notre stratégie théorique.

Liberté de mouvement, assurance chômage européenne et investissement social

Sur la base de ma stratégie, la réactualisation du contenu normatif fondamental de la citoyenneté sociale nécessite la mise en place et l'implémentation de politiques sociales visant à « 1) faciliter le flux des transitions du marché du travail et des trajectoires de vie[3] » afin de les transformer de facteurs de vulnérabilité en espaces d'exercice de la liberté et de l'autonomie individuelles ; 2) accroître, par le biais de « services sociaux capacitants[4] », les possibilités concrètes des individus de choisir et d'améliorer les "capabilités" qu'ils considèrent comme cruciales pour la réalisation de leurs projets de vie ; 3) garantir aux individus des niveaux de subsistance matérielle leur permettant de vivre dignement à tous les stades de la vie. Ces trois points sont interconnectés et s'articulent autour du concept d'"égalité substantielle des chances", concept qui me semble le plus approprié pour réaffirmer la pertinence d'une "société de semblables" et pour

---

[1] M. Ferrera, *Rotta di collisione. Euro contro welfare ?*, 118-119.

[2] M. Ferrera, F. Corti, « Social citizenship as a marble cake : The changing pattern of right production and the role of the EU », *Journal of European Social Policy*, 498.

[3] A. Hemerijck, « Towards a "Holding Environment" for Europe's (Diverse) Social Citizenship Regimes », dans R. Bauböck (sous la direction de), *Debating European Citizenship*, 274.

[4] Ibidem.

réduire la diffusion des conditions de vulnérabilité. Dans le cadre multiniveau de la citoyenneté sociale européenne, il s'agit alors de comprendre comment l'UE peut « rendre son contenu plus substantiel[1] » en accroissant son rôle dans ces trois fonctions fondamentales.

Nous pouvons d'abord considérer le cas de la liberté de mouvement, qui constitue le noyau de la citoyenneté sociale européenne. L'objectif est d'identifier les propositions susceptibles d'accroître la substantialisation de la liberté de mouvement conformément à ma stratégie théorique. En termes de citoyenneté, le principal problème identifié est que cette liberté, étant essentiellement conçue comme une condition préalable au bon fonctionnement du marché unique, ne donne accès à des droits sociaux qu'aux citoyens qui décident de se rendre dans un autre pays pour y travailler. Cette liberté élargit donc les opportunités offertes aux individus, mais « la valeur de cette opportunité pour chaque individu est très inégale si certains peuvent exercer l'option de déménager facilement et que d'autres, sans faute ou choix de leur part, ne le peuvent pas, par exemple parce qu'ils ont des personnes à charge ou qu'ils n'ont pas les ressources suffisantes pour faire usage de cette liberté[2] ». Dans ce cas, le caractère substantiel (accès et jouissance concrète des droits sociaux) de la liberté de mouvement ne concerne qu'une partie des citoyens européens, ce qui produit une asymétrie au sein de la citoyenneté entre ces derniers et ceux pour qui ces droits n'existent que formellement. En ce sens, il est possible d'affirmer que ces derniers détiennent « un droit à une compensation basé sur la réciprocité et découlant de leur soutien à la liberté de mouvement dans son ensemble[3] ». À cet égard, M. Ferrera, en plus de proposer la création d'un fonds européen « pour atténuer l'impact de la mobilité[4] » en termes de services et de structures sociales dans les régions concernées, avance l'idée d'activer pour les travailleurs non mobiles – qu'ils exercent leur liberté de "rester" ou qu'ils soient empêchés de se déplacer – « un schéma offrant [...] des *vouchers* (ou droits de tirage) universels transférables que les travailleurs [...] pourraient simplement transférer à d'autres travailleurs ou à des jeunes à la recherche d'un emploi, souhaitant se déplacer, leur conférant ainsi une plus grande valeur[5] », ou que les travailleurs non mobiles pourraient utiliser pour « participer à des activités d'éducation et de formation tout au long de la vie

[1] M. Ferrera, « EU Citizenship Needs a Stronger Social Dimension and Soft Duties », dans R. Bauböck (sous la direction de), *Debating European Citizenship*, 187.
[2] A. Sangiovanni, « Feed them First, Then Ask Virtue of Them : Broadening and Deepening Freedom of Movement », dans R. Bauböck (sous la direction de), *Debating European Citizenship*, 227.
[3] Ibidem.
[4] M. Ferrera, « EU Citizenship Needs a Stronger Social Dimension and Soft Duties », dans R. Bauböck (sous la direction de), *Debating European Citizenship*, 188.
[5] Ibidem, 189.

[…] ou à des programmes de (re)qualification[1] » dans le pays de résidence ou dans un autre pays. Ce schéma trouve sa justification dans l'asymétrie évoquée en faisant de la liberté de mouvement un droit social européen à part entière, augmentant l'éventail de possibilités concrètes pour tous les citoyens, qu'ils soient mobiles ou non. De cette manière, l'UE contribuerait, au moyen de ressources de pouvoir légales et instrumentales, à l'égalisation substantielle des chances en soutenant en particulier les deux premières fonctions fondamentales soulignées dans l'introduction de cette section.

Une autre proposition possible concerne l'européanisation du principe assurantiel, l'une des pierres angulaires de l'organisation de la solidarité dans les États-providence européens. Dans cette perspective, une proposition importante avancée par des spécialistes dans le débat actuel est celle d'établir un système d'assurance supranational ; la construction d'une véritable "Union sociale" devrait reposer sur la récupération, dans l'héritage social européen, du principe assurantiel, tant pour des raisons fonctionnelles que pour des raisons (surtout) normatives et politiques. À cet égard, le débat se concentre principalement sur la possibilité de mettre en place une assurance chômage européenne, en distinguant ceux qui proposent un système d'assurance permanent et agissant en continu et auquel les chômeurs involontaires accèdent directement et ceux qui proposent un système de réassurance qui intervient pour soutenir les États en cas de crise économique. Dans l'une des formulations les plus structurées de cette proposition, celle de F. Vandenbroucke, le principe assurantiel devrait se traduire au niveau européen en une (ré)assurance chômage européenne, c'est-à-dire en un instrument de dernier recours par lequel, en cas de crise économique, « l'État membre recevrait des transferts sur la base d'un seuil de déclenchement (fondé sur l'écart entre le taux de chômage actuel à court terme dans l'État membre et sa trajectoire passée)[2] ». D'un point de vue fonctionnaliste, cette opération permettrait à l'UE de disposer d'un instrument fiscal stabilisateur capable de faire face à certaines des externalités et des risques communs que le processus d'intégration engendre, notamment en cas de récession économique ou de chocs asymétriques, et de garantir l'une des conditions de base pour qu'une union monétaire « fonctionne bien[3] ». Dans le même temps, ces arguments à caractère fonctionnaliste « peuvent être considérés comme un moyen d'améliorer la

[1] Ibidem, 190.
[2] F. Vandenbroucke, « The idea of a European Social Union : a normative introduction », dans F. Vandenbroucke, C. Barnard et G. De Baere (sous la direction de), *A European Social Union after the Crisis,* 9.
[3] F. Vandenbroucke, « Solidarity through redistribution and insurance of incomes : the EU as Support, Guide, Guarantor or Provider ? », 17. Cet argument est basé sur l'étude de P. De Grauwe, *The Economics of Monetary Integration*, Cambridge University Press, Cambridge, 2018.

solidarité [...] en la renforçant à un niveau supranational[1] » : ils introduisent ainsi dans la dimension normative du discours, interprétant l'assurance européenne comme un instrument concrétisant une normativité partagée, c'est-à-dire un ensemble d'« aspirations partagées[2] » sur ce que l'UE doit être. Dans cette perspective, un tel instrument contribuerait non seulement à la préservation de la dimension matérielle de la dignité des citoyens européens, mais renforcerait également la solidarité directe entre les pays européens et la solidarité indirecte entre leurs citoyens ainsi que l'égalité substantielle entre ces derniers, puisqu'il agirait en premier lieu sur les citoyens les moins favorisés des régions économiquement plus fragiles et vulnérables de l'UE.

D'un point de vue politique, la proposition de F. Vandenbroucke d'un système d'assurance européen, outre qu'elle est plus faisable qu'un système d'assurance permanent nécessitant la mise en commun de ressources plus importantes et présentant un risque plus élevé de "*moral hazard*[3]", dans le respect du principe de subsidiarité permettrait également de sauvegarder des marges importantes d'autonomie sociale nationale, fondamentales en termes de légitimité démocratique. Ainsi, cet instrument contribuerait à la fois de manière fonctionnelle et normative à reconfigurer le rôle de l'UE dans le domaine social en tant que structure de support à même de mobiliser des ressources matérielles destinées à soutenir les États membres dans la poursuite d'un meilleur équilibre entre l'intégration économique et les héritages sociaux. En particulier, cet instrument renforcerait le rôle de l'UE en ce qui concerne la première des fonctions mentionnées, à savoir faciliter les transitions tant sur le marché du travail que dans la vie, et la troisième, à savoir garantir des niveaux de vie matériels décents.

Enfin, une assurance européenne de ce type récupérerait et réactiverait l'objectif des pères fondateurs d'une convergence vers le haut des systèmes sociaux européens. Tout d'abord, en apportant un soutien matériel supranational, car l'analyse du processus intégrationniste nous montre que « la convergence vers le haut [...] ne peut être obtenue par la seule intégration des marchés : elle nécessite un soutien aux régions défavorisées, ce qui implique une redistribution entre les pays et [...] la prévention de chocs économiques graves, c'est-à-dire une stratégie de stabilisation[4] ».

---

[1] F. Vandenbroucke, « The idea of a European Social Union : a normative introduction », dans F. Vandenbroucke, C. Barnard et G. De Baere (sous la direction de), *A European Social Union after the Crisis,* 31.

[2] F. Vandenbroucke, « Solidarity through redistribution and insurance of incomes : the EU as Support, Guide, Guarantor or Provider ? », 33.

[3] Voir F. Vandenbroucke, « The idea of a European Social Union : a normative introduction », dans F. Vandenbroucke, C. Barnard et G. De Baere (sous la direction de), *A European Social Union after the Crisis,* 10.

[4] F. Vandenbroucke, « Solidarity through redistribution and insurance of incomes : the EU as Support, Guide, Guarantor or Provider ? », 36.

Deuxièmement, afin d'éviter toute logique parasitaire dictée par la disponibilité d'un soutien financé conjointement, la mise en place de cet instrument nécessiterait un consensus partagé entre les pays européens également quant aux « exigences minimales concernant la qualité de l'activation et de la stabilisation de leur système d'indemnisation du chômage[1] ». Dans ce domaine, l'Union pourrait mobiliser ses ressources réglementaires déjà existantes et s'impliquer davantage dans l'organisation et le soutien de politiques d'"activation" basées en premier lieu sur des investissements sociaux importants « dans l'éducation, la formation et la santé[2] » et visant à faciliter les transitions dans les parcours de travail et de vie et à favoriser un meilleur équilibre entre vie professionnelle et vie privée. En particulier, en ce qui concerne l'investissement social, l'UE mobilise aujourd'hui des ressources normatives déontiques et légales issues de la Charte de Nice (voir l'art. 24), du Socle, des directives 2019/1158 et 2019/1152, et des ressources cognitives issues des « recommandations spécifiques à chaque pays formulées dans le cadre du semestre européen (par exemple, les recommandations qui invitent les États membres à améliorer leurs régimes de protection du revenu minimum), et des recommandations du Conseil ou de la Commission (par exemple, la recommandation de 2008 sur l'inclusion active et la recommandation sur l'investissement dans l'enfance)[3] ». En plus de ces ressources, l'UE mobilise 1) les "*European Structural and Investment* (ESI) *funds*", qui, compte tenu de leur étroitesse financière, fournissent aux États membres des ressources budgétaires leur permettant d'assurer des services dans les secteurs de la prise en charge de la petite enfance, de l'éducation préprimaire et des politiques actives de l'emploi ; 2) le programme déjà mentionné *Next Generation EU*, qui mobilise des ressources financières plus importantes en vue de la réalisation de ce que les orientations cognitives européennes indiquent en termes de réformes sociales nécessaires par le biais du semestre européen et des recommandations spécifiques et, dans de nombreux cas, liées à l'implémentation des investissements sociaux au niveau national. L'opération décrite ci-dessus concernant une plus grande implication de l'Europe dans les domaines de l'assurance chômage et de l'investissement social serait compatible avec ma stratégie théorique, puisqu'elle impliquerait le niveau européen dans la création de « complémentarités intelligentes entre les logiques traditionnelles d'assurance et les logiques de prévention et

[1] F. Vandenbroucke, « The idea of a European Social Union : a normative introduction », dans F. Vandenbroucke, C. Barnard et G. De Baere (sous la direction de), *A European Social Union after the Crisis,* 10.

[2] C. Collombet, J. Minonzio, « Faire de l'investissement social un principe de réforme pour la protection sociale. Entretien avec F. Vandenbroucke », *Informations sociales,* n. 192, 2016, 22.

[3] Ibidem, 36.

d'investissement dans le capital humain[1] », complémentarités nécessaires aujourd'hui pour assurer des conditions similaires de sécurité et de liberté concrète. De cette manière, la récupération de l'objectif initial de convergence vers le haut des systèmes sociaux européens serait compatible avec la récupération et la réactivation du contenu normatif fondamental de la citoyenneté sociale : les logiques classiques assurantielles et redistributives se combineraient avec les logiques préventives et promotionnelles de l'investissement social, visant à accroître la capacité de l'individu à influencer son propre parcours de vie.

Bien que de portée limitée, nous pouvons identifier plusieurs initiatives européennes basées sur le principe solidariste de la mutualisation de risques et sur lesquelles baser un instrument plus complet et structuré, tel que l'assurance chômage européenne : le *European food aid programme for the most deprived persons*, initié dans les années 1980 et renouvelé en 2014 (FEAD) en élargissant son champ d'application, ses ressources et sa participation, rendue obligatoire ; les références à la nécessité de garantir aux citoyens européens des ressources suffisantes pour vivre dignement en toutes circonstances, de la recommandation de 1992 à la Charte de Nice et au Socle ; le *European globalisation adjustement fund* lancé en 2006 ; le SURE qui, « s'il se stabilise dans l'ordre juridique de l'Union et s'étend dans ses fonctions, pourrait en fait devenir le pivot de ce mécanisme commun de réassurance contre le chômage involontaire[2] » dont nous parlons.

Identification des potentialités insuffisamment exploitées de l'ordre constitutionnel actuel de l'Union

Bien que conscient des limites profondes de l'ordre constitutionnel européen existant, mon objectif est d'y identifier des potentialités "sociales" inexplorées qui peuvent représenter les premiers pas vers la réconciliation de l'intégration économique et de l'intégration sociale ici recherchée.

Le traité de Lisbonne renouvelle l'ordre constitutionnel européen, tout en introduisant d'importantes innovations, dont la "constitutionnalisation" de la Charte européenne des droits fondamentaux. Dans le deuxième chapitre, j'analyse les limites textuelles, conceptuelles et applicatives de la charte ; il s'agit maintenant de vérifier s'il existe des possibilités, en termes d'interprétation et d'application des ressources déontiques mise à disposition par ce traité, de valoriser davantage le contenu social de la Charte dans la perspective indiquée par ma stratégie théorique. Tout d'abord, il est utile de mobiliser l'interprétation selon laquelle l'attribution à la Charte de la même valeur juridique que les traités permet de la considérer, ainsi que son contenu

[1] Ibidem, 23.
[2] S. Giubboni, « Crisi pandemica e solidarietà europea », 220.

social, « comme fondement[1] » de l'ordre constitué « afin d'essayer de compenser l'asymétrie constitutionnelle de l'UE[2] ». L'échec de la stratégie lancée en 2010 par la Commission[3] anime le débat actuel sur la manière de donner plus de poids, dans la gouvernance économique européenne, aux droits sociaux inscrits dans la Charte. Son statut constitutionnel motive l'appel lancé par certains spécialistes à la Commission pour qu'elle renouvelle son engagement et qu'elle « utilise la Charte européenne des droits fondamentaux pour développer un ensemble plus approprié de standards en matière de droits sociaux dans le cadre de sa gouvernance socioéconomique[4] ». En particulier, il s'agit « d'intégrer la question des droits sociaux dans toutes les étapes du Semestre européen[5] » – en plus de ce qui a déjà été fait à la suite de la proclamation du Socle – en enrichissant l'ensemble des indicateurs quantitatifs et qualitatifs et des critères qui s'y réfèrent et en renforçant leur valeur juridique en y incluant des formes de contraignabilité.

Au niveau textuel, les analyses menées dans le chapitre deux montrent comment la formulation de la Charte concernant le "droit de travailler" inscrit ce dernier dans un cadre philosophique incluant des notions telles que l'"employabilité", l'"adaptabilité", le "*workfare*", etc., et explicité par les stratégies pour l'emploi et la priorisation des politiques de l'offre et distinguant clairement le profil éthico-normatif de la construction européenne de celui du constitutionnalisme social du vingtième siècle. En particulier, l'intégration de l'activité de travail dans le champ sémantique de la liberté se réalise dans un cadre philosophique structuré autour de la primauté de la normativité concurrentielle, et qui traduit donc cette liberté en une liberté qui ne peut être lue qu'à travers le filtre du marché concurrentiel, l'aplatissant ainsi sur une logique marchande. Dans le même temps, sur la base des éléments conceptuels mobilisés par ma stratégie théorique, il est possible de saisir le côté potentiellement émancipateur de ce passage progressif d'un droit ayant son prolongement concret dans les « politiques visant à la sécurité de l'emploi et du revenu[6] » à un droit visant principalement à fournir aux « individus en tant que tels [...] des chances égales d'accès et de compétition sur un [...] marché du travail flexible et fragmenté[7] ». En effet, le droit au travail compris comme le droit de choisir

---

[1] O. Parker, R. Pye, « Mobilising social rights in EU economic governance : a pragmatic challenge to neoliberal Europe », 814.
[2] Ibidem.
[3] Plusieurs facteurs sont à l'origine de cette situation, dont les graves crises économiques, la réticence de la Cour à accorder une importance significative aux droits sociaux et le statut qui leur est accordé par la Charte.
[4] O. Parker, R. Pye, « Mobilising social rights in EU economic governance : a pragmatic challenge to neoliberal Europe », 814.
[5] Ibidem, 815.
[6] A. Cantaro, *Il diritto dimenticato. Il lavoro nella costituzione europea*, 88.
[7] Ibidem.

librement sa profession peut être compatible avec ma stratégie théorique si la liberté à laquelle cette formulation fait référence n'est pas simplement limitée aux formes marchandes, mais concerne plus généralement la liberté concrète de l'individu de choisir et de déterminer son propre parcours de vie à l'intérieur et à l'extérieur du marché et à partir d'un réseau social de protection et de promotion répondant à sa condition spécifique, étendu également au-delà du marché et comprenant des possibilités concrètes d'éducation, de formation, de requalification, etc., à chaque étape du parcours susmentionné. Dans cette perspective, la "liberté de travailler" apparaît émancipatrice dans la mesure où elle présuppose une reconfiguration des systèmes de sécurité sociale et d'emploi fondée sur le dépassement de la *property in job* et du modèle statique, rigide et catégoriel d'organisation du travail et de la protection sociale au profit d'une "garantie d'être" du sujet combinant des niveaux décents de sécurité sociale avec des instruments individualisés de promotion sociale visant à renforcer concrètement l'exercice de la liberté subjective à l'intérieur comme à l'extérieur du marché.

Une autre innovation sociale importante introduite à Lisbonne est la clause sociale de l'art. 9 du TFUE, qui stipule que "dans la définition et la mise en œuvre de ses politiques et actions, l'Union prend en compte les exigences liées à la promotion d'un niveau d'emploi élevé, à la garantie d'une protection sociale adéquate, à la lutte contre l'exclusion sociale ainsi qu'à un niveau élevé d'éducation, de formation et de protection de la santé humaine". Cette clause n'établit pas de nouvelles compétences susceptibles d'accroître l'action de l'UE dans le domaine social, mais elle est introduite principalement pour diffuser la prise en compte des questions sociales dans tous les processus décisionnels européens ainsi que pour établir un critère d'interprétation qui donne plus de poids aux droits et objectifs de nature sociale figurant dans les traités et que la Cour doit suivre dans le cadre de son activité. Cette lecture est confirmée par ce que la Cour affirme dans des jugements tels que *Deutsches Weintor*[1] ou *AGET Iraklis*, à savoir que « les objectifs énoncés à l'art. 9 TFUE [...] constituent des objectifs d'intérêt général justifiant, le cas échéant, une restriction d'une liberté fondamentale[2] ». Le potentiel inexprimé de la clause réside alors dans son utilisation (jusqu'à présent plutôt faible) plus systématique en combinaison avec les arts. 2-3 TUE et avec le contenu social de la Charte, à la fois par la Cour, dans ses « exercices de mise en balance de différents droits et libertés fondamentaux visant à évaluer la légalité d'un acte de l'UE[3] », et par les autres institutions européennes lors de l'élaboration de

---

[1] CJE, 544/10, *Deutsches Weintor*, 6 septembre 2012.

[2] G. De Baere, K. Gutman, « The basis in EU constitutional law for further social integration », dans F. Vandenbroucke, C. Barnard et G. De Baere, *A European Social Union after the Crisis,* 381.

[3] Ibidem.

mesures législatives, de *policies*, etc. De cette manière, la clause pourrait agir plus efficacement en tant qu'instrument de contrôle du respect et de la poursuite du contenu social des traités ; dans le même temps, cette opération permettrait de faire un pas important en direction d'un meilleur équilibre entre les instances économiques et les instances sociales dans le processus intégrationniste et d'une défense plus efficace de l'innervation solidariste-égalitaire des systèmes sociaux traditionnels face à la pénétration de la logique du marché concurrentiel.

L'art. 153 du TFUE est un autre article dont le potentiel n'est pas suffisamment exploité. Conformément à la reconfiguration du rôle social de l'UE en tant que "structure de support", cet article stipule que l'UE « soutient et complète les activités des États membres dans un certain nombre de domaines politiques, y compris les conditions de travail[1] ». Ici aussi, l'activité de la Cour se révèle utile pour identifier ce potentiel. En effet, dans *Working time directive*, la Cour établit que cette dernière "ne limite pas l'action [de l'Union] au plus petit dénominateur commun, ni même au niveau de protection le plus bas établi par les différents États membres, mais signifie que les États membres sont libres d'assurer un niveau de protection plus strict que celui résultant du droit [de l'Union][2]". Dans le domaine concerné, cette formulation ouvre donc un espace pour une activité harmonisatrice européenne dans laquelle la définition des points de convergence minimaux ne se fait pas à la baisse, mais peut aussi se légitimer en suivant une trajectoire ascendante. D'une manière générale, les potentialités encore insuffisamment exploitées de cet article résident dans le fait qu'il « fournit [...] une liste exhaustive de domaines pouvant faire l'objet d'une législation européenne [...] dont neuf peuvent faire l'objet d'une harmonisation européenne [...] par le biais de directives[3] », donc par le biais de ressources normatives déontiques, légales et, potentiellement, d'exécution. Du point de vue de ma stratégie théorique, cet élément est intéressant dans la mesure où il donne à l'Union la possibilité d'orienter l'action de l'État dans des domaines tels que la protection sociale et l'intégration sociale, l'impliquant ainsi potentiellement (bien que partiellement) dans la récupération et la réactualisation de l'héritage du constitutionnalisme social.

---

[1] F. Vandenbroucke, M. Keune, M. Ferrera, F. Corti, « The nature and rationale for European social rights », *EuSocialCit Working Paper*, 42.

[2] CJE, 84/94, *United Kingdom vs Council* (*Working time directive*), 12 novembre 1996. Voir G. De Baere, K. Gutman, « The basis in EU constitutional law for further social integration », dans F. Vandenbroucke, C. Barnard et G. De Baere, *A European Social Union after the Crisis*, 349.

[3] G. De Baere, K. Gutman, « The basis in EU constitutional law for further social integration », dans F. Vandenbroucke, C. Barnard et G. De Baere, *A European Social Union after the Crisis*, 161.

Les bases juridiques européennes pour la promotion d'un revenu minimum

Comme examiné au chapitre deux, dans une optique de rééquilibrage entre les instances économiques et les instances sociales au niveau européen, le Socle constitue un instrument faible : il n'est pas juridiquement contraignant et confirme généralement l'approche issue du processus intégrationniste basée sur la primauté de la normativité concurrentielle. Cependant, certains contenus du Socle présentent un potentiel émancipatoire intéressant s'ils sont mis en œuvre comme des objectifs en soi, au-delà du champ sémantique de la normativité concurrentielle. Compte tenu du fait qu'une forte volonté politique serait nécessaire pour valoriser ces contenus, opérer sur eux de cette manière pourrait « s'écarter et éventuellement contredire d'autres objectifs traditionnels de la dimension sociale de l'UE, tels que la flexibilité, l'amélioration de la compétitivité ou l'intégration de marché[1] ».

La possibilité de déclencher des changements d'orientation significatifs plus proches des objectifs de notre stratégie théorique est avant tout démontrée par la directive sur le salaire minimum déjà mentionnée, qui est basée sur le point 6 du Socle et vise à préserver des niveaux de vie décents pour tous les travailleurs et à empêcher les formes de concurrence basées sur l'abaissement du coût du travail. Il est alors tout aussi intéressant de récupérer l'attention que le Socle accorde (point 14) au "droit à des prestations de revenu minimum adéquates pour vivre dans la dignité à tous les stades de sa vie, ainsi qu'à un accès efficace à des biens et des services de soutien". Bien que le Socle n'ait qu'une valeur politique et d'orientation, il se rattache par ce point à d'autres documents européens de nature juridique différente, tels que la Recommandation du Conseil 92/441/CEE, l'art. 34 de la Charte des droits fondamentaux et plusieurs résolutions du Parlement européen concernant la lutte contre les différentes formes de pauvreté et l'extension de la protection sociale à toutes les formes de travail, y compris celles concernant la *Gig Economy*[2]. Conformément à ma stratégie théorique et sur la base de ces documents, il serait positif de « pouvoir envisager au niveau de l'Union [...] une éventuelle mesure commune de soutien au revenu, de lutte contre la pauvreté et de promotion de l'autonomie individuelle dans un cadre de

---

[1] L. Ratti, A. Garcia-Munoz, « EU law, In-Work Poverty, and vulnerable workers », *European Law Open*, n. 1, 2022, 734.

[2] Voir "Résolution du Parlement européen du 14 janvier 2014 sur une protection sociale pour tous, y compris pour les travailleurs indépendants (2013/2111 (INI))" ; "Résolution du Parlement européen du 16 septembre 2021 sur des conditions de travail, des droits et une protection sociale justes pour les travailleurs de plateformes – nouvelles formes d'emploi liées au développement numérique (2019/2186 (INI))".

solidarité sociale et institutionnelle[1] » capable de contribuer à la réalisation de ce qui est établi par la Recommandation 92/441/CEE, à savoir la nécessité de reconnaître le revenu minimum comme un "droit fondamental de la personne à des ressources et prestations suffisantes pour vivre conformément à la dignité humaine et [...] d'adapter en conséquence les systèmes de protection sociale si et dans la mesure où cela est nécessaire". De mon point de vue, la garantie d'un revenu minimum joue un rôle crucial dans l'organisation de la protection sociale, dans la stabilisation de niveaux matériels de vie décents pour tous (en particulier « lorsqu'il y a des lacunes dans la couverture de l'assurance chômage[2] ») et en tant que « condition préalable à la réussite des politiques d'investissement social[3] ».

Un vaste débat existe sur les modalités réglementaires et financières de la mise en œuvre d'une telle mesure dans le contexte d'une Union très différenciée[4]. En ce sens, les propositions intéressantes sont celles qui concernent la mise en place par l'UE d'« une directive-cadre sur la protection du revenu minimum[5], obligeant les États membres à organiser des régimes adéquats de protection du revenu minimum[6] ». L'UE renforcerait ainsi la portée des ressources normatives associées au droit à un revenu minimum en élaborant une directive qui rendrait l'existence et l'implémentation d'un tel instrument contraignantes pour les États membres selon des critères établis et contrôlés au niveau européen. En tout état de cause, l'élément le plus intéressant de mon point de vue est la possibilité de valoriser l'orientation européenne vers un revenu minimum en tant qu'instrument fondamental pour sauvegarder la dignité matérielle des individus, pour renforcer la liberté individuelle tant à l'intérieur qu'à l'extérieur du marché et pour renouveler la citoyenneté sociale européenne dans un contexte, celui d'aujourd'hui, caractérisé par de profondes transformations économiques, productives et technologiques, ainsi que par l'affaiblissement de la capacité des systèmes de sécurité sociale à répondre aux défis découlant de ces transformations.

---

[1] G. Allegri, « Per una *European Social Union*. Dal pilastro europeo dei diritti sociali a un welfare multilivello ? », *Centri studi europei*, n. 4, 2019, 19.

[2] F. Vandenbroucke, M. Keune, M. Ferrera, F. Corti, « The nature and rationale for European social rights », *EuSocialCit Working Paper*, 46.

[3] Ibidem.

[4] Voir G. Standing, (sous la direction de), *Promoting Income Security as a Right. Europe and North America*, Anthem Press, Londres, 2005 ; P. Van Parijs, Y. Vanderborght, Y., *Il reddito di base. Una proposta radicale*, Il Mulino, Bologne, 2017 ; etc.

[5] B. Cantillon, « The European Pillar of Social Rights : ten arguments for prioritising principle 14 on minimum incomes », dans M. Ferrera (sous la direction de), *Towards a European Social Union. The European Pillar of Social Rights and the Roadmap for a fully-fledged Social Union*, 2019, 54-63.

[6] F. Vandenbroucke, M. Keune, M. Ferrera, F. Corti, « The nature and rationale for European social rights », *EuSocialCit Working Paper*, Centro Einaudi, Turin, 48.

2.2 - Au-delà de la "*earned social citizenship*"

L'étude présentée ici identifie donc des avancées possibles – parce que potentiellement ancrées dans l'existant – en direction de la perspective de « la citoyenneté européenne comme nouvelle étape dans ce développement à long terme d'empouvoirement des citoyens basé sur les droits[1] » et, en particulier, comme réactualisation du contenu normatif des droits sociaux en tant que ressources de pouvoir, c'est-à-dire en tant que vecteurs d'expansion des opportunités concrètes pour les individus de réaliser leurs projets de vie sur la base de conditions substantielles d'égalité. Les avancées proposées constituent ainsi des articulations réalistes de la connexion que je théorise entre ma stratégie de récupération et de réactivation du contenu normatif fondamental de la citoyenneté sociale et l'ordre multiniveau européen dans son état actuel. Comme souligné, il apparaît aujourd'hui nécessaire de rétablir et d'étendre l'autonomie de la logique de la protection et de la promotion sociales dans la dimension multiniveau européenne pour des raisons à la fois fonctionnelles, politiques et normatives. Si ce qui doit être dans la réalité est une union de plus en plus étroite entre les pays européens basée (aussi) sur la convergence vers le haut de leurs systèmes sociaux, compte tenu de l'UE en tant qu'entité politique reconnaissant comme l'une de ses sources fondamentales les traditions constitutionnelles des États membres et jouant un rôle de plus en plus important « dans le façonnement des chances de vie des individus[2] », il apparaît alors nécessaire de produire, sur la base des possibilités existantes, un déplacement de ce que j'ai appelé la "dominante épistémique", c'est-à-dire le consensus établi comme *statu quo* sur la reconnaissance du principe de concurrence comme source primaire de la normativité sociale. En d'autres termes, la récupération de l'héritage oublié ne peut pas ne pas impliquer le dépassement du « principe européen de la *earned social citizenship*[3] », c'est-à-dire le principe néolibéral selon lequel « il devient de la responsabilité propre de l'individu, exprimée sous la forme d'une citoyenneté "gagnée", de se convertir à une communauté délimitée de valeurs économiques, culturelles et sociales[4] » organisée autour de la primauté de la normativité concurrentielle. En ce sens, les avancées

---

[1] M. Ferrera, « Social Citizenship, Democratic Values and European Integration : A Rejoinder », dans dans R. Bauböck (sous la direction de), *Debating European Citizenship*, 300.

[2] Ibidem, 301.

[3] F. Vandenbroucke, « EU Citizenship Should Speak Both to the Mobile and the Non-Mobile European », dans dans R. Bauböck (sous la direction de), *Debating European Citizenship*, 215. Formule élaborée par D. Kramer, « Earning Social Citizenship in the European Union : Free Movement and Access to Social Assistance Benefits Reconstructed », *Cambridge Yearbook of European Legal Studies*, n. 18, 2016, 270-301.

[4] D. Kramer, « Earning Social Citizenship in the European Union : Free Movement and Access to Social Assistance Benefits Reconstructed », *Cambridge Yearbook of European Legal Studies*, n. 18, 2016, 272.

proposées reflètent la structure normative de ma stratégie de récupération et visent à indiquer des possibilités concrètes de rééquilibrage de ce que la convergence épistémique néolibérale évoquée produit, c'est-à-dire une asymétrie, un "déficit social" par rapport à l'ensemble des attentes contraignantes extraites des fondements normatifs de la citoyenneté sociale.

La réalisation de ces avancées implique des défis politiques et économiques de grande envergure qui font l'objet de nombreux débats. L'originalité que la contribution de ce travail entend apporter consiste à aborder ces questions sous l'angle spécifique de la pensée normative, puisque je considère qu'il est central pour le débat scientifique d'interroger les instances normatives mobilisées dans le cadre des processus historiques étudiés afin de donner une certaine orientation aux faits. Les résultats de cette opération me semblent indispensables au débat sur l'avenir du processus d'intégration européenne.

Conclusions

Par rapport à la littérature concernant les objets d'étude abordés, cet ouvrage se distingue avant tout par son approche théorico-normative, une approche qui a permis d'interroger la multiplicité de ce qui apparaît et d'en faire une question liée à la saisie de significations fondamentales et à leur interprétation, d'inscrire une pluralité de données historico-concrètes dans une unité de sens – le constitutionnalisme social – composée de principes, de valeurs, d'arguments, etc. ; une unité de sens qui, une fois établie, devient autonome par rapport à la réalité et qui, sur la base de son autonomie et de ses assertions normatives, évalue ces données. Cependant, l'affirmation et l'autonomie d'une unité de sens de nature normative n'impliquent pas la cristallisation de ses significations. Celles-ci sont certes le résultat d'un processus historique au sein duquel émerge une exigence incontournable de reconnaissance ; dans le même temps, l'acte par lequel elles sont placées au fondement d'un appareil normatif à travers lequel lire et évaluer la réalité ne procède pas d'un enchaînement déterministe dérivant d'une rationalité technico-fonctionnaliste objectivement reconnue. Cet acte reste en tout cas un acte "constituant", un acte qui contient en lui-même une composante d'arbitraire, puisqu'il découle de la liberté de la *praxis* humaine de s'interroger sur ce qui est juste à partir d'un contexte historiquement déterminé. Par conséquent, cet acte n'épuise pas dans l'indérogeabilité dogmatique de l'appareil normatif constitué la profondeur sémantique des significations qui le composent, puisqu'elles contiennent toujours en elles-mêmes cet élément de liberté et sont immergées dans un tissu historico-culturel en constante évolution qui leur demande de maintenir leur adhérence à une réalité changeante en cohérence avec leur noyau normatif fondamental.

En ce sens, un premier apport essentiel de ce livre est certainement la saisie et l'analyse à travers cette approche d'une notion largement débattue dans le débat académique, celle de "constitutionnalisme social". Par cette approche, du développement constitutionnel européen émergeant sous différentes formes après la fin de la Seconde Guerre mondiale, j'ai pu extraire un imaginaire normatif partagé et répandu, j'ai pu condenser les significations de l'espace sémantique qui permet de définir "social" cet imaginaire et la forme de citoyenneté qui en découle, j'ai pu identifier un paradigme constitutionnel émergent, « avec son propre dynamisme limité, ses *path-dependencies*, sa sortie de la contingence – la possibilité de penser autrement le long de ces *path-dependencies*[1] ». Ce que j'appelle l'imaginaire normatif de la citoyenneté sociale délimite donc un espace de significations interdépendantes définissant une unité de sens cohérente et constitutionnellement enracinée ; cette dernière présente un certain degré de

[1] E. Christodoulidis, *The redress of law,* 543.

dynamisme et peut s'incarner institutionnellement de différentes manières, mais, dans le même temps, elle fournit des lignes de force interprétatives qui ne peuvent être transcendées dans la mesure où elles constituent son propre espace sémantique. Cette étude capture ces lignes de force émergentes en tant que significations constitutionnelles non négociables et à caractère substantiel ; de leur intégrité sémantique dépendent l'autonomie, la subsistance et l'itération dans l'histoire de l'imaginaire qu'elles définissent et que je qualifie d'héritage commun, différencié et à préserver.

L'approche théorique que j'ai mobilisée a permis ensuite d'appréhender les fondements normatifs d'un autre ordre constitutionnel émergent, à savoir le constitutionnalisme de marché issu de l'intégration européenne. Un autre apport essentiel de ce travail est identifiable alors dans la reconstruction du processus par lequel l'approfondissement de l'intégration européenne en tant que généralisation de sa normativité fondamentale, celle de la concurrence, se traduit en un processus de déformation et de resémantisation progressives du champ de significations associé à la notion de citoyenneté sociale dans le contexte de l'évolution constitutionnelle des États membres. L'opération de *translatio* décrite constitue l'étape clé à l'issue de laquelle l'autonomie et l'intégrité sémantiques des significations constitutionnelles identifiées grâce au travail d'excavation conceptuelle effectué dans le premier chapitre cèdent à l'exposition croissante à la normativité concurrentielle et à l'approfondissement concomitant de ce qui, dans le débat, est défini comme le "déficit social européen" et que je développe comme conflictualité normative. L'apport essentiel de la mobilisation de l'outil intellectuel de la *translatio* réside donc dans la description de l'affirmation et de l'expansion de la primauté du registre économique du principe concurrentiel et de l'oubli de ce qui rend tel l'imaginaire normatif de la citoyenneté sociale. Ce dernier perd sa capacité à signifier de manière autonome, et donc à médier et maîtriser l'exposition au marché ; le "social" reconfiguré par sa translation dans le registre de la normativité concurrentielle en devient un élément corollaire et de soutien, à tout moment reconfigurable en fonction de ce que le registre économique dicte comme ajustement nécessaire pour optimiser le fonctionnement du marché concurrentiel. La mise en évidence de ce renversement de perspective et sa compréhension philosophico-juridique constituent donc l'un des apports majeurs de ce travail et la clé de compréhension du processus de dépolitisation du marché mis en évidence : la primauté de la normativité concurrentielle établit comme enjeu politique fondamental de la société de la connaissance non pas celui de trouver un équilibre entre des visions politico-idéologiques profondément différentes, mais celui, de nature « cognitive[1] », de comprendre à tout moment comment réguler les rouages du système économique pour que le principe concurrentiel puisse se déployer pleinement et apporter tous ses bienfaits.

[1] Ibidem, 437.

Cette opération constitue également le point de départ à partir duquel définir les conditions de possibilité du réagencement de la relation entre intégration économique et intégration sociale dans le contexte multiniveau de la gouvernance européenne. En ce sens, l'apport essentiel de ce travail porte, dans le troisième chapitre, sur la définition d'une stratégie théorique visant à fournir des indications concernant la réactivation, dans le contexte socioéconomique actuel, de ce qui a été oublié, c'est-à-dire l'héritage du constitutionnalisme social et les attentes normatives contraignantes inscrites dans cet héritage et que le pouvoir politique est tenu de respecter. En particulier, cet apport réside dans la réactualisation de l'imaginaire normatif de la citoyenneté sociale basée sur une perspective philosophico-sociologique définie à partir du contexte historico-concret actuel et visant à identifier les potentialités émancipatrices qui y sont inscrites et rendues invisibles par l'épistémologie ordo et néolibérale dominante. Cette opération ainsi que la capture de ces potentialités sont basées sur le dynamisme résidant dans le surplus sémantique des ressources normatives identifiées et sur la possibilité que ce dynamisme offre de renouveler constamment leur adhésion à la réalité ; les résultats de ma recherche débloquent des possibilités non-sélectionnables par l'épistémologie ordo et néolibérale et contraires à celle-ci car elles visent à « contrer les inerties au niveau sémantique[1] » dues à la réitération du *statu quo* actuel et à rétablir ainsi l'autonomie normative du "social" sanctionnée constitutionnellement. Ainsi, la mobilisation de cette stratégie théorique, répondant à une exigence qui émerge au cours de ma recherche et qui mène à la défense de la non-négociabilité et de l'autonomie des contenus normatifs caractérisant le constitutionnalisme social, fournit des contributions essentielles en ce qui concerne la définition des « continuités interprétatives[2] » nécessaires pour préserver les contenus normatifs mentionnés face à leur reconfiguration "concurrentielle" et pour les actualiser sur la base de l'évolution actuelle des structures socioéconomiques.

La pensée normative mobilisée dans ce travail demande en permanence de questionner la réalité, de tenter d'inscrire et d'agencer les processus qui la traversent dans un horizon de sens composé de valeurs, de principes, d'arguments, etc., interconnectés. En ce sens, j'ai essayé de faire ressortir et d'approfondir des questions toujours ouvertes et centrales dans ce qu'A. Supiot appelle le "vocabulaire de moralité politique proprement européen". Des questions qui portent sur les modalités "justes" de signifier des termes tels que "dignité", "liberté", "solidarité", "égalité", "réalisation de soi", etc. ; de définir des principes de justice sociale ; de les appliquer concrètement par le biais d'interventions sociales ; de les relier aux exigences de la compétitivité et de l'efficacité économique. En cette période

[1] Ibidem, 552.
[2] Ibidem, 543.

de bouleversements historiques, répondre à ces questions est crucial pour l'avenir des sociétés européennes, pour leur identité et leur héritage, ces questions concernant « le *télos*, soit, le but, la finalité de l'intégration, le *nomos*, soit la loi fondamentale ou la structure de base de l'Union, l'*éthos*, soit les valeurs et aptitudes appelées à marquer valablement la philosophie de l'intégration[1] ». Des questions qui, dans cet ouvrage, ont fait l'objet de longues analyses et auxquelles j'espère avoir apporté des réponses stimulantes et susceptibles de susciter d'autres débats.

[1] J-M. Ferry, *Comment peut-on être européen ? Éléments pour une philosophie de l'Europe*, 76.

Bibliographie

Albert, M., Stichweh, R., (sous la direction de) (2007). *Weltstaat und Weltstaatlichkeit. VS Verlag für Sozialwissenschaften*, https://doi.org/10.1007/978-3-531-90636-2_8

Alexy, R. (2009). *A Theory of Constitutional Rights*. Oxford : Oxford University Press.

Allegri, G., Bronzini, G. (2014). *Sogno europeo o incubo ?* Rome : Fazi Editore.

Allegri, G. (2019). Per una *European Social Union*. Dal pilastro europeo dei diritti sociali a un welfare multilivello ? *Centri studi europei, (4)*, 4-32.

Apostoli, A. (2019). La dignità sociale come orizzonte dell'uguaglianza nell'ordinamento costituzionale. *Costituzionalismo.it*.

Atria, F. (2013). Social Rights, Social Contract, and Socialism. *Social Rights and the Market workshop*, Université de Glasgow.

Atria, F. (2015). Social Rights, Social Contract, and Socialism. *Social and Legal Studies, 24 (4),* 598–613.

Aubrey, B. (2000). L'entreprise de soi, un nouvel âge. Entretien avec B. Aubrey. *Autrement, (192)*, 97-110.

Aubrey, B. (2011). *L'entreprise de soi.* Paris : Flammarion.

Auteurs variés (1939). *Le Colloque Lippmann*. Paris : Librairie de Médicis.

Auteurs variés (1964). *Enciclopedia del Diritto*. Milan : Giuffré.

Auteurs variés (1973). *Enciclopedia del Diritto*. Milan : Giuffrè.

Auteurs variés (2011). *L'incidenza del diritto internazionale sul diritto civile*. Naples : Edizioni Scientifiche Italiane.

Azoulai, L., Barbou des Places, S., Pataut, E. (sous la direction de). (2016). *Constructing the Person in EU Law. Rights, Roles, Identities*, Oxford-Portland : Bloombsbury

Azzariti, G. (2016). *Contro il revisionismo costituzionale. Tornare ai fondamentali*. Rome-Bari : Editori Laterza.

Azzena, L. (1999). *L'integrazione attraverso i diritti. Dal cittadino italiano al cittadino europeo*. Turin : Giappichelli.

Bales, K. (2000). *Disposable People : new slavery in the global economy*. Berkeley : University of California Press.

Balibar, É. (2010). *La proposition de l'égaliberté. Essaies politiques*, 1989-2009. Paris : PUF, Paris.

Baroncelli, S., Farkas, O. (2008). *Il Metodo di Coordinamento Aperto e le sue applicazioni al governo economico e occupazionale dell'Unione europea : il contesto comunitario e le ricadute sull'ordinamento interno*. Osservatoriosullefonti.it, 1.

Bauböck, R. (sous la direction de). (2018). *Debating European Citizenship*. Florence : Springer Open.

Beck, U. (2000). *La società del rischio. Verso una seconda modernità*. Rome : Carocci Editore.

Becker, S. (1976). *The Economic Approach to Human Behavior*. Chicago : University of Chicago Press.

Beckerath, E. von, Meyer, F. W., MüllerÉArmack, A. (sous la direction de) (1957). *Festschrift für Ludwig Erhard, Wirtschaftsfragen der Freien Welt.* Knapp : Frankfurt am Main.

Beckfield, J. (2013). The end of equality in Europe ? *Current History, 112 (752)*, 94-99.

Bertaux, D., Delcroix, C., Pfefferkorn, R. (sous la direction de). (2014). *Précarités : contraintes et résistances.* Paris : L'Harmattan.

Bilger, F. (1964). *La Pensée économique libérale de l'Allemagne contemporaine.* Paris : Librairie Générale de Droit.

Bobbio, N. (2007). *Dalla struttura alla funzione : nuovi studi di teoria del diritto.* Rome-Bari : Editori Laterza.

Bongiovanni, G. (2001). Diritti dallo statuto difficile. Aspetti del dibattito italiano sui diritti sociali nel Secondo dopoguerra. *Scienza e politica, (24)*, 75-99.

Bongiovanni, G. (2012). *Costituzionalismo e teoria del diritto.* Rome : Editori Laterza.

Bouglé, C. (1907). *Le solidarisme.* Paris : V. Giard & E. Brière.

Braitwhite, J., Drahos, P. (2000). *Global Business Regulation* Cambridge : Cambridge University Press.

Brodiez-Dolino, A. (2017). La montée des vulnérabilités. *Sciences Humaines, (289)*, 30-32.

Bronzini, G. (2009). *Il diritto al reddito garantito come diritto fondamentale europeo.* Astrid online.

Bronzini, G. (sous la direction de). (2018). *Verso un pilastro sociale europeo.* Rome : Edizioni Fondazione Basso.

Brugmans, H. (sous la direction de) (1948). *Federazione europea.* Florence : La Nuova Italia.

Brunkhorts, H., Gaitanides, C., Grözinger, G. (sous la direction de). (2015). *Europe at a Crossroad. From Currency Union to Political and Economic Governance ?* Baden-Baden : Nomos.

Butler, J. (2004). *Vite precarie. Contro l'uso della violenza come risposta al lutto collettivo.* Rome : Meltemi.

Butler, J. (2006). *Critica della violenza etica.* Milan : Feltrinelli.

Cantaro, A. (2006). *Il secolo lungo. Lavoro e diritti sociali nella storia europea.* Rome : Ediesse.

Cantaro, A. (2007). *Il diritto dimenticato. Il lavoro nella costituzione europea.* Turin : Giappichelli Editore.

Cantaro, A. (sous la direction de). (2015). Quo vadis Europa ? Stabilità e crescita nell'ordinamento europeo. *Cultura giuridica e diritto vivente* (*Révue en ligne*), *Special Issue*, Université de Urbino Carlo Bo.

Casadei, T. (2012). *I diritti sociali. Un percorso filosofico-giuridico.* Florence : Firenze University Press.

Castel, R. (1995). *Les Métamorphoses de la question sociale.* Paris : Fayard.

Castel, R. (2010). *La montée des incertitudes. Travail, protections, statut de l'individu.* Paris : Seuil.

Castel, R., Duvoux, N. (2013). *L'avenir de la solidarité.* Paris : PUF.

Castoriadis, C. (1975). *L'institution imaginaire de la société.* Paris : Seuil.

Chiarella, P. (2011). Esistenza, esigibilità e giustiziabilità dei diritti sociali. *Tigor : revue de science de la communication, (1)*, 54-63.

Chrétien, J. (2011). *L'inoubliable et l'inespéré.* Paris : Desclée de Brouwer.

Christodoulidis, E. (2017). Social Rights Constitutionalism : An Antagonistic Endorsement. *Journal of Law and Society, 44 (1)*, 123-149.

Christodoulidis, E. (2021). *The redress of law.* Cambridge : Cambridge University Press.

Cinelli, M., Giubboni, S. (2014). *Cittadinanza, lavoro, diritti sociali. Percorsi nazionali ed europei.* Turin : Giappichelli Editore.

Cingolani, P. (2011). *La précarité.* Paris : PUF.

Cocchi, S. (2012). *La tutela e la promozione dei diritti sociali. Decentramento, uguaglianza e differenziazione in Italia e in Spagna.* Thèse de doctorat, Université de Florence.

Cohen, D. (2006). *Trois Leçons sur la société post-industrielle.* Paris : Seuil.

Collombet, C., Minonzio, J. (2016). Faire de l'investissement social un principe de réforme pour la protection sociale. Entretien avec F. Vandenbroucke. *Informations sociales, (192)*, 22-26.

Comazzetto, G. (2021). La solidarietà nello spazio costituzionale europeo. Tracce per una ricerca. *AIC, (3)*, 258-279.

Commun, P. (sous la direction de). (2003). *L'ordolibéralisme allemand. Aux sources de l'Économie sociale de marché.* Cergy-Pontoise : CIRAC/CICC.

Considine, M. (2001). *Enterprising States. The Public management of Welfare-to-Work.* Cambridge : Cambridge University Press.

Costa, P. (2001). *L'età dei totalitarismi e della democrazia.* Rome-Bari : Editori Laterza.

Costa, P., Zolo D. (sous la direction de). (2002). *Lo Stato di diritto. Storia, teoria, critica.* Milan : Feltrinelli.

Costa, P. (2014). *Cittadinanza.* Rome-Bari : Editori Laterza.

D'Andrea, L. (2015). *Principi costituzionali.* Milan : Giuffrè.

D'Antona, M. (1999). Il diritto al lavoro nella Costituzione e nell'ordinamento comunitario. *Rivista giuridica del lavoro, (3)*, 9-24.

Dani, M. (2015). The subjectification of the citizen in European public law. *EUI Working Paper Law, (2)*, 1-25.

Dani, M., Menéndez, A. J. (2020). È ancora possibile riconciliare costituzionalismo democratico-sociale e integrazione europea ? *Saggi - DPCE* online, *42(1)*, http://dx.doi.org/10.57660/dpceonline.2020.899.

Dardot, P., Laval, C. (2009). *La nouvelle raison du monde. Essai sur la société néolibérale.* Paris : La Découverte.

Dardot, P., Laval, C. (2016). *Ce cauchemar qui n'en finit pas. Comment le néolibéralisme défait la démocratie.* Paris : La Découverte.

Dean, H. (2015). *Social rights and Human Welfare.* New York : Routledge.

De Grauwe, P. (2018). *The Economics of Monetary Integration.* Cambridge : Cambridge University Press.

Desrosières, A. (1993). *La Politique des grands nombres. Histoire de la raison statistique.* Paris : La Découverte.

Desrosières, A. (2007). *Pour une sociologie de la quantification.* Paris : École des Mines.

Dolso G. P. (sous la direction de). *Eguaglianza, dignità e Costituzione.* Trieste : EUT.

Donzelot, J. (1994). *L'invention du social. Essai sur le déclin des passions politiques*. Paris : Seuil.
Drexl, J. (2011). La constitution économique européenne. L'actualité du modèle ordolibéral. *Revue internationale de droit économique, (4)*, 419-454.
Dubet, F. (2010). *Les places et les chances. Repenser la justice sociale.* Paris : Seuil et La République des Idées.
Dubet, F. (2014). *La préférence pour l'inégalité. Comprendre la crise des solidarités*. Paris : Seuil et la République des idées.
Dukes, R., Streeck, W. (2023). *Democracy at work. Contract, Status and Post-Industrial Justice*. Cambridge-New York : Polity Press.
Durkheim, E. (1893). *De la division du travail social*. Paris : Félix Alcan.
Dutheillet de Lamothe, O. (2010). Les normes constitutionnelles en matière sociale. *Cahiers du conseil constitutionnel, (29)*, https://www.conseil-constitutionnel.fr/nouveaux-cahiers-du-conseil-constitutionnel/les-normes-constitutionnelles-en-matiere-sociale.
Dworkin, R. (1982). *I diritti presi sul serio* (trad. it de Oriana, F.). Bologne : Il Mulino.
Dworkin, R. (2006). *Is Democracy Possible Here ? Principles for a New Political Debate*. Princeton : Princeton University Press.
Entretien avec François Ewald (2003). *Nouveaux Regards, (21)*.
Erhard, L. (1959). *La Prospérité pour tous*. Paris : Plon.
Esping-Andersen, G. (1999). *Les trois mondes de l'État-providence. Essai sur le capitalisme moderne* (trad. fr. de Merrien, F. X.). Paris : PUF.
Eucken, W. (1934). *Kapitalteoretische Untersuchungen*. Iéna : Fischer.
Eucken, W. (1948). Das ordnungspolitische Problem. *Ordo : Jahrbuch für die Ordnung der Wirtschaft und Gesellschaft*, *1*, 56–90.
Eucken, W. (2004). *Die Grundsätze der Wirtschaftspolitik* (1952). Tübingen : Mohr Siebeck.
Evers, A., Guillemard, A. M. (sous la direction de). (2013). *Social policy and citizenship : the changing landscape*. Oxford : Oxford University Press.
Ewald, F. (1986). *L'État providence*. Paris : Bernard Grasset.
Fabbrizi, V. (2018). Do Social Rights Deserve a Special Constitutional Protection ? On Luigi Ferrajoli's and Frank Michelman's Democratic Theory. *Jura Gentium, 15 (1)*, 46-75.
Faralli, C. (2002). *La filosofia del diritto contemporanea.* Rome : Editori Laterza.
Ferrajoli, L. (1989). *Diritto e ragione*. Rome : Editori Laterza.
Ferrajoli, L. (2015). *Iuria Paria. I fondamenti della democrazia costituzionale.* Naples : Edizione Scientifica Napoli.
Ferrajoli, L. (2017). *Costituzionalismo oltre lo Stato*. Modène : Mucchi Editore.
Ferrajoli, L. (2018). *Manifesto per l'uguaglianza*. Rome-Bari : Editori Laterza.
Ferrera, M. (2005). *The Boundaries of Welfare. European Integration and the New Spatial Politics of Social Protection*. Oxford : Oxford University Press.
Ferrera, M. (2006). *Amici o nemici ? Integrazione europea e modelli sociali nazionali. Rivista Italiana di Scienza Politica, 36 (1)*, 3-25.
Ferrera, M. (2016). *Rotta di collisione. Euro contro welfare ?* Rome-Bari : Editori Laterza.
Ferrera, M. (2019). *La società del quinto stato*. Rome-Bari : Editori Laterza.

Ferrera, M. (sous la direction de). (2019). *Towards a European Social Union. The European Pillar of Social Rights and the Roadmap for a fully-fledged Social Union.* Turin : Centro Einaudi.

Ferrera, M, Madama, I., Corti, F. (2021). I diritti sociali come risorse di potere nell'assetto multi-livello dell'UE : una proposta di concettualizzazione a partire da Garanzia giovani. *Politiche sociali, (1)*, 7-26.

Ferrera, M., Corti, F. (2023). Social citizenship as a marble cake : The changing pattern of right production and the role of the EU. *Journal of European Social Policy, 33 (5)*, 493-509.

Ferry, J-M. (2020). *Comment peut-on être européen ? Éléments pour une philosophie de l'Europe.* Paris : Calman-Lévy.

Fitoussi, J. P. (2002). *Il dittatore benevolo. Saggio sul governo dell'Europa*, Bologne : Il Mulino.

Fontana, G. (2014). Crisi economica ed effettività dei diritti sociali in Europa. *WP CSDLE "Massimo D'Antona", (104),* 1-59.

Foucault, M. (2004). *Sécurité, territoire, population. Cours au Collège de France* (1977-1978). Paris : Seuil.

Foucault, M. (2004). *La naissance de la biopolitique. Cours au collège de France* (1978-1979), Paris : Gallimard/Seuil.

Friedman, R. D., Friedman, M. (1980). *La liberté du choix.* Paris : Belfond.

Gabaglio, E. (2002). https://www.dizie.eu/dizionario/protocollo-sulla-politica-sociale/.

Gambino S. (2009). *Stato e diritti sociali. Fra costituzioni nazionali e Unione Europea.* Naples : Liguori Editore.

Gambino, S. (2014). Diritti e cittadinanza (sociale) nelle costituzioni nazionali e nell'Unione. *Cittadinanza Europea, (2)*, 5-39.

Gambino, S. (2015). Crisi economica e costituzionalismo contemporaneo. Quale futuro europeo per i diritti fondamentali e per lo stato sociale ? *Rivista elettronica del centro di documentazione europea dell'Università Kore di Enna.*

Gay, L. (2020). Des droits à part (entière) ? La justiciabilité inaboutie des droits sociaux en droit constitutionnel français. *Les Cahiers de Droit, 61 (2)*, 397-425.

Gazier, B., Palier, B., Périvier, H. (2014). *Refonder le système de protection sociale. Pour une nouvelle génération de droits sociaux.* Paris : Presse de Science Po.

Giaccardi, C., Magatti, M. (2003). *L'Io globale. Dinamiche della società contemporanea.* Rome-Bari : Editori Laterza.

Gill, S. (1998). European Governance and New Constitutionalism : Economic and Monetary Union and Alternatives to Disciplinary Neoliberalism in Europe. *New Political Economy, 3 (1)*, 805-824.

Giorgis, A. (1999). *La costituzionalizzazione dei diritti all'uguaglianza sostanziale.* Naples : Jovene.

Giubboni, S. (2003). *Diritti sociali e mercato.* Bologne : Il Mulino.

Giubboni, S. (2005). *Social rights and market freedom in the European Constitution : a labour law perspective.* Cambridge : Cambridge University Press.

Giubboni, S. (2012). *Diritti e solidarietà in Europa. I modelli sociali nazionali nello spazio giuridico europeo.* Bologne : Il Mulino.

Giubboni, S. (2012). Solidarietà. *Politica del diritto, (4)*, 525-554.

Giubboni, S. (2018). The rise and fall of EU labour law. Wileyonlinelibrary.com/journal/eulj, *European Law Journal, 24 (7)*, 7-20.

Giubboni, S. (2019). Il diritto sociale europeo alla ricerca dell'autonomia perduta. *Politiche sociali, (1)*, 3-22.

Giubboni, S. (2021). Crisi pandemica e solidarietà europea. *Quaderni costituzionali, (1)*, 218-221.

Goldthorpe, J. H., Lockwood, D. (1973). *Classe operaia e società opulenta.* Milan : Angeli.

Gonzalez Moreno, B. (2002). *El Estado social. Naturaleza juridica y estructura de los derechos sociales.* Madrid : Civitas.

Gorz, A. (2003). *L'immateriale. Conoscenza, valore e capitale.* Turin : Bollati-Boringhieri.

Grimm, D. (2015). Legitimation by Constitution and socioeconomic rights from a german perspective. *Critical Quarterly for Legislation and Law, 98 (3)*, 206-211.

Guazzarotti, A. (2016). *Crisi dell'euro e conflitto sociale. L'illusione della giustizia attraverso il mercato.* Milan : FrancoAngeli.

Guazzarotti, A. (2021). Forum : verso un futuro (più) sociale dell'Europa ? *Gruppo di Pisa, (3)*, 236-237.

Habermas, J. (2012). *Questa Europa è in crisi* (trad. it. de Mainoldi, C.). Rome-Bari : Editori Laterza.

Habermas, J. (2017). *Una Costituzione per l'Europa ?* Rome : Lit Edizioni.

Habermas, J. (2019). *L'ultima occasione per l'Europa* (trad. it. de D'Aniello, F.). Rome : Lit Edizioni.

Hatzfeld, H. (1982). La difficile mutation de la sécurité-propriété à la sécurité-droit. *Prévenir, (5),* 55-59.

Hayek, F. A. (1939). The Economic Condition s of Interstate Federalism. *New Commonwealth Quarterly* 5, *18 (2)*, 131–149.

Hayek, F. A. (1974). Competition as a discovery process. *The Quarterly journal of Austrian economics, 5(3)*, 9-23.

Hayek, F. A. (1981). *Droit, législation et liberté. Une nouvelle formulation des principes de justice et d'économie politique* (trad. fr. de Audouin, R.). Paris : PUF.

Hegel, G. W. (1965). *Lineamenti di filosofia del diritto.* Rome-Bari : Editori Laterza.

Hemerijck, A. (2013). *Changing Welfare States.* Oxford : Oxford University Press.

Hemerijck, A., Ronchi, S., Plavgo, I. (2023), Social investment as a conceptual framework for analysing well-being returns and reforms in 21st century welfare states. *Socio-Economic Review, 21, (1),* 479-500.

Höpner, M. (2018). *Social pillar is a mith.* https://www.socialeurope.eu/author/martin-hopner.

Jacobs, A. (2011). Labour law, social security law and social policy after the entering into force of the treaty of Lisbon. *European Labour Law Journal, 2 (2),* 119-141.

Jellinek, G. (1912). *Sistema dei diritti pubblici soggettivi.* Milan : S.E.L.

Joerges, C. (2005). What is left of the European economic constitution ? A melancholic eulogy. *European Law Review, 30*, 461-489.

Kaeble, H. (1990). *Verso una società europea. Storia sociale dell'Europa.* 1880-1980. Rome-Bari : Editori Laterza.

Kant, I. (1982). *Stato e società civile* (trad. it. de N. Merker). Rome : Editori Riuniti.

Kant, I. (1994). *Fondations de la métaphysique des mœurs* (trad. fr. de Renault, A.). Paris : Flammarion.

Kant, I. (2009). *Idée d'une histoire universelle au point de vue cosmopolitique.* Paris : Gallimard.

Katrougalos, G. S. (2007). The (Dim) Perspectives of the European Social Citizenship. *Jean Monnet Working Paper*, 1-52.

Keune, M., Serrano, A. (sous la direction de). (2014). *Deconstructing flexicurity and developing Alternative approaches. Towards new concepts and approaches for employment and social policy.* New York : Routledge.

Keune, M., Ferrera, M., Corti, F. (2023). « Introduction : Marshall in Brussels ? A new perspective on social citizenship and the European Union ». *Journal of European Social Policy, 33 (5)*, 487-492.

King, J. (2014). Social rights, constitutionalism, and the german social state principle. *E-pública. Revista electrónica de direito público, 1 (3)*, 19-40.

Kirzner, I. (2005). *Concurrence et esprit d'entreprise.* Paris : Economica.

Kramer, D. (2016). « Earning Social Citizenship in the European Union : Free Movement and Access to Social Assistance Benefits Reconstructed ». *Cambridge Yearbook of European Legal Studies* (*18)*, 270-301.

Langford, M. (sous la direction de). (2008). *Social rights jurisprudence. Emerging trends in international and comparative Law.* Cambridge : Cambridge University Press.

Laurent, A. (1993). *Histoire de l'individualisme.* Paris : PUF.

Legendre, P. (1983). *L'empire de la vérité. Introduction aux espaces dogmatiques industriels.* Paris : Fayard.

Legendre, P. (1999). *Sur la question dogmatique en occident.* Paris : Fayard.

Leibfried, S., Pierson, P. (1992). The Prospects for Social Europe. *Politics and society, 20 (3)*, 333-366.

Leibfried, S., Pierson, P. (sous la direction de) (1995). *European Social Policy. Between fragmentation and integration.* Washington : Brooking Institution Press.

Leonard, P. (2013). *Postmodern Welfare : reconstructing an emancipatory project*, Londres : SAGE Publications Ltd.

L'Helgoualc'h, E. (2005). Le Traité établissant une Constitution pour l'Europe. Une étape dans la dynamique constitutionnelle européenne. *Les Cahiers européens de Sciences Po*, (4), 1-25.

Lippmann, W. (1938). *La Cité libre*. Paris : Librairie de Médicis.

Losana, M. (2022). La perdurante ambiguità dei diritti sociali europei. *Costituzionalismo.it, Editoriale Scientifica, 1*, 102-149.

Losano, M. G. (2012). Le costituzioni della Germania post-bellica e i diritti fondamentali. *Revista de la Facultad de Derecho, (32)*, 225-251.

Losurdo, F. (2018). L'Unione Europea e il declino dell'ordine neoliberale. *Federalismi.it, Rivista di diritto pubblico italiano, comparato, europeo, (6)*, 2-17.

Luchaire, F. (1983). Le Janus constitutionnel : l'égalité. *Revue de Droit Public et de la science politique en France et à l'étranger, (5)*, 1229-1274.

Lunghini, G. (1995). *L'età dello spreco. Disoccupazione e bisogni sociali.* Turin : Bollati Boringhieri.

Magnusson, L., Stath, B. (sous la direction de). (2004). *A European social citizenship*. Bruxelles : P. Lang.

Majone, G. (1993). The European Community between Social Policy and Social Regulation. *Journal of Common Market Studies, 31 (2)*, 153-170.

Mancini, G. F. (1988). Principi fondamentali di diritto del lavoro nell'ordinamento delle Comunità europee. *Il lavoro nel diritto comunitario e l'ordinamento italiano. Parme, 30-31 Octobre 1985*, 23-39. Padoue : CEDAM.

Manzella, A., Melograni, P., Paciotti, E., Rodotà, S. (2001). *Riscrivere i diritti in Europa. Introduzione alla Carta dei diritti fondamentali dell'Unione Europea.* Bologne : Il Mulino.

Marcuse, H. (1973). On the philosophical foundation of the concept of labour in economics. *Telos*, *(3)*, 9-37.

Marinai, S. (2021). Forum : verso un futuro (più) sociale dell'Europa ? *Gruppo di Pisa*, *(3)*, 239-242.

Marmor, A. (sous la direction). (1993). *Law and Interpretation. Essays in Legal Philosophy Law and interpretation.* Oxford : Clarendon.

Marshall, T. (1950). *Citizenship and social class*, Cambridge : Cambridge University Press.

Marshall, T. (1975). *Social Policy*. Londres : Routledge.

Martì, J. L. (2005). La nozione di ideale regolativo : note preliminari per una teoria degli ideali regolativi nel diritto. *Ragion* pratica, *(2)*, 381-404.

Martucci, F. (2015). *L'ordre économique et monétaire de l'Union européenne*. Bruxelles : Bruylant.

Marx, K. (2007). *Sulla questione ebraica* (trad. it. de Fusaro, D.). Milan : Bompiani.

Marzanati, A., Mattioni A. (sous la direction de). (2007). *La fraternità come principio del diritto pubblico*. Rome : Città Nuova.

Mastromartino, F. (2018). *Teoria e pratica dell'eguaglianza. Percorsi di analisi critica*. Rome : L'Asino d'oro Edizioni.

Mercure, D., Vultur M. (sous la direction de). (2019). *Dix concepts pour penser le nouveau monde du travail*. Canada : PUL.

Michelman, F. (2003). The Constitution, social rights, and liberal political justification. *I. CON*, *1 (1)*, 13-34.

Michelman, F. (2015). Legitimacy, the Social Turn and Constitutional Review : What Political Liberalism Suggests. *Critical Quarterly for Legislation and Law*, *3 (2)*, https://ssrn.com/abstract=2783525.

Mirowski, P., Plehwethe, D. (sous la direction de). (2009). *Road from Mont Pèlerin. The Making of the Neoliberal Thought Collective*. Cambridge-Londres : Harvard University Press.

Mises, L. von (1985). *L'action humaine* (Audouin, R.). Paris : PUF.

Mongouachon, C. (2019). Ordolibéralisme et discipline budgétaire européenne : forces et limites de l'analogie. *Politeia* [Les Cahiers de l'Association française des auditeurs de l'Académie internationale de droit constitutionnel]. hal-04064920.

Mostacci, E. (2021). Forum : verso un futuro (più) sociale dell'Europa ? *Gruppo di Pisa*, *(3)*, 242-244.

Munoz, J. M. R. (2015). Dimensiones del Estado Social y derechos fundamentales sociales. *Revista de investigações constitucionais, 2 (2)*, 31-62.

Nascimbene, B. (2021). Carta dei diritti fondamentali, applicabilità e rapporti fra giudici : la necessità di una tutela integrata. *European Papers : a journal on law and integration, 6 (1)*, 81-99.

Natoli, S. (1991). *La logica delle azioni. Senso, regole, valori. Filosofia politica, 5*, 399-412.

Paci, M. (2004). Le ragioni per un nuovo assetto del welfare in Europa. *La Rivista delle Politiche Sociali, (1)*, 333-373.

Paci, M. (2005). *Nuovi lavori, nuovo welfare. Sicurezza e libertà nella società attiva*. Bologne : Il Mulino.

Parker, O., Pye, R. (2018). Mobilising social rights in EU economic governance : a pragmatic challenge to neoliberal Europe. *Comp. Eur. Polit, (16)*, 805-824.

Panzera, C. (2021). Forum : verso un futuro (più) sociale dell'Europa ? *Gruppo di Pisa, (3)*, 244-246.

Pavone, C. (2007). *Prima lezione di storia contemporanea.* Rome-Bari : Editori Laterza.

Pennacchi, L. (2008). *La moralità del welfare. Contro il neoliberismo populista.* Rome : Donzelli Editore.

Piketty, T. (2019). *Capital et idéologie*. Paris : Seuil.

Pilia, R. (2005). *I diritti sociali.* Naples : Jovene.

Pinelli, C. (2013). Le misure di contrasto alla crisi dell'Eurozona e il loro impatto sul modello sociale europeo. *Rivista giuridica del lavoro e della previdenza sociale, (2)*, 231-251.

Pizzorusso, A. (2002). *Il patrimonio costituzionale europeo.* Bologne : Il Mulino.

Poli, T. N. (2014). Diritti sociali ed eguaglianza nello spazio giuridico europeo. *Amministrazione in Cammino : Rivista elettronica di diritto pubblico, di diritto dell'economia e di scienza dell'amministrazione.*

Preterossi, G. (2019). Senza freni. La de-costituzionalizzazione neoliberale. *Teoria Politica, (9)*, 31-55.

Preterossi, G. (2020). L'Europa tra ideologia globalista, spoliticizzazione e populismi. *Noesis, (35-36)*, 73-90.

Preterossi, G. (2023). Cosa resta della costituzione materiale. *Filosofia politica, (1)*, 3-12.

Pulcini, E. (2009). *La cura del mondo. Paura e responsabilità nell'età globale.* Turin : Bollati Boringhieri.

Quadri, R., Monaco, R, Trabucchi, A. (sous la direction de). (1965). *Trattato istitutivo della Comunità Europea del Carbone e dell'Acciaio. Commentario, 2.* Milan : Giuffrè.

Rabault, H. (2016). *L'ordolibéralisme, aux origines de l'école de Fribourg-en-Brisgau.* Paris : L'Harmattan.

Rambaud, T. (2014). Les droits sociaux comme droits fondamentaux. *Revue internationale de droit comparé, 66 (2)*, 605-623.

Ramia, G., Farnsworth, K., Irving, Z. (sous la direction de). (2013). *Social Policy Review 25 : Analysis and debate in social policy*. Bristol : Policy Press.

Ratti, L. (2021). La proposta di direttiva sui salari minimi adeguati nella prospettiva di contrasto all'*in-work poverty. Diritto delle relazioni industriali, (1)*, 59-76.

Ratti, L. (2022). La riduzione della povertà lavorativa nella direttiva sui salari minimi adeguati. *Variazioni su Temi di Diritto del Lavoro*, 39-61.

Ratti, L. (sous la direction de). (2022). *In-Work Poverty in Europe : Vulnerable and Under-Represented Persons in a Comparative Perspective*. Alphen aan den Rijn : Wolters Kluwer.

Ratti, L. (2022). Per una riconcettualizzazione delle cause della povertà lavorativa. *Quaderni rassegna sindacale, (1)*, Lavoratori poveri. Rome : Futura Editrice.

Ratti, L., Garcia-Munoz, A. (2022). EU law, In-Work Poverty, and vulnerable workers. *European Law Open, (1)*, 733-747.

Reich, R. (2007). *Supercapitalism : the transformation of business, democracy, and everyday life*. New York : Alfred A. Knopf.

Renaud, R. E. (2016). *La pharmacie de l'oubli. Essai sur l'existence, la latence, et la passivité*. Paris, Université Paris 1 Panthéon-Sorbonne, ffdumas-01428207f.

Ritter, G. A. (2003). *Storia dello stato sociale* (trad. it. de Gaeta, L., Carnevale, P.). Rome-Bari : Editori Laterza.

Robbins, L. (1937). Economic Planning and International Order. *The Economic Journal, 47 (187),* 514-516.

Rodotà, S. (2012). *Il diritto di avere diritti*. Rome-Bari : Editori Laterza.

Rodotà, S. (2014). *Solidarietà. Un'utopia necessaria*. Rome-Bari : Editori Laterza.

Rogowski, R., Kajtár, E. (2004). The European Social Model and coordination of social policy. An overview of policies, competences and new challenges at the EU level. Paper présenté à la conférence *Quality in Labour Market Transitions : A European Challenge*, Université d'Amsterdam.

Rogowski, R. (2008). Governance of the European Social Model : the case of flexicurity. *Review of European Economic Policy, 43*, 82-91.

Rogoswki, R., Salais, R., Whiteside, N. (sous la direction de). (2011). *Transforming european employment policy : labour market transitions and the promotion of capability*. Aldershot : Edward Elgar.

Romano, S. (1969). *Lo Stato moderno e la sua crisi. Saggi di diritto costituzionale*. Milan : Giuffré.

Röpke, W. (1946). *Civitas humana ou les Questions fondamentales de la Réforme économique et sociale*. Paris : Librairie de Médicis.

Rosanvallon, P. (1995). *La nouvelle question sociale. Repenser l'État-providence*. Paris : Seuil.

Rose, N. (1999). *Powers of Freedom. Reframing political thought*. Cambridge, Cambridge University Press.

Rossi, S. (2012). Il mercato e i diritti sociali. *Gruppo di Pisa, (3)*, 1-13.

Rueff, J. (1958). Le marché institutionnel des Communautés européennes. *Revue d'économie politique, 68 (1)*, 1-10.

Rüstow, A. (2001). *Das versagen des wirtschaftsliberalismus* (1945). Marburg : Metropolis.

Rüstow, A. (2009). *Die Religion der Marktwirtschaft*. Berlin : Lit Verlag.

Saitto, F. (2017). "Risocializzare l'Europa". La dimensione sociale europea tra economia di mercato e integrazione sovranazionale. *Rivista di Diritti comparati, (3)*, 88-133.

Salazar, C. (2011). A Lisbon story : la Carta dei diritti fondamentali dell'Unione europea da un tormentato passato… a un incerto presente ? Colloque *I diritti sociali dopo Lisbona. Il ruolo delle Corti. Il caso italiano. Il diritto del lavoro fra riforme delle regole e vincoli di sistema*, Université “Mediterranea” de Reggio Calabria.

Sanmamed, J. L. P. R. de (2013). Revisión de los principios rectores de la política social y económica y de su actual realidad jurídico-constitucional. *Revisto de Estudios Políticos*, Nueva Época, *(122)*, 269-316.

Sartre, J.-P. (2008). *L'essere e il nulla* (trad. it. de Del Bo, G.). Milan : Il Saggiatore.

Scaccia, G. (2017). Proporzionalità e bilanciamento tra diritti nella giurisprudenza delle corti europee. *Rivista AIC*, *(3)*, 1-31.

Schelkle, W. (2011). The euro area after another crisis summit : Ignore the elephant in the room at your peril. *Intereconomics : Review of European Economic Politics*, Springer ; ZBW - Leibniz Information Centre for Economics ; Centre for European Policy Studies (CEPS), *46(4)*, 178–179.

Schmitt, C. (1983). *Dottrina della Costituzione* (trad. it. de A. Caracciolo). Milan : Giuffré.

Segado, F. F. « La dignità della persona come valore supremo dell'ordinamento giuridico spagnolo e come fonte di tutti i diritti », *www.Forumcostituzionale.it.*

Sen, A. (2003). *L'économie est une science morale*. Paris : La Découverte.

Sloterdijk, P. (2001). *Nichtgerettet. Versuche nach Heidegger*. Frankfurt am Main : Suhrkamp.

Somma, A. (2021). *Quando l'Europa tradì se stessa,*. Rome-Bari : Editori Laterza.

Straume, I. S., Humphrey, J. F. (sous la direction de). (2011). *Depoliticization. The Political Imaginary of Global Capitalism*. Malmö : NSU Press.

Streeck, W. (1999). Competitive solidarity : rethinking the European social model. *MPIfG Working Paper*, *99 (8)*, Max Planck Institute for the Study of Societies, Cologne, http://www.mpifg.de/pu/workpap/wp99-8/wp99-8.html.

Streeck, W. (2000). Il modello sociale europeo : dalla redistribuzione alla solidarietà competitiva. *Stato e Mercato*, *(1)*, 3-24.

Supiot, A. (1999). Les mésaventures de la solidarité civile. *Droit social, (1),* 64-73.

Supiot, A. (2005). *Homo juridicus. Essai sur la function anthropologique du Droit*. Paris : Seuil.

Supiot, A. (2010). *L'esprit de Philadelphie. La justice sociale face au marché total*. Paris : Seuil.

Supiot, A. (2011). *Critique du droit du* travail. Paris : PUF.

Supiot, A. (2012). *Grandeur et misère de l'État social.* Leçon inaugurale au Collège de France prononcée le jeudi 29 novembre 2012.

Supiot, A. (2012-2014). *La Gouvernance par les nombres. Cours au collège de France*. Paris : Fayard.

Supiot, A. (2016). *Au-delà de l'emploi. Transformations du travail et devenir du droit du travail en Europe*. Paris : Flammarion.

Thornill, C. (2011). *A sociology of Constitutions. Constitutions and State legitimacy in historical-sociological perspective*. Cambridge : Cambridge University Press.

Tiraboschi, M. (2019). *Persona e lavoro fra tutele e mercato. Per una nuova ontologia del lavoro nel discorso giuslavoristico*. Rome : ADAPT University Press.

Travers, E. (2010). Benjamin Constant : critique du légicentrisme et de la multiplication des lois. *Recherches philosophiques*, 1-15.

Tuori, K., Sankari, S. (sous la direction de). (2016). *The many constitutions of Europe*. New York : Routledge.

Turquet, P. (sous la direction de) (2015). *La crise de la protection sociale en Europe. Adaptation ou refondation*. Rennes : PUR.

Van der Walt, J. (2014). *The Horizontal Effect Revolution and the Question of Sovereignty*. Berlin : De Gruyter.

Van der Walt, J., Ellsworth J. (sous la direction de). (2015). *Constitutional Sovereignty and social solidarity in Europe*. Luxembourg : Nomos.

Van der Walt, J. (2016). When One Religious Extremism Unmasks Another. *New Perspectives, 24 (1),* 79-102.

Van der Walt, J. (2017). Irresponsible Ordoliberalism and the imperialistic fantasy that we all might become good germans one day. *New Perspectives, 25 (2)*, 145-182.

Vandenbroucke, F. (2013). Why we need a European Social Union. *Reflets et perspectives de la vie économique, (52)*. DOI : 10.3917/rpve.522.0097.

Vandenbroucke, F., Rinaldi, D. (2015). *Inégalités sociales en Europe le défi de la convergence et de la cohésion*. Paris : Institut Jacques Delors.

Vandenbroucke F., Barnard C., De Baere G. (sous la direction de.). (2017). *A European Social Union after the Crisis*. Cambridge : Cambridge University Press.

Vandenbroucke, F. (2020). Solidarity through redistribution and insurance of incomes : the EU as Support, Guide, Guarantor or Provider ? *The Amsterdam Centre for European Studies*, *(1)*, 1-39.

Vandenbroucke, F., Keune, M., Ferrera, M., Corti, F. (2021). The nature and rationale for European social rights. *EuSocialCit Working Paper*, 1-57.

Vanhercke, B., Ghailani, D., Spasova, S., Pochet, P. (sous la direction de). (2020). *Social policy in the European Union 1999-2019 : the long and winding road*. Bruxelles : ETUI aisbl.

Van Parijs, P., Vanderborght, Y. (2017). *Basic income. A radical proposal for a free society and a sane economy*. Londres : Harvard University Press.

Viola, Z. (1999). *Diritto e interpretazione. Lineamenti di teoria ermeneutica del diritto*. Rome : Editori Laterza.

Wagner, P. (1997). *Liberté et discipline. Les deux crises de la modernité*. Paris : Éditions Métailié.

Winkler, I. T., Malher, C. (2013). Interpreting the right to a dignified minimum existence: a new era in german socio-Economic rights jurisprudence ? *Human Rights Law Review, 13 (2),* 388-401.

Young K. G. (sous la direction de). (2019). *The future of economic and social rights*. Cambridge : Cambridge University Press.

Zagrebelsky, G. (1992). *Il diritto mite*. Turin : Einaudi.

Zagrebelsky, G. (sous la direction de). (2003). *Diritti e Costituzione nell'Unione Europa*. Rome-Bari : Editori Laterza.

Zanetti, G. (2004). *Introduzione al pensiero normativo*. Reggio Emilia : Edizioni Diabasis.

Zhok, A. (2020). *Critica della ragione liberale. Una filosofia della storia corrente*. Milan : Meltemi.

Table des matières

Structures éditoriales du groupe L'Harmattan

L'Harmattan Italie
Via degli Artisti, 15
10124 Torino
harmattan.italia@gmail.com

L'Harmattan Hongrie
Kossuth l. u. 14-16.
1053 Budapest
harmattan@harmattan.hu

L'Harmattan Sénégal
10 VDN SICAP AMITIE 3
BP 45034 Dakar-Fann
direction@senharmattan.com

L'Harmattan Cameroun
Tsinga/Derrière polyclinique FECAFOOT
BP 11486 Yaoundé
Jacques.koukam@harmattan.fr

L'Harmattan Burkina Faso
Villa 281, secteur 23 623, rue 14.32
Ouagadougou
zagbie@outlook.fr

L'Harmattan Guinée
Almamya, rue KA 028 OKB Agency
BP 3470 Conakry
harmattanguinee@yahoo.fr

L'Harmattan RDC
185, avenue Nyangwe
Commune de Lingwala – Kinshasa
matangilamusadila@yahoo.fr

L'Harmattan Congo
219, avenue Nelson Mandela
BP 2874 Brazzaville
deunovmikhael@gmail.com

L'Harmattan Mali
Immeuble Mgr Jean Marie Cissé
Aci Hamadallaye
BP 145 Bamako
syllaka@yahoo.fr

L'Harmattan Togo
Djidjole – Maison Amela
face EPP BATOME
02 BP 20680 Lomé
didieramela11@gmail.com

L'Harmattan Côte d'Ivoire
Résidence Karl – Cité des Arts
Abidjan-Cocody
03 BP 1588 Abidjan
harmattan.ivoire@gmail.com

L'Harmattan Bénin
Rue 604, (Immeuble à l'entrée
de la rue UCAO- Cite de Saint-Jean)
Cotonou
stepcorpus@gmail.com

Nos librairies en France

Librairie internationale
16, rue des Écoles
75005 Paris
librairie.internationale@harmattan.fr
01 40 46 79 11
www.librairieharmattan.com

Librairie des savoirs
21, rue des Écoles
75005 Paris
librairie.sh@harmattan.fr
01 46 34 13 71
www.librairieharmattansh.com